萨孟武作品系列

中国社会政治史

三国两晋南北朝卷

萨孟武 著

生活·讀書·新知 三联书店

Simplified Chinese Copyright © 2021 by SDX Joint Publishing Company
All Rights Reserved.
本作品简体中文版权由生活·读书·新知三联书店所有。
未经许可,不得翻印。

图书在版编目(CIP)数据

中国社会政治史:全四册/萨孟武著.—北京:
生活·读书·新知三联书店,2021.4(2023.7重印)
(萨孟武作品系列)
ISBN 978 - 7 - 108 - 07038 - 8

Ⅰ.①中⋯ Ⅱ.①萨⋯ Ⅲ.①政治制度-历史-中国
②政治制度-历史-中国 Ⅳ.①D69

中国版本图书馆 CIP 数据核字(2021)第 005708 号

著作财产权人:© 三民书局股份有限公司
本书中文简体字版由三民书局股份有限公司授权生活·读书·新知三联书店有限公司在中国境内(台湾、香港、澳门地区除外)独家出版。
本书中文简体字版禁止以商业用途于台湾、香港、澳门地区散布、销售。
版权所有,未经著作权财产权人书面授权,禁止对本书中文简体字版之任何部分以电子、机械、影印、录音或其他方式复制或转载。

目 次

第一章 三 国
 第一节 三国的分立 002
 第二节 官僚政治的败坏及世族政治的萌芽 035
 第三节 正始之风与思想的颓废 061
 第四节 北方经济的复兴与晋的统一 078
 第五节 魏的政治制度 101
 附 录 三国建元表 128

第二章 晋
 第一节 封建制度与八王之乱 130
 第二节 蛮族移动与晋的南渡 143
 第三节 风俗颓败与政治腐化 192
 第四节 世族政治的成立 226
 第五节 晋的政治制度 248
 附 录 晋建元表 266

第三章 南北朝
 第一节 南北的对立 268
 第二节 世族政治的完成 292
 第三节 政制的败坏 328
 第四节 佛教的流行及其与吾国固有思想的论争 354

第五节　南北的逐渐统一　377
第六节　南北朝的政治制度　395
附　录　南北朝建元表　429

第一章 三国

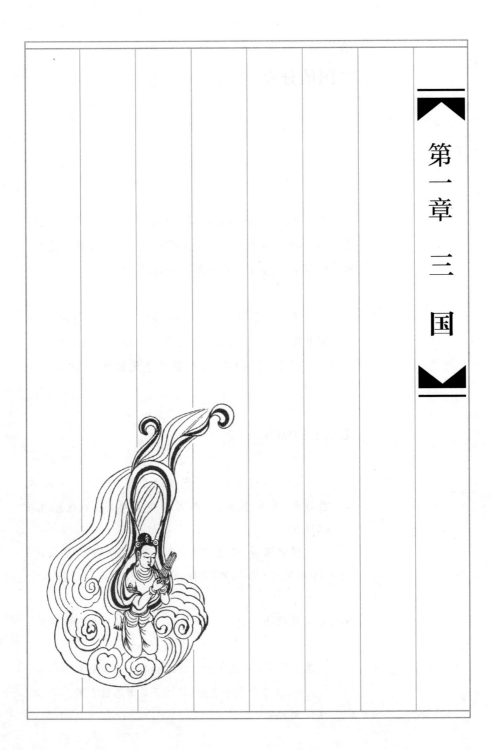

第一节
三国的分立

东汉末年,阉宦秉政,朝纲崩弛,因之以饥馑,加之以师旅,民不聊生,盗贼蜂起,而黄巾乱后,又有董卓之难,地方经济完全破坏。最初是洛阳破坏。

　　卓徙天子都长安。注引《续汉书》曰,大驾即西,卓部兵烧洛阳……城内扫地殄尽。(《魏志》卷六《董卓传》)
　　旧京(洛阳)空虚,数百里中无烟火。(《吴志》卷一《孙坚传》)

其次是关中破坏。

　　时三辅民尚数十万户,傕(李傕)等放兵劫略,攻剽城邑,人民饥困,二年间相啖食略尽。(《魏志》卷六《董卓传》)
　　强者四散,羸者相食,二三年间,关中无复人迹。(《后汉书》卷七十二《董卓传》)

再次是江淮破坏。

　　江淮间空尽,人民相食。(《魏志》卷六《袁术传》)
　　三国时,江淮为战争之地,其间不居者各数百里。(《宋书》卷三十五《州郡志一》)

终则中原之地无不破坏。

> 中国萧条,或百里无烟,城邑空虚,道殣相望。(《吴志》卷十一《朱治传》注引《江表传》)

而如曹操所说:

> 今四民流移,托身它方,携白首于山野,弃稚子于沟壑,顾故乡而哀叹,向阡陌而流涕,饥厄困苦,亦已甚矣。(《魏志》卷八《陶谦传》注引《吴书》)

国民经济的破坏势又影响到国家财政,而令天子只能以野枣充饥,而百官乃披荆棘而居,尚书郎以下自出采稆,或饿死于墟巷之中。

> 帝(献帝)东归也……既至安邑,御衣穿败,唯以野枣园菜以为糇粮……建安元年,车驾至洛阳,宫阙荡涤,百官披荆棘而居焉。州郡各拥强兵,而委输不至。尚书郎官自出采稆,或不能自反,死于墟巷。(《晋书》卷二十六《食货志》)

状况如斯,朝廷威严完全扫地。天子与百官会议,兵士伏篱上观,互相镇压以为笑,司隶校尉出入,民兵竟抵掷之。

> 乘舆时居棘篱中,门户无关闭,天子与群臣会,兵士伏篱上观,互相镇压以为笑。诸将专权,或擅笞杀尚书。司隶校尉出入,民兵抵掷之。诸将或遣婢诣省闼,或自赍酒食,过天子饮,侍中不通,喧呼骂詈,遂不能止。又竞表拜诸营壁民为部曲,求其礼遗。医师、走卒,皆为校尉,御史刻印不供,乃以锥画,示有文字,或不时得也。(《魏志》卷六《董卓传》注引《魏书》)

汉家政权快将颠覆了,各地牧守遂割据州郡,拥兵称雄。他们何以能割据？因为他们有军队。他们何以有军队？因为农村崩溃，百姓流亡，社会有过剩劳动力。汉置正卒之制，本来采用征兵制度，在劳动力缺乏之时，统治者要组织军队，只有采用这个方法。因为人民既然都有劳动的机会，试问谁人愿意从军。统治者不能利用工资，雇用兵士，他们要组织军队，只有一个方法，即强制征召的方法，这样，征兵制度就成立了。但是土地兼并之后，许多农民被排斥于农村之外，成为流民，而使社会有了过剩劳动力，这个流民的存在就是佣兵制度成立的条件。由此可知统治者采用征兵制度或采用佣兵制度，乃看社会有没有流民。没有流民，只能采用征兵制度；流民过多，可以采用佣兵制度。但是在佣兵制度之下，人民当兵是为生活所迫，他们常预备卖给出价最高的人，谁肯拿出最高的金钱，谁便能收买最多的军队。国家的军队变为个人的私兵，于是军阀就有割据的工具。东汉末年，百姓饥穷，盗贼蜂起，固然人口减少了许多，但是社会经济已经完全破坏，而兵乱相承，民不安居，所以劳动力又发生了相对的过剩。他们流移就谷，中原人民或奔徐州。

    徐州百姓殷盛，谷米丰赡，流民多归之。（《魏志》卷八《陶谦传》）
    自京师遭董卓之乱，人民流移东出，多依彭城间。（《魏志》卷十《荀彧传》注引《曹瞒传》）

而青徐人民又南至扬州。

    汉末大乱，徐方士民多避难扬土。（《吴志》卷七《张昭传》）

北至幽州。

    （刘虞拜幽州。）青、徐士庶避黄巾之难，归虞者百余万口。（《后汉书》卷七十三《刘虞传》）

关中人民或奔汉中。

> 韩遂、马超之乱,关西民从子午谷奔之(张鲁,时据汉中)者数万家。(《魏志》卷八《张鲁传》)

或入益州。

> 南阳、三辅民数万户流入益州。(《后汉书》卷七十五《刘焉传》)

或就荆州。

> 关中膏腴之地,顷遭荒乱,人民流入荆州者十余万家。(《魏志》卷二十一《卫觊传》)

百姓流移就谷,而既无生产工具,当地谷价虽然低廉,亦必无力购买。他们要维持生活,只有投身于军队之中,于是各地牧守就将他们收编为军队。例如:

> (刘焉)领益州牧……初,南阳、三辅民数万户流入益州,焉悉收以为众,名曰"东州兵"。(《后汉书》卷七十五《刘焉传》)

这是军阀割据的原因。最初各地牧守以及地方豪强无不拥兵称雄,大者连郡国,中者婴城邑,小者聚阡陌。

> 董卓荡覆王室……家家思乱,人人自危,山东牧守……大兴义兵,名豪大侠、富室强族,飘扬云会,万里相赴……而山东大者连郡国,中者婴城邑,小者聚阡陌,以还相吞灭。(《魏志》卷二《文帝纪》黄初七年注引《典论》)

其势力较大者可列表如次。

东汉末年群雄割据表

据地	姓名	史略	最后归属	备考
司隶	曹操	灵帝末,袁绍为司隶校尉。董卓入洛阳,袁绍出奔冀州。继任司隶者有刘嚣、黄琬、李傕、韩暹等。建安元年,曹操谋迎天子,将兵诣洛阳,韩暹走死,诏以操领司隶校尉,曹操遂奏天子迁都许昌。	魏	《魏志》卷六《袁绍传》,参阅卷一《武帝纪》。
兖州	曹操	灵帝末,刘岱为兖州刺史。初平三年,黄巾贼寇兖州,岱战死。时曹操为东郡太守,州吏迎操,操遂领兖州。兴平二年,诏拜操为兖州牧。	魏	《魏志》卷一《武帝纪》。
徐州	陶谦	陶谦,丹阳人,少为诸生,仕州郡,举茂才,除卢令,迁幽州刺史,征拜议郎。会黄巾贼起,以谦为徐州刺史,击黄巾,破走之。董卓之乱,天子都长安,四方断绝,谦遣使间行致贡献,迁徐州牧。是时徐州百姓殷盛,谷米丰赡,百姓多归之。而谦背道任情,刑政失和。初平四年,曹操引兵击谦,攻拔十余城。兴平元年,操复往攻谦,谦病死。	魏	《魏志》卷八《陶谦传》。
	吕布	吕布,五原人,以骁武给并州刺史丁原为骑都尉。灵帝崩,原受何进召,将兵诣洛阳,为执金吾。会进败,董卓诱布杀原,而并其兵,布迁至中郎将。司徒王允密谋诛卓,使布为内应,布遂手刃刺卓。由是李傕等还攻长安城,布将数百骑出武关,陈留太守张邈迎布为兖州牧。曹操击破之于巨野,布东奔刘备,乘备东击袁术,袭取下邳,自称徐州刺史。建安三年,曹操自征布,布虽骁猛,然无谋而多猜忌,不能制御其党,故每战多败。曹操堑围之,布降,于是缢杀布。	魏	《魏志》卷七《吕布传》。
豫州	刘备	兴平元年,曹操引兵击陶谦,刘备往救,谦表备为豫州刺史。谦卒,备领徐州。建安元年,吕布袭下邳,备走归曹操,操以备为豫州牧。建安五年,备受献帝密诏,诛曹操,事觉,备东走青州,因袁谭以归袁绍,后又走依刘表。	魏	《蜀志》卷二《先主传》。

续　表

据地	姓名	史略	最后归属	备考
冀州	袁绍	袁绍，汝南人，高祖父安为汉司徒，自安以下，四世居三公位，由是势倾天下。绍有姿貌威容，能折节下士，士多附之。中平六年，为司隶校尉。董卓入洛阳，绍奔亡冀州。卓以袁氏树恩四世，门生故吏，遍于天下，乃拜绍勃海太守，绍遂以勃海起兵。初平二年，冀州牧韩馥见人情归绍，送印绶以让绍，绍遂领冀州牧。建安四年，击破公孙瓒，并其众，出长子谭为青州，又以中子熙为幽州，甥高干为并州。是时曹操已迎天子都许，绍欲令操徙天子都鄄城以自密近，曹操拒之。五年，绍简精卒十万，骑万匹，遣将攻许，大败于官渡。绍自军败后，发病，七年忧死，少子尚嗣。九年，曹操击破袁尚，尚走依袁熙，冀州平，操自领冀州牧。	魏	《魏志》卷六《袁绍传》。
幽州	公孙瓒	公孙瓒，辽西人，举孝廉，除辽东属国长史。会乌桓反叛，征讨有功，累迁至降虏校尉。灵帝末，刘虞为幽州牧，瓒与虞相持。初平四年，瓒破擒刘虞，尽有其地。瓒恃其才力，不恤百姓，州里善士名在其右者，必以法害之。常言衣冠皆以职分富贵，不谢人惠，故所宠爱类多商贩庸儿。所在侵暴，百姓怨之。建安四年，袁绍攻瓒，瓒兵败，自焚死。	魏	《魏志》卷八《公孙瓒传》。
幽州	袁熙	初平四年，袁绍私署中子熙为幽州刺史。建安四年，公孙瓒兵败自焚，袁熙尽有其地。九年，熙为其将焦触所攻，奔辽西乌桓，触自称幽州刺史，驱率诸部太守令长，背袁向曹，幽州遂为曹操所有。后熙及其弟尚奔辽东，为公孙康所杀。	魏	《魏志》卷六《袁绍传》。
辽东	公孙度	公孙度，辽东人，少为郡吏，后举有道，为尚书郎，稍迁冀州刺史。灵帝中平六年，董卓荐度为辽东太守。初平元年，自立为辽东侯平州牧。建安九年，度死，子康嗣位，康死，子晃渊皆小，众立康弟恭，为辽东太守。魏明帝太和二年，渊胁夺恭位。景初元年，自立为燕王。二年，魏遣司马懿击灭之，斩渊。	魏	《魏志》卷八《公孙度传》。

续 表

据地		姓名	史略	最后归属	备考
青州		袁谭	灵帝末,焦和为青州刺史。初平元年,举兵讨董卓,寻卒。袁绍使臧洪领青州,三年徙为东郡太守,四年私署长子谭为青州刺史。建安十年,曹操击斩之。	魏	《魏志》卷六《袁绍传》、卷七《臧洪传》。
并州		高干	灵帝末,董卓为并州刺史,卓举兵入京,仍领并州。初平三年,卓伏诛。四年,袁绍私署外甥高干为并州刺史。建安十一年,曹操击破其军斩之。	魏	《魏志》卷六《袁绍传》,参阅卷六《董卓传》。
凉州		马腾	马腾,扶风人,灵帝末,与韩遂俱起事于西州,汉朝以腾为征西将军,遂为镇西将军。后腾与韩遂不和,求还京畿,于是征为卫尉,以其子超领腾部曲。建安十六年,曹操与马超战于渭南,超大败,南走蜀,关西平,马腾伏诛。	魏	《蜀志》卷六《马超传》。
益州	益州	刘焉	刘焉,江夏人,少仕州郡,举贤良方正,累迁至太常。焉见灵帝政治衰缺,王室多故,乃建议选清名重臣,以为牧伯,镇安方夏,遂出为益州牧。兴平元年卒,州大吏立焉子璋为益州刺史,诏书因以璋为益州牧。建安十六年,璋遣使请刘备入蜀。十九年,刘备进攻成都,璋降。	蜀	《蜀志》卷一《刘焉刘璋传》。
	汉中	张鲁	张鲁,沛国人,祖父陵客蜀,造作道书,以惑百姓,从受道者出五斗米,故世号米贼。陵死,子衡行其道。衡死,鲁复行之。初平元年,益州牧刘焉以鲁为督义司马,将兵击汉中太守苏固,鲁遂据汉中,以鬼道教民,自号师君。建安二十年,曹操拔汉中,张鲁降,封阆中侯。二十四年,刘备又攻取汉中。		《魏志》卷八《张鲁传》。
荆州	南阳	张绣	张绣,武威人,骠骑将军张济族子。绣随济以军功稍迁至建忠将军。济死,绣领其众,屯宛。曹操比年攻之,不克。及曹袁战于官渡之时,绣以众降操。	魏	《魏志》卷八《张绣传》。

续表

据地		姓名	史略	最后归属	备考
荆州		刘表	刘表,山阳人,以大将军掾为北军中候。初平元年,荆州刺史王睿为孙坚所杀,诏以表为荆州刺史。李傕、郭汜入长安,欲连表为援,乃以表为镇南将军、荆州牧。表虽外貌儒雅,而心多疑忌。建安十三年,曹操征表,未至,表病死,少子琮嗣,以荆州降操。及操败于赤壁,荆州之地遂为吴蜀瓜分。二十四年,关羽北伐襄樊,吴发兵袭羽,斩之,遂定荆州。	吴	《魏志》卷六《刘表传》。
扬州	淮南	袁术	袁术,司空逢子,绍之从弟也。举孝廉,除郎中,后为虎贲中郎将。董卓入洛阳,术出奔南阳。会长沙太守孙坚杀南阳太守张咨,术得据其郡,引兵入陈留。曹操大破术军,术以余众奔九江,杀扬州刺史陈温,领其州。兴平二年,遂僭号,置公卿,祠南北郊,荒侈滋甚,后宫数百,皆服绮縠,余梁肉,而士卒冻馁,江淮间空尽,人民相食。建安二年,曹操大破术军。四年,术因资实空尽,士卒散走,忧懑不知所出,欲北至青州,从袁谭,道病死。	吴	《魏志》卷六《袁术传》。
	江东	孙策	初平四年,袁术杀扬州刺史陈温,领其州,治寿春。兴平元年,朝廷又命刘繇为扬州刺史,治曲阿。二年,孙策击刘繇,繇败走,策遂取丹杨吴郡。建安元年,取会稽。四年,袁术死,策又克庐江,下豫章,而分豫章为庐陵,是为江东六郡。五年,策死,弟权袭其余业。		《吴志》卷一《孙策传》,参阅《魏志》卷六《袁术传》。

这正如王粲所说,"当此之时,家家欲为帝王,人人欲为公侯"(《魏志》卷二十一《王粲传》注引《文士传》),而"绍(袁绍)众最盛,豪杰多向之"(《魏志》卷十二《鲍勋传》注引《魏书》)。他们互相攻战,最后中原之地只存留袁绍与曹操两个势力。他们两人出身不同,袁氏自袁安以下,四世居三公之位,"门生故吏遍于天下"(《魏志》卷六《袁绍传》)。而曹操则为"奸阉遗丑",父嵩乃中常侍曹腾之养子,世人"莫能审其生出本末"(《魏志》卷一《武帝纪》)。东汉之世,勋臣外戚,金貂相继,

膏腴见重，已经成为一代风气。而阉宦剥削萌黎，残害忠良，又为世人所共愤。这种境况甚有利于袁绍，所以一旦倡义，天下豪杰莫不依附。

袁氏树恩四世，门生故吏遍于天下……初平元年，袁绍遂以勃海起兵……以讨卓为名……董卓闻绍起山东，乃诛绍叔父隗，及宗族在京师者，尽灭之……是时豪杰既多附绍，且感其家祸，人思为报，州郡蜂起，莫不以袁氏为名。(《后汉书》卷七十四上《袁绍传》)

但两人平日的履行又有差别。袁绍"折节下士，士多附之"(《魏志》卷六《袁绍传》)。曹操"放荡而不治行业，世人未之奇也"(《魏志》卷一《武帝纪》)。东汉时代乡党清议往往可以左右人生的一世运命。汝南月旦号称平允，许劭鄙曹操为人，不肯品藻(《后汉书》卷六十八《许劭传》)。袁绍"弱冠登朝，播名海内"(《后汉书》卷七十四上《袁绍传》)，这种声望亦有利于袁绍，其名重天下，而能招徕英俊，是自少已然的。

袁绍有姿貌威容，爱士养名，既累世台司，宾客所归，加倾心折节，莫不争赴其庭。士无贵贱，与之抗礼，辎軿柴毂，填接街陌。(《后汉书》卷七十四上《袁绍传》)

但是曹操善于改造环境。他自己说：

孤始举孝廉，年少，自以本非岩穴知名之士，恐为海内人之所见凡愚，欲为一郡守，好作政教，以建立名誉，使世士明知之。故在济南，始除残去秽，平心选举，违忤诸常侍，以为强豪所忿，恐致家祸，故以病还。(《魏志》卷一《武帝纪》建安十五年注引《魏武故事》)

他是宦官之孙，所以一经为吏，就棒杀阉宦家人。

太祖年二十，举孝廉为郎，除洛阳北部尉，迁顿丘令。初入尉廨，缮治四门，造五色棒，县门左右，各十余枚，有犯禁者，不避豪强，皆棒杀之。后数月，灵帝爱幸小黄门蹇硕叔父夜行，即杀之，京都敛迹，莫敢犯者。近习宠臣咸疾之，然不能伤，于是共称荐之，故迁为顿丘令。《魏志》卷一《武帝纪》注引《曹瞒传》

及拜为议郎，复上书剖陈窦武、陈蕃正直无辜。

　　（太祖）征拜议郎。先是大将军窦武、太傅陈蕃谋诛阉官，反为所害。太祖上书陈武等正直而见陷害，奸邪盈朝，善人壅塞，其言甚切。《魏志》卷一《武帝纪》注引《魏书》

这种作风不但可以增加个人的身价，而且可以洗涤家族的臭声，所以袁绍倡议于冀州，海内英雄群起响应之际，曹操以阉宦子孙，而能成为重要角色。此后运筹演谋，倏忽之间就与袁绍成为对垒之势。他们两人性格不同，曹操"少机警，有权数，而任侠放荡，不治行业"《魏志》卷一《武帝纪》。袁绍"外宽雅有局度，忧喜不形于色，而内多忌害"《魏志》卷六《袁绍传》。这两种不同的性格便和刘项一样，决定了两人的成败。荀彧对曹操说：

　　今与公争天下者唯袁绍尔。绍貌外宽而内忌，任人而疑其心；公明达不拘，唯才所宜，此度胜也。绍迟重少决，失在后机；公能断大事，应变无方，此谋胜也。绍御军宽缓，法令不立，士卒虽众，其实难用；公法令既明，赏罚必行，士卒虽寡，皆争致死，此武胜也。绍凭世资，从容饰智，以收名誉，故士之寡能好问者多归之；公以至仁待人，推诚心不为虚美，行己谨俭，而与有功者无所吝惜，故天下忠正效实之士咸愿为用，此德胜也。《魏志》卷十《荀彧传》

郭嘉亦批评袁曹的长短，以为袁有十败，曹有十胜，兹只举四点如次：

绍外宽内忌，用人而疑之，所任唯亲戚子弟；公外易简而内机明，用人无疑，唯才所宜，不间远近，此度胜四也。绍多谋少决，失在后事；公策得辄行，应变无穷，此谋胜五也。绍因累世之资，高议揖让，以收名誉，士之好言饰外者多归之；公以至心待人，推诚而行，不为虚美，以俭率下，与有功者无所吝，士之忠正远见而有实者，皆愿为用，此德胜六也。绍见人饥寒，恤念之，形于颜色，其所不见，虑或不及也，所谓妇人之仁耳；公于目前小事，时有所忽，至于大事，与四海接，恩之所加，皆过其望，虽所不见，虑之所周，无不济也，此仁胜七也。（《魏志》卷十四《郭嘉传》注引《傅子》）

杨阜亦谓：

袁公宽而不断，好谋而少决，不断则无威，少决则失后事，今虽强，终不能成大业。曹公有雄才远略，决机无疑，法一而兵精，能用度外之人，所任各尽其力，必能济大事者也。（《魏志》卷二十五《杨阜传》）

袁绍"好谋而少决"，《吴子》（第三篇《治兵》）云："用兵之害，犹豫最大；三军之灾，生于狐疑。"袁绍遇到大事，往往不能当机立断。《尉缭子》（第七篇《十二陵》）云："悔在于任疑，偏在于多私，不祥在于恶闻己过。"此三患者袁绍均有之。案袁绍所恃以号召天下者乃是四世三公，这个名义须以汉帝的存在为前提。天子播越，袁绍首倡义兵，理应奉迎大驾，表示勤王，挟天子而令诸侯，蓄士马以讨不庭。当李傕、郭汜交战长安，天子东迁而至安邑之时，沮授曾劝袁绍迎天子于邺。顾袁绍乃欲帝制自为，不愿受制于汉帝，竟然不从沮授之言。

（兴平二年）沮授说绍曰："将军累叶台辅，世济忠义，今朝廷播越，宗庙残毁，观诸州郡，虽外托义兵，内实相图，未有忧存社稷，恤人之意。且今州域粗定，兵强士附，西迎大驾，即宫邺都，挟天子而令诸侯，畜士马以讨不庭，谁能御之？"（绍将从其计。）颍川郭图、淳于琼曰："汉室陵迟，为日久矣，今欲兴之，不亦难乎？且英雄并起，各据州郡，连徒聚众，动有万计,所谓秦失其鹿,先得者王。今迎天子,动辄表闻,从之则权轻,违之则拒命,非计之善者也。"授曰:"今迎朝廷,于义为得,于时为宜,若不早定,必有先之者焉。夫权不失几,功不厌速,愿其图之。"绍不从。(《后汉书》卷七十四上《袁绍传》)

于是天子遂为曹操所奉迎,徙都许昌。

(建安元年)汉献帝自河东还洛阳,太祖议奉迎都许,或以山东未平,韩暹、杨奉……未可卒制。(荀)或劝太祖曰:"昔高祖东伐,为义帝缟素,而天下归心。自天子播越,将军首倡义兵,徒以山东扰乱,未能远赴关右,然犹分遣将帅,蒙险通使,虽御难于外,乃心无不在王室,是将军匡天下之素志也。今车驾旋轸,义士有存本之思,百姓感旧而增哀,诚因此时奉主上以从民望,大顺也。秉至公以服雄杰,大略也。扶弘义以致英俊,大德也。天下虽有逆节,必不能为累,明矣。韩暹、杨奉其敢为害?若不时定,四方生心,后虽虑之无及。"太祖遂至洛阳,奉迎天子都许。(《魏志》卷十《荀彧传》)

到了曹操围攻张绣,田丰亦劝袁绍偷袭许昌,迎天子以令诸侯。

田丰使绍早袭许,若挟天子以令诸侯,四海可指麾而定。(《魏志》卷一《武帝纪》建安三年注引《献帝春秋》)

而袁曹交锋于官渡之际,许攸复请偷袭许,迎立汉帝。

许攸说绍曰:"公无与操相攻也。急分诸军持之,而径从他道迎天子,则事立济矣。"绍不从。(《魏志》卷一《武帝纪》建安五年注引习凿齿《汉晋春秋》)

袁绍均迟疑不决,于是天子遂为曹操的工具。曹操虽挟天子以令诸侯,而建安元年袁绍已经东并青州,西取并州,而曹操的势力尚甚薄弱。徐州有吕布,雄据下邳;荆州有张绣,盘踞南阳。曹操东忧吕布,西虑张绣,而最怕的还是袁绍乘机进兵关中,勾结凉州军人,诱羌胡,连蜀汉,而压迫河南之地。但是袁绍乃按兵不动,又失掉了一个良机。

然太祖曰:"然。吾所惑者,又恐绍进扰关中,乱羌胡,南诱蜀汉,是我独以兖、豫抗天下六分之五也。"(《魏志》卷十《荀彧传》)

到了袁曹平分关东之地,袁绍有幽冀青并,惟辽东尚为公孙度所据。曹操有司兖徐豫,而关中则为凉州军人的势力范围。然而天下形势尚复有利于袁绍。冀并之地俯视中原,居高负险,有建瓴之势。自古以来,中原之祸不是来自关中,就是来自河北。三晋由并州蚕食郑宋,光武由冀州略定河洛,冀并可以制河南之命,自古已然。然而袁氏私心太重,除自领冀州之外,出长子谭为青州,中子熙为幽州,甥高干为并州(《魏志》卷六《袁绍传》)。《六韬》(第十三篇《发启》)云:"取天下者若逐野兽,而天下皆有分肉之心。"天下未定,竟然大封诸子及外甥。昔者,郦食其曾劝刘邦立六国后,张良曰:"且天下游士离其亲戚,弃坟墓,去故旧,从陛下游者,徒欲日夜望咫尺之地。今复六国,立韩、魏、燕、赵、齐、楚之后,天下游士各归事其主……陛下与谁取天下乎?"(《史记》卷五十五《留侯世家》)六国之后尚不可立,更何可"孤欲诸儿各据一州"(《魏志》卷六《袁绍传》)?抑有进者,曹操初得司隶之时,势力并不雄厚,而河南又是四战之地,凡欲取得天下者,河南在所必争;到了天下既定,而欲守在河南,又岌岌有必亡之势。曹操虽领司隶校尉,而其根据却是兖州。

(荀)彧曰:"昔高祖保关中,光武据河内,皆深根固本,以制天下,进足以胜敌,退足以坚守,故虽有困败,而终济大业。将军本以兖州首事,平山东之难,百姓无不归心悦服。且河济天下之要地也,今虽残毁,犹易以自保,是亦将军之关中、河内也,不可以不先定。"(《魏志》卷十《荀彧传》)

其所以迁献帝建都于许昌,不是因为许昌"北限大河,曾无溃溢之患;西控虎牢,不乏山溪之阻;南通蔡、邓,实包淮、汉之防"(《读史方舆纪要》卷四十七《许州》),而是因为洛阳遭董卓之乱,"城内扫地殄尽"(《魏志》卷六《董卓传》注引《续汉书》),"数百里内无烟火"(《吴志》卷一《孙坚传》)。而且建安九年以前,袁氏在邺。邺都雄固,北蔽燕赵,南压区夏,战国时,赵用此以拒秦,秦亦由此以并赵,而"自古用兵,以邺而制洛也常易,以洛而制邺也常难"(《读史方舆纪要》卷四十六《河南序》)。形势如此,所以曹操不能不稍避袁绍之锋。

河南之地虽然残破,而由军事眼光观之,尚甚重要。袁绍不知河南之必当取,而竟坐视司隶之地尽归曹操。而既归曹操之后,倘能从田丰之策,利用河山之固,坚兵自守,同时简择精锐,分为奇兵,乘虚迭出,以扰河南,则不必决战,曹操亦将疲于奔命。

> (田丰)谏绍曰:"……将军据山河之固,拥四州之众,外结英雄,内修农战,然后简其精锐,分为奇兵,乘虚迭出,以扰河南,救右则击其左,救左则击其右,使敌疲于奔命,人不得安业,我未劳而彼已困,不及三年,可坐克也。"……绍不从。(《魏志》卷六《袁绍传》,参阅《后汉书》卷七十四上《袁绍传》)

田丰之策即《孙子》(第六篇《虚实》)所说:"吾所与战之地不可知。不可知,则敌所备者多。敌所备者多,则吾所与战者寡矣。故备前则后寡,备后则前寡。备左则右寡,备右则左寡。无所不备,则无所不寡。"亦即《吴子》(第三篇《治兵》)所说:"以近待远,以佚待劳,以饱待饥……左而右之,前而后之,分而合之,结而解之。"多用疑兵,使敌人疲于奔命。袁绍计不出此,既听田丰之言,以为沮众,怒甚,械系之。动师十万,进攻许昌,经黎阳,渡延津,而大败于官渡。

> 绍军既败,或谓丰曰:"君必见重。"丰曰:"若军有利,吾必全。今军败,吾其死矣。"绍还,谓左右曰:"吾不用田丰言,果为所笑。"遂杀之。(《魏志》卷六《袁绍传》)

袁绍之杀田丰令人想到汉高之封刘敬为侯①。凡欲取天下者，不但须有取天下之才，且须有取天下之虑，更须有取天下之量。就才说，就虑说，就量说，袁绍均不如曹操。其终归失败，愁恨而死，诸子争立，而令曹操乘机兼并了四州之地。

当曹袁角逐于中原之时，孙策也平定了江东六郡。孙策雄才大略，其志乃欲"举江东之众，决机于两阵（袁与曹）之间，与天下争衡"，并不愿单单"举贤任能，各尽其志，以保江东"。当曹袁"相拒于官渡，策阴欲袭许，迎汉帝，密治兵，部署诸将，未发，会为刺客所杀"（《吴志》卷一《孙策传》）。策死，弟权袭位，兵精粮多，将士用命。

> （孙权）承父兄余资，兼六郡之众，兵精粮多，将士用命，铸山为铜，煮海为盐，境内富饶，人不思乱。《吴志》卷九《周瑜传》注引《江表传》

在吾国古代，凡欲统一全国者，须先统一北方，而欲统一北方，又须攫取关中。顾祖禹云："陕西据天下之上游，制天下之命者也。""往者商以六百祀之祚，而亡于百里之歧周。战国以八千里之赵、魏、齐、楚、韩、燕，而受命于千里之秦，此犹曰非一朝一夕之故也。若夫沛公起自徒步，入关而王汉中，乃遂收巴蜀，定三秦，五年而成帝业。"（《读史方舆纪要·陕西序》）光武起兵舂陵，既定河北，南取洛阳。此时关中受了赤眉之祸，民庶离心，隗嚣既不能早图三辅，公孙述亦不能蚕食秦地，而令光武取得关中，成就了中兴之业。隋末，杨玄感举兵之际，李密曾劝其入据秦地（《新唐书》卷八十四《李密传》）；李密起事之时，柴孝和亦劝其疾趋关中（《新唐书》卷八十四《李密传》）。但是他们两人均欲先取洛阳。这个时候，乘机入据三辅者则为起自太原的李渊。李渊南收巴蜀，西定凉州，遂

---

① 汉七年，匈奴攻马邑，高帝自往击之，娄敬以为匈奴不可击。是时汉兵三十万众已行，上怒骂敬曰，齐虏妄言沮吾军。械系敬广武，遂往至平城。匈奴果出奇兵，围高帝白登七日，然后得解。高帝至广武，赦敬，曰吾不用公言，以困平城。乃封敬二千户，为关内侯，号建信侯（《汉书》卷四十三《娄敬传》）。娄敬与田丰均言敌不可击，皆被械系，高帝与袁绍亦均败绩，而娄敬封侯，田丰被杀，盖高祖豁达大度，而绍"恶闻己过"。两人之成败，观此一事，即可知之。

以上流之势，由关中以制中原，由巴蜀以制荆扬，而统一了天下，顾祖禹说：

> 夫江南所恃以为固者，长江也，而四川据长江上游，下临吴楚，其势足以夺长江之险。河北所恃以为固者，黄河也，而陕西据黄河上游，下临赵、代，其势足以夺黄河之险。是川、陕二地常制南北之命也。（《读史方舆纪要》卷五十二《陕西一》）

袁氏灭亡之时，固然"韩、马之徒尚狼顾关右"（《魏志》卷十《贾诩传》注），即"马超、韩遂尚在关西，为操后患"（《吴志》卷九《周瑜传》），然而"关中将帅以十数，莫能相一"（《魏志》卷十《荀彧传》）。曹操若能进兵三辅，南取汉中，以窥巴蜀，待蜀汉平定之后，再耀兵荆扬，则天下大势也许会有一番变动。但是曹操所忌者乃寄居荆州的刘备及奄有江东的孙权。而据荆州者则为刘表，"表虽外貌儒雅，而心多疑忌"（《魏志》卷六《刘表传》），当"曹操与袁绍相持于官渡，绍遣人求助，表许之不至，亦不援曹操，且欲观天下之变"，"拥兵十万，坐观成败"，而不能"起乘其敝"（《后汉书》卷七十四下《刘表传》），这种打算本不足大有为于天下。为曹操计，与其南击刘表，不如西入关中。顾曹操平定袁氏之后，乃急急讨伐刘表。曹军未至，表卒，子琮以荆州降。这对于操固然是意外的收获，倘若曹操不想南下，暂守荆州江北诸地，转兵西向，取汉中，下巴蜀，则天下形势，实难预测。而操乃进军江陵，于是形势为之一变。刘备穷无所归，遂思作困兽犹斗之事，而孙权能够保全江东，又恃长江之险。江陵沦亡，江东六郡居于下游，也必感觉危险。利害的一致促成两雄的结合，大败操于赤壁之下，曹军不能南下，遂成为定局。

> 建安十三年，曹操南击刘表……表卒……会曹操军至……琮遂举州降……时刘备屯樊……大惊骇……将其众去……操以江陵有军实，恐刘备据之，乃释辎重，轻军到襄阳，闻备已过，操将精骑五千急追之……备到夏口，曹操进军江陵……诸葛亮谓刘备曰："事急矣，请奉命求救于孙将军。"……亮见权于柴桑，说权曰："曹操之军远来疲敝……且北方之人不习水战……今将军诚能命猛将统兵数万，与豫州（刘备）协规同力，破

曹军必矣,操军破,必北还,如此则荆吴之势强,鼎足之形成矣。"……权大悦,与其群下谋之……长史张昭等曰:"将军大势可以拒操者长江也。今操得荆州,奄有其地。刘表治水军,蒙冲斗舰乃以千数,操悉浮以沿江,兼有步兵,水陆俱下,此为长江之险已与我共之矣……愚谓大计不如迎之。"……鲁肃曰:"向察众人之议,专欲误将军……愿早定大计,莫用众人之议也。"……肃劝权召周瑜还。瑜至,谓权曰:"操舍鞍马,仗舟楫,与吴越争衡,今又盛寒,马无藁草,驱中国士众,远涉江湖之间,不习水土,必生疾病,此数者用兵之患也,而操皆冒行之……瑜保为将军破之。"……遂以周瑜、程普为左右督,将兵与备并力逆操……与操遇于赤壁……瑜部将黄盖取蒙冲斗舰十艘,载燥荻枯柴,灌油其中,裹以帷幕,上建旌旗……诈云欲降……盖去北军二里余,同时发火,火烈风猛,船往如箭,烧尽北船,延及岸上营落……北军大败……死者甚众……刘备、周瑜水陆并进……时操军兼以饥疫,死者大半,操乃引军北还。(《资治通鉴》卷六十五汉献帝建安十三年)

荆州之地本有七郡,曹操大败于赤壁之后,刘备得南郡、零陵、武陵、长沙,孙权得江夏、桂阳,而南阳和南郡的襄阳一带之地尚属于操。周瑜亦三国时代的杰出人才,赤壁战争之后,瑜曾有一种计划,一方进兵四川,直捣汉中,以窥秦地,同时进据襄阳,以瞰洛阳。不幸壮志未酬,即行病卒。

瑜乃诣京见权曰:"今曹操新折衄,方忧在腹心,未能与将军连兵相事也。乞与奋威(孙瑜)俱进取蜀,得蜀而并张鲁,因留奋威固守其地,好与马超结援。瑜还,与将军据襄阳,以蹙操,北方可图也。"权许之,瑜还江陵为行装,而道于巴丘,病卒。(《吴志》卷九《周瑜传》)

当孔明躬耕南阳,初见刘备之时,亦曾定了这种战略。他对刘备说:

(将军)若跨有荆益……天下有变,则命一上将,将荆州之军,以向宛、洛。将军身率益州之众，出于秦川，百姓孰敢不箪食壶浆以迎将军者乎？诚如是，则霸业可成，汉室可兴矣。《蜀志》卷五《诸葛亮传》）

由此可知欲由南方，北进中原，汉中、襄阳乃极重要之地。吴固不能越荆而取蜀，但周瑜之策亦不可不为之防，所以周瑜一死（建安十五年），刘备就乘机入蜀（建安十六年，刘璋迎刘备入蜀。十九年，刘备进围成都，刘璋降），戡定汉中（建安二十四年之春），于是曹操统一海宇的希望便难实现。中原萧条，百里无烟。汉末大乱，巴蜀受祸甚轻，欲由北方取得巴蜀，须先取得汉中。当时据巴蜀者为刘璋，据汉中者为张鲁，刘璋、张鲁才非人雄。曹操于建安十六年平定关中，若能进兵汉中，收用巴蜀，则刘备将无立足之地，而蜀汉之甲，轻舟而下，又可以威胁荆扬的安全。曹操不此之务，乃迟至建安二十年，即刘备取得益州之后，方取汉中。当此之时，"蜀中一日数十惊，刘备虽斩之，而不能止"（《魏志》卷十《贾诩传》注）。刘晔、司马懿均曾劝操进击蜀地，曹操不欲得陇望蜀，遂失席卷的机会。

> 刘晔进曰："今举汉中，蜀人望风破胆……蜀人震恐，其势自倾，以公之神明，因其倾而压之，无不克也……今不取，必为后忧。"太祖不从。（《魏志》卷十四《刘晔传》）
> 宣帝（司马懿）从讨张鲁，言于魏武曰："刘备以诈力虏刘璋，蜀人未附，而远争江陵，此机不可失也。今若曜威汉中，益州震动，进兵临之，势必瓦解，因此之势，易为功力。圣人不能违时，亦不能失时矣。"魏武曰："人苦无足，既得陇右，复欲得蜀！"言竟不从。（《晋书》卷一《宣帝纪》）

而又派勇而无谋之将留守汉中，卒致汉中又归刘备所有，这是曹操的失策。

> （法）正说先主曰："曹操一举而降张鲁，定汉中，不因此势以图巴、蜀，而留夏侯渊、张郃屯守，身遽北还，此非其智不逮而力不足也，必将内有忧偪故耳。今策渊、郃才略，不胜国之将帅，举众往讨，则必可克之。克之之日，广农积谷，观衅伺隙，上可以倾覆寇敌，尊奖王室，中可以蚕食雍、凉，广

拓境土,下可以固守要害,为持久之计。此盖天以与我,时不可失也。"先主善其策,乃率诸将进兵汉中……二十四年,大破渊军,渊等授首。(《蜀志》卷七《法正传》)

南北朝时封子绘曾说:"昔魏祖之平汉中,不乘胜而取巴蜀,失在迟疑,悔而无已。"(《北齐书》卷二十一《封子绘传》)但是曹操不欲得陇望蜀,必有理由。法正谓为"必将内有忧偪故耳",内忧之事,史未之言,至于外患似有其事。建安二十年,三月曹操进攻张鲁,十一月鲁降,十二月曹操留夏侯渊屯汉中。是年八月,孙权围合肥(参阅《魏志》卷一《武帝纪》),虽然无功而还,而曹操对此必有戒心。即此时曹操所忧者乃吴之进攻中原,刘备新得蜀地,力未足以争汉中,曹操不此之虑,固有理由。果然,刘备迟至建安二十四年之春,才进取汉中。但是刘备并未利用当时形势,既派关羽坐镇江北,而未曾佐以谋臣策士。关羽不知持久之计,其进攻樊城是在建安二十四年七八月之间,此时汉中已归刘备所有,刘备且说,"曹公虽来,无能为也"(《蜀志》卷二《先主传》建安二十四年),则关羽动兵之非牵制曹操争夺汉中,事之至明。按三国初期,知吴蜀必须合作,以抗曹操者,在吴为鲁肃,在蜀为诸葛亮。当鲁肃屯陆口,关羽守江陵,"羽与肃邻界,数生狐疑,疆场纷错,肃常以欢好抚之"(《吴志》卷九《鲁肃传》)。建安二十二年,肃卒,吕蒙代领其众,亦屯陆口。吕蒙与鲁肃不同,"知羽骁雄,有并兼心,且居国上流,其势难久"(《吴志》卷九《吕蒙传》)。关羽不知卧榻之侧已有强敌觊觎,竟然进攻樊城(樊城与襄阳隔汉水对峙)。虽然是"威震华夏,曹公议徙许都,以避其锐"(《蜀志》卷六《关羽传》),所谓"议徙许都",乃因"汉帝在许,近贼(指关羽),欲徙都"①,但许昌离襄樊甚远,羽军虽盛,亦不能越洛阳而慑许昌。曹操善于用兵,这无非出于《孙子》所谓"能而示之不能"(《孙子》第一篇《始计》),使敌人得意忘形。关羽果然任气用事,不知《吴子》(第四篇《论将》)所说"虽克如始战"之理,乃如陆逊之言:"始有大功,意骄志逸。"(《吴志》卷十三《陆逊传》)吾观关

---

① 《魏志》卷十四《蒋济传》,据《晋书》卷一《宣帝纪》,是时汉帝都许昌,魏武以为近贼,欲迁河北,以懿谏而止。

羽为人，不过一介骁将而已，实难独当一面，马超来降，"羽以书与诸葛亮，问超人才可比谁类。亮知羽护前，乃答之曰，孟起（超字）一世之杰，犹未及髯（关羽）之绝伦逸群也。羽省书大悦，以示宾客"（《蜀志》卷六《关羽传》）。刘备为汉中王，以"关羽为前将军，黄忠为后将军。羽闻黄忠位与己并，怒曰，大丈夫终不与老兵同列，不肯受拜"，幸有费诗劝解，羽始受印绶（《资治通鉴》卷六十八建安二十四年）。史谓"羽骄于士大夫"（《蜀志》卷六《张飞传》），性格如斯，何能与同僚协和。《吴子》（第一篇《图国》）云："不和于国，不可以出军。"当关羽发兵以围樊城之时，"南郡太守糜芳在江陵，将军傅士仁屯公安，素皆嫌羽轻己。羽之出军，芳仁供给军资，不悉相救。羽言，还当治之。芳仁咸怀惧不安，于是孙权阴诱芳仁，芳仁使人迎权"（《蜀志》卷六《关羽传》）。吴蜀尚未交战，羽之后路已经断绝，虽欲引军退还，亦不可能了。吴之偷袭关羽，亦因"羽矜其骁气，陵轹于人"（《吴志》卷十三《陆逊传》）。所以王船山说："先主终用羽者，以同起之恩私，矜其勇而见可任，而不知其忮吴怒吴，激孙权之降操。"（《读通鉴论》卷九《汉献帝》）"先是权遣使为子索羽女，羽辱其使，不许婚，权大怒。"（《蜀志》卷六《关羽传》）到了羽围樊城，擒得于禁等，又因孙权之不出兵来助，复"骂曰，貉子敢尔，如使樊城拔，吾不能灭汝耶？权闻之知其轻己"（《蜀志》卷六《关羽传》注引《典略》）。其实荆州之地居长江上流，其势可以威胁吴国，吴非取得荆州，由夏口而至建业均岌岌可危。孙权不愿关羽得志，由政治地理观之，是必然的。"荆吴虽外睦而内相猜防。"（《蜀志》卷六《关羽传》裴松之注）所以司马懿、蒋济"以为关羽得志，孙权必不愿也，可遣人劝权蹑其后，许割江南以封权，则樊围自解，曹公从之"（《蜀志》卷六《关羽传》）。于是孙权又联合曹操，用吕蒙之计，大败关羽于樊城，而得了荆州。

（建安二十四年，关）羽自率众攻曹仁于樊……大霖雨，汉水溢，平地数丈，于禁等七军皆没……自许以南，往往遥应羽。羽威震华夏，操议徙许昌，以避其锋。司马懿、蒋济言于操曰："关羽得志，权必不愿也，可遣人劝权蹑其后，许割江南以封权，则樊围自解。"操从之……吕蒙以为羽素骁雄，有兼并之心，且居国上流，其势难久。密言于权曰："今操远在河北,抚集幽冀,未暇东顾,不如取羽,全据长江,形势益张,易为守也。"权善之……吕蒙(时为将军,屯陆口,与关羽分土接境)上疏曰:"羽讨樊而多留备兵,必恐蒙图其后故也。蒙常有病,乞还建业,以治病为名,羽闻之,必尽备兵,尽赴襄阳。大军浮江昼夜驰上,袭其空巢,则南郡可下,而羽可擒也。"遂称病笃,权乃露檄召蒙还……蒙至都,权问:"谁可代卿者?"蒙对曰:"陆逊才堪负重,而未有远名,非羽所忌。若用之,当令外自韬隐,内察形势,然后可克。"权乃召逊以代蒙。逊至陆口,为书与羽,称其功美,深自谦抑,为尽忠自托之意。羽意大安,稍撤兵以赴樊……权闻之,遂发兵袭羽……获羽……斩之,遂定荆州。(《资治通鉴》卷六十八汉献帝建安二十四年)

吾人读《通鉴》此段记载,不禁深叹羽非大将之才。《孙子》(第一篇《始计》)云:"兵者诡道也,强而避之,卑而骄之,攻其无备,出其不意,此兵家之胜,不可先传也。"果然,关羽全军覆败,蜀之不能成就帝业,关羽要负大半责任。

建安二十四年冬十月,刘备失去荆州。二十五年春正月,曹操死于洛阳,子丕嗣位为丞相,改元延康元年。在曹操未死以前,政权已由许昌移于邺城。汉帝以许昌为都,曹操则居邺城。许昌有名义上的中央政府,邺城有实际上的权力机构,所以曹丕袭位,不及一年,就能高拱而窃天位。延康元年十一月,汉帝禅位于丕,国号曰魏,改延康元年为黄初元年,迁都洛阳。其禅让程序与形式为晋及南朝所模仿,兹试列表如次:

魏受汉禅表[①]

程序	详情
建国	建安十八年,天子以冀州十郡封曹操为魏公。诏曰,……此又君之功也,此又君之功也,共举十大功勋。二十一年,天子进魏公操爵为魏王。二十二年,天子命魏王操设天子旌旗,出入称警跸。

[①] 此表据《魏志》卷一《武帝纪》、卷二《文帝纪》。

续表

程序	详　情
设官	魏国的职官与汉朝无异,有相国(建安十八年置)、太尉(二十五年置)、御史大夫(十八年置)、大将军(二十五年置)、前后左右将军(二十一年置)、奉常(二十一年置)、郎中令(十八年置)、卫尉(二十二年置)、太仆(十八年置)、大理(十八年置)、大鸿胪(二十一年置)、宗正(二十一年置)、大农(十八年置)、少府(十八年置)、中尉(十八年置)、尚书(十八年置)、侍中(十八年置)等官。《魏志》卷九《夏侯惇传》注引《魏略》,时诸将皆受魏官号,惇独汉官,乃上疏自陈不当不臣之礼。太祖曰,区区之魏,而臣足以屈君乎?惇固请,乃拜为将军。是时汉都许昌,魏都邺,一切政令均由邺发布,所以曹操未死以前,魏国已经夺取汉廷之权,汉之公卿不过备员而已。
受禅	建安二十五年正月,魏王操薨,子丕嗣位。十月,汉帝以众望在魏,乃召群公卿士,告祠高庙,遣使持节奉玺绶,禅位于魏。

曹丕受禅之时,曾对群臣说:"舜禹之事,吾知之矣。"(《魏志》卷二《文帝纪》黄初元年注引《魏世春秋》)魏晋以前,每朝天子均以力征而得天下,曹操奋身于董卓肆凶之际,芟刈群雄,几平海内,他说:"设使国家无有孤,不知当几人称帝,几人称王。"(《魏志》卷一《武帝纪》建安十五年注引《魏武故事》)汉祚能够延长三十余年之久,实赖曹操之力。其所以不敢正位,不是因为人心思汉,恐蹈王莽之覆辙,而是因为吴蜀未平,汉帝尚有利用的价值,史称:

> 桓阶劝王(曹操)正位。夏侯惇以为宜先灭蜀,蜀亡则吴服。二方既定,然后尊舜禹之轨。王从之。(《魏志》卷一《太祖纪》建安二十四年注引《曹瞒传》及《世语》)

是则曹操不是没有帝制自为之意。曹操死后吴蜀二国已无劲敌,而曹丕受禅,内部又有隐忧。曹操虽立曹丕为太子,而又宠爱曹植,令其留守邺城,复爱曹彰,令其坐镇长安,此二地者均可威胁洛阳的安全。史谓曹植以才见异,几为太子者数矣。文帝(曹丕)御之以术,矫情自饰,故遂定为嗣(《魏志》卷十九《陈思王植传》)。然"太祖(曹操)至洛阳,得疾,驿召彰,未至,太祖崩"(《魏志》卷十九《任城威王彰传》)。"彰至,谓临菑侯植曰,先王召我者欲立汝也。植曰,不可,不见袁氏兄弟乎？"(《魏志》卷十九《任城威王彰传》注引《魏略》)由此可知曹丕嗣位之时，国内并不安定。刘备虽于魏黄初二年称帝于蜀，改元章武，而乃不听赵云之言，舍魏而往伐吴，这是刘备的失策。

　　汉王耻关羽之没，将击孙权。翊军将军赵云曰："国贼曹操，非孙权也。若先灭魏，则权自服。今操身虽毙，子丕篡盗，当因众心，早图关中，居河、渭上流，以讨凶逆。关东义士必裹粮策马，以迎王师。不应置魏，先与吴战，兵势一交，不得卒解，非策之上也。"群臣谏者甚众，汉王皆不听。广汉处士秦宓陈天时必无利，坐下狱幽闭，然后贷出。①

　　《孙子》(第十二篇《火攻》)云："主不可以怒而兴师，将不可以愠而致战，合于利而动，不合于利而止。""孙权袭荆州，先主大怒"(见《蜀志》卷六《赵云传》引《赵云别传》)，怒则方寸已乱，势难接受别人忠言，所以诸葛亮只有沉默，而叹曰"法孝直(法正)若在，则能制主上，令不东行"(《蜀志》卷七《法正传》)。案刘备决意伐吴，志在恢复荆州，且欲报关羽之仇。恢复荆州可也，报关羽之仇，则备不知轻重矣。王船山说：曹丕称帝，"而先主无一矢之加于曹氏，即位三月，急举伐吴之师。孙权，一骠骑将军荆州牧耳，未敢代汉以王，而急修关羽之怨，淫兵以逞，岂祖宗百世之仇，不敌一将之私忿乎？"又说："向令先主听赵云之言，辍东征之驾，乘曹丕初篡，人心未固之时，连吴好以问中原。力尚全，气尚锐，虽汉运已衰，何至使英雄之血不洒于许、洛，而徒流于猇亭乎？"(《读通鉴论》卷十《三国》)

　　吴蜀交战，曹丕得到机会，整顿内部的纠纷，遣列侯就国，诛曹植的党羽②。此时也，刘晔曾劝曹丕乘机袭吴。他说：

　　　　今天下三分，中国十有其八，吴、蜀各保一州，阻山依水，有急相救，

---

① 《资治通鉴》卷六十九魏黄初二年，《蜀志》卷六《赵云传》引《赵云别传》亦载有孙权袭荆州，先主大怒云云。
② 丁仪、丁廙等，见《魏志》卷十九《陈思王植传》。

此小国之利也。今还自相攻,天亡之也。宜大兴师,径渡江,袭其内。蜀攻其外,我袭其内,吴之亡不出旬月矣。吴亡,则蜀孤。若割吴半,蜀固不能久存,况蜀得其外,我得其内乎?(《魏志》卷十四《刘晔传》注引《傅子》)

曹丕虽谓"人称臣降(黄初二年秋八月,孙权因刘备兴师讨伐,遣使称臣,求降)而伐之,疑天下欲来者心,必以为惧,其殆不可"(《魏志》卷十四《刘晔传》注引《傅子》)。其实,受禅伊始,内部不甚安定,故不敢举兵南伐。这是曹丕的苦衷。而刘备伐吴,竟然大败而归,不久就行崩殂。孙权既见双方称帝,初亦称王(魏黄初三年,汉章武二年),七年之后,亦即帝位,三分形势至此遂定。曹取中原,国号曰魏,定都洛阳。刘保巴蜀,国号曰汉,定都成都。孙有江左,国号曰吴,定都建业。三分天下,鼎足而立。三国领土,魏最大,吴次之,蜀最小。

三国鼎峙,吴得扬荆交三州,蜀得益州,魏氏犹得九焉。(《宋书》卷三十五《州郡志》)

三国疆域表①

国名	属州	治所	领郡	重镇	备考
魏国	司隶	洛阳	6	魏东自广陵、寿春、合肥、沔口、西阳、襄阳,重兵以备吴;西自陇西、南安、祁山、汉阳、陈仓,重兵以备蜀。(《通典》卷一百七十一《州郡序》)魏明帝曰,先帝东置合肥,南守襄阳,西固祁山,贼破,辄破于三城之下者,地有所必争也。(《魏志》卷三《明帝纪》青龙二年)	魏以三河、弘农为司隶,而三辅入于雍州,又分雍州之河西为梁州,陇右为秦州,复分辽东、昌黎、带方、玄菟、乐浪为平州,后复合为幽州,亦兼置荆扬二州,实得汉十二州之九。
	荆州	襄阳	8		
	豫州	谯	9		
	青州	临淄	5		
	兖州	鄄	8		
	扬州	合肥	3		
	徐州	彭城	6		
	凉州	武威	8		
	秦州	上邽	6		
	冀州	邺	13		

① 此表据《读史方舆纪要》卷二《三国》。

续 表

国名	属州	治所	领郡	重镇	备考
	幽州	蓟	11		
	并州	晋阳	6		
	雍州	长安	6		
蜀国	益州	成都	12	蜀以汉中兴势白帝,并为重镇。(《通典》卷一百七十一《州郡序》)黄权曰,若失汉中,则三巴不振。(《蜀志》卷十三《黄权传》)	蜀分益为梁,又以建宁太守遥镇兖州,得汉十三州之一。
	梁州	汉中	10		
吴国	扬州	建业	13	吴以建平、西陵、乐乡、南郡、巴丘、夏口、武昌、皖城、牛渚圻(采石圻)、濡须坞(东关),并为重镇。(《通典》卷一百七十一《州郡序》)陆抗曰,西陵、建平国之藩表,既处下流,受敌二境,若敌泛舟顺流,舳舻千里,星奔电迈,俄然行至,非可恃援他部,以救倒县也,此乃社稷安危之机,非徒封疆侵陵小害也。臣父逊昔在西垂陈言,以为西陵国之西门,虽云易守,亦复易失,若有不守,非但失一郡,则荆州非吴有也,如其有虞,当倾国争之。(《吴志》卷十三《陆抗传》)	吴分汉兖州之南海、苍梧、郁林为广,分荆州之江夏以东为郢,得汉十三州之三。
	荆州	南郡	14		
	郢州	江夏			
	兖州	龙编	7		
	广州	番禺	7		

这种三分形势是蜀吴两国有识之士的共同看法。诸葛亮初见刘备之时,即对他说:

> 今操已拥百万之众,挟天子而令诸侯,此诚不可与争锋。孙权据有江东,已历三世,国险而民附,贤能为之用,此可与为援,而不可图也。荆州北据汉、沔,利尽南海,东连吴会,西通巴、蜀,此用武之国,而其主不能守,此殆天所以资将军,将军岂有意乎?益州险塞,沃野千里,天府之土,高祖因之以成帝业。刘璋暗弱,张鲁在北,民殷国富,而不知存恤。智能之士,思得明君,将军既帝室之胄,信义著于四海,总揽英雄,思贤如渴。若跨有荆益,保其

岩阻，西和诸戎，南抚夷越，外结好孙权，内修政理。天下有变，则命一上将，将荆州之军，以向宛、洛。将军身率益州之众，出于秦川，百姓孰敢不箪食壶浆以迎将军者乎？诚如是，则霸业可成，汉室可兴矣。(《蜀志》卷五《诸葛亮传》)

即诸葛亮虽然认为若据荆益，则"霸业可成，汉室可兴"，然而须有一个条件，即"天下有变"的条件。否则曹操"不可与争锋"，孙权"可与为援，而不可图"。赤壁战后，刘备虽得荆州之地，而庞统似知荆州之难确保。盖蜀地虽居荆州上游，而险山为阻，救援不易。他说：

荆州荒残，人物殚尽，东有吴孙，北有曹氏，鼎足之计，难以得志。今益州国富民强，户口百万，四部兵马，所出必具，宝货无求于外，今可权借，以定大事。(《蜀志》卷七《庞统传》注引《九州春秋》)

吴之鲁肃自始亦认为三分鼎立，乃是不可避免的形势。他说：

汉室不可复兴，曹操不可卒除，为将军计，惟有鼎足江东，以观天下之衅。(《吴志》卷九《鲁肃传》)

三国鼎立，而均不能并吞别国，固然因为吴有长江之险，蜀有崇山之阻，而吴蜀二国自诸葛亮秉政之后，又能唇齿相依，成为掎角之势。当刘备崩殂之后，诸葛亮即派邓芝修好于吴，既告以吴蜀同盟之利，又吓以蜀魏同时伐吴之害，于是孙权遂自绝魏，与蜀连和。

(先主殂殒……邓)芝见诸葛亮曰："今主上幼弱，初即位，宜遣大使重申吴好。亮答之曰，吾思之久矣。"……乃遣芝修好于权……芝见权曰，蜀有重险之固，吴有三江之阻，合此二长，共为唇齿，进可兼并天下，退可鼎足而立，此理之自然也。大王今若委质于魏，魏必上望大王之入朝，下求太子之内侍，若不从命，则奉辞伐叛。蜀必顺流，见可而进，如此,江南之地非复大王之有也。权默然良久曰:"君言是也。"遂自绝魏,与蜀连和,遣张温报聘于蜀。(《蜀志》卷十五《邓芝传》)

吴蜀两国郊境相接,固然"重山积险,陆无长毂之径;川厄流迅,水有惊波之艰。虽有锐师百万,启行不过千夫;舳舻千里,前驱不过百舰"(《晋书》卷五十四《陆机传》)。然而吴蜀联盟,"吴攻其东,汉入其西,彼救西则东虚,重东则西轻"(《吴志》卷十九《诸葛恪传》注引《汉晋春秋》),魏亦不敢轻举妄动。所以孙权即皇帝位之时,诸葛亮又遣陈震庆权践位,重申盟约。

是岁(后主建兴七年),孙权称尊号,其群臣以并尊二帝来告,议者咸以为交之无益,而名体弗顺,宜显明正义,绝其盟好。亮曰,权有僭逆之心久矣。国家所以略其衅情者,求掎角之援也。今若加显绝,仇我必深,便当移兵东戍,与之角力,须并其土,乃议中原。彼贤才尚多,将相缉穆,未可一朝定也。顿兵相持,坐至须老,使北贼得计,非算之上者……权之不能越江,犹魏贼之不能渡汉,非力有余而利不取也……若就其不动,而睦于我,我之北伐,无东顾之忧,河南之众不得尽西,此之为利,亦已深矣。权僭之罪,未宜明也。乃遣卫尉陈震庆权正号。(《蜀志》卷五《诸葛亮传》注引《汉晋春秋》)

(黄龙元年,权即皇帝位。)蜀遣卫尉陈震庆权践位。权乃参分天下,豫、青、徐、幽属吴,兖、冀、并、凉属蜀,其司州之土以函谷为界。造为盟曰……今日汉、吴既盟之后,戮力一心,同讨魏贼,救危恤患,分灾共庆,好恶齐之,无或携贰,若有害汉,则吴伐之,若有害吴,则汉伐之。各守分土,无相侵犯,传之后叶,克终若始。(《吴志》卷二《孙权传》)

但是吴蜀两国也有利害冲突之处,魏亡于蜀,吴必感觉不安。魏亡于吴,蜀亦岌岌可危。所以它们同盟只能限于防御,不能出于攻战。要令它们两国单独对魏作战,似无胜利的希望。然而魏亦不易并吞吴蜀,盖三国国力均甚疲敝,古代国之强弱乃以户口多寡为标准。三国初期,郡县残破,百姓流亡,往往数百里内不见烟火。

> 兴平、建安之际,海内凶荒……白骨盈野……遂有寇戎,雄雌未定,割剥庶民,三十余年。及魏武皇帝克平天下,文帝受禅,人众之损,万有一存。(《后汉书》卷二十九《郡国志一》注引《帝王世纪》)

此种户口减耗的情况,一直到建安末年还是一样。

> 自初平之元讫于建安之末,三十年中,百姓流散,死亡略尽,斯乱之极也。(《晋书》卷四十三《山简传》)

而以北方最为萧条。比方顺帝永和五年,冀州有户九十万,口五百九十二万(参阅《后汉书》卷三十《郡国志二》),而曹操攻破袁氏,夺取冀州,案户籍,可得三十万众,便视为大州。

> 太祖破袁氏,领冀州牧……谓(崔)琰曰,昨案户籍,可得三十万众,故为大州也。(《魏志》卷十二《崔琰传》)

河东郡有户九万三千,口五十七万(《后汉书》卷十九《郡国志一》),魏时只有三万户。杜畿说:

> 河东有三万户,非皆欲为乱也。(《魏志》卷十六《杜畿传》)

涿郡有户十万二千,口六十三万(《后汉书》卷三十三下《郡国志五》)。至魏,领户不过三千。孟达说:

> 今涿郡领户三千,孤寡之家参居其半。(《魏志》卷二十四《崔林传》注引魏名臣奏)

魏据中原，土广人稀，计其总数，户不过六十六万，口只有四百四十三万。

> 魏武据中原……魏氏唯有户六十六万三千四百二十三，口有四百四十三万二千八百八十一。（《通典》卷七《历代盛衰户口》）

即其户口总数不及汉之一州。蒋济说：

> 今虽有十二州，至其民数不过汉时一大郡。（《魏志》卷十四《蒋济传》）

杜畿亦说：

> 今大魏奄有十州之地，而承丧乱之弊，计其户口不如往昔一州之民。（《魏志》卷十六《杜畿传》）

再看陈群之言：

> 今丧乱之后，人民至少，比汉文景之时，不过一大郡。（《魏志》卷二十二《陈群传》）①

中原大乱，人士避难江南者为数不少，但是人士的南移只能促成南方文化的发达，并未增加南方户口的稠密。东汉时，荆州有户一百三十九万，口六百二十六万；扬州有户一百二万，口四百三十三万（《后汉书》卷三十二《郡国志四》）。而孙权尽有江左之地。吴亡之时，户不过五十三万，口不过二百三十万，加上官吏士兵，也只有二百五十六万。

---

① 原注云："臣松之案，《汉书·地理志》云，元始二年天下户口最盛。汝南郡为大郡，有三十余万户，则文景之时，不能如是多也。案晋太康三年，地记晋户有三百七十七万，吴蜀户不能居半，以此言之，魏虽始承丧乱，方晋亦当，无乃大殊，长文之言于是为过。"

> 孙权尽有江东之地……吴赤乌五年,有户五十二万,男女二百二十万。晋武帝太康元年,平吴,收其图籍,户五十三万,吏三万三千,兵二十三万,男女口二百三十万,后官五千余人。(《通典》卷七《历代盛衰户口》)

当曹操南征荆州,周瑜请精兵五万,在此生死存亡之际,孙权竟谓"五万兵难卒合,已选三万人"(《吴志》卷九《周瑜传》注引《江表传》)。"刘备下白帝,权以见兵少,使综料诸县,得六千人。"(《吴志》卷十七《胡综传》)诸葛恪求为丹杨太守,盖欲山民从化,三年之间可得甲士四万(《吴志》卷十九《诸葛恪传》)。这种事实都可证明吴兵太少。

益州亦然。东汉时代,益州有户一百五十三万,口七百二十万(《后汉书》卷三十三上《郡国志五》),而蜀亡之时,户仅二十八万,口仅九十四万,加上官吏士卒,也只有一百八万。

> 刘备割巴蜀……章武元年,有户二十万,男女口九十万。及魏平蜀,得户二十八万,口九十四万,带甲将士十万二千,吏四万。(《通典》卷七《历代盛衰户口》)

其实当时三方常宣传战士之多。曹操陈兵赤壁之时,号称水步八十万,而据周瑜估计,"所将中国人不过十五六万,所得表(刘表)众亦极七八万耳"(《吴志》卷九《周瑜传》注引《江表传》)。益州人口不及百万,征召兵役,竟达十万二千,可说是已经达到饱和程度。

三方户口均已减耗,兵力当然寡弱,而财力亦必有限。当时交通不便,以中国之大,而欲统一全国,非有巨大的军队不可。因为得一地者,不能不守一地,兵力既分,自难继续发展。三国鼎峙,蜀的人口九十四万,兵十万三千。吴的人口二百三十万,兵二十三万,即兵数约占民数十分之一。魏的人口有四百四十三万,所以军队可以征召四十余万。兵力固然超过吴蜀二国,但是东须防吴,西须抗蜀,吴蜀二国联合起来,魏亦无法进攻。何况中原殚残,而魏养兵又多,财政常常感到困难。文帝时,杜畿说:

帑藏岁虚,而……民力岁衰……今大魏奄有十州之地,而承丧乱之弊,计其户口不如往昔一州之民……统一州之民,经营九州之地,其为艰难,譬策羸马以取道里……今荆、扬、青、徐、幽、并、雍、凉缘边诸州皆有兵矣。其所恃内充府库,外制四夷者,唯兖、豫、司、冀而已……武士劲卒愈多,愈多愈病耳。(《魏志》卷十六《杜畿传》)

蜀乃天府之国,诸葛亮说:

　　益州险塞,沃野千里,天府之土。(《蜀志》卷五《诸葛亮传》)

吴亦沃野千里。鲁肃曾言:

　　江东沃野千里,民富兵强。(《吴志》卷九《鲁肃传》注引《吴书》)

即魏的兵力虽在吴蜀之上,而其财力并不比吴蜀为佳。曹操破荆州,威震南土之时,朱治曾说:

　　中国萧条,或百里无烟,城邑空虚,道殣相望,士叹于外,妇怨乎室,加之以师旅,因之以饥馑,以此料之,岂能越长江与我争利哉?(《吴志》卷十一《朱治传》注引《江表传》)

有兵力者财力不够,有财力者兵力不足,这也是三方割据无法统一的一个原因。
　　三方疲敝,既然因为户口减耗,所以当时战争不但要争夺土地,且要争夺户口。军事胜利,则房掠敌国人民移殖于本国;军事失败,又将本国人民移居后方,以防敌人房掠。例如魏:

　　太祖(曹操)征张绣,仁别徇旁县,房其男女三千余人……孙权遣将陈邵据襄阳……仁攻破邵,遂入襄阳,徙汉南附化民于汉北。(《魏志》卷九

《曹仁传》)

（张既）从征张鲁……鲁降，既说太祖拔汉中民数万户以实长安及三辅。(《魏志》卷十五《张既传》)

曹公恐江滨郡县为孙权所略，征令内移，民转相惊，自庐江、九江、蕲春、广陵户十余万皆东渡江，江西遂虚，合肥以东唯有皖城。(《吴志》卷二《孙权传》建安十八年)

如蜀：

（诸葛）亮使马谡督诸军在前，与张郃战于街亭。谡违亮节度，举动失宜，大为郃所破，亮拔西县千余家还于汉中。(《蜀志》卷五《诸葛亮传》)

（延熙十七年，姜维）出陇西……魏军败退，维乘胜多所降下，拔河间、狄道、临洮三县民还。(《蜀志》卷十四《姜维传》)

如吴：

（袁术死，孙策与周瑜）袭皖城，即克之，得术百工及鼓吹部曲三万余人。(《吴志》卷一《孙策传》注引《江表传》)

（建安）十二年，（权）西征黄祖，虏其人民而还。十三年，权复征黄祖，祖……挺身亡走，骑士……追枭其首，虏其男女数万口。(《吴志》卷二《孙权传》)

吴夏口督孙慎入江夏、汝南（胡注，江夏郡属荆州，汝南郡属豫州，相去甚远），略千余家而去。(《资治通鉴》卷八十晋武帝咸宁三年)

甚至虏掠海上岛夷，以增加本国的户口。

（黄龙二年）遣将军卫温、诸葛直将甲士万人浮海，求夷洲及亶洲。亶洲在海中……所在绝远，卒不可得至，但得夷洲数千人还。(《吴志》卷二

《孙权传》)

但是户口不是虏掠可以增加的。户口的增加须在国民经济复兴之后,而国民经济的复兴又须以政局安定为前提。三国初期兵乱相承,人民救死不暇,往往不愿生殖儿女,增加家累。

> 天下未定,民皆剽轻,不念产殖,其生子无以相活,率皆不举。(《魏志》卷十六《郑浑传》)

这是魏的情况。吴呢?据骆统说:

> 郡县荒虚,田畴芜旷,听闻属城,民户浸寡,又多残老,少有丁夫……又闻民间,非居处小能自供,生产儿子,多不起养,屯田贫兵,亦多弃子。(《吴志》卷十二《骆统传》)

壮者死于兵难,幼者不能起养,户口何能增加?户口不能增加,当然田荒而税减,役寡而兵弱。所以三国鼎立,不但因为三方势力均衡,亦因为三方国力疲敝。三方均须休养生聚,而三方均不能休养生聚。彼此互相戒备,而彼此均不能大举讨伐,于是中国就依山河形势,分裂为三个国家。

第二节
官僚政治的败坏及世族政治的萌芽

官僚政治的目的在使贤者在位,能者在职。要永久维持官僚政治,必须不断地补充人才,所以如何培养贤能,如何甄别贤能,如何考核贤能,即教育、考选与考课乃是官僚政治的三个基柱。

东汉末年,官僚政治已经腐化,到了三国,日益败坏。就教育说,自汉武帝罢黜百家,置五经博士,掌教弟子,人才便局限于经术之士,而培养经术之士者则为太学。三国初期,英雄棋峙,攻战不已,庠序之教颇见废弛。建安八年,曹操初令郡县设置学官①,文帝受禅,又阐其业。

> (建安八年)秋七月,令曰,丧乱以来,十有五年,后生者不见仁义礼让之风,吾甚伤之。其令郡国各修文学,县满五百户,置校官,选其乡之俊造而教学之,庶几先王之道不废,而有以益于天下。(《魏志》卷一《武帝纪》)

> 汉末陵迟,礼乐崩坏,雄战虎争,以战阵为务,遂使儒林之群,幽隐而不显。太祖(曹操)初兴,愍其如此,在于拨乱之际,并使郡县立教学之官。高祖(文帝)即位,遂阐其业,兴复辟雍,州立课考,于是天下

---

① 学官制度,其详已不可考。吾人只知州有文学从事,郡有文学掾,县有校官掾,掌教育。《魏志》(卷二十九)《管辂传》,清河太守华表召辂为文学掾。冀州刺史裴徽辟辂为文学从事。校官掾见上述建安八年秋七月令。

之士复闻庠序之教,亲俎豆之礼焉。(《魏志》卷二十四《高柔传》)

黄初五年,复置太学于京师,依汉法,用五经训练人才。

(黄初五年)夏四月,立太学,制五经课试之法。(《魏志》卷二《文帝纪》)

关于太学制度,据杜佑说:

(魏文帝)黄初五年,立太学(于洛阳),时慕学者始诣太学为门人,满二岁试通一经者称弟子,不通一经罢遣。……弟子满二岁试通二经者,补文学掌故;其不能通二经者,须后试,复随后辈试,试通二经,亦得补掌故。其已为文学掌故者,满二岁,试通三经者,擢高第为太子舍人;不第者随后辈复试,试通亦为太子舍人。已为舍人,满二岁,试通四经者,擢其高第为郎中;其不通者随后辈复试,试通者亦为郎中。满二岁能通五经者,擢高第补吏,随才叙用;其不通者随后辈复试,第复高者亦得补吏。(《通典》卷五十三《太学》)

但是三方鼎立,雄战虎争,当时的人均以战阵为务,何暇顾到庠序之教,所以不但地方学校,就是京师太学也甚腐败。博士率皆粗疏,无以教弟子,弟子本亦逃役,不想学习,学业沉陨,良才无多,纵是经学之士也不多觏。

从初平之元至建安之末,天下分崩,人怀苟且,纲纪既衰,儒道尤甚。至黄初元年之后,新主乃复……申告州郡,有欲学者皆遣诣太学,太学始开,有弟子数百人。至太和、青龙中,中外多事,人怀避就,虽性非解学,多求诣太学。太学诸生有千数,而诸博士率皆粗疏,无以教弟子。弟子本亦避役,竟无能习学,冬来春去,岁岁如是……正始中,有诏议圜丘,普延学士,是时郎官及司徒领吏二万余人,虽复分布,见在京师者尚且万人,而应书与议者略无几人。又是时朝堂公卿以下四百余人,其能操笔

者未有十人,多皆相从饱食而退。嗟夫,学业沉陨乃至于此!(《魏志》卷十三《王肃传》注引《魏略》)

刘靖亦说:

黄初以来,崇立太学,二十余年,而寡有成者,盖由博士选轻,诸生避役,高门子弟耻非其伦,故无学者。虽有其名,而无其实;虽设其教,而无其功。(《魏志》卷十五《刘馥传附靖传》)

关此,马端临曾有批评:

按两汉博士皆名儒,而由博士入官者多至公卿。今观刘馥、高柔所言①,则知魏时博士之遴选既不精,而博士之迁升亦复有限矣。(《文献通考》卷四十一《学校考二》)

何况五经所述者多系儒家道德之言,虽可供政治家修身之用,而却未必可供为政治家治国的参考。太学用五经课试,其所培养的人往往是循常习故之徒,而非奋发有为之士,令其治国,国何能治?三国分立,魏的人才最多。但是魏之人才乃储蓄于曹操之世,而非养成于魏文之时。文帝即位,桓范曾说:"臣闻帝王用人,度世授才,争夺之时以策略为先,分定之后以忠义为首。"(《魏志》卷二十二《徐宣传》)建安年间,曹操曾学汉武之法,三次下令征求跅弛之士。

(建安)十五年春,下令曰:"自古受命及中兴之君,曷尝不得贤人君子,与之共治天下者乎?及其得贤也,曾不出闾巷,岂幸相遇哉,上之人

---

① 高柔谓,"今博士皆经明行修,一国清选……臣以为宜随学行优劣,待以不次之位,敦崇道教,以劝学者,于化为弘"。(《魏志》卷二十四《高柔传》)。

不求之耳。今天下尚未定,此特求贤之急时也。孟公绰为赵、魏老则优,不可以为滕、薛大夫。若必廉士而后可用,则齐桓其何以霸世?今天下得无被褐怀玉而钓于渭滨者乎?又得无盗嫂受金而未遇无知者乎?二三子其佐我明扬仄陋,唯才是举,吾得而用之。"(《魏志》卷一《武帝纪》)

(建安十九年十二月)……乙未,令曰:"夫有行之士未必能进取,进取之士未必能有行也。陈平岂笃行,苏秦岂守信耶?而陈平定汉业,苏秦济弱燕。由此言之,士有偏短,庸可废乎?有司明思此义,则士无遗滞,官无废业矣。"(《魏志》卷一《武帝纪》)

(建安二十二年)秋八月,令曰:"昔伊挚、傅说出于贱人,管仲,桓公贼也,皆用之以兴。萧何、曹参,县吏也,韩信、陈平负污辱之名,有见笑之耻,卒能成就王业,声著千载。吴起贪将,杀妻自信,散金求官,母死不归,然在魏,秦人不敢东向,在楚,则三晋不敢南谋。今天下得无有至德之人,放在民间,及果勇不顾,临敌力战,若文俗之吏,高才异质,或堪为将守,负污辱之名,见笑之行,或不仁不孝,而有治国用兵之术,其各举所知,勿有所遗。"(《魏志》卷一《武帝纪》建安二十二年注引《魏书》)

由东汉而至三国之初,"惑世盗名之徒……父盗子名,兄窃弟誉,骨肉相诒,朋友相诈"(徐干《中论》第十一篇《考伪》)。曹操在这种士风之下,故三下命令,征求盗嫂受金之辈,而对于东汉名流之矫饰其行,以沽名钓誉者,表示反抗之意。质之史实,曹操所擢用的人,多半不是经明行修之士,而为纵横名法之徒。建安之末,人才渐次缺乏,吾人观刘廙之言,即可知之。

乱弊之后,百姓凋尽,士之存者盖亦无几。股肱大职及州郡督司,边方重任,虽备其官,亦未得人也。此非选者之不用意,盖才匮使之然耳。

(《魏志》卷二十一《刘廙传》注引廙别传)

正始以后,士喜玄学,俗贵膏腴,朝中大臣尽是汉魏华胄,偶有杰出人才,亦非出身于太学。太学欲用五经训练人才,已经错误。何况太学又复有名无实,所以结果不但人才不出,而经学之士也付阙如。

就考选说,唐代以前,举士与举官没有区别,换言之,举了之后,就授之以职。魏依两汉之制,固然特征、辟除、选举仍然存在。例如:

文帝即位,征宁……诏以宁为太中大夫,固辞不受。(《魏志》卷十一《管宁传》)
羊祜与王沈俱被曹爽辟,沈劝就征。祜曰,委质事人,复何容易?(《晋书》卷三十四《羊祜传》)
(明帝青龙元年)三月甲子,诏公卿举贤良、笃行之士各一人。(《魏志》卷三《明帝纪》)

但是无不败坏。考其败坏的原因,由来已久。汉世用人甚重乡誉,曹操时,刘廙曾说,"今之所以为黜陟者,近颇以州郡之毁誉,听往来之浮言耳"(《魏志》卷二十一《刘廙传》注引廙别传)。吾前已经引过徐干之言:"民知名誉可以虚哗获也,乃结比周之党,更相叹扬,迭为表里……既获者贤已而遂往,羡慕者并驱而追之。悠悠皆是,孰能不然者乎? 桓灵之世其甚者也。"(徐干《中论》第十二篇《谴交》)曹操欲矫此弊,建安十年九月,令曰:"阿党比周,先圣所疾也……昔直不疑无兄,世人谓之盗嫂。第五伯鱼三娶孤女,谓之挝妇翁。王凤擅权,谷永比之申伯。王商忠议,张匡谓之左道。此皆以白为黑,欺天罔君者也。吾欲整齐风俗,四者不除,吾以为羞。"(《魏志》卷一《武帝纪》)然而太和中,董昭上疏,陈末流之弊,犹谓"当今年少……专更以交游为业……合党连群,互相褒叹,以毁誉为罚戮,用党誉为爵赏,附己者则叹之盈言,不附者则为作瑕衅"(《魏志》卷十四《董昭传》)。这种士风当然有其理由,国家用人,既依浮言的毁誉,则人士何能不结党以相援引?《六韬》(第十篇《举贤》)云:"君以世俗之所誉者为贤,以世俗之所毁者为不肖,则多党者进,少党者退。"由此可知人士集朋结党,由来久矣。明帝时,卢毓为吏部尚书,帝诏曰:"选举莫取有名,有名如画地作饼,不可啖也。"毓对曰:"名不足以致异人,而可以得常士。常士畏教慕善,然后有名,非所当疾也。"(《魏志》卷二十二《卢毓传》)哪知"人主好贤,则群臣饰行以要其君"(《韩非子》第七篇《二柄》),而且"大贤寡可名之节,小贤多可称之行"

(《论衡》第八十篇《定贤》),名之不足为凭也如此。西汉常令公卿二千石负举官之责,而公卿二千石亦只能察毁誉于众多之论,但有一种制度以救其弊,即公卿二千石,不但举之而已,举了之后,举者对于被举人须负责任。魏在丧乱之后,政治制度始终未曾步上轨道,选举负责之制遂不施行。明帝时杜恕曾说:

> 昔汉安帝时,少府窦嘉辟廷尉郭躬无罪之兄子,犹见举奏,章劾纷纷。近司隶校尉孔羡辟大将军狂悖之弟,而有司嘿尔,望风希指,甚于受属。选举不以实,人事之大者也。(《魏志》卷十六《杜恕传》)

其次,汉代选举得人之盛,莫如孝廉一科。西都只从郡国奏举,未有试文之事。至东都,则诸生试家法,文吏课笺奏,尚开两途以取士。魏初亦开两途,由儒出身者试经术,由吏出家者试文法。

> (黄初二年正月)初令郡国口满十万者岁察孝廉一人,其有秀异,无拘户口。(《魏志》卷二《文帝纪》)
> (黄初三年春正月)诏曰……其令郡国所选,勿拘老幼,儒通经术,吏达文法,到皆试用。(《魏志》卷二《文帝纪》)

到了后来,又依华歆提议,孝廉无不试经。

> 三府议举孝廉,本以德行,不复限以试经。华歆以为"丧乱以来,六籍堕废,当务存立,以崇王道。夫制法者,所以经盛衰,今听孝廉不以经试,恐学业遂因此而废。若有秀异,可特征用,患于无其人,何患不得哉?"帝从其言。(《魏志》卷十三《华歆传》)

但是孝廉乃取其人平日履行,似不宜试以文墨小技。孝廉而有考试,已经错了,若又限以经术,安能得到人才?兼以魏文好文学,每以著述为务,其所选用尽是儒雅之士。凡以事能进者，多居闲职，无法表现其才智。例如：

(杨)沛为长社令……太祖以为能，累迁九江、东平、乐安太守，并有治迹……及关中破，代张既领京兆尹。黄初中，儒雅并进，而沛本以事能见用，遂以议郎冗散里巷。(《魏志》卷十五《贾逵传》注引《魏略》)

明帝崇儒学，郡国贡士，郎吏补官，均以通经为限。吾人观太和二年及四年之诏，即可知道。

(太和二年六月)诏曰，尊儒贵学，王教之本也……申敕郡国，贡士以经学为先。(《魏志》卷三《明帝纪》)

(太和)四年春二月壬午，诏曰，兵乱以来，经学废绝，后生进趣，不由典谟。岂训导未洽，将进用者不以德显乎？其郎吏学通一经，才任牧民，博士课试，擢其高第者，亟用。其浮华不务道本者，皆罢退之。(《魏志》卷三《明帝纪》)

自是而后，经学成为万能。倜傥之士不愿埋首经学，而文墨小技又未能精通者，就无法表现其才智，而见用于世。魏晋以后，得人常少，这不失为一个原因。

又次，汉代郡国选举，如孝廉，如贤良方正，皆有乡举里选之意，采毁誉于众多之论，非寄雌黄于一人之口。这种选举若不副之以保举之法，不免发生流弊。其最显著的，则如前所言，人士多务交游，以结党助，更相标榜，以取虚誉。何况东汉以来，豪宗大族渐次发生，膏腴之士见重于世，一切选举又有"以族举德，以位命贤"的现象。兼以董卓乱后，兵难日起，州郡鼎沸，一方人士播迁，离开乡里，乡举里选无法实行；他方乡党组织完全破坏，人士履行无法知悉。曹操为丞相时，何夔上言："自军兴以来，制度草创，用人未详其本，是以各引其类，时忘道德。臣以为自今所用，必先核之乡闾。"(《魏志》卷十二《何夔传》)但乡闾既已破坏，何夔之言并不易行。在这种情势之下，魏要吸收人才,不能不立权宜之制,于是遂于汉献帝延康元年,即魏文帝黄初元年,由陈群建议,设置九品中正之制。

> 魏文帝为魏王时,三方鼎立,士流播迁,四方错杂,详核无所。延康元年,吏部尚书陈群以天朝选用,不尽人才,乃立九品官人之法。州郡皆置中正,以定其选,择州郡之贤有识鉴者为之,区别人物,第其高下。又制郡国口十万以上,岁察一人,其有秀异,不拘户口……其武官之选,俾护军主之。(《通典》卷十四《历代选举制》)

所谓九品中正是谓州置大中正,郡县置中正,令其品第管内人物,分为九等。凡言行修著者则升进之,倘若道义亏缺,则降下之。马端临说:

> 州、郡、县俱置大小中正,各取本处人在诸府公卿及台省郎吏有德充才盛者为之,区别所管人物,定为九等。其有言行修著,则升进之,或以五升四,以六升五。倘若道义亏缺,则降下之,或自五退六,自六退七矣。(《文献通考》卷二十八《举士》)

立制之初,举官之权并不完全操于中正,而是司徒、吏部与中正共同决定。杜佑说:

> 晋依魏氏九品之制,内官吏部尚书、司徒、左长史,外官州有大中正,郡国有小中正,皆掌选举。凡吏部选用,必下中正,征其人居及父祖官名。(《通典》卷十四《历代选举制》)

即如赵翼所言:

> 魏文帝初定九品中正之法,郡邑设小中正,州设大中正。由小中正品第人才,以上大中正,大中正核实,以上司徒。司徒再核,然后付尚书选用。(《廿二史札记》卷八《九品中正》)

大小中正是"各取本处人在诸府公卿及台省郎吏有德充才盛者为之",即令"州郡之贤有识鉴者",各在本籍,"区别人物,第其高下"。例如刘毅,东莱掖人,以光禄大夫归第,为青州大中正(《晋书》卷四十五《刘毅传》),而东莱国掖县则属青州。傅咸,北地(属并州)泥阳人,选御史中丞,为本郡(北地郡)中正(《晋书》卷四十七《傅咸传》)。盖本地之人方能知道本地人物之优劣。问题所在,为中正者未必是德充才盛之人,而多系诸府公卿,而诸府公卿又系著姓士族,因之,大小中正率由著姓士族为之。

关于上述杜佑之言有两种问题似宜解释。其一,原则上固然是州有大中正,郡国有小中正。晋沿魏制,晋时,州亦置中正,魏舒为兖州中正(《晋书》卷四十一《魏舒传》),而郡又常置大中正,如刁协为渤海郡大中正(《晋书》卷六十九《刁协传》),陆晔为吴郡大中正(《晋书》卷七十七《陆晔传》),即其例也。州置中正之时,是否因为该州户口太少,或是因为该人官品不高。然而西晋时兖州有户八万三千三百(《晋书》卷十四《地理志上》),比之青州(户五万三千,见《晋书》卷十五《地理志下》,因为上文曾举刘毅为青州大中正)尚多三万,而魏舒且为司徒,官品亦高,唯少孤,为外家宁氏所养,年四十余,才举为孝廉,即其出身寒素,所以在州,亦只能为中正。郡置大中正之时,是否因为该郡户口特多,或是因为该人奕世豪望,郡人所宗?渤海户四万(《晋书》卷十四《地理志上》),吴郡户二万五千(《晋书》卷十五《地理志下》),刁协祖恭魏齐郡太守(五品),父攸晋御史中丞(四品),协为本郡大中正乃在西晋时代,当时官不过太常博士(六品)。陆晔与陆机同宗,为"吴士之望",而晔之为本郡大中正,官乃散骑常侍(三品)。在元帝初镇江左之时,思结人心,对于三吴大姓,不能不特别优遇,其在郡而为大中正,自有原因。到底如何,当考。其二,所谓司徒左长史是哪一种职官?西汉丞相有两长史,东汉丞相更名司徒,有长史一人。汉末,魏武为丞相,置左右长史各一人。魏文受禅,改丞相为司徒,置长史一人。晋司徒加置左长史,掌差次九品,铨衡人伦(《通典》卷二十《总叙三师三公以下官属》)。例如:

时燕国中正刘沉举霍原为寒素,司徒府不从。沉又抗诣中书奏原,而中书复下司徒参论。司徒左长史荀组以为,寒素者当谓门寒身素,无

世祚之资。原为列侯,显佩金紫……不应寒素之目。(《晋书》卷四十六《李重传》)

又如:

孔愉为司徒(左)长史,以平南将军温峤母亡,遭丧不葬,乃不过其品。(《晋书》卷七十八《孔愉传》)

此虽晋代之制,魏时大约相同。不过魏只置长史一人,晋有左右长史各一人。司徒再核之责,在魏由长史负之,在晋由左长史负之。

中正之所鉴定并不是永久不变,而是三年一清。

魏始建九品之制,三年一清定之。(《晋书》卷一百六《石季龙载记上》)

此后公府辟除,郡国贡举,吏部选任,必以中正所品第者为标准,即中正司评论,官府司擢用。司擢用者不得另立标准,而须以中正的评论为根据。

按魏晋以来,虽立九品中正之法,然仕进之门则与两汉一而已。或公府辟召,或郡国荐举,或由曹掾积累而升,或由世胄承袭而用,大率不外此三四涂辙。然诸贤之说多欲废九品罢中正,何也?盖乡举里选者采毁誉于众多之论,而九品中正者寄雌黄于一人之口。且两汉如公府辟掾属,州郡选曹僚,皆自荐举而自试用之,若非其人,则非特累衡鉴之明,抑且失侍毗之助,故终不敢徇其私心。至中正之法行,则评论者自是一人,擢用者自是一人,评论所不许,则司擢用者不敢违其言,擢用或非其人,则司评论者本不任其咎。体统脉络各不相关,故徇私之弊无由惩革。又必限以九品,专以一人,其法太拘,其意太狭,其迹太露,故趋势者不暇举贤……畏祸者不敢疾恶……快恩仇者得以自恣……以此……观之,其法甚严,然亦太拘。盖人之履行稍亏者,一入品目,遂永不可以拔拭湔涤,则天下无全人矣。况中正所品者未必皆当乎？固不若采之于无心之乡评，以询其履行，试之以可见之职业，而验其才能，一如两汉之法也。(《文献通考》卷二十八《举士》)

这个制度只是权宜之制，而如晋李重所说："九品始于丧乱军中之政，诚非经国之法也。"(《晋书》卷四十六《李重传》)其本来目的是用以品藻人之德行，非用以品第门阀高卑。最初中正评定人品，尚能依据乡党清议，故其褒贬所加，足为劝励，犹有乡论余风。晋卫瓘说：

魏氏承颠覆之运，起丧乱之后，人士流移，考详无地，故立九品之制，粗且为一时选用之本耳。其始造也，乡邑清议不拘爵位，褒贬所加，足为劝励，犹有乡论余风。(《晋书》卷三十六《卫瓘传》)

但是乡邑清议最多只能考其德行，至于随才任用，依功考绩，应有专司。而如夏侯玄所说："若令中正但考行伦辈（即'中正唯考其行迹，别其高下'，此亦夏侯玄之言）……官长则各以其属能否献之台阁，台阁则据官长能否之第，参以乡闾德行之次，拟其伦比，勿使偏颇……庶可以静风俗而审官才矣。"(《魏志》卷九《夏侯尚传》)这当是陈群提议设置九品中正的本意。问题所在乃是官长不肯负责考课属下，而任命为中正的又均是著姓士族，而如唐柳冲所说：

魏氏立九品，置中正，尊世胄，卑寒士，权归右姓。其州大中正主簿、郡中正功曹，皆取著姓士族为之，以定门胄，品藻人物。(《新唐书》卷一百九十九《柳冲传》)

人类均有利己之心，政治家若不注意及此，良好制度往往发生相反的结果。中正既有品第人物之权，偏颇者为之，不免以私意裁定，以喜怒升降。例如：

时苗，字德胄，巨鹿人也……为太官令，领其郡中正，定九品。至于

叙人才,不能宽大,然纪人之短,虽在久远,衔之不置。(《魏志》卷二十三《常林传》注引《魏略》)

若再以著姓士族为中正,则中正免不了党同伐异,"计官资以定品格,天下唯以居位为贵"(《通典》卷十四《历代选举制》),而衣冠子弟亦得以九品中正为猎官的工具。朝有世及之荣,下无寸进之路,世族政治亦即士族政治遂见萌芽。马端临说:

自魏晋以来,始以九品中正为取人之法,而九品所取大概多以世家为主,所谓上品无寒门,下品无世族。故自魏晋以来,仕者多世家……其起自单族匹士而显贵者盖所罕见。(《文献通考》卷三十四《任子》)

就考课说,政治的革新固然需要选举能够得到才俊之士,而既得贤才而用之,还要看考课之法如何。魏世虽然不废考课,其在中央,吏部有考功、定课两曹。

魏吏部尚书有考功、定课二曹。(《通典》卷二十三《考功郎中》)

在地方,州郡亦置功曹。

州有功曹从事,郡有功曹掾。(《三国职官表》)

其考课事实见于历史者,有解修之例。

解系……父修,魏琅邪太守梁州刺史,考绩为天下第一。(《晋书》卷六十《解系传》)

唯在丧乱之时,各种制度往往或存或亡,明帝时,卢毓为吏部尚书,毓曰:"今考绩之法废,而以毁誉相进退,故真伪浑杂,虚实相蒙。"帝(明帝)纳其言,即诏作考课法。(《魏志》卷二十二《卢毓传》)此时固曾"大议考课之制,以考内外众官","后考课终不行"(《魏志》卷十六《杜恕传》)。所谓"即诏作考课法"大率是令刘劭作都官考课七十二条,法令虽有,徒成具文。

> 景初中,刘劭受诏作都官考课七十二条……会明帝崩,不施行。(《魏志》卷二十一《刘劭传》)

其所以未曾施行,据杜预之言,乃因其法太过累细之故。

> 魏氏考课即京房之遗意,其文可谓至密,然而由于累细,以违其体,故历代不能通也。(《晋书》卷三十四《杜预传》)

我们深信"法简则易行"之言,法令太过累细,其难实行,自是意料中的事。司马光对此,曾批评曰:"欲知治经之士,则视其记览博洽,讲论精通,斯为善治经矣。欲知治狱之士,则视其曲尽情伪,无所冤抑,斯为善治狱矣。欲知治财之士,则视其仓廪盈实,百姓富给,斯为善治财矣。欲知治兵之士,则视其战胜攻取,敌人畏服,斯为善治兵矣。至于百官,莫不皆然。"(《资治通鉴》卷七十三魏明帝景初二年臣光曰)这就是唐代考课之二十七最,何必再问其思想如何,文学如何?此外,魏世不能施行考课之法,当另有别的原因,考课乃以日月验其职业之修废,固然异能之士常见拔擢,然亦不免为日月所限,故凡"好不经之举"者,乃欲"开拔奇之津",即如蒋济所说:"汉祖遇亡虏为上将,周武拔渔父为太师。布衣厮养可登王公,何必守文,试而后用?"(《魏志》卷二十二《卫臻传》)然行之不得其法,又有害于政局的安定。所以卫臻对于蒋济之提议,才说:"古人遗智慧而任度量,须考绩而加黜陟。今子……好不经之举,开拔奇之津,将使天下驰骋而起矣。"(《魏志》卷二十二《卫臻传》)何况考课乃依各人之功绩,不察各人之出身?黄霸起于卒史,薛宣奋于书佐,朱邑选于啬夫,丙吉出于狱吏。政治上的新陈代谢,大有害于世族之把持政权。京兆杜恕说:"焉有大臣守职辨课,可以致雍熙者哉?"(《魏志》卷十六《杜恕传》)北地傅嘏亦言:"本纲未举而造制未呈,国略不崇而考课是先,惧不足以料贤愚之分,精幽明之理也。"(《魏志》卷二十一《傅嘏传》)清河崔林则谓"案《周官》考课,其文备矣。自康王以下,遂以陵迟,此即考课之法存乎其人也"(《魏志》卷二十四《崔林传》)。即据崔林之意,不得其人,法制虽备,亦不过具文而已。

考课制度既然败坏,黜陟升降便无标准,而九品中正之制又有害于考课之实行。中正所评者为品,考课所定者为状。品是履行之善恶,状是才能之优劣,今以中正所定之品,以第人士既仕之后之状,其不合理,事之至明。晋时,刘毅曾言:"以品取人,或非才能之所长;以状取人,则为本品之所限。"(《晋书》卷四十五《刘毅传》)汉世举官,盖如杜钦对策所说:"观本行于乡党,考功能于官职"(《汉书》卷六十《杜钦传》),就是乡党所评论者最多只限于履行之善恶,哪有才能之优劣亦以乡党之褒贬为准?马端临说:

> 按既曰九品中正之官设之州县,是即乡举里选之遗意。然未仕者,居乡有履行之善恶,所谓品也;既仕者,居官有才能绩效之优劣,所谓状也。品则中正可得而定,状则非中正可得而知。今欲为中正者,以其才能之状,著于九品,则宜其难凭。要知既入仕之后,朝廷自合别有考课之法,而复以中正所定之品目第其升沉,拘矣。况中正所定者又未必允当乎!(《文献通考》卷三十六《举官》)

又者,魏世"选才之职专任吏部"(《魏志》卷二十一《傅嘏传》),天下之大,吏部尚书何能辨别九州人才?九品官人之法似是用以牵制吏部之用人。"若吏部选用,必下中正,征其人居及父祖官名"(《通典》卷十四《历代选举制》),其所以发生流弊,乃因中正所鉴定者是依门阀以别贤愚,计官资以定品格。正始初,夏侯玄曾向司马懿提议:

> 众职之属各有官长……各以其属能否,献之台阁。台阁则据官长能否之第,参以乡间德行之次,拟其伦比,勿使偏颇。中正则唯考其行迹,

别其高下。(《魏志》卷九《夏侯玄传》)

然而制度一经确立,苟有利于当涂,势难改革。于是除少数例外,地寒者不得升迁,门高者常被拔擢。秦汉时代以智役愚的官僚政治,遂渐次变为魏晋南北朝以贵役贱的世族政治。

教育考选与考课三大制度无不败坏,而九品中正又供为强宗大族猎官的工具,官僚政治转变为世族政治,可以说是势之必然。但是世族政治虽然依靠九品中正而确立,而九品中正却又不是世族政治发生的根本原因。世族政治所以发生,乃有其根本原因。西汉初年虽为强干弱枝之故,徙郡国豪强以实园陵,然而强宗大族的势力并不少衰。吾人观刺史以六条问事,其中一条乃察"强宗豪右,田宅逾制,以强凌弱,以众暴寡",另一条又察"二千石阿附豪强,通行货赂,割损政令"(《汉书》卷十九上《百官公卿表》注引《汉官·典职仪》),即可知之。然此压制又未必就有效果。宣帝时代,涿郡"大姓西高氏、东高氏,自郡吏以下皆畏避之,莫敢与忤,咸曰,宁负二千石,无负豪大家"(《汉书》卷九十《严延年传》)。元帝时代,颍川"郡大姓原、褚(师古注,原、褚二姓也)宗族横恣,宾客犯为盗贼,前二千石莫能禽制"(《汉书》卷七十六《赵广汉传》)。此不过略举两例为证。此种豪强只是地方土豪,与膏粱世家不同。其力虽足以欺陵细民,而尚不足以抵抗政府,所以严延年一到涿郡,赵广汉一到颍川,他们就不敢干犯法纪。降至东汉,豪宗大族愈益横行。马援为陇西太守,"任吏以职,但总大体而已……诸曹时白外事,援辄曰,此丞掾事,何足相烦……若大姓侵小民,黠羌欲旅距(聚众相抗拒),此乃太守事耳"(《后汉书》卷二十四《马援传》)。由此可知,汉世郡守固以压制豪强为其主要任务之一。然而我们须知郡守对于贵戚还是莫如之何。光武南阳人,"前后二千石逼惧帝乡贵戚,多不称职"(《后汉书》卷五十六《王畅传》)。末年,豪强兼并,土地大见集中。仲长统说:

豪人之室,连栋数百,膏田满野,奴婢千群,徒附万计。(《后汉书》卷四十九《仲长统传》理乱篇)

而勋臣外戚金貂相继,政治上渐发生了世官之制。

> 自金张世族,袁杨鼎贵①,委质服义,皆由汉氏,膏腴见重,事起于斯。(《南齐书》卷二十三《褚渊王俭传论》)

自是而后,膏粱世家遂见重于世,袁杨四世三公已为当时人望所悬。

> 自震至彪四世太尉,德业相继,与袁氏俱为东京名族。(《后汉书》卷八十四《杨彪传》)

> (袁)安为汉司空,自安以下,四世居三公位,由是势倾天下。(《魏志》卷六《袁绍传》)

而孔融又以数百年前,孔子问礼于老聃,对于李膺,自谓融与膺是累世通家。

> 河南尹李膺以简重自居,不妄接士宾客,敕外自非当世名人及与通家,皆不得白。孔融欲观其人,故造膺门,语门者曰,我是李君通家子弟。门者言之,膺请融,问曰:"高明祖父尝与仆有恩旧乎?"融曰:"然。先君孔子与君先人李老君,同德比义,而相亲友,则融与君累世通家。"(《后汉书》卷七十《孔融传》)

一方社会尊重门第,同时人士又以过去的谱牒自夸,由是强宗大族在社会上就有了一种无形的势力。三国时,夏侯氏一门鼎贵,明帝皇后毛氏出身寒微,夏侯玄耻与后弟毛曾并坐(《魏志》卷九《夏侯尚传附玄传》,参阅卷五《明悼毛皇后传》)。贾诩家世贫寒,后虽封侯,而"男女嫁娶不结高门"(《魏志》卷十《贾诩传》),此亦可见当时风尚。

---

① 金张指西汉之金日䃅与张汤之子孙,"汤子安世子孙相继,自宣元以来,为侍中中常侍诸曹散骑列校尉者凡十余人,功臣之世,唯有金氏、张氏,亲近贵宠比于外戚"(《汉书》卷五十九《张汤传》)。袁杨指东汉之袁安、杨震子孙,皆四世三公。

兼以秦汉之际，郡县初立，尚保存封建社会的习惯，郡守对其吏民，有君臣之分，即主仆的关系。顾炎武说：

  汉时郡守之于吏民，亦有君臣之分，故有称府君为后者。汉武都太守李翕《西狭颂》云，赫赫明后，柔嘉维则。《桂阳太守周憬铭》云，懿贤后兮发圣英。(《日知录》卷二十四)

到了东汉，这种习惯尚未革除，属吏对其长官，不但名义上有君臣之分，并且道德上尚须周旋于生死患难之间，请看赵翼所举的例。

  观史策所载，属吏之于长官，已有君臣分谊……降及东汉，气节相矜，并至有甘以身殉者。王充《论衡》云，会稽孟章父英为郡决曹掾，郡将挝杀无辜，英引为己罪，代将死。章为郡功曹，从太守讨贼，为贼所迫，亦代将死。《后汉书》：臧洪为太守张超所置功曹，超遣诣幽州，中道为袁绍所留，以洪为东郡太守。会曹操围超，洪乞师于绍救超，绍不许，超竟破灭。洪乃与绍绝，绍兴兵围之，至城破，被执不悔，卒以死殉。公孙瓒初为刘太守郡吏，太守坐事徙日南，瓒祭先人冢，曰："昔为人子，今为人臣，当诣日南，今与先人辞于此。"遂随太守往。太守欧阳歙欲举督邮繇延，主簿将引延上。郡吏郅恽起而言曰："延资性贪邪，明府以恶为善，主簿以直从曲，此既无君，亦复无臣。"则并显然有君臣之称矣。刘表遣从事韩嵩诣许，欲以观虚实。嵩曰："若至京师，天子假一职，则成天子之臣，将军之故吏耳，不能复为将军死也。"更可见未仕于朝者，犹为私臣也。甚至有为举主及长官持服者。荀爽为司空袁逢所辟有道，不应，及逢卒，爽制服三年。桓鸾为太守向苗所举孝廉，除胶东令，始到官而苗卒，鸾即去官奔丧，终三年。此为举主持服者也。王吉被诛，故人莫敢至者，独属吏桓典收敛归葬，服丧三年。刘瓒以冤死，王充为瓒吏，独随至京，送丧还其家，终三年乃归。此为长吏持服者也。(《陔余丛考》卷十六《郡国守相得自置吏》)

阶级加上君臣之分，这便是身份的本质。土地集中是世族政治的经济基础，身份观念是世族政治的精神条件。曹操为宦官曹腾之孙，父嵩虽然做过太尉，而太尉之职又是用钱买来的。

> 曹嵩灵帝时货赂中官，及输西园钱一亿万，故位至太尉。(《后汉书》卷七十八《曹腾传》)

这种家世本来不齿于衣冠之士，换句话说，由曹操的出身看来，其利害是和膏粱世家冲突的。只因董卓作乱，燔烧雒阳，世家受害甚惨。

> 是时洛中贵戚室第相望，金帛财产，家家殷积。董卓纵放兵士突其庐舍，淫略妇女，剽虏资物，谓之搜牢。(《后汉书》卷七十二《董卓传》)

这个消息传播各地之后，当然可以引起各地世族的反抗。当此之时曹操适在陈留，欲兴义兵，陈留大姓曾捐出财产，资助曹操起兵。

> 陈留孝廉卫兹以家财资太祖，使起兵，众有五千人。(《魏志》卷一《武帝纪》注引《世语》)

曹操起兵由于世族资助，曹操对于世族当然不能采取敌视的态度。建安之初，曹袁争雄，袁绍所借以号召天下者乃是四世三公。曹操要与袁绍抗争，不是利用平民之力，打倒一切世族，就须拉拢别的世族，以打倒袁系一派。就当时情况说，曹操只能采用第二方法。因为东汉以来，强宗大族颇有势力，乱祸既生，他们或聚宗族宾客，筑坞堡以自卫，如许褚是。

> （许褚）汉末聚少年及宗族数千家，共坚壁以御寇。(《魏志》卷十八《许褚传》)

或率徒党部曲,参加政权的夺取,如李乾是。

> (李)乾……合宾客数千家在乘氏,初平中,以众随太祖,破黄巾于寿张,又从击袁术,征徐州吕布之乱。(《魏志》卷十八《李典传》)

这两种强宗大族在群雄兼并之时,有举足轻重之势。例如曹操与袁绍相拒于官渡,李典率宗族及部曲,输谷帛供军(《魏志》卷十八《李典传》);刘备兵败于下邳,糜竺送奴客二千,金银货币以助军资,备于时困匮,赖此复振(《蜀志》卷八《糜竺传》)。在这种情况之下,曹操要打败袁绍,不能不拉拢他们,而要拉拢他们,就不能不承认东汉以来他们既得的地位。于是遂收罗了那些有宾客部曲的豪族,如任峻、李典、臧霸、吕虔、许褚等辈,以作谋臣武将。

他们都有家兵,他们与家兵有君臣之分,而他们归属于曹操之后,他们的家兵又间接成为曹操的劲旅。曹操能够破黄巾,征徐州,取淮南,平袁绍,而统一北方各州,有恃于诸将家兵之力者甚多。在这种形势之下,曹操当然不能反抗强宗大族。这就是强宗大族经过丧乱之后而尚有势力的原因。

强宗大族既有家兵,曹操如何控制他们?是时汉帝都许昌,曹操则居邺城。凡强宗大族之有家兵者,其宗族皆徙居于邺,以作人质。例如:

> (田畴)尽将其家属及宗人三百余家居邺。(《魏志》卷十一《田畴传》)
> (李典)徙部曲宗族万三千余口居邺。(《魏志》卷十八《李典传》)
> (臧霸)因求遣子弟及诸将父兄家属诣邺。(《魏志》卷十八《臧霸传》)

而又严罚逃兵。

> 鼓吹宋金等在合肥亡逃。旧法,军征士亡,考竟其妻子。太祖患犹不息,更重其刑。金有母妻及二弟皆给官,主者奏尽杀之。柔启曰……太祖曰:"善。"即止不杀金母、弟……顷之,护军营士窦礼近出不还,营以为亡,表言逐捕,没其妻盈及男女为官奴婢。盈连至州府称冤自讼(高柔

廉得窦礼为同营士焦子文所杀)……诏书复盈母子为平民。(《魏志》卷二十四《高柔传》)

由此可知兵士逃亡,妻子虽不见杀,亦必没为官奴婢。这是曹操控制世族及其家兵的方法。当时三方鼎立,不但君要择臣,而臣亦要择君,所以政府对于他们苟无控制之法,他们稍不满意,往往不惜背叛。例如蜀国,孟达惧罪(因不发兵往救关羽),率部曲四千余家归魏(《蜀志》卷十《刘封传》,参阅《魏志》卷三《明帝纪》太和元年注引《魏略》)。魏延以部曲随先主入蜀,数有战功,诸葛亮死后,延与杨仪不和,遂生内难(《蜀志》卷十《魏延传》)。又如吴国,孙权殁后,"名宗大族皆有部曲,阻兵仗势足以违命"(《魏志》卷二十八《邓艾传》)。武将的家兵虽可供为爪牙之用,亦可成为心腹之忧,所以必须设法控制。

但是强宗大族的势力何以到了三国益见增大呢?三国户口以魏为最多。魏的户口不及汉的一州,户仅六十六万,口仅四百四十三万。若再加上蜀亡之时,户二十八万,口九十四万,吴亡之时,户五十三万,口二百三十万,则三方所有户口总数,户不过一百四十七万,口不过七百六十七万。这个数目值得我们研究。固然"建安以来,野战死亡,或门殚户尽,虽有存者,遗孤老弱"(《魏志》卷三《明帝纪》景初元年注引《魏略》),然在三国之前者为东汉,东汉户口比之三国约多十倍。

桓帝永寿三年,户千六十七万七千九百六十,口五千六百四十八万六千八百五十六,斯亦户口之滋殖者也。(《晋书》卷十四《地理志上》)

在三国之后者为西晋,西晋户口比之三国约多一倍。

太康元年平吴,大凡户二百四十五万九千八百四十,口一千六百一十六万三千八百六十三。(《晋书》卷十四《地理志上》)

东汉户口到了三国,忽然锐减,三国户口到了西晋,忽又增加,这个事实

可使我们发生疑问,即三国户口固然减少,但其减少程度不会这样厉害。然则户口逃到哪里呢?三国初期,司马朗曾说:

> 兵难日起,州郡鼎沸,郊境之内,民不安业,捐弃居产,流亡藏窜,虽四关设禁,重加刑戮,犹不绝息。(《魏志》卷十五《司马朗传》)

例如:

> (袁谭为青州刺史。)别使两将募兵下县,有赂者见免,无者见取。贫弱者多,乃至于窜伏丘野之中,放兵捕索,如猎鸟兽。邑有万户者,著籍不盈数百,收赋纳税,参分不入一。(《魏志》卷六《袁绍传》注引《九州春秋》)

诸葛亮初见刘备之时亦说:

> 今荆州非少人也,而著籍者寡。(《蜀志》卷五《诸葛亮传》注引《魏略》)

可知户口锐减乃是因为逃避赋役而不著籍之故。这个时候强宗大族多筑坞堡以自卫。坞堡一方是军事组织,同时又是经济组织。当时民人分散,土业无主,土地多为大族兼并。其结果,便弄成:

> 大族田地有余,而小民无立锥之土。(《魏志》卷十六《仓慈传》)

一般平民为保存自己的生命,其离开乡里之后,常投靠于坞堡之中,在坞主保护之下,租借田地,从事耕种,而以其剩余劳动力贡献给坞主。这样,坞主事实上便成为拥有民人和土地的领主,而平民亦变成坞主的领民,受其统治。例如:

> (田畴)入徐无山中,营深险平敞地而居……百姓归之,数年间至五

千余家……畴乃为约束相杀伤、犯盗、诤讼之法。法重者至死,其次抵罪,二十余条。又制为婚姻嫁娶之礼,兴举学校讲授之业,班行其众,众皆便之,至道不拾遗。北边翕然服其威信。(《魏志》卷十一《田畴传》)

是则领主对其领民,乃操有生杀予夺之权。领民就身份说,可以分为两种,一种称为宾客,另一种称为部曲,兹试分别述之。

宾客是战国时代食客的转变,只因投靠世族,遂为世族所役属,其制似已盛行于西汉末期。例如:

王莽时……汉兵起……(岑)彭将宾客战斗甚力。(《后汉书》卷十七《岑彭传》)

王郎起……(刘)植……率宗族宾客,聚兵数千人,据昌城,闻世祖从蓟还,乃开门迎。(《后汉书》卷二十一《刘植传》)

(马援)亡命北地……因留牧畜,宾客多归附者,遂役属数百家。(《后汉书》卷二十四《马援传》)

由此数例,可知当时士族可将宾客组织为军队,又可令其从事生产工作。光武中兴,建武二十八年,"诏郡县捕王侯宾客坐死者数千人"(《后汉书》卷一下《光武帝纪》),"帝惩西京外戚宾客,故皆以法绳之,大者抵死徙,其余至贬黜"(《后汉书》卷二十八上《冯衍传》)。然而无补无事。桓灵之际,宾客的地位更见降低,社会往往以客代奴。

长吏虽欲崇约,犹当有从者一人,假令无奴,当复取客,客庸月一千。
(《全后汉文》卷四十六崔寔《政论》)

到了三国,宾客的地位益低,差不多与奴隶为伍,所以常称为奴客。例如:

后曰,奴客不在目前。(《魏志》卷五《文德郭皇后传》)

当时宾客的名称甚多,除称宾客(《魏志》卷十二《司马芝传》)或奴客(《魏志》卷五

《文德郭皇后传》)外，又单称为客(《魏志》卷九《曹休传》)，或称人客(《魏志》卷十一《王修传》)，或称家客(《魏志》卷十一《田畴传》)，或称私客(《吴志》卷十一《吕范传》)，或称亲客(《吴志》卷十一《吕范传》)，或称僮客(《吴志》卷十二《虞翻传》)。这个时候主客之间已有隶属关系，主人可将自己的宾客传给子孙或送给别人，如曹纯继承父时的人客(《魏志》卷九《曹仁传》注引《英雄记》)，而麋竺且以奴客为嫁妆，送与刘备(《蜀志》卷八《麋竺传》)。由此可知三国时代宾客之于主人，已由荫庇关系变为主奴关系，当时强宗大族的宾客多者至千余家。例如：

> 郡主簿刘节旧族豪侠，宾客千余家。(《魏志》卷十二《司马芝传》)

部曲一语本来是指军队的编制形式。

> 其领军皆有部曲，大将军营五部，部校尉一人，比二千石，军司马一人，比千石。部下有曲，曲有军侯一人，比六百石。曲下有屯，屯长一人，比二百石……其余将军置以征伐，无员职，亦有部曲、司马、军侯以领兵。

(《后汉书》卷三十四《百官志一》)

到了三国，竟用之以称个人的私兵。其身份与宾客相似。但是部曲是从军的，宾客未必从军，宾客之从军者常改称为部曲，如李乾合宾客数千家在乘氏，初平中，乾以众随曹操，破黄巾，击袁术，征徐州，其后从子典代领其众，便称典部曲三千余家居乘氏(《魏志》卷十八《李典传》)。部曲对其主人也有隶属的关系，如马腾死后，马超领其部曲(《蜀志》卷十六《马超传》)；孙坚死后，孙策领其部曲(《吴志》卷一《孙策传》)；孟达率部曲四千余家降魏(《魏志》卷三《明帝纪》太和元年注引《魏略》)；魏延以部曲随刘备入蜀(《蜀志》卷十《魏延传》)；是则部曲不但依附主人，而主人且可将部曲传给子孙。当时强宗大族的部曲多者竟达巨万。例如：

> （朱桓）部曲万口，妻子尽识之。(《吴志》卷十一《朱桓传》)

除宾客部曲之外，尚有门生故吏。所谓门生乃起源于东汉时代。当时每一宿儒门下著录者至千百人，最初尚从宿儒受业，后来不过借此依附权势，规图仕进，于是教育上的师生关系乃变为政治上的隶属关系。徐干曾言："有策名于朝而称门生于富贵之家者，比屋有之。为之师，而无以教，弟子亦不受业……求志属托，规图仕进。"（《中论》卷下第十二篇《谴交》）所以赵翼说：

> 唐以后，始有座主门生之称。六朝时，所谓门生则非门弟子也。其时仕宦者许各募部曲，谓之义从，其在门下亲侍者，则谓之门生，如今门子之类耳。（《陔余丛考》卷三十六《门生》）①

所谓故吏即其旧时属吏。前曾说过，秦汉以后，属吏对其长官有君臣之谊，而须周旋于死生患难之间。然一旦离开旧主，另有高就，则其对于旧主，成为故吏。最初故吏对其旧主，似无同患难、共生死之义务，所以刘表遣韩嵩诣许，嵩曰"嵩使京师，天子假嵩一官，则天子之臣，而将军之故吏耳，义不得复为将军死也"（《魏志》卷六《刘表传》注引《傅子》）。然群雄割据州郡，天子徒拥虚位，任用官吏之权已完全不属于天子，而属于群雄。人民只知有长官，不知有天子。他们感知遇之恩，由属吏变为家臣，纵令离职而去，而对其旧主，尚保存君臣之分，乃是必然之事。

现在试来研究当时的人何以愿意为世族的领户，而不愿意为国家的编户。三国时代兵乱不息，丈夫从军旅，老弱转粮饷，徭役繁重，人民疲于奔命，而依附豪族的人却有免役的权利，所以惮役的人均愿投靠世族，求其荫庇。

> 魏氏给公卿已下租牛客户数各有差，自后小人惮役，多乐为之，贵势

---

① 赵翼又说："按汉时门生本非弟子之称。盖其时五经各有其专门名家，其亲业者为弟子，转相传授者为门生，如所云为梁邱氏学，为欧阳氏学之类也。《后汉书·杨厚传》，门生上名录者三千余人，曰上名录，则不必亲受业，但习其学即是也。《贾逵传》，诏诸儒各选高才生受《左氏春秋》及古文《尚书》，逵所选弟子及门生皆拜为郎。曰门生及弟子，可见门生及弟子有别也。"（《陔余丛考》卷三十六《门生》）

之门动有百数。(《晋书》卷九十三《王恂传》)

举例言之：

> 郡主簿刘节旧族豪侠,宾客千余家……而宾客每不与役。(《魏志》卷十二《司马芝传》)

投靠于世族的人一方是豪族的佃客,同时又是世族的家兵,当时户口减耗,谁能多领户口,谁就能多收租税,多置甲兵,所以世族无不欢迎人民投靠,而挟藏之以为领民。

> 时四方大有还民,关中诸将多引为部曲。(《魏志》卷二十一《卫觊传》)

世族挟藏的领户不算在国家的编户之中,领户增加,编户当然减少,国家的租税和甲兵亦随之减少。世族的势力压倒了政府,坞堡的组织代替了郡县,卒至"郡县贫弱,不能与争"。卫觊说：

> 关中膏腴之地,顷遭荒乱,人民流入荆州者十余万家,闻本土安宁,皆企望思归。而归者无以自业,诸将各竞招怀以为部曲。郡县贫弱,不能与争,兵家遂强。(《魏志》卷二十一《卫觊传》)

于是国家与世族之间便发生了争夺户口的斗争。因为户口乃是租税与力役的源泉,领户愈多,财力愈大,兵力也愈大。这种情形是和两汉时代不同的。两汉时代世族只是地主,佃农仍是国家的编户。三国时代世族变成领主,其所荫庇的人都是世族的领户。世族的领户对于国家不必负担纳税与当兵的义务。世族多一个户口,国家便少一个户口。所以国家常用严刑禁止人民逃亡。

> 时天下草创,多逋逃,故重士亡法,罪及妻子。(《魏志》卷二十二《卢毓传》)

但是世族在政治上既有势力，而国家的编户又窜藏为世族的领户，则欲用严刑峻法禁止人民逃亡，未必就有效果。政治腐化，赋役繁重，户口必然地逃匿于世族。政治修明，赋役简轻，户口又愿意归还于国家。这是三国一直至南北朝的共通现象。

第三节
正始之风与思想的颓废

凡讨论三国历史,不可不知"正始之风"。因为正始之风对于两晋南北朝,影响极大。礼教因之崩坏,戎狄因之横行,国家因之分裂,民生因之憔悴,其为祸之久,约有三百余年。何谓正始之风?依顾炎武说:

> 魏明帝殂,少帝即位,改元正始,凡九年。其十年则太傅司马懿杀大将军曹爽,而魏之大权移矣。三国鼎立,至此垂三十年,一时名士风流,盛于洛下,乃其弃经典而尚老庄,蔑礼法而崇放达,视其主之颠危若路人焉,即此诸贤为之倡也。自此以后,竞相祖述……《晋书》(卷九十一)《儒林传序》云:"摈阙里之典经,习正始之余论,指礼法为流俗,目纵诞以清高。"① 以至国亡于上,教沦于下,羌戎互僭,君臣屡易,非林下诸贤之咎,而谁咎哉?(《日知录》卷十三《正始》)

吾人研究两汉历史,就可知道正始之风不是突然发生,所谓履霜坚冰,其所由来也久矣。秦用法家之说,西汉初年,崇奉黄老主义。黄老之"老"与老庄之"老"固然

---

① 《晋书·儒林传序》,于"目纵诞以清高"之下,继着又云:"遂使宪章弛废,名教颓毁,五胡乘间而竞逐,二京继踵以沦胥,运极道消,可为长叹息者矣。"

均以《老子》一书为根据,但其旨意不尽相同。老庄思想侧重于玄虚,黄老主义则如司马迁所说:"道家无为,又曰无不为"①,《正义》解释云:"无为清净也,无不为者生育万物也",其为术也,"以虚无为本","以因循为用"②,"与时迁移,应物变化"(以上均见《史记》卷一百三十《太史公自序》)。大凡新朝创立伊始,国基未固,为政之道,对内应清净无为,予民休息。故老子云:"我无为而民自化,我无事而民自富。"(《老子》第五十七章)对外须依时势的需要或刚或柔,国弱则"守柔曰强"(《韩非子》第二十一篇《喻老》),国强则用刚以伐强梁。用柔本"无为"之意,用刚则是"无不为"矣③。故老子说:"将欲夺之,必固与之。"(《老子》第三十六章)西汉初年固曾应用黄老主义,内以培养民力,外则采和亲政策;国力既强,然后征伐四夷。但吾人尚须知道的,汉初,虽崇黄老主义,然尚兼用法家思想。司马迁著《史记》,老子与韩非同传,这固然可以说"法"出于"道",吾人观《韩非子》一书有《解老》《喻老》两篇,即可知之;抑亦因为法家思想与道家思想须相辅而行。法家明罚饬法,道家清净无为。有了法家的制度,而后政府方能因循法令,垂拱而治;有了道家的精神,而后法令不至烦碎,人民容易接受。法令滋章,不但道家反对,法家也不赞成。所以韩非才说:"法禁变易,号令数下,可亡也"(《韩非子》第十五篇《亡征》),又说:"治大国而数变法,则民苦之,是以有道之君贵虚静而重变法。"(同上第二十篇《解老》)反之,老庄思想则与黄老主义不同,遗其大体,摭其偏言,取其柔弱而弃其刚毅,取其退缩而弃其进攻,取其固与而弃其欲夺,于是道家思想就为世人所误解,由虚无而遁世,终而陷入颓废主义。

自汉武表章六经,罢黜百家,而至元成以后,不但法家,就是道家也渐次没落。而所谓道家,又将黄老主义与老庄思想混为一谈。至于儒家亦只取孔子消极的狷主义:"非礼勿视,非礼勿听,非礼勿言,非礼勿动"(《论语》第十二篇

---

① 此语乃根据《老子》第三章:"为无为,则无不治。"
② 此即法家所谓:"古之王者,其所为少,其所因多。因者君术也,为者臣道也。为则扰矣,因则静矣。故曰君道无知无为,而贤于有知有为,则得之矣。"(《申子》)若举道家之言证之,文子说:"因即大,作即小。古之渎水者因水之流也,生稼者因地之宜也……能因则无敌于天下矣。"(《文子》第十八篇《自然》)
③ 此即兵家所说:"能柔能刚,其国弥光。能弱能强,其国弥彰。纯柔纯弱,其国必削。纯刚纯强,其国必亡。"(《三略上》)秦以纯刚纯强而亡,宋以纯柔纯弱亦亡,唯西汉知用刚柔并济之道。

《颜渊》），而放弃孔子积极的狂主义："已欲立而立人，已欲达而达人"（《论语》第六篇《雍也》）。光武中兴，崇尚儒学，朝廷所任用者多系循常习故之徒，而非奋发有为之士，整个政界弥漫着暮气沉沉的现象。在这时期阴阳学说由于董仲舒的阐明（参阅其所著《春秋繁露》），大见流行。然而苍天的震怒却不能引起人主的警惕，朝纲废弛，奢靡是尚（参阅《潜夫论》第十二篇《浮侈》）；终由阉戚之争，引起党锢之祸，凡称善士多被杀戮。而又加之以黄巾之乱，继之以董卓的凶逆，政权颠覆，牧守割据。三国鼎立，干戈云扰，垂数十年。建安年间，曹操秉政，他鉴东汉之末，刑赏无章，豪侈成俗，政治方面拘之以申韩之法，审核名实，御下至严，"掾属公事，往往加杖"（《魏志》卷十二《何夔传》）。中州士大夫已经厌恶检括苛碎之苦。而生活方面魏武又示之以俭，"后宫食不过一肉，衣不用锦绣，茵褥不缘饰，器物无丹漆"（《魏志》卷二十一《卫觊传》）。其臣化之，"士大夫故污辱其衣，藏其舆服，朝府大吏或自挈壶餐，以入官寺"（《魏志》卷二十三《和洽传》）。至乃"长吏还者垢面羸衣，常乘柴车，军吏入府，朝服徒行"（《魏志》卷十二《毛玠传》注引《先贤行状》）。矫枉过正，人士均感觉生活的枯燥，建安七子①之一的徐干曾言："因人者非必著之桎梏，而置之囹圄之谓也，拘系之、忧愁之之谓也。使在朝之人欲进则不得陈其谋，欲退则不得安其身，是则以纶组为绳索，以印佩为钳铁也。"（《中论》卷下《亡国第十八》）汉亡魏兴，文帝（曹丕）受禅，他是一位风流名士，傅玄说过："魏文慕通达，而天下贱守节。"（《晋书》卷四十七《傅玄传》）其所交游多倜傥放荡不守节义的人。徐干恬淡寡欲，已视为难能可贵。

　　文帝书与元城令吴质曰，昔年疾疫，亲故多罹其灾，徐（干）、陈（琳）、应（玚）、刘（桢）一时俱逝，观古今文人，类不护细行，鲜能以名节自立。而伟长（徐干）独怀文抱质，恬淡寡欲，有箕山之志，可谓彬彬君子矣。（《魏志》卷二十一《王粲传》）

---

① 建安中，孔融、陈琳、王粲、徐干、阮瑀、应玚、刘桢等七人，同时以文学齐名，号建安七子。他们多玩世不恭，不甚拘于礼法。

吾国固有文化的礼法已经动摇,由文帝经明帝,至齐王正始年间,乃是魏晋易代兴废之时,政权摇摇,无法控制人士的生活,因之反动思想就有发生的机会,一切方面无不要求解放。所谓解放就是归于自然之意。在古代各种思想之中,最鼓吹归于自然的莫如老庄学说。当时又值奸雄当国,"天下多故,名士少有全者"(《晋书》卷四十九《阮籍传》)。人士言动稍不注意,就有杀身之祸。在这种环境之下,士大夫不是学道家之柔,含垢忍辱,苟全性命,就须学道家之放,放情肆志,以求全生。于是正始年间乃愈益崇拜老庄,这称为正始之风,经两晋南北朝犹受后人企慕。

案儒家思想自董仲舒发表《春秋繁露》之后,已与阴阳学说合流。阴阳学说尚有人定胜天之意,到了后来,竟然一变而为事皆前定的运命之说,再变而为世运日衰的悲观论调,关此三者,本书已简单说明于东汉之章。三国纷争,干戈不已,当此之时,士大夫不是潜伏,苟全性命于乱世,就要奔竞,以求闻达于诸侯。而在大战之时,田园破坏,物价腾贵,凡欲独善其身者,必不能维持一家的生计。由是炫耀以邀声誉,标榜以求利禄,便成为一时风气。魏太和年间,杜恕已戒人主之好名,他说:

> 人主之大患莫大乎好名。人主好名,则群臣知所要矣。夫名之所以名,善者也。善修而名自随之,非好之之所能得也。苟好之甚,则必伪行要名,而奸臣以伪事应之。一人而受其庆,则举天下应之矣。君以伪化天下,欲贞信敦朴,诚难矣。虽有至德至达之主,由无缘见其非而知其伪,况庸主乎?(《全三国文》卷四十二杜恕《撰君》)

但是"凡人臣之事君也,多以主所好事君"(《商君书》第十四篇《修权》)。《六韬》亦云:"君以世俗之所誉者为贤,以世俗之所毁者为不肖,则多党者进,少党者退。若是则群邪比周而蔽贤,忠臣死于无罪,奸臣以虚誉取爵位,是以世乱愈甚,则国不免于危亡。"(第九篇《举贤》)所以董昭才说:

> 窃见当今年少,不复以学问为本,专更以交游为业,国士不以孝悌清

修为首,乃以趋势游利为先。合党连群,互相褒叹,以毁訾为罚戮,用党誉为爵赏。附己者则叹之盈言,不附者则为作瑕衅,至乃相谓今世何忧不度邪,但求人道不勤,罗之不博耳;又何患其不知己矣,但当吞之以药而柔调耳。(《魏志》卷十四《董昭传》)

吾人明了时尚所趋,就可知道何晏著《无名论》(《全三国文》卷三十九,文长不录),假老庄之言,明无名之理,不是没有原因的。何晏说:

为民所誉,则有名者也。无誉,无名者也。若夫圣人名无名,誉无誉,谓无名为道,无誉为大,则夫无名者可以言有名矣,无誉者可以言有誉矣。然与夫可誉可名者岂同用哉?此比于无所有,故皆有所有矣;而于有所有之中,当与无所有相从,而与夫有所有者不同……夏侯玄曰,天地以自然运,圣人以自然用。自然者道也,道本无名,故老氏曰,强为之名。仲尼称尧荡荡,无能名焉,下云巍巍成功,则强为之名,取世所知而称耳。岂有名而更当云无能名焉者邪?夫惟无名,故可得遍以天下之名名之,然岂其名也哉?(《全三国文》卷三十九《无名论》)

何晏之《无名论》实在费解,不外攻击世人之好名。照他说,无名往往是有名之人,而有名之人却未必真正有名。名之有无在于自然得之,固非矫伪所能沽钓。前已举过明帝告吏部尚书卢毓之言:"选举莫取有名,有名如画地作饼,不可啖也。"(《魏志》卷二十二《卢毓传》)此言可以阐明何晏之《无名论》的真意。

老庄思想与黄老主义不同,吾人已述之于上。这个学说产生于春秋战国之世。春秋战国时代乃是吾国文化转变的时代,一方旧制度、旧习惯、旧思想失去权威,他方新制度、新习惯、新思想尚未确立,人们解放于传统之外,个性就有自由发展的机会,而得自由思考,自由立论,从而各种学说便在这个时期出现。这是文化转换期的现象。班固云,"周秦之敝,罔密文峻"(《汉书》卷五《景帝纪》赞曰),罔密文峻,周乃与秦并称,吾人观《尚书·吕刑》及《周礼》(卷三十六)《司刑》之篇,可知周代法网之峻;再观《礼记》及《仪礼》所载,又知周代礼仪之繁。人士一举一动均受礼法拘束,毫无自由。于是一派学者便提倡素朴,而欲归于自然。案老氏学说是双面的,一面主张"无为",他面主张"无不为",无为乃以佐无不为之用。犹如孔氏学说之为双面,一面主张"礼义",他面主张刑政,刑政亦以补礼义之不足。取其一面,而弃其他面,必有所偏。可惜正始年间许多名流乃单取老氏"无为"之一面,而欲归于自然,此其失也。老子曾言:

> 人法地,地法天,天法道,道法自然。王弼注曰,道不违自然,乃得其性。法自然者,在方而法方,在圆而法圆,于自然无所违也。(《老子》第二十五章)

既由"无为"观念而侧重于归于自然,结论便欲回归到太古生活。老子说:

> 小国寡民,使有什伯之器而不用,使民重死而不远徙,虽有舟舆,无所乘之,虽有甲兵,无所陈之,使人复结绳而用之,甘其食,美其服,安其居,乐其俗。邻国相望,鸡犬之声相闻,民至老死,不相往来。(《老子》第八十章)

庄子亦说:

> 子独不知至德之世乎?昔者容成氏、大庭氏、伯皇氏、中央氏、栗陆氏、骊畜氏、轩辕氏、赫胥氏、尊卢氏、祝融氏、伏牺氏、神农氏,当是时也,民结绳而用之,甘其食,美其服,乐其俗,安其居,邻国相望,鸡狗之声相闻,民至老死,而不相往来,若此之时,则至治已。(《庄子》第十篇《胠箧》)

太古之时,没有政治,没有法律,也没有伦理观念,而人民生活却甚欢娱,于是老庄又进一步,反对一切社会规范。老子说:

> 大道废,有仁义;慧智出,有大伪;六亲不和,有孝慈;国家昏乱,有忠臣。(《老子》第十八章)

又说：

> 绝圣弃智，民利百倍；绝仁弃义，民复孝慈；绝巧弃利，盗贼无有。

（《老子》第十九章）

而庄子之言更激烈。他说：

> 夫至德之世，同与禽兽居，族与万物并，恶乎知君子小人哉？同乎无知，其德不离。同乎无欲，是谓素朴。素朴而民性得矣。及至圣人，蹩躠为仁，踶跂为义，而天下始疑矣。澶漫为乐，摘僻为礼，而天下始分矣。故纯朴不残，孰为牺樽？白玉不毁，孰为珪璋？道德不废，安取仁义？性情不离，安用礼乐？五色不乱，孰为文采？五声不乱，孰应六律？夫残朴以为器，工匠之罪也。毁道德以为仁义，圣人之过也……夫赫胥氏之时，民居不知所为，行不知所之，含哺而熙，鼓腹而游，民能已此矣。及至圣人，屈折礼乐，以匡天下之形，县跂仁义，以慰天下之心，而民乃始踶跂好知，争归方利，不可止也，此亦圣人之过也。（《庄子》第九篇《马蹄》）

又说：

> 圣人不死，大盗不止……为之斗斛以量之，则并与斗斛而窃之。为之权衡以称之，则并与权衡而窃之。为之符玺以信之，则并与符玺而窃之。为之仁义以矫之，则并与仁义而窃之。何以知其然耶？彼窃钩者诛，窃国者为诸侯。诸侯之门，而仁义存焉，则是非窃仁义圣知耶……故绝圣弃智，大盗乃止。摘玉毁珠，小盗不起。焚符破玺，而民朴鄙。掊斗折衡，而民不争。殚残天下之圣法，而民始可与论议。擢乱六律，铄绝竽瑟，塞瞽旷之耳，而天下始人含其聪矣。灭文章，散五采，胶离朱之目，而天下始人含其明矣。毁绝钩绳而弃规矩，攦工倕之指，而天下始人有其巧矣。故曰大巧若拙。削曾、史之行，钳杨、墨之口，攘弃仁义，而天下之

德始玄同矣。彼人含其明,则天下不铄矣。人含其聪,则天下不累矣。人含其知,则天下不惑矣。人含其德,则天下不僻矣。彼曾、史、杨、墨、师旷、工倕、离朱皆外立其德,而以爘乱天下者也,法之所无用也。(《庄子》第十篇《胠箧》)

这种思想已经错误。社会进步,人类的欲望随之增加。欲望既然发生,就不能消极地令其节欲,只能积极地增加生产,以满足人类的欲望。生产停滞,消费增加,社会未有不乱。吾国古代哲人关于经济方面,只注意消费,而忽略生产,这是吾国政治思想的缺点。所以老庄所谓"归于自然",吾人只可同西汉初年那样,解释为自由放任。倘若拘泥语句,解释为还于太古,未免是时代错误。然而到了魏代,老庄之言又为士大夫所误解,为其代表者,一是嵇康,二是何晏,三是阮籍。固然除此三人之外,尚有其他许多名流,但此三人均死于曹魏之世。据《晋书》所载:

嵇康恬静寡欲,含垢匿瑕,好《老》《庄》,与魏宗室婚,拜中散大夫,弹琴咏诗,自足于怀……所与神交者惟陈留阮籍、河内山涛,豫其流者,河内向秀、沛国刘伶、籍兄子咸、琅邪王戎,遂为竹林之游,世所谓竹林七贤也。戎自言,与康居山阳二十年,未尝见其喜愠之色……性绝巧而好锻……尝与向秀共锻于大树之下,以自赡给。颍川钟会贵公子也,精练有才辩,故往造焉,康不为之礼,而锻不辍……会以此憾之……因谮"康言论放荡,非毁典谟,帝王者所不宜容,宜因衅除之,以淳风俗"。帝(司马昭)遂害之。(《晋书》卷四十九《嵇康传》)

嵇康著作不少,其要旨不外主张循性从欲,而归于自然。他谓六经开荣利之涂,仁义不足以为治。钟会斥其非毁典谟,固有理由。嵇康说:

夫民之性,好安而恶危,好逸而恶劳。故不扰则其愿得,不逼则其志从。洪荒之世,大朴未亏,君无文于上,民无竞于下,物全理顺,莫不自得。饱则安寝,饥则求食,怡然鼓腹,不知为至德之世也。若此,则安知仁义之端、礼律之文？及至人不存,大道陵迟,乃始作文墨以传其意,区别群物使有类族,造立仁义以婴其心,制其名分以检其外,劝学诰文以神其教。故六经纷错,百家繁炽。开荣禄之涂,故奔骛而不觉……推其原也,六经以抑引为主,人性以从容为欢。抑引则违其愿,从欲则得自然。然则自然之得不由抑引之六经,全性之本不须犯情之礼律。故仁义务于理伪,非养真之要术。廉让生于争夺,非自然之所出也。(《全三国文》卷五十《难张辽叔自然好学论》)

然则如何使人循性,嵇康主张无为而治。他说：

> 古之王者承天理物,必崇简易之教,御无为之治。君静于上,臣顺于下。玄化潜通,天人交泰。……荡涤尘垢,群生安逸,自求多福,默然从道,怀忠抱义,而不觉其所以然也。(同上卷四十九《声无哀乐论》)

又说：

> 圣人不得已而临天下,以万物为心,在宥群生,由身以道,与天下同于自得。穆然以无事为业,坦尔以天下为公。虽居君位,飨万国,恬若素士接宾客也。虽建龙旗,服华衮,忽若布衣之在身。故君臣相忘于上,烝民家足于下,岂劝百姓以尊己？割天下以自私,以富贵为崇高,心欲之而不已哉。(同上卷四十八《答向子期难养生论》)

何晏亦好老庄。他娶曹操之女为妇,即与嵇康同为曹氏之姻戚。所不同者,他不若嵇康之坐听曹氏鱼肉,而愿依附曹爽,与司马懿斗争。《魏志》谓：

> 何晏等咸有声名,进趣于时,明帝以其浮华,皆抑黜之。及爽秉政,乃复进叙,任为腹心……晏等专政,共分割洛阳、野王典农部桑田数百

顷，及坏汤沐地以为产业，承势窃取官物，因缘求欲，州郡有司望风莫敢忤旨。晏等与廷尉卢毓素有不平，因毓吏微过，深文致毓法，使主者先收毓印绶，然后奏闻，其作威如此……爽作窟室，绮疏四周，数与晏等会其中，纵酒作乐……晏好《老》《庄》言，作《道德论》。(《魏志》卷九《曹爽传》)

《魏略》亦谓：

晏动静粉白不去手，行步顾影。晏为尚书，主选举，其宿与之有旧者，多被拔擢。(《魏志》同上引《魏略》)

但吾人读各书所载，《魏书》与《魏略》之言未必可信。《晋书》(卷四十七)《傅咸传》，咸上言曰："正始中，任何晏以选举，内外之众职各得其才，粲然之美，于斯可观。"是则何晏为吏部尚书，选举尚见公平。他崇奉老氏无为之说，盖亦有故。在齐王芳之前者为明帝，明帝好兴土木，陈寿斥其"宫馆是营"(《魏志》卷三《明帝纪》评)。毋丘俭谓"臣愚以为天下所急除者二贼，所急务者衣食，诚使二贼不灭，士民饥冻，虽崇美宫室，犹无益也"(《魏志》卷二十八《毋丘俭传》)。史述明帝之兴土木及群臣之谏如次：

是岁徙长安钟虡、橐佗、铜人、承露盘于洛阳。盘折，声闻数十里。铜人重不可致，留于霸城。大发铜，铸铜人二，号曰翁仲，列坐于司马门外。又铸黄龙、凤皇各一，龙高四丈，凤高三丈余，置内殿前。起土山于芳林园西北陬，使公卿群僚皆负土，树松竹杂木花草于其上，捕山禽杂兽置其中。司徒军议掾董寻上疏谏曰："建安以来，野战死亡，或门殚户尽，虽有存者，遗孤老弱。若今宫室狭小，当广大之，犹宜随时，不妨农务。况乃作无益之物，青龙、凤皇、九龙、承露盘，此皆圣明之所不兴也，其功三倍于殿舍。陛下既尊群臣，显以冠冕，被以文绣，载以华舆，所以异于小人。而使穿方举土，面目垢黑，衣冠了鸟，毁国之光，以崇无益，甚非谓也。孔子曰，'君使臣以礼，臣事君以忠'。无忠无礼，国何以立？"高堂隆上疏曰："今天下雕敝，民无儋石之储，国无终年之畜，外有强敌，六军暴边，内兴土木，州郡骚动，若有寇警，臣惧版筑之士不能投命虏廷矣。又将吏俸禄稍见折减，方之于昔，五分居一，诸受休者又绝廪赐，不应输者今皆出半，而度支经用更每不足。且夫禄赐谷帛，人主所以惠养吏民，而为之司命者也。若今有废，是夺其命矣。既得之而又失之，此生怨之府也。"尚书卫觊上疏曰，当今之务，宜君臣上下计校府库，量入为出，犹恐不及，而工役不辍，侈靡日崇，帑藏日竭，糜费功夫，诚皆圣虑所宜裁制也。"（《资治通鉴》卷七十三魏明帝黄初元年）

在这种无益民生的"有为"政情之下，何晏依老子所说："民之饥，以其上食税之多，是以饥"（《老子》第七十五章），希望政府清静无为，不能不说是合于时代的需要。他说：

天地万物皆以无为为本。无也者开物成务，无往不成者也。阴阳恃以化生，万物恃以成形，贤者恃以成德，不肖恃以免身。故无之为用，无爵而贵矣。（《全三国文》卷三十九何晏撰《无为论》）

同时又谓：

善为国者必先治其身。治其身者慎其所习，所习正则其身正，其身正则不令而行。所习不正，则其身不正，其身不正，则虽令不从。是故为人君者所与游必择正人，所观察必察正象，放郑声而弗听，远佞人而弗近，然后邪心不生，而正道可弘也。季末，暗主不知损益，斥远君子，引起小人，忠良疏远，便辟亵狎，乱生近昵，譬之社鼠，考其昏明，所积以然。故圣贤谆谆，以为至虑。舜戒禹曰，邻哉邻哉，言慎所近也。周公戒成王曰，其朋其朋，言慎所与也。《诗》云，一人有庆，兆民赖之。可自今以后，御幸式乾殿及游后园，皆大臣侍从，因从容戏宴兼省文书，询谋政事，讲论经义，为万世法。（《全三国文》卷三十九何晏撰《奏请大臣侍从游幸》）

据《魏志》(卷四《齐王纪》)，此奏是在正始七年。这种言论乃深合于孔子所谓"政者正也"，"放郑声，远佞人"的道理，何能谓其"蔑弃典文，不遵礼度，游辞浮说，波荡后生"(《晋书》卷七十五《范宁传》)？案何晏与曹魏有姻戚关系(晏尚曹操女金乡公主)，欲同阮籍一样，明哲保身，苟全性命于乱世，未必可能。故乃加入曹爽集团，而与司马懿斗争。史谓"是时曹爽辅政，识者虑有危机。晏有重名，与魏姻戚，内虽怀忧，而无复退也。著有五言诗以言志曰，鸿鹄比翼游，群飞戏太清。常畏大网罗，忧祸一旦并。岂若集五湖，从流唼浮萍。永宁旷中怀，何为怵惕惊"(《世说新语》卷中之下第十篇《规箴》注引《名士传》)。嵇康与魏宗室婚，虽然"性含垢藏瑕，爱恶不争于怀，喜怒不寄于颜"，亦为司马昭所杀(《世说新语》卷上之上第一篇《德行》注引《康别传》，参阅《晋书》卷四十九《嵇康传》)。何晏忧祸，转而依附曹爽，这是人之常情。曹爽失败，何晏伏诛，晋代士大夫欲加何晏以罪，遂多诋诬之言。但他生长于宫廷之中，生活稍见奢靡，思想流于唯美主义，是免不了的。

阮籍与何晏不同，其出仕在曹爽失败之后，即在高贵乡公即位之时，当时曹氏与司马氏的斗争尚未结束，朝臣固多司马党与，而地方长官之忠于曹氏者仍有其人。在这期间，阮籍托老庄之名，行乡愿之实，虽然除官封爵(司马懿为太傅，命籍为从事中郎；及懿薨，复为司马师大司马从事中郎；高贵乡公即位，封关内侯，徙散骑常侍)，而乃旷务尸禄。盖不愿参加曹氏与司马氏的斗争，只求置身事外，不问胜败谁属，均得苟全性命。据历史言：

> 阮籍任性不羁……尤好老庄……当其得意，忽忘形骸……籍本有济世志，属魏晋之际，天下多故，名士少有全者，籍由是不与世事，遂酣饮为常。文帝初欲为武帝求婚于籍，籍醉六十日，不得言而止。钟会数以时事问之，欲因其可否，而致之罪，皆以酣醉获免……会帝(文帝司马昭)让九锡，公卿将劝进，使籍为其辞，籍沉醉忘作……籍虽不拘礼教，然发言玄远，口不臧否人物。性至孝，母终，正与人围棋，对者求止，籍留与决赌，既而饮酒二斗，举声一号，因又吐血数升，毁瘠骨立，殆致灭性……籍嫂尝归宁，籍相见与别，或讥之，籍曰，礼岂为我设耶？邻家少妇有美色，

当垆沽酒,籍尝诣饮,醉便卧其侧。籍既不自嫌,其夫察之,亦不疑也。兵家女有才色,未嫁而死,籍不识其父兄,径往哭之,尽哀而还。其外坦荡而内淳至,皆此类也……著《达庄论》,叙无为之贵。(《晋书》卷四十九《阮籍传》)

阮籍著有《通老》《达庄》《大人先生传》诸篇。其述《通老》,希望"君臣垂拱,完太素之朴;百姓熙怡,保性命之和"。其述《达庄》,由"万物一体",而认为人生世上,无所谓生死,无所谓寿夭,无所谓大小,"天地日月非殊物也,故曰自其异者视之,则肝胆楚越也;自其同者视之,则万物一体也……以生言之,则物无不寿;推之以死,则物无不夭。自小视之,则万物莫不小;自大观之,则万物莫不大。殇子为寿,彭祖为夭。秋毫为大,泰山为小。故以生死为一贯,是非为一条也。别而言之,则须眉异名;合而说之,则体之一毛也"(以上两篇均载在《全三国文》卷四十五)。最能表现阮籍之思想的,则为《大人先生传》(《全三国文》卷四十六),兹摘要其警句如次,以供读者参考。

汝独不见夫虱之处于裈之中乎?深缝匿乎坏絮,自以为吉宅也。行不敢离缝际,动不敢出裈裆,自以为得绳墨也。饥则啮人,自以为无穷食也。然炎斤火流,焦邑灭都,群虱死于裈中而不能出。汝君子之处区域之内,亦何异夫虱之处裈中乎……夫无贵则贱者不怨,无富则贫者不争,各足于身而无所求也。恩泽无所归,则死亡无所仇。奇声不作,则耳不易听。淫色不显,则目不改视。耳目不相易改,则无以乱其神矣。此先世之所至止也。今汝尊贤以相高,竞能以相尚,争势以相君,宠贵以相加,驱天下以趣之,此所以上下相残也。竭天下万物之至,以奉声色无穷之欲,此非所以养百姓也。于是惧民之知其然,故重赏以喜之,严刑以威之。财匮而赏不供,刑尽而罚不行,乃始有亡国戮君溃散之祸,此非汝君子之为乎?汝君子之礼法诚天下残贼乱危死亡之术耳,而乃目以为美行不易之道,不亦过乎?

阮籍之言如此,而其行为又如彼,此果老庄之道么?察阮籍之狂放,酣饮终日,不过借此以求避免后日之后患。此又与何晏之积极地协助曹爽,绝不相同。何晏为魏之外戚,阮籍与魏非亲非戚,在世无定主,而不能责之以忠(文中子《中说·事君篇》)之时,阮籍固不必为曹氏而死,其与司马氏不即不离,实是苟全性命之法。

嵇康、何晏、阮籍三人,虽然境遇不同,但三人均好老庄,因之言论不免流入玄虚。何晏也许仰慕风流,而阮籍是否借老庄学说,以达成其仕不事事之本意,吾人不能无疑。余研究老庄学说,老氏之言乃无为而无不为,西汉初年称之为黄老主义,本书已有说明。他所重视的为清净无为,其原因乃如文子所引老子之言:"欲治之主不世出,可与治之臣不万一。以不世出,求不万一,此至治所以千岁不一也。"(《文子》第十九篇《下德》)"事烦难治,法苛难行,求苛虽赡……故功不厌约,事不厌省,求不厌寡。功约易成,事省易治,求寡易赡"(《文子》第二十篇《上仁》),此即管子所说:"君有三欲于民,三欲不节,则上位危。三欲者何也? 一曰求,二曰禁,三曰令。求必欲得,禁必欲止,令必欲行。求多者,其得寡。禁多者,其止寡。令多者,其行寡。求而不得,则威日损。禁而不止,则刑罚侮。令而不行,则下凌上。故未有能多求而多得者也,未有能多禁而多止者也,未有能多令而多行者也。故曰,上苛则下不听。"(《管子》第十六篇《法法》)庄子如何呢? 他固有言:

上无为也,下亦无为也,是下与上同德。下与上同德,则不臣。下有为也,上亦有为也,是上与下同道。上与下同道,则不主。上必无为,而用天下;下必有为,为天下用,此不易之道也。(《庄子》第十三篇《天道》)

此又与慎子所说:"君臣之道,臣事事,而君无事,君逸乐而臣任劳。臣尽智力以善其事,而君无与焉,仰成而已,故事无不治"(《慎子·民杂篇》),若合符节。岂但法家,孔子亦言:"舜有臣五人,而天下治"(《论语》第八篇《泰伯》),"无为而治者,其舜也与? 夫何为哉? 恭仁正南面而已矣。"(《论语》第十五篇《卫灵公》)

老庄之言如斯解释,则正始年间,士大夫所推崇的,已经离开黄老,而为庄列,更确实言之,只是列子。《列子》之书遗失已久,西汉成帝永始年间,刘向搜集八篇，东晋张湛又加注解。列子学说不是清静无为，而是虚幻，欲放浪于形骸之外。此种思想的盛行是在魏晋之际。列子假托孔子之言，谓"西方之人有圣者焉，不治而不乱，不言而自信，不化而自行，荡荡乎民无能名焉。丘疑其为圣，弗知真为圣欤，真不圣欤"（《列子》第四篇《仲尼》）。所谓西方圣人似指佛陀。《广弘明集》（卷一）《商太宰问孔子圣人》之篇亦引此言，且注云"出《列子》"，而直指孔子所谓西方圣人乃天竺之佛。案佛教传入中国始于东汉明帝时代，姑不问列子是在孔子之前或在孔子之后，当时必不知道西方有佛。人谓《列子》一书乃东晋张湛集道家之言而成，似亦可信。佛教以涅槃为解脱，所以列子假子贡之言："大哉死乎，君子息焉，小人伏焉！"（《列子》第一篇《天瑞》）又假晏子之言："善哉，古之有死也。仁者息焉，不仁者伏焉。死也者德之徼也（德者得也，徼者归也，言各得其所归）。古人谓死人为归人，夫言死人为归人，则生人为行人矣。行而不知归，失家者也。"（《列子》同上）故结论云："静也，虚也，得其居矣。取也，与也，失其所矣。"（《列子》同上）此种虚幻思想虽见于庄子之书，而老子并未曾言。

列子由虚幻思想，遂谓人生若梦。吾人若能以真为梦，则梦亦可视之为真。有老役夫者筋力竭矣，昼为皂隶，呻吟而执事，夜则昏惫而熟睡，梦为国君，居人民之上，总一国之政，恣意所欲，其乐无比。人若告以何必勤苦如是。老役夫却说："人生百年，昼夜各分，吾昼为仆虏，苦则苦矣。夜为人君，其乐无比，何所怨哉？"（《列子》第三篇《周穆王》）人生既然如梦，则毁誉得失、生死贫富何必关怀（参阅《列子》第四篇《仲尼》，引龙叔之言）？他甚至怀疑"死于是者，安知不生于彼"，"亦又安知吾今之死，不愈昔之生乎？"（《列子》第一篇《天瑞》，引杞梁类之言）"人胥知生之乐，未知生之苦。知老之惫，未知老之佚。知死之恶，未知死之息也。"（《列子》第一篇《天瑞》，引孔子之言）

列子更进一步，以为古往今来，理无常是，亦无常非，今生之所是，安知后来不会变而为非？今生之所非，安知后来不会变而为是？他说："且天下理无常是，事无常非。先日所用，今或弃之。今之所弃，后或用之。此用与不用无定是非也。"（《列子》第八篇《说符》，引施氏之言）此种相对论的是非实与儒家之视仁义为万古不变之道德者不同。

列子深信命与运,命是个人的命,运是时代的运。命与运相符,纵是一介凡人亦可飞黄腾达。命与运相乖,纵以孔子之圣,而竟在陈绝粮。他述"力"与"命"之对话如次:

> 力谓命曰:"若之功奚若我哉?"命曰:"汝奚功于物,而欲比朕?"力曰:"寿夭穷达贵贱贫富,我力之所能也。"命曰:"彭祖之智,不出尧舜之上,而寿八百。颜渊之才,不出众人之下,而寿四八。仲尼之德,不出诸侯之下,而困于陈蔡。殷纣之行,不出三仁之上,而居君位。季札无爵于吴,田恒专有齐国,夷齐饿于首阳,季氏富于展禽,若是汝力之所能,奈何寿彼而夭此,穷圣而达逆,贱贤而贵愚,贫善而富恶邪?"力曰:"若如是言,我固无功于物,而物若此耶,此则若之所制邪?"命曰:"既谓之命,奈何有制之者邪?朕直而推之,曲而任之,自寿自夭,自穷自达,自贵自贱,自富自贫,朕岂能识之哉,朕岂能识之哉?"(《列子》第六篇《力命》)

又述时运之说,谓施氏与其邻人孟氏各有二子,所业相同,而皆游说诸侯,然施氏之子显贵,孟氏之子一遭宫刑,一遭刖刑。孟氏之父问于施氏,施氏答曰:

> 凡得时者昌,失时者亡。子道与吾同,而功与吾异,失时者也,非行之谬也。(《列子》第八篇《说符》)

既信命运之说,凡事皆视为前定,人力莫如之何,则君民何必努力?说到这里,不能不回溯而述东汉王充所说:"民治与乱,皆有命焉。"他谓:

> 民治与乱皆有命焉,或才高行洁,居位职废;或智浅操浊,治民而立……夫贤君能治当安之民,不能化当乱之世。良医能行其针药,使方术验者,遇未死之人,得未死之病也。如命穷病困,则虽扁鹊末如之何。夫命穷病困之不可治,犹夫乱民之不可安也,……故世治非贤圣之功,衰

乱非无道之致。国当衰乱,贤圣不能盛。时当治,恶人不能乱。世之治乱在时,不在政。国之安危在数,不在教。(《论衡》第五十三篇《治期》)

由黄老而老庄,由老庄而列子,思想每况愈下,趋于颓废,遂由颓废的思想发生正始之风,更由正始之风,引起戎狄侵陵,中华民族失去自信力与自尊心,晋虽统一天下,不及数年,就发生八王之乱,五胡乱华,终至南北分立,后人归咎于正始之风,不无原因。

第四节
北方经济的复兴与晋的统一

三国初期,豪杰并起,攻剽城邑,杀略民人,农村破坏,城市萧条,往往数百里内不见人烟。在这种情况之下,商路不免断绝,而商业亦不存在。农民所生产的谷粮是需要商人运贩的。商业停止,农业就由市场生产改变为家计生产,换言之,生产非以贩卖为目的,而以供给一家需要为目的。农业生产力已经降低了,而自董卓坏五铢,更铸小钱之后,钱货就不通行。

　　董卓坏五铢钱,更铸为小钱,大五分,无文章,肉好,无轮郭,不磨炉,于是货轻而物贵,谷一斛至数十万,自是后钱货不行。(《魏志》卷六《董卓传》)

到了文帝受禅,黄初二年,复五铢钱,不久,又以谷贵罢之。

　　黄初二年春三月,初复五铢钱。冬十月,以谷贵,罢五铢钱。(《魏志》卷二《文帝纪》)

即钱币通行不过半年,在钱币停止通行之时,借贷用实物。

　　文帝在东宫,尝从曹洪贷绢百匹,洪不称意。(《魏志》卷九《曹洪传》注引《魏略》)

赠送用实物。

> 胡质之为荆州也,威(质子)自京都省之,告归,临辞,质赐其绢一匹,为道路粮。(《魏志》卷二十七《胡质传》注引《晋阳秋》)

买卖用实物,不,一切价格均以绢匹计算。

> 任嘏与人共买生口,各顾八匹。后生口家来赎,时价直六十匹。共买者欲随时价取赎,嘏自取本价八匹。共买者惭,亦还取本价。(《魏志》卷二十七《王昶传》注引《任嘏别传》)

货币不能通行,借贷赠送买卖均用谷帛,后因人民竞湿谷以要利,作薄绢以为市,发生各种流弊,乃于魏明帝太和元年复行五铢。

> 太和元年夏四月乙亥,复行五铢钱。(《魏志》卷三《明帝纪》)
> 黄初二年,魏文帝罢五铢钱,使百姓以谷帛为市。至明帝时,钱废谷用既久,人间巧伪渐多,竞湿谷以要利,作薄绢以为市,虽处以严刑,而不能禁也。司马芝等举朝大议,以为用钱非徒丰国,亦所以省刑,今若更铸五铢钱,则国丰刑省,于事为便。魏明帝乃更立五铢钱。(《晋书》卷二十六《食货志》)

国民经济既然破坏,因之,军阀的财政也感困难,而粮食问题尤见严重。袁绍军人皆资桑椹,袁术战士取给蒲蠃。

> 自遭荒乱,率乏粮谷,诸军并起,无终岁之计,饥则寇略,饱则弃余,瓦解流离,无敌自破者不可胜数。袁绍之在河北,军人仰食桑椹。袁术在江、淮,取给蒲蠃。民人相食,州里萧条。(《魏志》卷一《武帝纪》建安元年注引《魏书》)

而曹操军队且有杂食人脯之事。

> 初太祖乏食,程昱略其本县,供三日粮,颇杂以人脯。(《魏志》卷十四《程昱传》注引《世语》)

于是怎样解决粮食,就成为重要问题,最初是从消费方面着手,禁酒可以视为一例。

> 时年饥兵兴,曹操表制酒禁。(《后汉书》卷七十《孔融传》)

关此,孔融与曹操书云:

> 二代之祸及众人之败,以酒亡者,实如来诲。虽然……夏商亦以妇人失天下,今令不断婚姻,而将禁酒独急者,疑但惜谷耳,非以亡王为戒也。(《后汉书》卷七十《孔融传》注引融集与操书)

即由孔融观之,曹操禁酒,目的乃在惜谷。但是粮食不从生产方面解决,是没有效果的。民人分散,田园荒芜,社会不是相对的贫穷,而是绝对的贫穷,单单节省消费,当然无补于事,所以不久又从生产方面着手。三国初期,曹操"大议损益,韩浩以为当急田"(《魏志》卷九《夏侯惇传》注引《魏书》)。文帝受禅,鲍勋亦谓"今之所急,唯在军农"(《魏志》卷十二《鲍勋传》)。盖三方未定,商鞅所谓农战在当时不失为一种良好的国策。然要解决生产问题,一宜安定地方秩序,二宜减轻各种租税,于是曹操就任用许多循吏以为刺史太守,委以大权,令其便宜行事。例如茂凉为泰山太守,"旬月之间襁负而至者千余家"(《魏志》卷十一《茂凉传》),刘馥为扬州刺史,"数年中,恩化大行,百姓乐其政,流民越江山而归者以万数"(《魏志》卷十五《刘馥传》)。张既为京兆尹,"招怀流民,兴复县邑,百姓怀之"(《魏志》卷十五《张既传》)。苏则为金城太守,"于时变乱之后,吏民流散饥穷,户口损耗,则抚循之甚谨,旬月之间流民皆归,得救千家"(《魏志》卷十六《苏则传》)。此外如兖州刺史司马朗、并州刺史梁习、梁州刺史温恢、豫州刺史贾逵、河东太守杜畿、京兆尹郑浑、敦煌太守仓慈,无不善于抚循,而为魏代的良二千石(参阅《魏志》卷十五及卷十七各本传)。

同时又厘定税制,建安九年,曹操平定袁氏邺都,九月,令曰:

> 有国有家者不患寡而患不均,不患贫而患不安。袁氏之治也,使豪强擅恣,亲戚兼并,下民穷弱,代出租赋,衒鬻家财,不足应命……欲望百姓亲附,甲兵强盛,岂可得邪?其收田租亩四升,户出绢二匹、绵二斤而已,他不得擅兴发。郡国守相明检察之,无令强民有所隐藏,而弱民兼赋也。(《魏志》卷一《太祖纪》建安九年注引《魏书》)

这个税制似非单单实行于冀州之地,而可以视为魏代的普遍制度。依据这个税制,魏的租税分为两种:一是田租,二是户调。汉代除田租外,有算赋、口钱、更赋、户税等税。魏代似将汉世的算赋、口钱、更赋、户税等包括于户税之中,而称之为户调。合田租、徭役、户调三者已开始了隋唐的租庸调制度之先声。魏世户调不比汉代杂赋为苛,至于田租尚比汉代为轻。汉的田租三十税一,汉文帝时代农业生产力是很低的。晁错说:"百亩之收不过百石"(《汉书》卷二十四上《食货志》),即一亩收米一石。三十税一,即一亩要纳米0.033石。依姚鼐计算,斛与石之比为200∶150(参阅《汉书》卷二十四上《食货志》补注),所以0.033石应为四升四合,这已比魏世为高了。倘魏世田租用粟不用米,则依《九章算术》,汉之田租应为七升三合($44 \div \frac{3}{5} = 73$),是更比魏代为高。何况魏代田租是固定的,不论每亩收获多少,只税四升,西汉时田租则随生产力的增高而增加。上述之米四升四合或粟七升三合乃指农业生产力最低时期所纳的田租。兼以魏尺又比西汉的尺长四分有余(《晋书》卷十六《律历志上》),所以魏代之亩亦比西汉略大。固然魏斛稍大,即魏之一斛约合汉代九斗七升四合(《晋书》卷十六《律历志上》),然其所大之数甚微。总之曹操虽在兵马倥偬时代,仍注意培养税源,不惜减轻田租,使人民有劝耕之心。

安定地方的秩序，减轻农民的负担，这是予民休息之意。但是生产力过度破坏，单单予民休息，似亦无济于事，于是魏世又采用积极政策，而谋经济的复兴。当时人众流散，土业无主，多为政府没收，充为公田。

  大乱之后，民人分散，土业无主，皆为公田。（《魏志》卷十五《司马朗传》）

于是如何利用公田，就成为问题。两汉政府为对付匈奴，每用屯田之法，以解决军粮问题。举最近之例说，灵帝时，傅燮为汉阳太守，"广开屯田，列置四十余营"（《后汉书》卷八十八《傅燮传》）。汉阳郡本天水郡（见《后汉书》卷三十三上《郡国志·汉阳郡》注），地近胡羌，傅燮所开的屯田称之为"营"，似为军屯，盖当时牧守均常领兵也。三国时代，英雄棋峙，兵乱相承，当时感觉困难的也是军粮。军阀要扩军，必须积谷，要积谷，必须务农，而务农之法又莫便于屯田。建安元年，曹操得到许下，试行屯田之制，既有成绩，又推行于各地。

  建安元年，是岁用枣祗、韩浩等议，始兴屯田。① 注引《魏书》曰，曹公曰，夫定国之术在于强兵足食，秦人以急农兼天下，孝武以屯田定西域，此先代之良式也。是岁乃募民屯田许下，得谷百万斛，于是州郡列置田官，所在积谷，征伐四方，无运粮之劳，遂兼灭群雄，克平天下。（《魏志》卷一《武帝纪》）

魏的屯田分为两种：一是军屯，二是民屯。军屯乃选择军事险要之地或进军必经之路，使兵士且田且守。建安十四年，曹操引水军，自涡入淮，出肥水，军合肥，开芍陂屯田（《魏志》卷一《太祖纪》），即其例也。管理军屯的人不是当地领兵之将，而是另置度支中郎将、度支校尉与度支都尉。

  度支中郎将二千石，第六品，掌诸军屯田。（《三国职官表》）

---

① 《魏志》卷九《夏侯惇传》注引《魏书》曰："时大议损益，韩浩以为当急田，太祖善之。"卷十六《任峻传》："是时军食不足，枣祗建置屯田。"

> 度支校尉比二千石,第六品,掌诸军屯田。(同上)
> 度支都尉六百石,第七品,掌诸军屯田。(同上)

最重要的乃是民屯。民屯是选择灌溉容易而土壤肥沃之地,雇用农民,耕作公田。政府是地主,农民是佃户,而为晋的占田制、北朝隋唐的均田制的先声。农民最初是用征调的方法,强迫他们迁到屯田所在地。但是农民安土重迁,时时逃亡,所以后来又改为招募,招募贫民佃作。

> 是时新募民开屯田,民不乐,多逃亡。袁涣白太祖曰,夫民安土重迁,不可卒变,易以顺行,难以逆动,宜顺其意,乐之者乃取,不欲者勿强。太祖从之,百姓大悦。(《魏志》卷十一《袁涣传》)

佃作公田的人称为屯田客或典农部民。例如:

> 屯田客吕并自称将军,聚党据陈仓,赵俨攻之,贼即破灭。(《魏志》卷二十二《赵俨传》)
> 邓艾少为襄城典农部民,与石苞皆年十二三。(《魏志》卷二十八《邓艾传》注引《世说》)

管理民屯的人有典农中郎将、典农校尉及典农都尉。

> 典农中郎将郡县有屯田者置,二千石,第六品,主屯田。(《三国职官表》)
> 典农校尉郡县有屯田者置,比二千石,第六品,所主如中郎将。(同上)
> 典农都尉郡县有屯田者置,秩六百石或四百石,第七品,主屯田。(同上)

大郡置典农中郎将,小郡置典农校尉,典农都尉则置于各县。

> 咸熙元年,诏罢屯田官,以均政役,诸典农皆为太守,都尉皆为令长,

是典农中郎将校尉分列诸郡国，典农都尉分列诸县也。其或置中郎将或置校尉，则郡国大小之别。（《三国职官志》）

典农之职始于两汉，前《志》（《汉书》卷十九上《百官公卿表》）云："农都尉……武帝初置。"农都尉直隶于大司农，"班况举孝廉为郎，积功劳，至上河农都尉，大司农奏课连最，入为左曹越骑校尉"（《汉书》卷一百上《叙传》），即其证也。《续志》（《后汉书》卷三十八《百官志五》）云："边郡置农都尉，主屯田殖谷。"建武八年，梁统为酒泉典农都尉（《后汉书》卷三十四《梁统传》），即农都尉亦称为典农都尉。三国初年，陶谦为徐州牧，曾表陈登为典农校尉，登"巡土田之宜，尽凿溉之利，粳稻丰积"（《魏志》卷七《张邈传》注引《先贤行状》）。谦于兴平元年病死，可知民屯之制并不是创始于曹操。凡郡屯田不广，典农校尉由郡守兼之，例如傅玄在魏时为弘农太守，领典农校尉（《晋书》卷四十七《傅玄传》）。其置典农校尉者，典农校尉与典农都尉均不受郡守管辖。典农都尉又称为屯田都尉，其官阶虽比令长，而却不属于郡。

贾逵领弘农太守，其后发兵，逵疑屯田都尉藏亡民，都尉自以不属郡，言语不顺。注引《魏略》曰，逵前在弘农，与典农校尉争公事，不得理，乃发愤生瘿。（《魏志》卷十五《贾逵传》）

此盖典农之职直隶于大司农之故。

典农属大司农，见《司马芝传》。司马芝为大司农，先是诸典农各部吏民，末作治生，以要利入。芝奏曰，臣愚以为不宜复以商事杂乱，专以农桑为务，于国计为便。明帝从之，可以见当时典农之制。又《曹爽传》注《魏略·桓范传》，桓范为大司农，谓爽弟羲曰，洛阳典农治在城外，呼召如意，而大司农印章在我。亦典农属大司农之证。（《三国职官表》）

但是典农部民与郡县编户系统不同，在同一地区之内，而有此种区别，自非久行之法。所以魏末,即陈留王咸熙元年,就废屯田官,以均政役,诸典农皆为太守,都尉皆为令长(《魏志》卷四《陈留王纪》)。

兹宜特别一言者,不问军屯或民屯,每人所受的田均没有一定亩数,凡能耕多少田,就可以受多少田。此盖地广人稀,一方要处分荒地,同时又顾到人力之故。晋傅玄说:

> 近魏初课田,不务多其顷亩,但务修其功力。(《晋书》卷四十七《傅玄传》)

至其所纳赋税则和一般农民不同,农民所纳者为田赋,他们所纳者为佃租。佃租多少,是看他们所用的牛是官牛或是私牛。持官牛者须将六成收获物缴给政府;持私牛者须将五成收获物缴纳政府。晋武帝时,傅玄说明魏代屯田的佃租如次。

> 旧兵持官牛者官得六分,士得四分;自持私牛,与官中分。(《晋书》卷四十七《傅玄传》)

傅玄之言用"兵"字,甚似只指军屯。若依封裕所说,似民屯也是一样。他说:

> 魏晋虽道消之世,犹削百姓不至于七八,持官牛田者,官得六分,百姓得四分,私牛而官田者,与官中分,百姓安之。(《晋书》卷一百九《慕容皝载记》)

这种官六民四或与官中分的佃租,不但当时的人不以为多,而晋代人士且称之为公平。

> 傅玄上疏曰,又旧兵持官牛者,官得六分,士得四分;自持私牛者,与官中分。施行来久,众心安之。今一朝减持官牛者,官得八分,士得二分;持私牛及无牛者,官得七分,士得三分。人失其所,必不欢乐。臣愚以为宜佃兵持官牛者与四分,持私牛与官中分,则天下兵作欢然悦乐,爱

惜成谷，无有损弃之忧。(《晋书》卷四十七《傅玄传》)

这又有似是指军屯了。魏行屯田之后，结果甚佳，经济上则百姓殷足。

> 武皇帝特开屯田之官，专以农桑为业。建安中，天下仓库充实，百姓殷足。(《魏志》卷十二《司马芝传》)

财政上则仓廪充实。

> 枣祗建置屯田，数年中，所在积粟，仓廪皆满。(《魏志》卷十六《任峻传》)

军事上则无运粮之劳。

> 州郡列置田官，所在积谷，征伐四方，无运粮之劳，遂兼灭群雄，克平天下。(《魏志》卷一《武帝纪》建安元年注引《魏书》)

但中国农业是依靠雨水的。雨水不调，可以破坏中国的农事，而使千万亩的土地变为池沼或变为沙田，所以魏在推行屯田之时，又讲求水利之策。

> 魏武又以沛国刘馥为扬州刺史，镇合肥，广屯田，修芍陂、茹陂、七门、吴塘诸堨，以灌稻田，公私有蓄，历代为利。贾逵之为豫州，南与吴接，修守战之具，塌汝水，造新陂，又通运渠二百余里，所谓贾侯渠是也。当黄初中，四方郡守垦田又加，以故国用不匮……郑浑为沛郡太守，郡居下湿，水涝为患，百姓饥乏。浑于萧、相二县，兴陂堨，开稻田，郡人皆不以为便。浑以为终有经久之利，遂躬率百姓兴工，一冬皆成，比年大收，顷亩岁增，租入倍常。郡中赖其利，刻石颂之，号曰郑陂。魏明帝世，徐邈为凉州，土地少雨，常苦乏谷。邈上修武威、酒泉盐池，以收虏谷。又广开水田，募贫民佃之，家家丰足，仓库盈溢……其后皇甫隆为敦煌太

> 守，敦煌俗不作楼犁，及不知用水，人牛功力既费，而收谷更少。隆到，乃教作楼犁，又教使溉灌，岁终计率所省庸力过半，得谷加五，西方以丰。嘉平四年，关中饥，宣帝表徙冀州农夫五千人佃上邽，兴京兆、天水、南安盐池，以益军实。青龙元年，开成国渠，自陈仓至槐里，筑临晋陂，引汧洛溉舄卤之地三千余顷，国以充实焉。正始四年，宣帝又督诸军伐吴将诸葛恪，焚其积聚，恪弃城遁走。帝因欲广田积谷，为兼并之计，乃使邓艾行陈、项以东，至寿春地。艾以为田良水少，不足以尽地利，宜开河渠，可以大积军粮，又通运漕之道，乃著《济河论》以喻其指……宣帝善之，皆如艾计施行……兼修广淮阳、百尺二渠，上引河流，下通淮颖，大治诸陂于颖南、颖北，穿渠三百余里，溉田二万顷，淮南、淮北皆相连接，自寿春到京师，农官兵田，鸡犬之声，阡陌相属。每东南有事，大军出征，泛舟而下，达于江淮，资食有储，而无水害，艾所建也。（《晋书》卷二十六《食货志》）

于是生产力就渐次提高，北方土广人稀，垦者均系上田。

> 今者土广民稀，中地未垦。（《后汉书》卷四十九《仲长统传》损益篇）

而又加以水利之功，所以每亩可收十余斛或数十斛。傅玄说：

> 近魏初……白田收至十余斛，水田收数十斛。（《晋书》卷四十七《傅玄传》）

傅玄之言虽有夸张之处，然国民经济的复兴是不容怀疑的，由是人民流亡出境者就渐次归还本土。比方关中，建安初年，地甚荒凉，百姓流入荆州者十余万户，及闻本土安宁，均归还关中，而使关中充实起来。

> 建安初，关中百姓流入荆州者十余万家，及闻本土安宁……流人果还，关中丰实。（《晋书》卷二十六《食货志》）

又如冀州，曹操初得冀州之时，案户籍，只有三十万众，便视为大州(《魏志》卷十二《崔琰传》)，后来户口增加，田多垦辟。

> 冀州户口最多，田多垦辟。(《魏志》卷十六《杜畿传》)

而使文帝欲徙冀州十万户以实河南。

> 文帝欲徙冀州士家十万户实河南，时连蝗民饥，群司以为不可，帝遂徙其半。(《魏志》卷二十五《辛毗传》)

固然经济破坏，户口减耗，到了明帝之时尚未完全恢复。青龙三年，张茂说：

> 自衰乱以来，四五十载，马不舍鞍，士不释甲，每一交战，血流丹野，创痍号痛之声于今未已。(《魏志》卷三《明帝纪》青龙三年注引《魏略》)

景初元年，董寻亦言：

> 建安以来，野战死亡，或门殚户尽，虽有存者，遗孤老弱。(《魏志》卷二《明帝纪》景初元年注引《魏略》)

然正始以后，朝中虽有政变，而国外尚无大规模的战争，人民得息仔肩，于是三国势力的均衡就破坏了。中国文化是由北方渐向南方发展。隋唐以前，北方文化比南方高，北方户口也比南方多。户口是古代兵力与财力的源泉，北方户口多于南方，就是北方的兵力与财力大于南方。由秦汉而至三国，司隶之地，即三辅、三河、弘农可以视为北方的心脏，欲由南方征服北方，必须保有荆益二州。荆州有襄阳，襄阳北通河洛，西接益梁，南遮湖广，东瞰吴越。益州有汉中，北瞰关中，南蔽巴蜀，东通荆襄，西控秦陇。由襄阳出兵，可以威胁洛阳。由汉中出兵,可以蚕食关中。但是三国分立之后,蜀失荆州,不能取襄阳,以迫洛阳。吴无巴蜀,不能由汉中,以取关中。而吴蜀两国利害又不一致,只能消极地共同防御,不能积极地共同攻战,所以就形势说,蜀吴两国自始就处于败北的地位。更进一步观之,吴跨有荆扬,而定都于东南的建业,欲图东南,必争江汉;欲窥中原,必得淮泗。有江汉而无淮泗,国必弱;有淮泗而无江汉的上流,国必危。吴于淮泗之地,东不得广陵。顾祖禹说:

> 广陵根柢淮左,遮蔽金陵,自昔为东南都会,吴王濞称兵于此,汉室几为动摇。孙权不得广陵,虽数争淮南,而终以长江为限。(《读史方舆纪要》卷二十三《扬州府》)

西不得合肥。今再举顾祖禹之言,以证明合肥在军事上之价值。

> 合肥为淮右噤喉,江南唇齿,自大江而北出,得合肥,则可以西问申、蔡,北向徐、寿,而争胜于中原。中原得合肥,则扼江南之吭而拊其背矣。三国时吴人尝力争之。魏主叡曰,先帝东置合肥,南守襄阳,西固祁山,贼来辄破之于三城之下者,地有所必争也。① 盖终吴之世曾不能得淮南尺寸地,以合肥为魏守也。(《读史方舆纪要》卷二十六《卢州府》)

所以终吴之世不能与魏人争雄于中原,而荆州的襄阳又始终保于曹魏之手,这对于吴,不但使其无法进窥西北,且使其不易固守东南。顾祖禹说:

> 夫襄阳者天下之腰脊也,中原得之,可以并东南;东南得之,亦可以图西北者也……三国争荆州,吴人不能得襄阳,引江陵之兵以攻魏,辄破

---

① 魏青龙二年,吴主权曾三路出兵北伐,一向合肥,二向广陵,三向襄阳,均无功而还。魏明帝曰:"先帝东置合肥,南守襄阳,西固祁山,贼来辄破于三城之下者,地有所必争也。"(《资治通鉴》卷七十二魏明帝青龙二年)

于襄阳之下……故不能越汉江尺寸地……彼襄阳者，进之可以图西北，退之犹足以固东南者也。有襄阳而不守，敌人逾险而南，汉江上下，罅隙滋多，出没纵横，无后顾之患矣……所谓上可以通关、陕，中可以向许、洛，下可以通山东者，无如襄阳……昔人谓东南可以问中原者莫如襄阳。

（《读史方舆纪要》卷七十五《湖广方舆纪要序》）

又说：

> 襄阳跨连荆、豫，控扼南北，三国以来，尝为天下重地。曹操赤壁之败，既失江陵，而襄阳置戍，屹为藩捍。关壮缪在荆州，尝力争之，攻没于禁等七军，兵势甚盛，徐晃往救，襄阳不下。曹操劳晃曰，全襄阳，子之力也。盖襄阳失，则沔汉以北危。当操之失南郡而归也，周瑜说权曰，据襄阳以蹙操，北方可图。及壮缪围襄阳，操惮其锋，议迁都以避之矣。吴人惧蜀之逼，遽起而议其后，魏终得以固襄阳，而吴之势遂屈于魏。自后诸葛瑾、陆逊之师屡向襄阳，而终无尺寸之利，盖势有所不得逞也。而于魏人之保襄阳，亦如手足之救头目。然方吴人之攻曹仁也，司马懿曰，襄阳水陆之冲，御寇要地，不可失也。魏明帝亦言，地有所必争矣。晋人因之，而襄阳遂为灭吴之本。羊祜镇襄阳，进据险要，开建五城，收膏腴之利，夺吴人之资，石城以西，尽为晋有，又广事屯田，预为储蓄。祜之始至也，军无百日之粮，及至季年，有十年之积。杜预继祜之后，遵其成算，遂坐而弋吴矣。（《读史方舆纪要》卷七十九《襄阳府》）

蜀如何呢？自失去荆州之后，只能退保益州。观蜀之险，其守不可出，其出不可继。固然尚有汉中之地，可以北瞰关中，西控秦陇。但是由秦地入汉中之道有三，由汉中入蜀之道有二，五道无不险阻。

由汉中出关或入蜀道表

种类	道名	里数	备考
由关中入汉中道	褒斜道	470里	太和中,曹真表欲数道伐蜀,从斜谷入。陈群以为斜谷险阻,难以进退,转运必见钞截,多留兵守要,则损战士,不可不虑也。帝从群议。(《魏志》卷二十二《陈群传》)景耀三年,钟会分兵从斜谷趋汉中。(《魏志》卷二十八《钟会传》)
	傥骆道	420里	正始五年,曹爽发卒六七万人伐蜀,从骆谷入,牛马骡驴多死,民夷号泣道路,入谷行数百里,蜀因山为固,兵不得进,乃引军还。(《魏志》卷九《曹爽传》)景耀三年,钟会分兵从骆谷趋汉中。(《魏志》卷二十八《钟会传》)
	子午道	660里	太和四年,曹真伐蜀,从子午道入,会大霖雨三十余日,栈道断绝,诏曹真还军。(《魏志》卷九《曹真传》)景耀三年,钟会分兵从子午谷入汉中。(《魏志》卷二十八《钟会传》)
由汉中入蜀正道	金牛道		由汉中过阳安关,越朝天岭,而至四川的剑州。钟会所率军队下关城(阳安关),趋剑阁,即由是道。
	米仓道		由汉中过米仓山,越孤云山,而至四川的巴州。
由汉中入蜀间道	左儋道		由阴平,过马阁,至四川的龙州江油县,邓艾入蜀即由是道。艾自阴平,道行无人之地七百余里,凿山通道,造作桥阁,山高谷深,至为艰险,艾以毡自裹,推转而下,将士皆攀木缘崖,鱼贯而进。(《魏志》卷二十八《邓艾传》)

入汉中之道险阻,则敌人固然不易伐我,而我也必不易伐敌。刘邦能够平定三秦,实因秦人痛恨三秦王,而三秦王又未曾虑到刘邦出关,所以刘邦可以乘其无备,兼并秦陇。刘备于建安二十四年得到汉中,同年关羽失去荆州,翌年曹操死,丕不受禅。刘备舍魏而去伐吴,大败而归,旋即崩殂。到了后主即位,魏的势力已经巩固,蜀欲由汉中以窥秦陇,实非易事。诸葛亮"诚有匡佐之才,然处孤绝之地,战士不满五万"(《蜀志》卷五《诸葛亮传》注引袁子曰),六出祁山,均因"众寡不侔,攻守异体"(《蜀志》卷五《诸葛亮传》),而道路险阻,运粮困难,所以每次北伐,常以粮尽而还。《孙子》(第二篇《作战》)云:"久暴师,则国用

不足","国之贫于师者远输,远输则百姓贫"。此中道理,诸葛亮不是不知的。固然诸葛亮太过谨慎,其出师征伐,魏延"辄欲请兵万人,与亮异道会于潼关,如韩信故事,亮制而不许"(《蜀志》卷十《魏延传》)。魏延之策虽深合于《孙子》(第十一篇《九地》)所说:"兵之道贵速,由不虞之道,攻其所不戒也。"但是诸葛亮亦有难言之苦衷,蜀带甲将士虽有十万二千(《通典》卷七《历代盛衰户口》),而据司马昭估计,战士不出九万,四万驻防国内,其能迎敌作战者不过五万。兵力如斯寡弱,其所以不愿闭关守险,而必空劳师旅,无岁不征,岂但因为汉贼不两立,王业不偏安?我不伐贼,王业亦亡,惟坐待亡,孰与伐之(《后出师表》)而已。盖亮乃以攻为守,即如王船山所说:"其出师以北伐,攻也,特以为守焉耳。以攻为守,而不可示其意于人,故无以服魏延之心,而贻之怨怒。秦陇者非长安之要地,乃西蜀之门户也。……公之定算,名为攻,而实为守计也。"(《读通鉴论》卷十《三国》)《孙子》(第八篇《九变》)云:"用兵之法,无恃其不来,恃吾有以待之;无恃其不攻,恃吾有所不可攻也。"如何使敌不来不攻,只有依孙子之言,而反唐太宗的解释,即"不可胜者守也,可胜者攻也"(此系出于《孙子》第四篇《军形》),守之法,要在示敌以有余(太宗作不足),攻之法示敌以不足(太宗作有余)。示敌以不足,则敌必来攻。示敌以有余,则敌必自守(参阅《李卫公问对》卷下)。东汉时,虞诩率众数千,御万余之羌。"令吏士各作两灶,日倍增之,羌不敢逼。或曰,孙膑减灶,而君增之,何也? 诩曰,虏众多,吾兵少。孙膑见弱,吾今示强,势有不同,故也。"(《后汉书》卷五十八《虞诩传》)此即诸葛亮虽知众寡不侔,而必用兵不戢、屡耀其武的理由。然而司马懿亦非弱者,他固以守为攻。① 王船山说:"汉以初出之全力,求敌以战,其气锐;魏空关中之守,即险以争,其势危,

---

① 王船山谓"孔明之北伐也,屡出而无功,以为司马懿之力能拒之,而早决大计于一言者,则孙资也"(《读通鉴论》卷十《三国》)。今据《通鉴》(卷七十魏明帝太和元年),"帝(魏明帝)闻诸葛亮在汉中,欲大发军就攻之,以问孙资。资曰,武皇帝(曹操)圣于用兵,察蜀贼栖于山岩,不责将士之力,不争一朝之忿,诚所谓见胜而战,知难而退者……但以今日见兵,分命诸将据诸要险,威足以震摄强寇,镇静疆场,将士虎睡,百姓无事,数年之间,中国日盛,吴蜀二虏必自罢敝。帝乃止"。《六韬》(第二十九篇《兵征》)云:"知可攻而攻,不可攻而止。"《孙子》(第四篇《军形》)云:"善战者立于不败之地,而不失敌之败也。是故胜兵先胜而后求战,败兵先战而后求胜。"魏多足智善谋之士,卒能收效于数十年之后,不是没有原因的。

皆败道也。一败溃而汉乘之，长安不守，汉且出关以捣宛雒，是高祖破项之故辙也，魏恶得而不危？兵据要害，敌即盛而险不可逾。据秦川沃野之粟，坐食而制之，虽孔明之志锐而谋深，无如此漠然不应者何也。""魏所必守者长安也。长安不拔，汉固无如魏何。"（《读通鉴论》卷十《三国》）《孙子》（第三篇《攻谋》）云："知彼知己，百战不殆。不知彼而知己，一胜一负。不知彼不知己，每战必败。"《吴子》（第三篇《治兵》）云："以近待远，以佚待劳，以饱待饥。"懿固深知汉兵千里运粮，不能持久，乃深沟固垒，不与交锋，亮虽数挑战，而遗以巾帼妇人之饰，懿均不出（参阅《晋书》卷一《宣帝纪》青龙元年）。① 汉魏两军对垒于武功五丈原，相持百余日，亮病卒，北伐之师不能不退。

案蜀据长江上流，下临荆楚，其势足以夺长江之险。从来有取天下之略者莫不切切于用蜀，秦欲兼诸侯，则先并蜀，并蜀而秦益强，富厚轻诸侯。孙权曾说："若操得蜀，则吴危矣。"（《吴志》卷二《孙权传》建安十五年注引《献帝春秋》）夏侯惇亦谓"宜先灭蜀，蜀亡则吴服"（《魏志》卷一《武帝纪》建安二十四年注引《曹瞒传》）。所以司马昭欲统一华宇，不是南下江南，而是由关中而入巴蜀。

> 司马昭欲大举伐汉，朝臣多以为不可。昭谕众曰，吴地广大而下湿，攻之用功差难，不如先定巴蜀。三年之后，因顺流之势，水陆并进，此灭虢取虞之势也。计蜀战士九万，居守成都及备他境不下四万，然则余众不过五万……以刘禅之暗……其亡可知也。（《资治通鉴》卷七十八魏元皇帝景元三年）

唯为牵制吴蜀相助之故，乃"敕青徐兖豫荆扬诸州并使作船，又令唐咨作浮海大船，外为将伐吴者"（《魏志》卷二十八《钟会传》）。此时也，诸葛亮已死，姜维掌握兵权，维乃自弃其险，不守汉中，而守汉乐二城，本欲诱敌深入，结果敌乃平行而至汉中。杨洪说："汉中则益州咽喉，存亡之机会，若无汉中，则无蜀

---

① 诸葛亮亦知司马懿之不愿战。懿虽然表请决战，魏主遣卫尉杖节以制之。"姜维谓亮曰，辛毗杖节而至，贼不复出矣。亮曰，彼本无战心，所以固请者，以示武于其众耳。将在军，君命有所不受，苟能制吾，岂千里而请战耶？"（《晋书》卷一《宣帝纪》魏青龙元年，《蜀志》卷五《诸葛亮传》注引《汉晋春秋》亦有同一记载）

矣。"(《蜀志》卷十一《杨洪传》)黄权亦说:"若失汉中,则三巴不振。"(《蜀志》卷十三《黄权传》)魏景元三年,即蜀景耀六年,蜀亡。顾祖禹云:

> 初昭烈留魏延镇汉中,皆实兵诸围,以御外敌。敌若来攻,使不得入,后皆承此制。姜维以为诸围适可御敌,不获大利,不若敛兵聚谷,退就汉乐二城,听敌入平,重关头镇守以捍之。敌攻关不克,野无散谷,千里运粮,自然疲乏,引退之日,然后诸城并出搏之,此殄敌之术也。后主从之。及钟会来侵,遂平行至汉中,由维自弃其险也。(《读史方舆纪要》卷五十六《汉中府》,参阅《蜀志》卷十四《姜维传》)

蜀亡之后,魏的政局也发生了变化。吾国自秦汉以来,历代政府均鉴前代之失,而努力于巩固帝权的安定。秦鉴周因诸侯而亡,乃改封建为郡县。汉鉴秦因孤立而亡,又广封同姓为诸侯。七国叛变,汉武复努力于建设中央集权的国家。内重外轻,王莽秉政,遂假周公之事,而为田常之乱。东汉鉴西汉之亡于权臣,乃建立三公之制,以分其权。至魏,一方鉴西汉七国叛变之事,所以虽然封建侯王,而诸侯皆寄名空地,徒有国土之名,而无社稷之实。

> 魏兴,承大乱之后,民人损减,不可则以古始。于是封建侯王,皆使寄地空名,而无其实。王国使有老兵百余人,以卫其国,虽有王侯之号,而乃侪于匹夫,悬隔千里之外,无朝聘之仪,邻国无会同之制,诸侯游猎不得过三十里,又为设防辅监国之官,以伺察之。王侯皆思为布衣而不能得,既违宗国藩屏之义,又亏亲戚骨肉之恩。(《魏志》卷二十《武文世王公传评》注引袁子曰)

而同姓兄弟又不得宰州临郡,且看魏宗室曹冏之言。

> 今之州牧郡守,古之方伯诸侯,皆跨有千里之土,兼军武之任,或比国数人,或兄弟并据,而宗室子弟曾无一人间厕其间,与相维持,非所以强干弱枝,备万一之虞也。今之用贤,或超为名都之主,或为偏师之帅。

而宗室有文者，必限小县之宰，有武者，必置百人之上，使夫廉高之士毕志于卫轭之内，才能之人耻与非类为伍，非所以劝进贤能、褒异宗室之礼也。（《魏志》卷二十《武文世王公传评》注引《魏氏春秋》）

同时又鉴东汉阉宦之祸，乃限制阉人为官不得过诸署令。

文皇帝讳丕……嗣位为魏王……其宦人为官者不得过诸署令，为金策著令，藏之石室。（《魏志》卷二《文帝纪》）

复鉴东汉外戚之祸，诏群臣不得奏事太后，太后之家不得当辅政之任，又不得横受茅土之爵。

黄初三年九月甲午，诏曰，夫妇人与政，乱之本也。自今以后，群臣不得奏事太后，后族之家不得当辅政之任，又不得横受茅土之爵。以此诏传后世，若有背违，天下共诛之。（《魏志》卷二《文帝纪》）

其防微杜渐不可谓不慎，然而祸患之来往往出于吾人预料之外。魏之祸患既不是来自宗室，亦不是来自外戚，更不是来自阉宦。案曹操之父嵩乃中常侍曹腾之养子，嵩为夏侯氏之子（《魏志》卷一《太祖纪》）。曹氏为魏武之名义上宗族，夏侯与魏武有实际上血统关系。曹操虽然收罗许多强宗大族以为羽翼，而专方面、负重任者以曹及夏侯两家之人为多（参阅《魏志》卷九各传）。魏文即位，夏侯一家似无继起人才，负重任者则为曹休、曹真。然此两人亦缺乏匡佐之才，致令魏文不能不登用新进之士，如陈群、司马懿等。文帝临崩之时，召中军大将军曹真、镇军大将军陈群、征东大将军曹休、抚军大将军司马懿并受遗诏辅嗣主[①]。案司马懿在曹操时代，既无汗马之劳，亦无运筹之功，而曹

[①] 《魏志》卷二《文帝纪》黄初七年，但据《魏志》卷九《曹真传》、《晋书》卷一《宣帝纪》及《晋略·武帝纪》，文帝临崩之时受遗辅政者，只有曹真、陈群、司马懿三人，盖曹休为扬州牧，不在洛阳之故。

操又以其有狼顾相,复梦三马同食一槽,不欲委以重任(参阅《晋书》卷一《宣帝纪》)。文帝践祚,司马懿虽为尚书,迁尚书仆射,亦尚无弄权的机会。其后旧臣宿将逐渐病殁,司马懿遂能露出头角,官至抚军大将军。文帝崩殂,就与曹休、曹真、陈群同受遗诏辅政。曹休于太和二年薨,曹真于太和五年薨,陈群于青龙四年薨,于是司马懿更遭时际会,常都督诸州军事,西抗蜀国,用拖延之计,使孔明不能伸其志,东灭辽东,立大功于国外,终而成为明帝末年的重臣。明帝将崩,令大将军曹爽(曹真子)、太尉司马懿辅少主(《魏志》卷三《明帝纪》景初三年),即同姓与异姓共同辅政,其防范权臣亦甚周到。① 然其结果,正始年间竟然发生曹爽与司马懿的斗争。曹爽既"白天子发诏转司马懿为太傅,外以名号尊之,内欲令尚书奏事,先来由己,得制其轻重也"。又任命弟羲为中领军,训武卫将军,其余诸弟皆以列侯侍从,出入禁闼,贵宠莫盛。复引用何晏(以为吏部尚书)、邓扬(以为尚书)、李胜(以为河南尹)、丁谧(以为尚书)、毕轨(以为司隶校尉)、桓范(以为大司农)等人。此辈虽有才华,但皆缺乏政治经验。曹爽以纨绔子弟何能抵抗老奸巨猾的司马懿,而懿又有许多权诈之士,为其谋臣策士(参阅《魏志》卷九《曹爽传》)。曹爽失败,魏之政权就由曹家移归司马。司马懿受两世托孤之命,就友谊言,亦应竭股肱之力,效忠贞之节,而乃心怀贰志,欺陵孤儿寡妇。子师废齐王而立高贵乡公,昭弑高贵乡公而立陈留王,每乘废置,窃取威权。三世秉政,权大势强。古来权臣欲篡取帝位,必先建立武勋,苟能树奇功于外国,则人望已归,禅让之事必能成功。司马昭之心路人皆知,其接受九锡必在平蜀之后,理由在此。传至子炎,遂于咸熙二年代魏,改国号曰晋。

王船山说:"天下者非一姓之私也,兴亡之修短有恒数,苟易姓而无原野流血之惨,则轻授他人而民不病。魏之授晋,上虽逆而下固定,无乃不可乎?"(《读通鉴论》卷十一《晋武帝》)司马炎既已代魏,就着手于平吴工作。自司马懿秉政之后,即定下伐吴之计,其政策分为三种。一是经济进攻,于沿边各郡大事

---

① 明帝疾甚,召司马宣王(懿),引入卧内,"时太子芳(齐王)年八岁,秦王九岁在于御侧。帝执宣王,目太子曰,死乃复可忍,朕忍死待君,君其与爽辅此。宣王曰,陛下不见先帝属臣以陛下乎"(《魏志》卷三《明帝纪》景初二年注引《魏氏春秋》),即日帝崩。

屯田,积谷以待时机。屯田之制由来已久,汉武帝时,曾用之以困匈奴;宣帝时,赵充国又用之以破西羌;其在三国,则于建安元年,由枣祗、韩浩提议,曹操行之于许下。关于屯田之利,王船山有详细的说明。他说:

> 屯田之利有六,而广储刍粮不与焉。战不废耕,则耕不废守,守不废战,一也。屯田之吏士据所屯以为己之乐土,探伺密,而死守之心固,二也。兵无室家,则情不固;有室家,则为行伍之累。以屯安其室家,出而战,归而息,三也。兵从事于耕,则乐与民亲,而残民之心息。即境外之民亦不欲凌轹而噬龁之。敌境之民且亲附而为我用,四也。兵可久屯,聚于边徼,束伍部分不离其素,甲胄器仗,以暇而修,卒有调发,符旦下而夕就道,敌莫能测其动静之机,五也。胜则进,不胜则退,有所止,不至骇散而内讧,六也。(《读通鉴论》卷十《三国》)

王船山虽举六利,吾观其中所言实即晁错徙民实边之策(《汉书》卷四十九《晁错传》),而且只能行于征兵制度之下。兵皆佣兵,船山所举六利未必皆可实现,所以船山又云:

> 虽然,有其地,有其时矣。许昌之屯,乘黄巾之乱,民皆流亡,野多旷土也。两淮之屯(邓艾屯田于陈、项、寿春),魏吴交战之地,弃为瓯脱,田皆芜废也。五丈原之屯(诸葛亮最后兵出祁山之时,屯兵于五丈原),秦陇、阶文之间,地广人稀,羌胡据山泽而弃乎土,数百里而皆草莱也……此屯之必以其地也。屯于战争之时,压敌境而营疆场。以守为本,以战为心,而以耕为余力,则释耒耜,援戈矛,两不相妨以相废。若在四海荡平之后,分散士卒,杂处民间,使食利于耕……是弭兵养懦之术也……此屯之必以其时也。(同上)

三国末期的屯田,开始于司马氏秉权之时。邓艾倡其端。他谓"国之所急,惟农与战,国富则兵强,兵强则战胜,然农者胜之本也"(《魏志》卷二十八《邓艾传》)。

昔破黄巾，因为屯田积谷于许都，以制四方。今三隅已定，事在淮南，每大军征举，运兵过半，功费巨亿，以为大役。陈蔡之间，土下田良，可省许昌左右诸稻田，并水东下，令淮北屯二万人，淮南三万人，十二分休，常有四万人且田且守。水丰，常收三倍于西，计除众费，岁完五百万斛，以为军费。六七年间，可积三千万斛于淮北，此则十万之众，五年食也。以此乘吴，无往而不克矣。宣王（司马懿）善之，事皆施行。（《魏志》卷二十八《邓艾传》）

羊祜承其嗣：

羊祜为都督荆州诸军事，假节……镇南夏……以诡计，令吴罢守。于是戍逻减半，分以垦田八百余顷，大获其利。祜之始至也，军无百日之粮，及至季年，有十年之积。（《晋书》卷三十四《羊祜传》）

反之，吴如何呢？

孙皓即位，军资空匮，仓廪不实……居无积年之储，出无应敌之蓄……而都下诸官所掌别异，各自下调，不计民力，辄与近期，长吏畏罪，昼夜催民，委舍佃事，遑赴会日，定送到都，或蕴积不用，而徒使百姓消力失时，到秋收月，督其限入，夺其播殖之时，而责其今年之税，如有逋悬，则藉没财物，故家户贫困，衣食不足。（《吴志》卷二十《华核传》）

吴"军资空匮，仓廪不实"，晋"积谷养民，专心东向"（《吴志》卷二十《华核传》），晋在经济上已战胜了东吴。

次是政治进攻，晋在沿边各地，开诚布公，以怀柔吴人，使吴人愿受晋之统治。同是中国之人，在割据时代，凡欲取得别国土地者，须先取得别国人民之心。

武帝有灭吴之志,以羊祜为都督荆州诸军事,假节……镇南夏……与吴人开布大信,降者欲去,皆听之……自是前后降者不绝,乃增修德信,以怀柔初附……人有略吴二儿为俘者,祜遣送还其家,后吴将来降,二儿之父亦率其属与俱……祜出军行吴境,刈谷为粮,皆计所侵,送绢偿之。每会众江沔游猎,常止晋地。若禽兽先为吴人所伤,而为晋兵所得者,皆封还之。于是吴人翕然悦服,称为羊公,不之名也。(《晋书》卷三十四《羊祜传》)

对此,吴如何呢?

孙皓自登位以来,法禁转苛,赋调益繁,中官内竖分布州郡,横兴事役,竞造奸利。百姓雁杼轴之困,黎民罢无已之求,老幼饥寒,家户菜色。而所在长吏迫畏罪负,严法峻刑,苦民求办,是以人力不堪,家户离散,呼嗟之声,感伤和气。又江边戍兵,远当以拓土广境,近当以守界备难,宜时优育,以待有事。而征发赋调,烟至云集,衣不全短褐,食不赡朝夕,出当锋镝之难,入抱无聊之戚,是以父子相弃,叛者成行。(《吴志》卷二十《贺邵传》)

三是军事进攻,吴的军备颇见废弛。陆抗说:

西陵国之西门,若有不守,荆州非吴有也。臣前乞精兵三万,而至者各循常,未肯差赴。今臣所统千里,外御强寇,内怀百蛮,而上下见兵才有数万,裸弊日久,难以待变。乞特诏……使臣所部足满八万,若其不然,深可忧也。(《资治通鉴》卷八十晋武帝泰始十年,参阅《吴志》卷十三《陆抗传》)

而晋则依羊祜建议,有精密的军事计划。

羊祜以伐吴必藉上流之势,上疏曰,今若引梁益之兵,水陆俱下(王濬、唐彬统梁益兵)。荆楚之众进临江陵(荆楚羊祜所统,祜殁,杜预代之),平南、豫州直指夏口(胡奋为平南将军,王戎为豫州刺史),徐扬青兖并向秣陵(徐扬王浑所统,青兖琅邪王司马伷所统)。鼓旆以疑之,多方以误之,以一隅之吴,当天下之众,势分形散,所备皆急。巴汉奇兵,出其空虚,一处倾坏,则上下震荡。吴缘江为国,无有内外,东西数千里,以藩篱自持,所敌者大,无有宁息……其俗急速,不得持久。弓弩战楯不如中国,唯有水战是其所便。一入其境,则长江非复所固,还保城池,则去长入短……军不逾时,克可必矣。帝深纳之。(《晋书》卷三十四《羊祜传》)

咸宁五年,晋分六路进军,司马伷出涂中,王浑出江西,王戎出武昌,胡奋出夏口,杜预出江陵,王浚、唐彬下巴蜀。晋师所至,吴军无不土崩瓦解,望风而降。太康元年,王浑兵至横江,王浚攻陷石头,孙皓出降,吴遂灭亡,于是三国鼎立之局告一段落。然吴蜀虽平,而吴并不易治也。自董卓肆凶而至于天下混一,将近百年,而吴立国江东则有六十年之久,吴士自认为吴人,而斥北士为伧(参阅《晋书》卷五十八《周玘传》)。刘颂上疏谓:"且自吴平以来,东南六州将士更守江表,此时之至患也。又内兵外守,吴人有不自信之心,宜得壮王以镇抚之,使内外各安其旧。又孙氏为国,文武众职,数拟天朝,一旦堙替,同于编户,而灾困逼身,自谓失地,用怀不靖。今得长王以临其国,随才授任,文武并叙,士卒百役,不出其乡,求富贵者取之于国内。内兵得散,新邦乂安,两获其所,于事为宜。"(《晋书》卷四十六《刘颂传》)又太康中,刺史嵇绍举华谭秀才,武帝策之曰:"吴蜀恃险,今既荡平,蜀人服化,无携贰之心,而吴人趑睢,屡作妖寇。岂蜀人敦朴,易可化诱;吴人轻锐,难安易动乎?今将欲绥静新附,何以为先?对曰,蜀染化日久,风教遂成;吴始新附,未改其化(案平蜀在司马昭之时,即魏景元四年。平吴在晋武太康元年,中间共隔十七年)。非为蜀人敦悫,而吴易动也。然殊俗远境,风土不同。吴阻长江,旧俗轻悍。所安之计,当先筹其人士,使云翔闾阎。进其贤才,待以异礼。明选牧伯,致以威风,轻其赋敛。将顺咸悦,可以永保无穷,长为人臣者也。"(《晋书》卷五十二《华谭传》)这便是元帝渡江,建立南方政权,必须设法笼络东吴豪杰的原因。

第五节
魏的政治制度

第一项　中央官制

三国鼎峙，干戈云扰，国家法制无遑改革，多沿东汉之旧。魏据中原，吴蜀偏安一隅，皆不能混一华夏，虽有天子之名，力丑德齐，与古之列国无异。只因魏传于晋，晋灭蜀吴，化割据而为一统，而晋又继承魏之制度，经南北朝，传于隋唐，以及于宋。魏的影响较大，所以讨论三国政治制度之时，只述魏制，而略蜀吴。

魏之中央官制，举其要者，可列表如次。

魏中央官制表①

种类	官名	官品	官秩	例证	备考
上公	相国	一品		甘露五年，以司马昭为相国。（见《魏志》卷四《高贵乡公纪》）	魏无丞相，嘉平元年以太傅司马懿为丞相，固让乃止。（见《魏志》卷四《齐王纪》）
	太傅	一品		明帝即位，以太尉钟繇为太尉。（见《魏志》卷三《明帝志》）	魏无太师，初年惟置太傅，以钟繇为之；末年始置太保，以郑冲为之。

① 各书均未详载官品，此表乃据《唐六典》、《通典》卷三十六《魏官品》及《文献通考》卷六十六《官品》。

续 表

种类	官名	官品	官秩	例证	备考
	太保	一品		景元四年，以司徒郑冲为太保。（见《魏志》卷四《陈留王纪》）	（见《晋书》卷二十四《职官志》）
	大司马	一品		黄初二年十月，以大将军曹仁为大司马。（见《魏志》卷三《明帝纪》）	魏有太尉，而大司马、大将军各自为官，位在三司上。（见《晋书》卷二十四《职官志》）
	大将军	一品		黄初二年四月，以车骑将军曹仁为大将军。（见《魏志》卷三《明帝纪》）	
	太尉	一品		黄初元年，贾诩为太尉。（见《魏志》卷十《贾诩传》）	太尉、司徒、司空自汉历魏，置以为三公。（见《晋书》卷二十四《职官志》）
	司徒	一品		黄初元年，华歆为司徒。（见《魏志》卷十三《华歆传》）	
	司空	一品		黄初元年，王朗为司空。（见《魏志》卷十三《王朗传》）	
将军	骠骑将军	二品		正始六年，以左光禄大夫刘放为骠骑将军。（见《魏志》卷四《齐王纪》）	骠骑以下诸大将军不开府，非持节都督者，品秩第二，开府者皆为位从公。（见《晋书》卷二十四《职官志》）
	车骑将军	二品		正始二年，以征东将军王凌为车骑将军。（见《魏志》卷四《齐王纪》）	
	卫将军	二品		正始六年，以右光禄大夫孙资为卫将军。（见《魏志》卷四《齐王纪》）	
	中军大将军	二品		黄初七年，帝疾笃，召中军大将军曹真、抚军大将军司马懿、镇军大将军陈群并受遗诏辅少主。（见《魏志》卷二《文帝纪》）	
	抚军大将军	二品			
	镇军大将军	二品			

续 表

种类	官名	官品	官秩	例证	备考
	领军将军	三品		正始三年,以领军将军蒋济为太尉。(见《魏志》卷四《齐王纪》)	文帝践祚,始置领军将军,以曹休为之,主五校、中垒、武卫等三营。魏初,置护军将军,主武官选,隶领军。(见《晋书》卷二十四《职官志》)
九卿	太常	三品	中二千石	黄初五年,董昭为太常。(见《魏志》卷十四《董昭传》)	
	光禄勋	三品	中二千石	黄初元年,和洽为光禄勋。(见《魏志》卷二十三《和洽传》)	
	卫尉	三品	中二千石	黄初元年,程昱为卫尉。(见《魏志》卷十四《程昱传》)	
	太仆	三品	中二千石	黄初七年,董昭为太仆。(见《魏志》卷十四《董昭传》)	
	廷尉	三品	中二千石	黄初元年,钟繇为廷尉。(见《魏志》卷十三《钟繇传》)	
	大鸿胪	三品	中二千石	黄初元年,董昭为大鸿胪。(见《魏志》卷十四《董昭传》)	
	宗正	三品	中二千石	青龙元年,中山王兖薨,诏使宗正吊祭。(见《魏志》卷二十《中山王兖传》)	
	大司农	三品	中二千石	太和二年,梁习为大司农。(见《魏志》卷十五《梁习传》)	
	少府	三品	中二千石	黄初元年,常林为少府。(见《魏志》卷二十三《常林传》)	

续 表

种类	官名	官品	官秩	例证	备考
诸官	执金吾	三品	中二千石	黄初元年,臧霸为执金吾。(见《魏志》卷十八《臧霸传》)	
	将作大匠	三品	二千石	明帝时,郑浑为将作大匠。(见《魏志》卷十六《郑浑传》)	
	御史中丞	四品	千石		御史中丞本系御史大夫的官属,东汉时御史大夫转为司空,中丞出外为御史台主,而文属少府,至魏才独立。
	司隶校尉	三品	比二千石	正始元年,徐邈为司隶校尉,百寮敬惮之。(见《魏志》卷二十七《徐邈传》)	

附三国职官比较表

魏	蜀	吴
相国	丞相 章武元年,诸葛亮为丞相,政事无巨细,咸决于亮,亮薨因阙。(见《蜀志》卷五《诸葛亮传》)	丞相 吴置丞相,宝鼎元年分置左右,建衡中复旧。如黄武四年,以太常顾雍为丞相。(见《吴志》卷二《孙权传》)宝鼎元年,以镇西大将军陆凯为左丞相,常侍万彧为右丞相。(见《吴志》卷三《孙皓传》)
太傅	太傅 先主为汉中王时曾置是官。如建安二十四年,许靖由左将军长史迁太傅。(见《蜀志》卷八《许靖传》)	太傅 太元元年,孙权不豫,征诸葛恪以大将军领太子太傅。二年,权薨,太子即位,恪更拜太傅。(见《吴志》卷十九《诸葛恪传》)
太保	无考	无考

续表

魏	蜀	吴
大司马	大司马 　　延熙二年,蒋琬由大将军进位大司马。(见《蜀志》卷十四《蒋琬传》)	大司马 　　吴置大司马,赤乌九年分置左右,建兴中复旧。如黄武七年,吕范由前将军迁大司马。(见《吴志》卷十八《吕范传》)赤乌九年,朱然由车骑将军迁左大司马,全琮由卫将军迁右大司马。(见《吴志》卷二《孙权传》)
大将军	大将军 　　建兴十三年,蒋琬由尚书令进位大将军。(见《蜀志》卷十四《蒋琬传》)	大将军 　　吴有上大将军,又置大将军,后皆并设。如黄龙元年,陆逊由辅国将军迁上大将军。(见《吴志》卷十三《陆逊传》)而诸葛瑾由左将军迁大将军。(见《吴志》卷七《诸葛瑾传》)
太尉	太尉 　　置而不常设,如章武三年,追谥昭烈皇后,丞相亮上言,请太尉告宗庙。(见《蜀志》卷四《甘后传》)	太尉 　　建衡三年,以武昌督范慎为太尉。(见《吴志》卷三《孙皓传》)
司徒	司徒 　　章武元年,许靖由汉中王太傅迁司徒。(见《蜀志》卷八《许靖传》)	司徒 　　宝鼎三年,以左御史大夫丁固为司徒。(见《吴志》卷三《孙皓传》)
司空	无考	司空 　　宝鼎三年,以右御史大夫孟仁为司空。(见《吴志》卷三《孙皓传》)
骠骑将军	骠骑将军 　　章武元年,马超由左将军迁骠骑将军。(见《蜀志》卷六《马超传》)	骠骑将军 　　黄龙元年,步骘由将军迁骠骑将军。(见《吴志》卷七《步骘传》)
车骑将军	车骑将军 　　蜀置车骑将军,又有左右车骑将军,如章武元年,张飞由右将军迁车骑将军。(见《蜀	车骑将军 　　黄龙元年,朱然由征北将军迁车骑将军。(见《吴志》卷十一《朱然传》)

续表

	魏	蜀	吴
		志》卷六《张飞传》)景耀中,张翼为左车骑将军,廖化为右车骑将军。(见《蜀志》卷十四《姜维传》)	
卫将军		卫将军 咸熙十年,姜维由镇西将军迁卫将军。(见《蜀志》卷十四《姜维传》)	卫将军 黄龙元年,全琮由绥南将军迁卫将军。(见《吴志》卷十五《全琮传》)
中军大将军		无考	无考
抚军大将军		抚军将军 蜀置抚军将军,不称大。建兴八年,蒋琬为丞相府长史,加抚军将军。(见《蜀志》卷十四《蒋琬传》)	抚军将军 吴置抚军将军,不称大。赤乌十一年,步协为抚军将军。(见《吴志》卷七《步骘传》)
镇军大将军		镇军大将军 景耀元年,宗预由征西大将军迁镇军大将军。(见《蜀志》卷十五《宗预传》)	镇军大将军 黄龙三年,孙虑为镇军大将军。(见《吴志》卷十四《孙虑传》)
领军将军		领军将军 章武中,龚衡为领军将军。(见《蜀志》卷十五赞龚德绪注)	领军将军 吴置领军将军,又有左右领军将军,如孙异官至领军将军。(见《吴志》卷六《孙韶传》)黄龙元年,徐详为左领军将军,胡综为右领军将军。(见《吴志》卷十七《胡综传》)
太常		太常 建兴中,杜琼为太常。(见《蜀志》卷十二《杜琼传》)	太常 吴初置奉常,黄武四年改为太常。如孙权为吴王,顾雍为奉常,黄武四年,随官改为太常。(见《吴志》卷七《顾雍传》)
光禄勋		光禄勋 建兴中,向朗为光禄勋。(见《蜀志》卷十一《向朗传》)	光禄勋 吴初置郎中令,孙权称尊号,改为光禄勋。如刘基黄武初为郎中令,后随官改为光禄勋。(见《吴志》卷四《刘基传》)

续表

魏	蜀	吴
卫尉	卫尉 建兴初,刘琰由固陵太守迁卫尉。(见《蜀志》卷十《刘琰传》)	卫尉 五凤二年,使卫尉冯朝城广陵。(见《吴志》卷三《孙亮传》)
太仆	太仆 禅(后主)遣太仆蒋显,有命敕姜维。(见《蜀志》卷三《后主传》景耀六年注引王隐《蜀记》)	太仆 居是官者无考,惟《吴志》卷三《孙休传》,永安二年备九卿官,则吴自有太仆。
廷尉	廷尉 居是官者无考。	廷尉 吴初置大理,后改为廷尉。如孙权为吴王,顾雍迁大理。(见《吴志》卷七《顾雍传》)蜀零陵太守郝普降吴,官至廷尉。(见《蜀志》卷十五《季汉辅臣赞》注)
大鸿胪	大鸿胪 建兴中,杜琼为大鸿胪。(见《蜀志》卷十二《杜琼传》)	大鸿胪 宝鼎元年,大鸿胪张俨吊祭晋文帝。(见《吴志》卷三《孙皓传》)
宗正	宗正 居是官者无考。	宗正 孙奕官至宗正卿。(见《吴志》卷六《孙韶传》)
大司农	大司农 建兴三年,秦宓由左中郎将迁大司农。(见《蜀志·秦宓传》)	大司农 吴初置大农,后改称大司农。如孙权为吴王,刘基迁大农。(见《吴志》卷四《刘基传》)孙皓时,楼玄由会稽太守入为大司农。(见《吴志》卷二十《楼玄传》)
少府	少府 延熙中,镡承为少府。(见《华阳国志》卷十中《广汉士女》)	少府 黄龙三年,潘濬为少府。(见《吴志》卷十六《潘濬传》)
执金吾	执金吾 尹赏官至执金吾。(见《蜀志》卷十四《姜维传》)	执金吾 嘉禾三年,使执金吾许晏等将兵万人,金宝珍货九锡备物乘海授公孙渊。(见《吴志》卷二《孙权传》)
将作大匠	无考	将作大匠 宝鼎二年,薛诩为将作大匠。(见《吴志》卷十四《孙和传》)

续表

魏	蜀	吴
御史中丞	御史中丞 景耀中,向条为御史中丞。(见《蜀志》卷十一《向朗传》)	御史中丞 吴有御史大夫,且分为左右。如宝鼎三年,以左右御史大夫丁固、孟仁为司徒、司空。(见《吴志》卷三《孙皓传》)亦有御史中丞,孙权以刘璋子阐为御史中丞。(见《蜀志》卷一《刘璋传》)大率吴之官制最初是沿西汉之旧,后来亦采用东汉之制。
司隶校尉	司隶校尉 章武元年,张飞以车骑将军领司隶校尉。(见《蜀志》卷六《张飞传》)	无考

中国官制到了魏世,日益紊乱。两汉上公只置太傅,西汉末年才有太师、太保,大司马之号乃用之以冠将军,其不冠将军者,亦与太尉迭置不并列。魏世既有相国,又有太傅、太保,又有大司马、大将军,复有太尉、司徒、司空。东汉以来,三公无权,事归台阁,所以上述诸公均是优崇之位,而非使命之官。官之品秩亦甚复杂,两汉官秩以石为名,官品与官禄均寓于官秩之中。魏创九品之制。①

  魏官置九品……第一品……第二品……第三品……第四品……第五品……第六品……第七品……第八品……第九品。(《通典》卷三十六《秩品》)

同时又不废除汉代的官秩,而官品、官秩复不一致。同是第三品,九卿中二千石,大长秋二千石,司隶校尉比二千石,尚书令千石,列曹尚书六百石。这种紊乱已经可使政制发生问题,其尤甚者,尚书之外,又置中书,因之东汉时"位""权""责"三者混乱的现象不但未曾革除,且又加甚。

---

① 马端临说:"此所谓九品者官品也,以别官之尊卑。陈群所谓九品者人品也,以定人之优劣。二者皆出于曹魏之初,皆名以九品。然人品自为人品,官品自为官品……固难因其同时同名,而遂指此为彼也。"(《文献通考》卷六十七《官品》)

西汉以丞相总百官,而九卿分治天下之事。东汉以三公综理众务,九卿分隶于三公。中世以后,事归台阁,三公之职备员而已。魏沿其制,虽置三公,然皆无事,希与朝政。

> 魏初,三公无事,又希与朝政。(《魏志》卷二十四《高柔传》)

三公既然希与朝政,"遂各偃息养高,鲜有进纳"(《魏志》卷二十四《高柔传》),于是国有灾异,策免三公之制,遂于文帝黄初二年下诏停止。

> (黄初二年)六月戊辰,晦,日有食之。有司奏免太尉。诏曰,灾异之作,以谴元首,而归过股肱,岂禹汤罪己之义乎?其令百官各虔厥职,后有天地之眚,勿复劾三公。(《魏志》卷二《文帝纪》)

反之,尚书更成为机衡之任。前曾说过,尚书本来只是天子的侍从秘书,唯因其有宣示诏令的权,遂得出纳王命,赋政四海;又因其有阅读章奏的权,遂得审查章奏,决定政策。积时既久,就渐次变为最高行政机关,而为其长官者则为尚书令与尚书仆射。尚书令与仆射的关系有似于丞相与御史大夫。尚书令事无不总,为宰相之职;仆射则为副相,令缺,仆射总之。

> 魏晋以下,任总机衡,事无大小,咸归令仆。(《通典》卷二十二《尚书令》)

尚书令既成为宰相之职,其地位便随之提高。东汉之世,尚书令秩只千石,铜印墨绶,然其地位已经提高。到了魏世更见华重,往往郡守累迁之后,才为尚书令或尚书仆射。

郡守迁尚书令或尚书仆射表

姓名	原官	初迁	再迁	三迁	备考
徐奕	魏郡太守	尚书	吏部尚书	尚书令	《魏志》卷十二《徐奕传》
华歆	豫章太守	尚书	侍中	尚书令	《魏志》卷十三《华歆传》
杜畿	河东太守	尚书	司隶校尉	尚书仆射	《魏志》卷十六《杜畿传》

续表

姓名	原官	初迁	再迁	三迁	备考
傅嘏	河南尹	尚书	尚书仆射		《魏志》卷二十一《傅嘏传》
桓阶	赵郡太守	尚书	吏部尚书	尚书令	《魏志》卷二十二《桓阶传》
陈矫	魏郡太守	尚书	吏部尚书	尚书令	《魏志》卷二十二《陈矫传》
徐宣	魏郡太守	司隶校尉	尚书	尚书左仆射	《魏志》卷二十二《徐宣传》
卢毓	广平太守	侍中	吏部尚书	尚书仆射	《魏志》卷二十二《卢毓传》

令仆代替丞相御史大夫的地位,于是列曹尚书也蚕食九卿的职权,成为执行政务的机关。陈寿说:

> 魏世事统台阁,重内轻外,故八座尚书即古六卿之任也。(《魏志》卷二十二桓阶等传评)

其权任最重者乃是吏部尚书。吏部主选举,有选用百官的权。傅嘏说:

> 方今选才之权专任吏部。(《魏志》卷二十二《傅嘏传》)

古代君主所恃以专制天下者,有三种大权,一是军队统帅权,二是财政支配权,三是官吏任免权。权臣要专擅朝政,必须夺取这三种大权,因之吏部尚书之职就不肯给与别人。例如:

> (卢毓为吏部尚书。)曹爽秉政,将树其党,徙毓仆射,以侍中何晏代毓。(《魏志》卷二十二《卢毓传》)

而居是职者,苟非大公无私,难免党同伐异,利用职权,以扶植自己的势力。

> (何)晏为尚书,主选举,其宿与之有旧者,多被拔擢。(《魏志》卷九《曹

爽传》注引《魏略》）①

其权任之重实在各曹尚书之上,所以任命为吏部尚书者,常明言吏部尚书,或加以"主选举"一语,而任命为别曹尚书者,只云尚书。

> 吏部曹职右于诸曹尚书……授此职者,或云吏部尚书,若授诸曹尚书,直云尚书。(《初学论》卷十一《职官部上》)

尚书令常由吏部尚书迁补,其他尚书须先徙吏部,或迁仆射,而后才得为尚书令。

尚书令迁补表

姓名	原官	始迁	再迁	三迁	备考
徐奕	尚书	吏部尚书	尚书令		《魏志》卷十二《徐奕传》
桓阶	尚书	吏部尚书	尚书令		《魏志》卷二十二《桓阶传》
陈群	尚书	尚书仆射	尚书令		《魏志》卷二十二《陈群传》
陈矫	尚书	吏部尚书	尚书令		《魏志》卷二十二《陈矫传》
裴潜	尚书	河南尹	大司农	尚书令	《魏志》卷二十二《裴潜传》
司马孚	尚书	尚书右仆射	尚书令		《晋书》卷三十七《安平献王孚传》

东汉之世,尚书尚属于少府;魏时,少府之职已卑,而尚书台的组织又甚庞大,所以不属少府,而成为独立的机关。

> 尚书令总典纲纪,无所不统,所居曰尚书台,出征则以行台从……汉犹隶少府,魏时,政归台阁,则不复隶矣。(《初学论》卷十一《职官部上》)

---

① 《晋书》卷四十七《傅咸传》,咸上言曰:"正始中,任何晏以选举,内外之众职各得其才,粲然之美于斯可观。"是则何晏为吏部尚书,选举尚见公平。

其组织如次：

魏尚书台组织表

官名		官品①	官秩	员数	备考
录尚书事					录尚书事犹古冢宰总己之义，自魏晋以后，亦公卿权重者为之。（见《晋书》卷二十四《职官志》）
尚书令		第三品	千石	1	
仆射		第三品	六百石	1或2	案汉本置一人，至献帝建安四年，以执金吾荣郃为尚书左仆射，仆射分置左右，盖自此始。经魏至晋，迄于江左，省置无恒，置二则为左右仆射，或不两置，但曰尚书仆射。令阙，则左为省主，若左右并阙，则置尚书仆射，以主左事。（见《晋书》卷二十四《职官志》）
列曹尚书	吏部	第三品	六百石	1	后汉以六曹并令仆二人，谓之八座。尚书虽有曹名，不以为号。灵帝以侍中张鹄为选部尚书，于此始见曹名。及魏改选部为吏部，又有左民、客曹、五兵、度支。凡五曹尚书、二仆射、一令为八座。（见《晋书》卷二十四《职官志》）
	左民	第三品	六百石	1	
	客曹	第三品	六百石	1	
	五兵	第三品	六百石	1	
	度支	第三品	六百石	1	
左右丞		第六品	四百石	各一	光武唯置左右丞，左右丞盖自此始也。自此至晋不改。（见《晋书》卷二十四《职官志》）
尚书郎		第六品	四百石	25	魏尚书郎有殿中、吏部、驾部、金部、虞曹、比部、南主客、祠部、度支、库部、农部、水部、仪曹、三公、仓部、民曹、二千石、中兵、外兵、都兵、别兵、考功、定课凡二十三郎。青龙二年，尚书陈矫奏置都官、骑兵，合凡二十五郎。（见《晋书》卷二十四《职官志》）

到了这个时候，尚书已经不是天子的私人秘书，而是国家的机关了。既是国家机关，天子就不便以之位置私人，于是又成立了中书。固然中书之名始于西汉，西汉中书与尚书或则迭置，或则并置。东汉有尚书而无中书，魏世的中书乃有其他起源。

---

① 官品据《通典》卷三十六《魏官品》。

尚书本来只是天子的侍从秘书,东汉之时固然权任优重,然而尚有侍从秘书的性质。中叶以后,性质渐变,曹操秉政,以荀彧、荀攸为尚书令,但是二荀所掌者为运筹帷幄,而非典作文书。

(荀彧)守尚书令……太祖虽征伐在外,军国事皆与彧筹焉。(《魏志》卷十《荀彧传》)

(荀攸为尚书令),自从太祖征伐,常谋谟帷幄,时人及子弟莫知其所言。(《魏志》卷十《荀攸传》)

因之,起草章奏,不能不另有其人,于是又设置了秘书令之职。

魏武为魏王,置秘书令典尚书奏事。(《唐六典》卷九《中书令》)

文帝受禅,改秘书为中书,置监令,自是而后,中书遂和尚书并置①。

黄初初,改秘书为中书,以(刘)放为监,(孙)资为令……遂掌机密。(《魏志》卷十四《刘放传》)

中书也是一个独立机关,而称为中书省。

中书之官久矣,谓之中书省,自魏晋始焉。(《通典》卷二十一《中书省》)

中书省成立之后,起草诏命、敷奏万机之权,就由尚书移于中书。例如,

---

① 同时仍置秘书监,掌图书秘记。《唐六典》(卷十《秘书监》)云:"至桓帝延熹二年,始置秘书监,属太常,掌禁中图书秘记,故曰秘书。《汉官》云,秘书监一人,秩六百石。魏武为魏王,置秘书令,典尚书奏事,即中书之任也,兼掌图书秘记。文帝黄初中,分秘书,立中书,因置监令,乃以散骑常侍王肃领秘书……魏初,秘书属少府,及王肃为监,以为秘书之职即汉东观之任(东汉将内库书藏于东观),安可复属少府?自此之后不复属焉。"

刘放为监，孙资为令，"放善为书檄，三祖诏命有所招喻，多放所为"（《魏志》卷十四《刘放传》）。中书既为天子喉舌，遂代尚书而为机衡之任。其组织如次。

魏中书省组织表

官名	官品①	官秩	员数	职掌	备考
中书监	第三品	千石	1	魏晋以来，中书监令掌赞诏命，记会时事，典作文书。（见《通典》卷二十一《中书令》）	
中书令	第三品	千石	1		
中书侍郎	第五品		4	掌诏草，即汉尚书郎之任。（见《通典》卷二十一《中书侍郎》）	魏黄初初，中书既置监令，又置通事郎，后改通事郎为中书侍郎。（见《通典》卷二十一《中书侍郎》）
中书通事舍人	第七品		1	掌呈奏案章。（见《通典》卷二十一《中书舍人》）	魏置中书通事舍人，或曰舍人、通事各为一职，晋江右乃合之，谓之通事舍人。（见《通典》卷二十一《中书舍人》）

魏世中书之于尚书颇有似于东汉尚书之于三公，前者渐次夺取后者的职权，而成为国之枢机。秦汉以来，近臣不断地发展为政治的中枢，尚书本来只是天子的近臣，一旦演变为国之宰相，位虽华贵，地渐疏远。天子畏帝权傍落，惧大臣窃命，又欲剥夺其权，而更信任其他近臣。这个时候中书监令既处枢近之地，而居喉舌之任，于是比之尚书令仆，遂能多承恩宠，而得掌管机密。

　　魏晋以来，中书监令掌赞诏命，记会时事，典作文书……以其地在枢近，多承宠任，是以人因其位，谓之凤凰池焉。（《通典》卷二十一《中书令》）

魏明帝时代，"中书监令号为专任"（《魏志》卷十四《蒋济传》）。帝"内图御寇之

---

① 官品据《通典》卷三十六《魏官品》。

计,外规庙胜之画,资(孙资)皆管之"(《魏志》卷十四《刘放传》注引《资别传》)。而天子用人,亦常咨询监令。例如"张缉太和中,为温令,名有治能。会诸葛亮出,缉上便宜,诏以问中书令孙资,资以为有筹略,遂召拜骑都尉,遣参征蜀军"(《魏志》卷十五《张既传》注引《魏略》)。辛毗不与刘放、孙资往来,明帝欲拜毗为尚书仆射,"以访放、资,放、资对曰,毗实亮直,然性刚而专,圣虑所当深察也。遂不用"(《魏志》卷二十五《辛毗传》)。监令既得判断时政,又能左右天子用人,所以陈寿才说:"刘放、孙资并管喉舌,权闻当时"(《魏志》卷十四《刘放传评》),而令一般大臣莫不与之交好。

> 时中书监刘放、令孙资见信于主,制断时政,大臣莫不交好。(《魏志》卷二十五《辛毗传》)

对此,蒋济曾有所言。

> 时中书、监令号为专任,济上疏曰:"大臣太重者国危,左右太亲者身蔽,古之至戒也……威权在下,则众心慢上,势之常也……今外所言,辄云中书,虽使恭慎不敢外交,但有此名,犹惑世俗。况实握事要,日在目前,傥因疲倦之间,有所割制,众臣见其能推移于事,即亦因时而向之……当今柱石之士虽少,至于行称一州,智效一官,忠信竭命,各奉其职,可并驱策,不使圣明之朝有专吏之名也。"(《魏志》卷十四《蒋济传》)

于是政治中心又由尚书移于中书,中书决定政令,尚书不过听命受事而已。

> 魏置中书省,有监令,遂掌机衡之任,而尚书之权渐减矣……自魏晋重中书之官,居喉舌之任,则尚书之职稍以疏远……尚书但听命受事而已。(《通典》卷二十二《尚书省》)

魏世既有尚书以作奉行机关,又有中书以作出命机关,而居三公之位者又尽是老病不任事,依违不侵权的人,所以三公愈益成为具员,中书、尚书便变成真宰相。

按自后汉时，虽置三公，而事归台阁，尚书始为机衡之任。然当时尚书不过预闻国政，未尝尽夺三公之权也。至魏晋以来，中书、尚书之官始真为宰相，而三公遂为具员。其故何也？盖汉之典事尚书、中书者号为天子之私人，及叔季之世，则奸雄之谋篡夺者亦以其私人居是官。而所谓三公者，古有其官，虽鼎命将迁之时，大权一出于私门，然三公未容遽废也，故必择其老病不任事、依违不侵权者居之。东汉之末，曹公为丞相，而三公则杨彪、赵温，尚书令、中书监则二荀、华歆、刘放、孙资之徒也。魏之末，司马师、昭为丞相，而三公则王祥、郑冲，尚书令、中书监则贾充、荀勖、钟会之徒也。盖是时凡任中书者皆运筹帷幄、佐命移祚之人，凡任三公者皆备员高位、畏权远势之人，而三公之失权任，中书之秉机要，自此判矣。（《文献通考》卷四十九《宰相》）

按尚书、中书所以能够演变为宰相者，乃是因为它有出纳王命的权。汉世出纳王命者为尚书，魏时出纳王命者为中书，凡密诏欲下州郡及边将者，往往不由尚书，而由中书。

    魏中书典尚书奏事，若密诏下州郡及边将，则不由尚书。（《唐六典》卷九《中书令》）

在君主专制时代，一切政务最后均由天子决定，而天子决定者则用诏令的形式，颁布天下。所以谁有出纳王命的权，谁就有颁布诏令的权，而谁有颁布诏令的权，又容易贡献意见，参知政事。尚书与中书所以成为宰相，原因在此。中书所以夺取尚书的权，原因亦在此。

最后尚须一述者则为御史台的组织，这不但因为御史为吾国特有的制度，而且元代以后，监察又与行政、军事成为三权鼎立之势。魏沿东汉之制，以御史中丞为御史台率，但御史台不属于少府，而成为独立机关。兹将魏御史台之组织列表如次。

魏御史台组织表

官名	员数	官品	备考
御史中丞	1人	第四品	魏初，改中丞为宫正，举鲍勋为之，百僚严惮，后复为中丞。(参阅《魏志》卷十二《鲍勋传》)
侍御史	8人	第六品或第七品	《晋志》(《晋书》卷二十四《职官志》)云："案汉宣帝幸宣室，斋居而决事，令侍御史二人治书侍侧，后因别置，谓之治书侍御史，盖其始也。及魏，又置治书执法，掌奏劾，而治书侍御史掌律令，二官俱置。" 沈约《宋志》(《宋书》卷四十《百官志》)云："魏又有殿中侍御史二人，盖是兰台遣二御史居殿内，察非法也。" 侍御史之官品，据《通典》(卷三十六《魏官品》)有的是第六品，有的是第七品。

案建安十三年，罢三公官，置丞相，以曹操为之；又置御史大夫，以郗虑居焉。魏文受禅，复三公官，黄初元年，改丞相为司徒；二年，又改御史大夫为司空，中丞复为御史台率(《通典》卷二十一《宰相》，卷二十四《御史大夫》《中丞》)。御史台之组织，本书已列表于上，兹宜提醒读者的，魏既保留东汉之治书侍御史，又复增设殿中侍御史。这就是后来御史台三院的起源。

御史制度，自大夫转为司空之后，渐次失去作用，东汉如此，魏晋以降，尤见其然。魏明帝时，天子当大会殿中之时，竟不知御史何官，所掌何事。

魏置御史八人，当大会殿中，御史簪白笔，侧陛而坐。帝问左右，此何官何主？辛毗曰，此谓御史，旧时簪笔以奏不法，何当如今者直备位，但眂笔耳。(《通典》卷二十四《侍御史》)

所以杜恕才对明帝说：

自陛下践阼以来，司隶校尉、御史中丞宁有举纲维以督奸宄，使朝廷肃然者耶？(《魏志》卷十六《杜恕传》)

前汉监察机关,除御史外,又置司直,复置司隶。东汉废司直,而司隶略近于一州刺史。魏世称京辅所部(如汉之三辅、三河)为司州,以司隶校尉统之。

初以司隶官属制置如州仪,而俗称之司州,及魏晋乃以京辅所部定名,置司州,以司隶校尉统之。及东晋渡江,罢司隶校尉官,变其职为扬州刺史。(《通典》卷三十二《司隶校尉》)

这样,监察机关更减少了。不能同西汉一样,由三个机关之互相监察,以预防御史台的腐化。自是而降,官纪败坏,几乎一代不如一代,吾人读历史,即可知之。

第二项　地方官制

地方官制承东汉末年刺史职权发展的趋势,成为州郡县三级制度。州置刺史,郡置太守,县置令长。乡亭以下,因为汉末大乱,百姓流亡,什伍组织既然破坏,而户口减耗,又不必过事敷张,所以乡亭之制均有其名而无其实。

魏地方官制表

地区	官名		官品[①]	官秩	备考
州	刺史	领兵	第四品	六百石	魏分所属为十三州,其一州属司隶校尉,为司州。(见《三国职官表》) 魏制,沿边诸州,刺史与领兵都督并置,其兖豫青并诸州或但置刺史,无常制。(见《三国职官表》) 自魏晋以后,刺史多带将军,开府则州与府各置僚属,州官理民,府官理戎。(见《通典》卷三十二《总论州佐》)
		单车	第五品		自魏以来,庶姓为州而无将军者,谓之单车刺史。(见《通典》卷三十六《州牧刺史》) 其或置牧,则二千石。(见《三国职官表》)

[①] 官品据《通典》卷三十六《魏官品》。

续表

地区	官名	官品	官秩	备考
郡	太守	第五品	二千石	河南尹二千石,第三品,主治京师。(见《三国职官表》)每郡都尉一人,比二千石,第五品。大郡或置二人,或为东西部,或为南北部,典兵禁备盗贼。(见《三国职官表》)
县	令	第六品	千石	
		第七品	六百石	
	长	第九品	三百石	

魏取北方之地,置州十三,郡九十有一(参阅《读史方舆纪要》卷二《历代州域形势三·三国》),兹应特别提出讨论者乃是州之制度。魏世刺史与汉代刺史不同,非司监察之任,而是地方行政长官。陈寿说:

自汉季以来,刺史总统诸郡,赋政于外,非若曩时司察之而已。(《魏志》卷十五《贾逵传》评)

时值丧乱,朝廷欲增加牧伯权力,常使将军领刺史之职,或加刺史以将军之号。例如:

(曹休)迁征东将军,领扬州刺史。(《魏志》卷九《曹休传》)

(吕虔)迁徐州刺史,加威虏将军。(《魏志》卷十八《吕虔传》)

刺史无将军之号者称为单车刺史。

自魏以来,庶姓为州而无将军者,谓之单车刺史。(《通典》卷三十二《州牧刺史》)

这个制度乃起源于汉代守尉互兼其职之制。西汉时代郡置太守,又置都尉;太守治民,都尉领兵。但是都尉或兼太守之职,吾丘寿王为东郡都尉,武帝以寿王故,不复置太守,其所赐玺书,有"连十余城之守,任四千石之重"之语,就是因为寿王兼守尉之任(《汉书》卷六十四上《吾丘寿王传》)。翟义为南阳都尉,行太守事,行县至宛,以事按宛令,威震南阳(《汉书》卷八十四《翟方进传》)。由此可知汉时都尉不特典兵,且有兼领太守之事,这便是魏世将军领刺史之职的起源。而太守也常兼都尉之职。西汉郡国共一百有三,都尉八十九,边郡都尉多者或置三人,所以郡国之有都尉者不过五十七(参阅《汉书》卷二十八《地理志》),其余四十六则均不置都尉。郡国不置都尉,或置都尉而都尉缺职者,轻车、骑士、材官、楼船各种队伍当然是由太守领之。严延年为涿郡太守,郡人称之为新将,师古曰:"新为郡将也,谓太守为郡将者,以其兼领武事也。"(《汉书》卷九十《严延年传》)由此可知太守不特治民,且有兼领都尉之事,这就是魏世刺史带将军之号的起源。东汉建武六年,省诸郡都尉,并职太守,凡遇事变,辄由刺史或太守领兵征讨,于是太守遂通称为郡将。末年四方旱灾,流民叛变,郡守带兵之事竟成为一定法制。

(张纲为广陵太守),前遣郡守率多求兵马,纲独请单车之职。(《后汉书》卷五十六《张纲传》)

但是魏世沿边各州尚置都督诸州军事,这个制度开始于文帝黄初三年。

魏文帝黄初三年,始置都督诸州军事,或领刺史。(《晋书》卷二十四《职官志》)

都督或与刺史并置,比方正始四年,扬州之地一方有征东将军王凌都督扬州诸军事,同时又有扬州刺史诸葛诞加昭武将军。这个事实不但可以说明魏世将军与汉代将军不同,抑亦可以证明刺史虽加将军之号,苟其地别置都督者,刺史未必就有领兵的权。汉之将军皆主征伐,除重号将军有时开府置吏之外，其他将军无不事讫即罢，兵归于田，将归于朝，所以戎车屡动，而骄兵悍将却未曾有。魏世将军除大将军、中军大将军、抚军大将军有时尚总戎机，或典禁兵之外，大率均是宠勋之用，而非统兵之职。所以刺史虽带将军之号，而沿边各州必须再置一个都督，以作领兵之官，而都督固然也加号将军，但是这个将军却不是临时设置，而是永居其地。一州之内既有刺史，又置都督，而两者又治在一州。

  昔魏武帝置都督，类皆与州相近。胡三省注云：如扬州刺史治寿春，都督扬州诸军事亦治寿春之类。（《资治通鉴》卷八十晋武帝咸宁三年）

两者冲突是必然的。都督治军，刺史治民，而在离乱之际，军权高于一切，所以都督往往欺凌刺史。

  明帝时……（桓范）迁征虏将军中郎将，使持节，都督青徐诸军事，治下邳，与徐州刺史邹岐争屋，引节欲斩岐。（《魏志》卷九《曹爽传》注引《魏略》）

  都督与刺史不相和谐，而三方鼎立，干戈不息。朝廷既欲防御敌寇，又虑藩臣不和，于是寇警较少之地只置刺史，使其领兵，而加将军之号；寇警较多之地只置都督，使其治民，兼领刺史之职。都督治军，刺史治民，二者兼领，职任始重。他们在其州内，既有州官如别驾、治中之类，又有府官如长史、司马之类。文武僚佐为其羽翼，一切割据称雄与阴谋叛乱遂由此而生。①

  其尤甚者，都督不但都督一州军事而已，有时且得都督诸州军事，如都督雍凉，都督荆扬益等是。其如何合置与分置可列表如次。

---

① 《通典》云：自魏晋以后，刺史多带将军开府，则州与府各置僚属，州官（原注，别驾、治中以下是）理民，府官（原注，长史、司马等官是）理戎。（《通典》卷三十二《总论州佐》）别驾从刺史行部，别乘传车，故谓之别驾，历代皆有。治中居中治事，主诸曹文书，汉制也，历代皆有。（《通典》同上）长史，秦置郡丞，其郡当边成者，丞为长史，掌兵马，汉因而不改，遂为军府官。司马本主武之官，自魏晋以后，刺史多带将军开府者，则置府僚司马，为军府之官，理军事。（《通典》卷三十三《总论郡佐》）

魏都督表

名称	例证	备考
都督荆扬益州	延康元年,曹仁以车骑将军都督荆扬益州诸军事。(见《魏志》卷九《曹仁传》)	不常设。
都督荆豫	正始六年,王昶以征南将军,假节,都督荆豫诸军事。(见《魏志》卷二十七《王昶传》)	荆豫二州或合置都督,或分置都督。
都督扬豫	甘露三年,王基行镇东将军,都督扬豫诸军事。(见《魏志》卷二十七《王基传》)	不常设。
都督扬州	嘉平四年,毋丘俭以镇东将军,假节,都督扬州诸军事。(见《魏志》卷二十八《毋丘俭传》)	甘露二年,分扬州为二都督,又置都督淮北一人。
都督淮北	甘露三年,陈骞以安东将军,使持节,都督淮北诸军事。(见《晋书》卷三十五《陈骞传》)	
都督荆州	甘露四年,王基以征南将军,使持节,都督荆州诸军事。(见《魏志》卷二十七《王基传》)	都督南方即都督荆州。甘露四年,分荆州为二都督,又置都督江北一人。
都督南方	黄初元年,夏侯尚以征南将军,领荆州刺史,假节,都督南方诸军事。(见《魏志》卷九《夏侯尚传》)	
都督江北	景元四年,王沈以征虏将军,持节,都督江北诸军事。(见《晋书》卷三十九《王沈传》)	
都督豫州	嘉平四年,诸葛诞以镇南将军,假节,都督豫州诸军事。(见《魏志》卷二十八《诸葛诞传》)	都督豫州亦云都督江南。
都督江南	甘露三年,州泰以征虏将军,假节,都督江南诸军事。(见《魏志》卷二十八《邓艾传》)	
都督青徐	正始二年,胡质以征东将军,假节,都督青徐诸军事。(见《魏志》卷二十七《胡质传》)	
都督青州	黄初元年,臧霸以镇东将军,假节,都督青州诸军事。(见《魏志》卷十八《臧霸传》)	青徐二州或合置都督,或分置都督。
都督徐州	咸熙二年,卫瓘以镇东将军,使持节,都督徐州诸军事。(见《晋书》卷二十六《卫瓘传》)	

续表

名称	例证	备考
都督雍凉	黄初元年,曹真以镇西将军,假节,都督雍梁诸军事。(见《魏志》卷九《曹真传》)	甘露二年,分雍州为二都督,别置都督陇右一人,后遂分置关中、陇右都督各一人。
都督陇右	甘露元年,邓艾以镇西将军,假节,都督陇右诸军事。(见《魏志》卷二十八《邓艾传》)	
都督关中	景元四年,钟会以镇西将军,假节,都督关中诸军事。(见《魏志》卷二十八《钟会传》)	
都督河北	嘉平四年,刘靖以镇北将军,假节,都督河北诸军事。(见《魏志》卷十五《刘馥传》)	都督河北兼辖冀幽并三州军事。

都督诸州军事若领刺史之职,关于民政方面,亦只能治其所驻的一州。

魏晋都督兼领刺史者,止治其所驻的一州,其余则仍别置刺史,所谓单车刺史,俾专治民之责。(《历代职官表》卷五十《总督巡抚》)

但是军权既然高于一切,则都督诸州军事不免干涉单车刺史的行政。他们辖地既广,职权又大,内亲民事,外领兵马。东汉末年所酝酿的外重之局日益加甚,历两晋南北朝,酿祸乱,恣专横,而移国祚者,可以说是都督制度为之厉阶。

秦汉郡县二级制度,到了魏世,变成州郡县三级制度,郡守地位因之降低,与汉世之二千石绝不相同。曹操秉政,虽知简择贤能,以为郡守,郡守亦能招怀流民,抚循百姓。由魏文而至明帝之末,三方鼎立既久,三级制度更见确立,而当时朝中大臣又将开始中央政权的争夺,无遑顾到地方行政,于是郡守人选渐轻。明帝时,何曾上疏言:

郡守之权虽轻,犹专任千里,比之于古,则列国之君也。上当奉宣朝恩以致惠和,下当兴利而除其害。得其人则可安,非其人则为患……臣闻诸郡守有年老或疾病,皆委政丞掾,不恤庶事,或体性疏怠,不以政理为意,在官积年,惠泽不加于人。然于考课之限,罪亦不至黜免,故得经延岁月,而无斥罢之期。(《晋书》卷三十三《何曾传》)

兼以刺史与都督既得治民,又得领兵,文武紊乱,政治当然不能步上轨道。因此,魏代的人对于刺史制度,就提出两种改革的意见。其着眼于刺史治民者,多谓既有刺史,宜省郡守。夏侯玄说:

今之长吏,皆君吏民,横重以郡守,累以刺史,若郡所摄唯在大较,则与州同,无为再重,宜省郡守,但任刺史,刺史职存,则监察不废。(《魏志》卷九《夏侯玄传》)

而着眼于刺史领兵者,则谓刺史应专管民政,不宜委以兵事。照杜恕之言:

古之刺史奉宣六条,以清静为名,威风著称,今可勿令领兵,以专民事。(《魏志》卷十六《杜恕传》)

魏世,州仅十三,郡亦不过九十有一,废郡存州,地方团体未免太大,大则不易控制,夏侯玄之言自难实行。杜恕主张刺史无再领兵,专司民事。但是既有守令,而刺史又掌民政,地方行政等级过多,承上转下有许多周折,政令自难贯彻施行。汉武于行政区的郡之上,另设监察区的州,州置刺史,监察非法,不过六条,传车周流,匪有定镇。秩裁六百,威望轻寡,既有举察之勤,而无陵犯之衅。这种刺史制度亘前后两汉,均未曾发生祸乱。灵帝改牧,才启祸端。所以与其省郡守而存刺史,不如恢复汉武所定的制度,尤为妥善。问题所在,乃是都督制度。都督在其管地之内,既有甲兵,自可利用甲兵,干涉地方行政。这个时候刺史虽然专管民事而不领兵,亦必无补于事。

其实,明帝以后,这种改革乃是不可能的事。何以说呢?三方未宁,攻战不已,都督制度已经不易撤废,而司马一家又有问鼎之心。在外重之局已经形成之际,奸雄要窃取皇位,不但要布植势力于朝廷,且须布植势力于地方。魏氏传祚虽浅,然而天下确是曹操打得的。他说:"假使国家无有孤,不知当几人称帝,几人称王"(《魏志》卷一《武帝纪》建安十五年注引《魏武故事》),并不是欺人孤儿寡妇,狐媚以取天下。由曹操而至齐王嘉平之初,中间所历约有五十年之久,内而公卿,外而牧守,均是曹氏的人。司马懿时代,太尉王凌欲清君侧,"王凌固忠于魏之社稷者"(《魏志》卷二十八《王凌传》)。司马师时代,镇东将军都督扬州诸军事毋丘俭"感明帝之顾命"(《魏志》卷二十八《毋丘俭传》注引习凿齿曰),又举义兵。司马昭时代,镇东大将军都督扬州诸军事诸葛诞复举兵反,诞亦曹氏之死党。曹充谓诞曰:"洛中诸贤皆愿禅代,君所知也,君以为云何?"诞厉色曰:"卿非贾豫州(贾逵)子,世受魏恩,如何负国,欲以魏室输人乎?非吾所忍闻,若洛中有难,吾当死之。"(《魏志》卷二十八《诸葛诞传》注引《魏末传》)在这种局势之下,司马氏欲夺取帝位,自宜任命自己的人为都督,既可以广布党羽,藉以自重,又可以牵制魏的都督,使其不敢反抗。这样,都督制度当然无法撤销。

这个外重之局又影响于中央官制之上,而使中央官制变其实质。魏世尚书与中书为宰相之职,然而尚书令与中书监又与汉代的丞相不同,不能完全左右国政。左右国政者须有军权,外足以控制各地领兵之将,内又足以控制尚书与中书,所以他们一方必须都督中外诸军事,他方又须录尚书事而总万机。唯在政权交替之际,权臣虽兼这两种职务,还是不足靠的。曹爽专擅朝政,诸弟并典禁兵,兄弟"数俱出游,桓范谓曰,总万机,典禁兵,不宜并出,若有闭城门,谁复内入者"(《魏志》卷九《曹爽传》注引《魏末传》)。曹爽不听其言,卒为司马懿所杀。诸葛诞发兵之时,司马师必挟太后与帝俱往讨伐(《魏志》卷四《高贵乡公纪》甘露二年)。钟会伐蜀,潜谋叛变,密谮邓艾,司马昭槛车征艾,必奉天子西征,次于长安(《晋书》卷二《文帝纪》咸熙元年),即因中外势力尚未巩固之故。

都督中外诸军事开始于文帝黄初三年。

> 魏文帝黄初三年……上军大将军曹真都督中外诸军事,假黄钺,则总统内外诸军矣。(《晋书》卷二十四《职官志》)

录尚书事固然开始于东汉,而在魏世,则公卿权重者为之。

> 录尚书事……自魏晋以后,亦公卿权重者为之。(《晋书》卷二十四《职官志》)

自是而后,权臣常兼领此两种职务,今试列表如次:

魏权臣都督中外诸军事并录尚书事表

姓名	官　职
曹爽	景初三年,明帝寝疾,拜爽为大将军,假节钺,都督中外诸军事,录尚书事,与太尉司马懿受遗诏辅少主。嘉平元年,免官族诛。(见《魏志》卷九《曹爽传》)
司马懿	景初三年,明帝大渐,太尉司马懿与大将军曹爽并受遗诏辅少主,及齐王即位,迁侍中,持节都督中外诸军事,录尚书事。爽欲使尚书奏事先由己,乃言于天子,徙懿为太傅。嘉平元年,懿矫诏诛爽。懿三年卒。(《晋书》卷一《宣帝纪》)
司马师	司马懿卒,子师以抚军大将军辅政。嘉平四年,迁大将军,持节都督中外诸军事,录尚书事。六年,废齐王,立高贵乡公,进号大都督,假黄钺。正元二年卒。(《晋书》卷二《景帝纪》)
司马昭	司马师疾笃,弟昭拜卫将军。师卒,进位大将军,加侍中,都督中外诸军事,录尚书事,辅政。甘露元年,进号大都督,假黄钺。五年,帝亲讨司马昭,不克,被杀。昭立陈留王。景元四年,命邓艾,钟会率师伐蜀,蜀平,昭进位相国,封晋公,加九锡。咸宁元年,进爵为晋王,二年卒。(见《晋书》卷二《文帝纪》)
司马炎	司马昭卒,子炎绍封袭位,总摄百揆。咸熙二年十二月,受禅,改国号曰晋,改元为泰始元年。

但是政治上的领袖又须任命自己党羽为刺史都督,而后势力方见巩固。曹爽固然"专擅朝政,兄弟并典禁兵"(《晋书》卷一《宣帝纪》正始八年),然而握权未久,不及布植势力于地方,既无都督以作藩卫,又无刺史以作声援,所以司马懿一旦反抗,曹爽就受族诛之祸。嘉平以后,政归司马,三世秉政,而犹不敢擅移魏祚,也是因为强有力的都督多系曹氏之党。《晋书》卷四十《贾充传》,司马昭"新执朝权,恐方镇有异",可知都督的势力可以压迫权臣。其后魏臣或死或诛,诸州都督渐次换以司马党羽。咸熙元年,平北将军王乂都督河北

诸军事，镇西将军卫瓘都督关中诸军事，征南将军陈骞都督荆州诸军事，镇南将军王沈都督江北诸军事，征东将军石苞都督扬州诸军事，安东将军司马骏都督淮北诸军事，左将军司马亮监豫州诸军事，平东将军鲁芝监青州诸军事，右将军司马伷监兖州诸军事。天下都督尽是司马党羽，所以司马炎绍封袭位，曾无几时，就能高拱而窃天位，一朝而臣四海。然而晋代八王之乱已于此时种下了胚子。

附录　三国建元表

(一) 魏

文帝曹丕　　　黄初七

明帝叡　　　　太和七　青龙五　景初三

齐王芳　　　　正始十　嘉平六

高贵乡公髦　　正元三　甘露五

元帝奂　　　　景元五　咸熙二

上魏五帝,四十六年。

(二) 蜀

昭烈帝刘备　　章武三

后主禅　　　　建兴十五　延熙二十　景耀六　炎兴一

上蜀汉二帝,四十三年。

(三) 吴

大帝孙权　　　黄武八　黄龙三　嘉禾六　赤乌十四　太元一　神凤一

会稽王亮　　　建兴二　五凤三　太平三

景帝休　　　　永安七

归命侯皓　　　元兴二　甘露二　宝鼎四　建衡三　凤凰三　天玺一
　　　　　　　天纪四

上吴四帝,五十九年。

第二章 晋

第一节
封建制度与八王之乱

晋代封建制度乃开始于司马昭时代，昭为晋王，命裴秀等建立五等之制。对此，胡三省云："赏平蜀之功也，今虽复五等爵，亦虚封也。"（《资治通鉴》卷七十八魏元帝咸熙元年注）其实司马昭之目的乃欲布自己势力于地方。五等之制如次：

> 晋文帝为晋王，命裴秀等建立五等之制。惟安平郡公孚邑万户，制度如魏诸王。其余县公邑千八百户，地方七十五里。大国侯邑千六百户，地方七十里。次国侯邑千四百户，地方六十五里。大国伯邑千二百户，地方六十里。次国伯邑千户，地方五十五里。大国子邑八百户，地方五十里。次国子邑六百户，地方四十五里。男邑四百户，地方四十里。（《晋书》卷十四《地理志上》）

观此记事，似是分户受租，而如魏世一样，徒有国土之名，而无社稷之实。武帝受禅，时东吴未平，戎马未息，而领土辽广，交通不便，凡得一地者不能不守一地，这个守土之责常付之攻城略地的人。他们在其领土之内，既有其土地，又有其人民，又有其甲兵，又有其财赋，驻防既久，防地往往变为封地。封地既然成立，一旦王室式微，他们就可以连衡叛上。所以防地若须设置,同时必广封宗室以作屏藩。这就是晋武帝恢复封建制度的原因。

武帝泰始元年,封诸王以郡为国,邑二万户为大国,置上中下三军,兵五千人。邑万户为次国,置上军下军,兵三千人。五千户为小国,置一军,兵五百人。王不之国,官于京师。罢五等之制,公侯邑万户以上为大国,五千户以上为次国,不满五千户为小国。(《晋书》卷十四《地理志上》)

所谓罢五等之制是罢司马昭为晋王时分户受租之制,而彻底实行封建,以作屏藩。对此,王船山有所批评。其言如次:

晋诏诸王,大国置三军,次国二军,小国一军。其依仿之名,曰周制也。古之诸侯皆自有兵,周弗能夺而非予之也。其自周始建之国各使有兵,彼有而此不得独无也。郡县之天下,兵皆统于天子,州郡不能自有其人民。独假王侯以兵,授以相竞之资,何为也哉?夫晋岂果循周制,以追三代之久安长治也乎?惩魏之亏替宗室,而使权臣乘之耳。乃魏之削诸侯者,疑同姓也。晋之授兵宗室以制天下者,疑天下也。疑同姓而天下乘之,疑天下而同姓乘之。力防其所疑,而祸发于所不疑,其得祸也异,而受祸于疑则同也。呜呼,以疑而能不召乱亡之祸者无有……以一人之疑敌天下,而谓智计之可恃以防,其愚不可瘳,其祸不可救矣。(《读通鉴论》卷十一《晋武帝》)

越十数年,司马炎即位既久,因为"王不之国,官于京师",非所以隆磐石之固,乃依杨珧及荀勖之建议,更制户邑。

咸宁三年,卫将军杨珧与中书监荀勖以齐王攸(武帝同母弟,出继为司马师之嗣)有时望,惧惠帝有后难……从容共陈时宜于武帝,以为"古者建侯,所以藩卫王室,今吴寇未殄,方岳任大……异姓诸将居边,宜参以亲戚。而诸王公皆在京都,非扞城之义、万世之固"。帝初未之察,于是下诏议其制。有司奏从诸王公更制户邑,皆中尉领兵。其平原、汝南、琅邪、扶风、齐为大国,梁、赵、乐安、燕、安平、义阳为次国,其余为小国,皆制所近县益满万户。又为郡公制度,如小国王,亦中尉领兵。郡侯如不满五千户王,置一军一千一百人,亦中尉领之……泰始中……县王邑千户,至是改正县王增邑为三千,制度如郡侯,亦置一军。自此非皇子不得为王。而诸王之支庶皆皇家之近属至亲,亦各以土推恩受封。其大国次国始封王之支子为公,承封王之支子为侯,继承封王之支子为伯。小国五千户以上,始封王之支子为子,不满五千户,始封王之支子及始封公侯之支子皆为男,非此皆不得封。其公之制度如五千户国,侯之制度如不满五千户国,亦置一军千人,中尉领之,伯子男以下各有差,而不置军。大国始封之孙罢下军,曾孙又罢上军。次国始封子孙亦罢下军,其余皆以一军为常。大国中军二千人,上下军各千五百人。次国上军二千人,下军千人。其未之国者,大国置守土百人,次国八十人,小国六十人,郡侯县公亦如小国。制度既行,遣就国,而诸公皆恋京师,涕泣而去。(《晋书》卷二十四《职官志》)

即咸宁三年之改制,目的在令诸王尤其齐王攸就国。而其制度注重在诸王公之军队逐代减少,使数叶之后,亲者虽渐至于疏,亦不致威胁京师。今试分析其制度如次。

藩国就地区说,有郡县两种。就爵位说,有王及公侯伯子男五等。同姓才得封王,咸宁三年以后,封王的限于皇子。郡王之国分为三等,大国户二万,次国户一万,小国户五千,县王之国户三千(咸宁三年改制)。即晋代封建不是以领土大小为标准,而是以户口多寡为标准。然而吾人观诸王封户之数与《地理》所载户数并不吻合。例如司马孚封安平王,邑四万户(《晋书》卷三十七《安平王孚传》),而安平国户只二万一千(《晋书》卷十四《地理志上》)。司马干封平原王,邑万一千三百户(《晋书》卷三十八《平原王干传》),而平原国户有三万二千(《晋书》卷十四《地理志上》)。据《职官志》言,"平原、汝南、琅邪、扶风、齐为大国,梁、赵、乐安、燕、安平、义阳为次国,其余为小国"。兹将《地理志》所载各地户数,列表如次。

各国户数表

国级	国名	县数	户数
大国	平原	9	31000
	汝南	15	11500
	琅邪	9	29500
	扶风	6	23000
	齐	5	14000
次国	梁	12	13000
	赵	9	42000
	乐安	8	11000
	燕	10	29000
	安平	8	21000
	义阳	12	19000

《地理志》除汝南、扶风、义阳称之为郡之外,其余均明言为国。次国如赵、燕、安平者,户数均在二万以上;大国如汝南、齐者,户数又在二万以下。固然《职官志》有"皆制所近县益满万户"之言,例如武帝践祚,封司马肜为梁王,邑五千三百五十八户,咸宁中,复以陈国、汝南、南顿增封为次国。梁国户数在一万以上,陈为梁国之县,南顿为汝南郡之县,由此可知凡封于某郡者未必尽以该郡之地封之。至各封地超过万户者,例如赵,是否因次国之故,减少其县,当考。

至于公侯伯子男五等之爵,大率只唯皇族之封为公侯者才称为国。其国也分三等,万户以上为大国,五千户以上为次国,不满五千户为小国。周制,公侯百里,伯七十里,子男五十里,不及五十里者曰附庸。国之等级以领土大小为标准,而领土大小则与爵位高低相称。晋制,公侯之国固然也以户数多少为标准,分为大次小三等,但是国之等级却与爵位高低无关。庶姓之封于郡县者有似封君，即只食其户税，而不得治其人民。故段灼云"今国家大计，使异姓无裂土之邑，同姓并据有连城之地"（《晋书》卷四十八《段灼传》）。但爵位之高低又与税户之多寡无关，不但郡侯之户可以多过郡公，县侯之户可以多过县公，甚至县侯之户尚可以多过郡公。例如王浚以平吴功，封襄阳县侯，邑万户（《晋书》卷四十二《王浚传》），而裴秀以佐命功，封巨鹿郡公，邑只三千户（《晋书》卷三十五《裴秀传》）。案巨鹿国户二万一千（《晋书》卷十四《地理志上》），而裴秀所得，不过三千户①。此又可以证明凡封于某郡者未必尽以该郡之地封之。而国之等级虽以户数为标准，爵位高低却不能决定国之大小，而封郡封县也与国之等级无关。

诸侯在其领土之内有各种权限，一是行政权，藩国文武官吏均由诸侯自除。

  其仕在天朝者与之国同，皆自选其文武官。（《晋书》卷二十四《职官志》）

而诸王尚有选任县之令长的权。

  武帝践祚……特诏诸王自选令长，（琅邪王）伷表让，不许。（《晋书》卷三十八《琅邪王伷传》）

选任不当，须受制裁。

  时诸王自选官属，（梁王）肜以汝阴上计吏张蕃为中大夫。蕃素无行……为有司所奏，诏削一县。（《晋书》卷三十八《梁王肜传》）

这种制度当然容易养成尾大不掉之势，最初司马攸就出来反对，然而武帝乃

---

① 这也许因为裴秀受封，在武帝刚刚受禅之时，王浚受封，在平吴之后，晋之领土与户口前后不同之故。

不听其言。

> 武帝践阼……诏议藩王令自选国内长吏,(齐王)攸奏议曰:"……虽庸蜀顺轨,吴犹未宾,宜俟清泰,乃议复古之制。"书比三上,辄报不许。其后国相上长吏缺,典书令请求差选。攸下令曰:"……官人叙才皆朝廷之事,非国所宜裁也,其令自上请之。"……帝又不许。(《晋书》卷三十八《齐王攸传》)

二是军事权。各国置兵多少,《晋书》所载,不甚明了。先述王之制度,郡王大国三军,兵五千人,次国二军,兵三千人,小国一军,兵一千五百人,这是《地理志》明言的。县王如何呢?《职官志》说:"郡侯如不满五千户王,置一军,一千一百人",据《地理志》,郡王户数至少五千,所以"不满五千户王"当指县王,如是,县王亦置一军,兵一千一百人。

次就公侯言之,《职官志》说:"郡公制度,如小国王……郡侯如不满五千户王,置一军,兵一千一百人。"郡侯一军,兵一千一百人已经知道了。"郡公制度如小国王",《地理志》说"小国置一军,兵千五百人",所以郡公亦置一军,兵一千五百人。县公、县侯有兵多少?《职官志》叙述诸王推恩分封之后,继以"其公之制度如五千户国。侯之制度如不满五千户国,亦置一军千人"之言。郡侯置一军,一千一百人,现在所说的侯虽然亦置一军,而其兵数只有千人,则这个公侯自与郡之公侯不同,既然不是郡之公侯,其为县之公侯,理之至明。如是,县侯一军,兵一千人,自无问题。县公如何呢?县公制度如五千户国,五千户国有两种解释,一是诸王所封的小国,二是公侯所封的次国。若指前言,则县公一军为兵一千五百人;若指后者,则县公一军只能和郡侯一样,为一千一百人。《职官志》提到"王"的地方,均加"王"字,如"小国王","不满五千户王"是,所以五千户国似指公侯所封的次国,即县公一军,兵一千一百人。兹将晋代诸侯的户数及兵数列表如次。

晋代诸侯的户数及兵数表

爵号	封地	国别	户数	兵数
王	郡	大国	二万户	5000人
		次国	一万户	3000人
		小国	五千户	1500人
	县		三千户	1100人
公侯	郡县	大国	万户以上	1500人
		次国	五千户以上	1100人
		小国	不满五千户	1000人

诸侯之未就国者，只置守土，而不置军，郡王大国百人，次国八十人，小国六十人，这是《职官志》明言的。《职官志》未曾提到郡县之公侯，但是《职官志》有"郡公制度如小国王"，小国六十人，则郡公亦置守土六十人。《职官志》又有"郡侯县公亦如小国"，则郡侯县公的守土亦为六十人。《职官志》复有"县王制度如郡侯"，郡侯六十人，则县王亦为六十人，只唯县侯无法稽考，但守土必须有人，以常理测之，大率亦置守土六十人。

三是财政权，诸侯在其领土之内，有否征收租税之权，史无明文记载，《晋书》只说，江左诸国并三分食一，南渡以后，改为九分食一①。

> 太康元年，平吴……江左诸国，并三分食一。元帝（渡江），太兴元年，始制九分食一。（《晋书》卷十四《地理志上》）

上文只提江左诸国，而未提中原诸国，是否中原诸国另有一种制度，史阙其文。但吾人知道"江左王侯不之国"（《晋书》卷二十一《礼志下》）。"三分食一"似指食其户税。但诸王留在京都者，衣食又由御府供给。

---

① 《晋书》卷七《成帝纪》，咸和元年十一月壬子，改定王侯国秩九分食一。如是，九分食一之制不是更定于元帝太兴元年，而是更定于成帝咸和元年。

> 时王家人衣食皆出御府，攸表租秩足以自供，求绝之，前后十余上，帝又不许。（《晋书》卷三十八《齐王攸传》）

所以诸王都很富裕，例如"梁赵二王，国之近属，贵重当时。裴楷岁请二国租钱百万，以散亲族"（《晋书》卷三十五《裴楷传》）。案古代地方税与中央税未曾判然划分，地方政府可就地征税，以供地方行政费之用。《齐王攸传》云：

> 攸虽未之国，文武官属下至士卒，分租赋以给之，疾病死丧赐与之，而时有水旱，国内百姓则加振贷，须丰年乃责，十减其二，国内赖之。（《晋书》卷三十八《齐王攸传》）

是则诸侯在其国内固有征税的权。所谓三分食一，当指江左诸国可留三分之一的赋税以为禄俸。八王大乱，元帝渡江，领土狭小，而中央财政又甚困难，所以只许九分食一，而将其余输于中央。然究实际情况，八王乱后，五等封建，已经破坏，九分食一似是户税，而与西汉中叶以后，"诸侯唯得衣食税租，不与政事，势与富室无异"（《汉书》卷十四《诸侯王表》），完全相同。

晋代封建既有惩于曹魏之因孤立而亡，又有鉴于汉世吴楚之乱，所以虽然广封同姓，而又采用下述两种政策，以预防藩国叛变。

一是分封，最初国基未固，自须仰藉同姓以作屏藩。传祚稍久，亲者已疏，诸侯对于皇室渐失爱戴之心，而启觊觎帝位之意，故依主父偃的推恩分封之法，以达贾谊所谓"众建诸侯而小其力"之目的。当议遣诸王就国之时，段灼建议：

> 臣以为……诸王年十五以上，悉遣之国……连城开地，为晋、鲁、卫，所谓磐石之宗，天下服其强矣。虽云割地，譬犹囊漏贮中，亦一家之有耳。若虑后世强大，自可豫为制度，使得推恩以封子弟，如此，则枝分叶布，稍自削小，渐使转至万国，亦后世之利，非所患也。（《晋书》卷四十八《段灼传》）

其后,段灼又言:"今诸王有立国之名,而无襟带之实。"(《晋书》同上)复谓:"大晋诸王二十余人,而公侯伯子男五百余国。欲言其国皆小乎,则汉祖之起俱无尺土之地,况有国者哉?将谓大晋世世贤圣,而诸侯之胤常不肖邪?则放勋钦明,而有丹朱;瞽叟顽凶,而有虞舜。天下有事无不由兵,而无故多树兵本,广开乱原,臣故曰五等不便也。臣以为诸王宜大其国,增益其兵,悉遣守藩,使形势足以相接,则陛下可高枕而卧耳。"(《晋书》同上)段灼之言不甚明显,似谓异姓功臣不宜封爵授土,同姓诸王宜大其国,而增其兵,但须令其推恩以封子弟。武帝是否依段灼之言,实行推恩分封之制?若依《职官志》所载,有司奏请"诸王之支庶皆皇家之近属至亲,亦各以土推恩受封。其大国次国始封王之支子为公,承封王之支子为侯,继承封王之支子为伯。小国始封王之支子为子。不满五千户,始封王之支子及始封公侯之子皆为男。非此皆不得封"。如是,则晋初,推恩分封已成为定制了。

二是减军,诸侯军队乃随代递减。大国有上中下三军,传至孙,须罢下军;传与曾孙,须罢上军。次国有上下二军,传至孙,须罢下军。其余只有一军,所以不再减少。其分封的人,公置一军,兵一千一百人,侯置一军,兵一千人,伯子男以下皆不置军。

晋置藩国,以预防牧守的凭陵,而对于藩国又代代降低其爵,减少其军。防微杜渐,设计不可谓不佳。山斋易氏说:

> 古者天子必内有异姓大夫,所以正骨肉也。外有同姓大夫,所以正异族也。盖同姓亲也,于内为逼,故处于外,而使之正异族。异姓疏也,于亲为有间,故处于内,而使之正族属。(《文献通考》卷一百五十《兵制》)

虽然荀勖曾言:"其五等体国经远,实不成制度,然但虚名,其于实事,略与旧郡县乡亭无异。"(《晋书》卷三十九《荀勖传》)刘颂亦谓:"今诸王裂土皆兼于古之诸侯,而君贱其爵,臣耻其位,莫有安志,其故何也?法同郡县,无成国之制,故也。"(《晋书》卷四十六《刘颂传》)按荀勖之言乃在议遣王公之国之时,刘颂之言,据《资治通鉴》,当在太康末年。可知晋之封建乃议而不决,决而未行。于是为固磐石之隆,诸王乃纷纷出镇。其终引起大乱,可以说未必由于封建,而是由于诸王出拥旄节,而为方岳。

晋代虽参考汉制,用分封之法,以救五等封建之弊。但是汉时,"宗室不得典三河"(《汉书》卷三十六《刘歆传》)晋如何呢?"石函之制,非亲亲不得都督关中"(《晋书》卷五十九《河间王颙传》),此盖关中之地可以威胁洛阳之故。然而亲亲又何足恃?司马骏封为扶风郡王,使持节都督雍凉等州诸军事(《晋书》卷三十八《扶风王骏传》)。司马亮亦曾封为扶风郡王,持节都督关中雍凉诸军事(《晋书》卷五十九《汝南王亮传》)。既封以关中之地,又令其都督关中军事,这与汉代"宗室不得典三河"之制完全相反。岂但关中而已,武帝又徙封诸王于其都督之地。

> (咸宁三年)……乃诏诸王为都督者,各徙其国使相近。八月,徙扶风王亮为汝南王,出为镇南大将军,都督豫州诸军事。琅邪王伦为赵王,督邺城守事。勃海王辅为太原王,监并州诸军事。以东莞王伷在徐州,徙封琅邪王。汝阴王骏在关中,徙封扶风王。又徙太原王颙为河间王,汝南王柬为南阳王……其无官者皆遣就国,诸王公恋京师,皆涕泣而去。(《资治通鉴》卷八十晋武帝咸宁三年)

上述诸王于其封地邻近,持节都督诸州军事,是在平吴以前。此时外有敌国,内有武将,固然不得不如此布置。哪知平吴之后,还是一样。

> (太康十年)徙南阳王柬为秦王,都督关中诸军事。始平王玮为楚王,都督荆州诸军事。濮阳王允为淮南王,都督扬、江二州诸军事。(《资治通鉴》卷八十二晋武帝太康十年)

这种制度固然是有鉴于魏世"徒分茅社,实传虚爵,本根无所庇荫,遂乃三叶而亡"(《晋书》卷五十九《八王传序》)之祸。然而矫枉过正,在国家太平时代,尚无问题,一旦中央发生政变,势将引起诸王觊觎帝位之心。何况武帝平吴之后,又令州郡悉去兵备?

(太康元年)诏曰,昔自汉末,四海分崩,刺史内亲民事,外领兵马。今天下为一,当韬戢干戈,刺史分职皆如汉氏故事(胡三省注,察举郡县长吏而已),悉去州郡兵,大郡置武吏百人,小郡五十人。交州刺史陶璜上言,交广东西数千里,不宾属者六万余户,至于服从官役,才五千余家。二州唇齿,唯兵是镇。又宁州诸夷接据上流,水陆并通,州兵未宜约损,以示单虚。仆射山涛亦言,不宜去州郡武备。帝不听。及永宁以后,盗贼群起,州郡无备,不能禽制,天下遂大乱,如涛所言。然其后刺史复兼兵民之政,州镇愈重矣。(《资治通鉴》卷八十一晋纪武帝太康元年,参阅《晋书》卷四十三《山涛传》)

州郡是否不设武备,不尽可信。刘昭论灵帝改牧,而谓"委之邦宰之命,授之斧钺之重,假之都督之威,开之征讨之略……晋武帝又见其弊矣,虽有其言,不卒其事"(《后汉书》卷二十八《百官志五》注臣昭曰)。由"虽有其言,不卒其事"八字观之,是则晋代并无废州郡握兵之事,问题所在乃是诸王均拥强兵,如果他们的势力只在地方,也许可作中央的声援,而隆磐石之固。顾武帝又常征召他们入秉朝政,例如武帝受禅之时,司马孚封为安平王,邑四万户,进拜太宰,持节都督中外诸军事(《晋书》卷三十七《安平王孚传》)。末年,汝南王亮又征为太尉,录尚书事(《晋书》卷五十九《汝南王亮传》)。诸王"出拥旄节,莅岳收之荣;入践台阶,居端揆之重"(《晋书》卷五十九《八王传序》),所谓亲疏相间、内外相维之意已经消灭。武帝崩殂,惠帝即位,性愚暗,不堪政事。

(惠)帝之为太子也,朝廷咸知不堪政事……及居大位,政出群下,纲纪大坏,货赂公行,势位之家以贵陵物,忠贤路绝,逸邪得志,更相荐举,天下谓之互市焉……帝又尝在华林园,闻虾蟆声,谓左右曰:"此鸣者为官乎,私乎?"或对曰:"在官地为官,在私地为私。"及天下荒乱,百姓饿死,帝曰,何不食肉糜?其蒙蔽皆此类也。(《晋书》卷四惠帝纪光熙元年)

遂为其后贾氏所制,终由贾后的暴戾,引起八王之乱。

武帝临崩,欲以汝南王亮(司马懿之子,武帝叔父)与皇后父杨骏同辅政,骏匿其诏,矫令亮出镇许昌。惠帝既立,贾后擅权,杀杨骏,废杨太后,征亮入,与卫瓘同辅政。亮与楚王玮(武帝第五子,惠帝之弟)不协,玮谮于贾后,诬亮、瓘有废立之谋,后乃使帝诏玮杀亮、瓘,又坐玮以矫杀亮、瓘之罪,即日杀玮。后益肆淫恣,废太子遹(惠帝长子,非贾后生),弑杨太后,时赵王伦(懿第九子,惠帝之叔祖)在京师,素谮贾后,其嬖人孙秀说以"太子之废,人言公实与谋,宜废后以雪此声",伦从之。秀又恐太子聪明,终有疑于伦,不如待后杀太子而废后,为太子报仇,可以立功,乃使后党讽后,后果杀太子。伦遂矫诏,与齐王冏(齐王攸之子,惠帝从弟)率兵入宫,废后,幽于金墉城,寻害之。伦自为相国、侍中,都督中外诸军事,孙秀等恃势肆横。冏内怀不平,秀觉之,出冏镇许昌。伦僭位,以惠帝为太上皇,迁于金墉。于是冏及河间王颙(司马孚之孙,惠帝从叔,时镇长安)、成都王颖(武帝第十六子,惠帝之弟,时镇邺中)共起兵讨伦。伦兵败,其将王舆废伦斩秀,迎惠帝复位,伦寻伏诛,颖遂还邺。冏入京,帝拜冏大司马,如宣、景辅魏事。冏大权在握,沉湎酒色,不入朝,坐召百官,恣行非法。有校尉李含奔于长安,诈称有诏使河间王颙讨冏,颙遂上表请废冏,以成都王辅政,并檄长沙王乂(武帝第六子,惠帝之弟)为内主。冏遣兵袭乂,乂径入宫,奉帝讨斩冏。颙本以乂弱冏强,冀乂为冏所杀,而以杀乂之罪讨之,因废帝立颖,己为宰相,可以专政。及乂先杀冏,其计不遂。颖亦以乂在内,己不得遥执朝政,于是颙遣将张方率兵与颖同向京师。帝又诏乂为大都督,拒方等,连战,先胜后败。东海王越(司马泰之子,惠帝从叔祖)在京,虑事不济,与殿中将收乂送金墉,乂为张方所杀。颖入京,寻归于邺,颙表颖为皇太弟,位相国,乘舆服御及宿卫兵皆迁于邺,朝政悉颖主之。左卫将军陈眕不平,奉帝讨颖,颖遣将石超败帝于荡阴,超遂以帝入邺。平北将军王浚起兵讨颖,颖战败,仍拥帝还洛阳。时颙遣张方救颖,方遂挟帝及颖归于长安。颙废颖,立豫章王炽(武帝第二十五子,惠帝之弟,是为怀帝)为皇太弟。东海王越自徐州起兵迎大驾,颙又命颖统兵拒之河桥,战败,越兵入关,奉惠帝还洛阳。颖窜于武关新野间,有诏捕之,为刘舆所杀。颙亦单骑逃太白山,其故将迎入长安,有诏征颙为司徒,颙入京,途次为南阳王模所杀。惠帝崩,怀帝即位,越出讨石勒而卒,此八王始末也。(《廿二史札记》卷八《八王之乱》)

八王作乱不是单单限于中央而已。他们要夺取中央的政权。遂由萧墙之祸,致令黎民涂炭,寇盗蜂起,兹引《晋书》所言,以作本节的结论。

　　自惠皇失政,难起萧墙,骨肉相残,黎元涂炭,胡尘惊而天地闭,戎兵接而宗庙隳,支属肇其祸端,戎羯乘其间隙,悲夫!(《晋书》卷五十九《八王传》史臣曰)

第二节
蛮族移动与晋的南渡

国家之乱常由于社会贫穷,社会贫穷分为两种,一是相对的贫穷,就是社会的生产可以供给社会的需要,只因分配不均,所以多数人不能生存。二是绝对的贫穷,就是社会的生产不能供给社会的需要,纵令分配均平,而人民也必无法维持生计。社会若是绝对的贫穷,政府非从经济方面着手改革,任何仁政都不能挽回狂澜,支大厦于将倾,而只能延长大厦倾倒的时间。社会若是相对的贫穷,则政治的隆污影响于社会治乱者甚大。明君在位,可用各种政策解决困难;庸主在位,则由各种虐政引起梦乱。晋武帝受禅之初,因为江南未平,励精图治,而对于人民生计,尤甚注意,所以人安其业而乐其事,而使中国现出小康的状态。

> 是时江南未平,朝廷厉精于稼穑,四年(泰始四年)……立常平仓,丰则籴,俭则粜,以利百姓……平吴之后……天下无事,赋税平均,人咸安其业而乐其事。(《晋书》卷二十六《食货志》)

吾国经济以农为本,农业需要水利,武帝讲求水利,不遗余力。

杜预又言，自顷户口日增，而陂堨岁决，良田变生蒲苇，人居沮泽之际，水陆失宜，放牧绝种，树木立枯，皆陂之害也。陂多则土薄水浅，潦不下润，故每有水雨，辄复横流，延及陆田……臣计汉之户口，以验今之陂处，皆陆业也。其或有旧陂旧堨，则坚完修固，非今所谓当为人害者也……今者水潦溢溢，大为灾害。臣以为与其失当，宁泻之不潴。宜发明诏，敕刺史二千石，其汉氏旧陂旧堨及山谷私家小陂，皆当修缮以积水，其诸魏氏以来所造立，及诸因雨决溢蒲苇马肠陂之类，皆决沥之……其旧陂堨沟渠当有所补塞者，皆寻求微迹，一如汉时故事……朝廷从之。
(《晋书》卷二十六《食货志》)

当时牛羊被野，余粮栖亩，有天下无穷人之谚。干宝说：

太康中，天下书同文，车同轨，牛马被野，余粮委亩，行旅草舍，外间不闭，民相遇者如亲，其匮乏者取资于道路，故于时有天下无穷人之谚。
(干宝《晋纪总论》)

但是祸乱之原早已萌芽于泰始年间，是时朝臣分为两派，一派为贾充、荀颢、荀勖，另一派为任恺、裴楷、庾纯。史谓"贾充无公方之操，不能正身率下，专以谄媚取容。任恺、庾纯等刚直守正"(《晋书》卷四十《贾充传》)。大凡党争发生之时，君子常为小人所打倒，吾人可称之为政治上的格雷欣法则(Gresham's law)。因为君子有所不为，而小人则不择手段之故。

(侍中尚书令贾)充与侍中任恺皆为帝所宠任。充欲专名势而忌恺，于是朝士各有所附，朋党纷然。帝知之，召充、恺宴于式乾殿，而谓之曰，朝廷宜一，大臣宜和。充、恺等各拜谢。既而充、恺以帝已知而不责，愈无所惮，外相崇重，内怨益深。充乃荐恺为吏部尚书，恺侍觐转希。充因与荀勖、冯统承间共谮之，恺由是得罪，废于家。《资治通鉴》卷七十九晋武帝泰始八年秋七月，参阅泰始七年五月）

平吴之日，又有王浑与王浚之争功：

> 王浚之入建业也，其明日王浑乃济江，以浚不待己至，先受孙皓（吴主）降，意甚愧忿，将攻浚。何攀劝浚送皓与浑，由是事得解……浑、浚争功不已……帝以浑为上功，浚为中功……王浚自以功大，而为浑父子及党羽所挫抑，每进见，陈其攻伐之劳及见枉之状，或不胜忿愤，径出不辞，帝每容恕之。(《资治通鉴》卷八十一晋武帝太康元年）

而帝又因六合为一，"见土地之广，谓万叶而无虞；睹天下之安，谓千年而永治。不知处广以思狭，则广可长广；居治而忘危，则治无常治"(《晋书》卷三《武帝纪》论曰）。而乃怠于政术，耽于游宴，政事日渐废弛。

> 平吴之后，天下乂安，遂怠于政术，耽于游宴……彝章紊废，请谒行矣。(《晋书》卷三《武帝纪》太熙元年)
>
> 帝自太康以后，天下无事，不复留心万机，惟耽酒色。(《晋书》卷四十《杨骏传》）

以新集易动之基，而无久安难拔之虑，由是从前天灾可借人事以救济者，现在人事反加甚天灾了。八王大乱，农民奔迸流移，耕者寡而食者众，社会的消费力已经超过社会的生产力。而内乱不已，中央政府无力开凿河渠或建筑堤防，淫雨则河流溃决，久旱则螟蝗为灾。兹举惠帝以后最严重的天灾如次。

> （惠帝元康七年）秋七月，雍梁……大旱……关中饥，米斛万钱，诏骨肉相卖者不禁。
>
> （怀帝永嘉三年三月）大旱，江汉河洛皆竭可涉……（四年）五月，幽并司冀秦雍等六州大蝗，食草木马毛皆尽……（五年）六月，百姓饥俭，米斛万余价。
>
> （愍帝建兴四年冬十月）京师饥甚，米斗金二两，人相食，死者大半。

（以上见《晋书》各本纪）

于是政治问题就转变为社会问题，其表现出来的现象，一是大众贫穷，二是米价踊贵。当时情况如次。

西晋国民经济及米价表

年代	国民经济	米价
武帝	牛马被野，余粮委亩，故于时有天下无穷人之谚。（见干宝《晋纪总论》）	谷贱而布帛贵。（见《晋书》卷二十《食货志》）
惠帝	关中饥，诏骨肉相卖者不禁。（见《晋书》卷四《惠帝纪》元康七年） 元康中，关西扰乱，频岁大饥，百姓乃流移就谷。（见《晋书》卷一百二十《李特载记》）	关中米斛万钱。（见《晋书》卷四《惠帝纪》元康七年） 米石万钱。（见《晋书》卷四《惠帝纪》太安二年）
怀帝	至于永嘉，丧乱弥甚，雍州以东，人多饥乏，更相鬻卖，奔迸流移，不可胜数，兼以饥馑，百姓又为寇贼所杀，流尸满河，白骨蔽野。（见《晋书》卷二十六《食货志》） 永嘉丧乱，百姓流亡，中原萧条，千里无烟，饥寒流陨，相继沟壑。（见《晋书》卷一百九《慕容皝载记》）	米斛万余价。（见《晋书》卷五《怀帝纪》永嘉五年）
愍帝	天下崩离，长安城中，户不盈百，墙宇颓败，蒿棘成林。（见《晋书》卷五《愍帝纪》建兴五年） 诸郡百姓饥馑，白骨蔽野，百无一存。（见《晋书》卷六十《贾疋传》）	京师米斗金二两。（见《晋书》卷五《愍帝纪》） 斗米二金。（见《晋书》卷二十六《食货志》）

大众受了贫穷的压迫，只有流移就谷，开始逃亡。

> 惠帝之后，政教陵夷，至于永嘉，丧乱弥甚……人多饥乏，更相鬻卖，奔迸流移，不可胜数。（《晋书》卷二十六《食货志》）

雍凉人民多由汉中，散在梁益。

长安遗人四千余家奔汉中。(《晋书》卷五《怀帝纪》永嘉五年)

秦州人邓定等二千余家,饥饿流入汉中,保于成固,渐为抄盗。(《晋书》卷五十七《张光传》)

(元康中)关西扰乱,频岁大饥,百姓乃流移就谷,相与入汉川者数万家……由是散在益梁,不可禁止。(《晋书》卷一百二十《李特载记》)

梁益人民或东入荆湘。

于时流人在荆州十余万户,羁旅贫乏,多为盗贼。(《晋书》卷六十六《刘弘传》)

巴蜀流人汝班、蹇硕等数万家布在荆湘间,而为旧百姓之所侵苦,并怀怨恨。(《晋书》卷一百《杜弢传》)

或南至宁州。

蜀民皆保险结坞,或南入宁州,或东下荆州,城邑皆空,野无烟火。(《资治通鉴》卷八十五晋惠帝太安二年)

宁州人民复流入交州。

宁州频岁饥疫,死者以十万计,吏民流入交州者甚众。(《资治通鉴》卷八十六晋惠帝光熙元年)

并州人民多赴司州。

东瀛公腾自晋阳镇邺,并土饥荒,百姓随腾南下,余户不满二万,寇贼纵横,道路断塞……晋阳府寺焚毁,僵尸蔽地,其有存者,饥羸无复人色,荆棘成林,豺狼满道。(《晋书》卷六十二《刘琨传》)

司州人民或奔豫州，

> 河东、平阳、弘农、上党（上党属并州）诸流人之在颍川、襄城、汝南、南阳（南阳属荆州）、河南者数万家。（《晋书》卷一百《王弥传》）

或赴冀州。

> 平阳饥甚，司隶部人奔于冀州二十万户。（《晋书》卷一百二《刘聪载记》）

而司冀并兖四州人民逃往辽西者亦不少。

> 司冀并兖州流人数万户在于辽西，迭相招引，人不安业。（《晋书》卷一百四《石勒载记上》）

由此可知他们流亡乃无预定地区。先离开本土而至邻地，邻地饥馑，又流亡至稍远之地，稍远之地旱蝗，复流亡至更远之地。当他们离开本土之时，也许尚带有少许钱财，经数次流亡之后，钱财尽了，老弱死了。永嘉元年，刘琨为并州刺史，其于沿途所见的情形如次。

> 臣自涉州疆，目睹困乏，流移四散，十不存二。携老扶弱，不绝于路，及其存者，鬻卖妻子。生相捐弃，死亡委厄，白骨横野，哀呼之声，感伤和气。（《晋书》卷六十二《刘琨传》）

惠皇失政，朝纲废弛，加之以师旅，因之以饥馑，人民流亡，观上文所举之例，可知规模极大。他们流亡之时，为集体安全起见，常推举一位智勇之士以作领袖。例如：

> 京师大乱，逖率亲党数百家，避地淮泗，以所乘车马，载同行老弱，躬

自徒步,药物衣粮与众共之,又多权略,是以少长咸崇之,推逖为行主。(《晋书》卷六十二《祖逖传》)

又如:

> 永嘉之乱,百姓流亡,所在屯聚。峻纠合得数千家,结垒于本县。于时豪杰所在屯聚,而峻最强,遣长史徐玮宣檄诸屯,示以王化,又收枯骨而葬之。远近感其恩义,推峻为主。(《晋书》卷一百《苏峻传》)

他们"惧死求生,遂相结聚"。最初不过"守善自卫"(《晋书》卷一百《杜弢传》)。到了辗转流亡,羁旅贫乏,就出为盗贼。

> 于时流人在荆州十余万户,羁旅贫乏,多为盗贼。(《晋书》卷六十六《刘弘传》)

及至老弱者填于沟壑,而只残存壮而有力之人之时,他们破产,而又亡家,既无家庭后顾之忧,于是怨恨之气遂发泄而为盗匪,攻城剽邑,作颠覆政权的豪举。兹将西晋时代流人作乱列表如次。

西晋时代流人作乱表

年代		流人作乱
惠帝	永康元年	元康中,关西扰乱,频岁大饥,略阳、天水六郡人民流移就谷,相与入梁益者数万家。氐人李特、李庠、李流兄弟三人亦随流民入蜀,沿途营护流民,甚得众心,流民遂推之为主。会诏征益州刺史赵廞为大长秋,以成都内史耿滕代廞,廞贾后之姻亲也,贾后已败,廞闻征甚惧,乃倾仓廪赈施流民,以收众心。以李特兄弟材武,厚遇之以为爪牙,帅众拒耿滕。滕败死,廞自称大都督将军益州牧。特弟庠帅四千骑归廞,以庠为威寇将军,委以心膂。(《资治通鉴》卷八十三晋惠帝永康元年,《晋书》卷一百二十《李特载记》)
	永宁元年	李庠骁勇得众心,赵廞忌杀之。李特怨廞,引兵攻杀廞,传首京师。朝廷拜特为宣威将军,弟流奋武将军,皆封侯。会朝廷符下秦雍州,使召还流民入蜀者。流民闻州郡迫遣,人人愁怨,不知所为。且水潦方盛,年谷未登,无以为行资,乃相率归特,旬月间,过二万人。李特

续 表

年代		流人作乱
		遂反,与蜀民约法三章,施舍赈贷,礼贤拔滞,军政肃然,蜀民大悦。(《资治通鉴》卷八十四晋惠帝永宁元年、《晋书》卷一百二十《李特载记》)
	太安二年	朝廷以梁州刺史罗尚为益州刺史,遣兵讨李特,斩之。李流统其余众,数月卒,众推特子雄为主,逐罗尚,取成都。(《资治通鉴》卷八十五晋惠帝太安二年、《晋书》卷一百二十一《李雄载记》)
		壬年,诏书令荆州发武勇赴益州讨李流,号壬午兵。民惮远征,皆不欲行。时江夏大稔,民就食者数千口,张昌因之诳惑百姓,聚众反,诸流民及避戍役者多从之。(《资治通鉴》卷八十五晋惠帝太安二年、《晋书》卷一百《张昌传》)
怀帝		刘渊将王弥寇襄城诸县,河东、平阳、弘农、上党诸流人之在颍川、襄城、汝南、南阳、河南者数万家,为旧居人所不礼,皆焚烧城邑,杀二千石长吏以应弥。(《资治通鉴》卷八十六晋怀帝永嘉元年、《晋书》卷一百《王弥传》)
	永嘉元年	秦州人邓定等二千余家,饥饿流入汉中,保于城固,渐为抄盗,进迫汉中,二千石长吏弃官而遁。(《资治通鉴》卷八十六晋怀帝永嘉元年、《晋书》卷五十七《张光传》)
		顿丘太守魏植为流人所迫,众五六万,大掠兖州。(《资治通鉴》卷八十六晋怀帝永嘉元年、《晋书》卷六十一《苟晞传》)
	永嘉四年	雍州流民多在南阳,诏书遣还乡里。流民以关中荒残,皆不愿归。征南将军山简、南中郎将杜蕤各遣兵送之,促期令发。流人王如遂潜结壮士,夜袭二军破之。于是南安人庞实、冯翊人严嶷、京兆人侯脱各聚众攻城镇,杀令长,以应之。(《资治通鉴》卷八十七晋怀帝永嘉四年、《晋书》卷一百《王如传》)
		平阳人李洪帅流人入定陵作乱。(《晋书》卷五《怀帝纪》)
	永嘉五年	巴蜀流人汝班、蹇硕等数万家,布在荆湘间,而为旧百姓之所侵苦,并怀怨恨。会蜀人李骧聚众据乐乡反,荆州刺史王澄讨之,骧请降,澄伪许而袭杀之,沉九千余人于江,流民益怨怒。蜀人杜畴、蹇抚等复扰湘州。湘州刺史苟眺闻巴蜀流民皆欲反,欲尽诛流民。汝班等惧死,聚众以应畴,以蜀人杜弢州里重望,共推为主。(《资治通鉴》卷八十七晋怀帝永嘉五年、《晋书》卷四十三《王澄传》、卷一百《杜弢传》)
愍帝	建兴元年	流人杨武攻陷梁州。(《晋书》卷五《愍帝纪》)

统治庞大的国家,需要强有力的政府,政府能够强有力,则以政局安定为前提。惠皇失政,祸起萧墙,中枢衰弱,不能控制地方,因之流民作乱,地方也不能平定。在这八王乱于上,流民乱于下之时,乘机出来者则为五胡。五胡指匈奴、羯、鲜卑、氐、羌五个种族。自惠帝永兴元年刘渊建号称王,至宋文帝元嘉十六年北凉降魏止,其为乱共一百三十六年。

蛮族内徙开始于西汉武帝之时,武帝雄才大略,不但要征服四夷,且欲同化四夷。四夷来降者,或徙置内地,令与汉人杂居,使其渐次同化,或以其地为郡县,而分置降胡于边疆,分其众乃以弱其力。"西汉末,呼韩邪单于携率部落入臣于汉。汉割并州北界以安之,于是匈奴五千余落,入居朔方诸郡,与汉人杂处。多历年所,户口渐滋,弥漫北朔,转难禁制。"(《晋书》卷九十七《匈奴传》)到了东汉,自光武始,往往盛纳降胡。建武二十五年,封乌桓渠帅为侯王君长者八十一人,皆居塞内,布于沿边诸郡,令其招徕种人,给其衣食(《后汉书》卷九十《乌桓传》)。而马援又置诸羌于天水、陇西、扶风三郡(《后汉书》卷八十七《西羌传》)。窦固复徙降羌七千余口居三辅(《后汉书》卷八十七《西羌传》)。到了安帝,西羌作乱,不但寇边,且能深入腹地,寇河东而至河内。国家乃于冲要之地,建筑坞壁,以防剽略。魏郡、赵国、常山、中山有六百一十坞,河内有三十二坞,冯翊有五百坞,扶风、汉阳、陇道有三百坞(《后汉书》卷八十七《西羌传》),外寇已经转变为内患。桓帝之世,"自云中、五原,西至汉阳二千余里,匈奴种羌并擅其地"(《后汉书》卷六十五《段颎传》)。汉末大乱,戎马不息,羌胡遂乘"中国多事,不遑外讨"之际,"得擅汉南之地,寇暴城邑,杀略人民"(《魏志》卷三十《乌丸传》)。而汉族人士因不能忍受内乱之祸,逃入蛮族之中者,人数亦复不少。

> 时承丧乱之余,胡狄在界,雄张跋扈,吏民亡叛,入其部落,兵家拥众,作为寇害,更相扇动,往往棋跱。(《魏志》卷十五《梁习传》)
> 是时边民流散山泽,又亡叛在鲜卑中者,处有千数。(《魏志》卷二十六《牵招传》)

汉人亡入胡中,西汉元帝时已经有之,此时逃亡的人不过奴婢而已。照侯应说,"边人奴婢愁苦,闻匈奴中乐,时有亡出塞者"(《汉书》卷九十四下《匈奴传》)。降至东汉,汉人有臣事匈奴,而劝其叛汉者(参阅《资治通鉴》卷四十九汉安帝永初三年韩琮之事),又有勾结西羌,入据内县者(参阅《资治通鉴》卷四十九汉安帝永初五年杜琦之事)。案汉人入胡,不但增加蛮族的户口,且又提高蛮族的知识。

> 轲比能本小种鲜卑……部落近塞,自袁绍据河北,中国人多亡叛归之,教其作兵器铠楯,颇学文字。(《魏志》卷三十《鲜卑传》)

而中原萧条,尤以关中为甚,所以曹魏政府又复盛纳降胡。例如:

> (张既)为雍州刺史……既之武都,徙氐五万余落出居扶风、天水界。(《魏志》卷十五《张既传》)

> (杨阜)为武都太守,前后徙民氐使居京兆、扶风、天水界者万余户。(《魏志》卷二十五《杨阜传》)

> (郭淮)为雍州刺史,案抚柔氏三千余落,拔徙以实关中。(《魏志》卷二十六《郭淮传》)

> 建安十一年,太祖自征蹋顿(鲜卑种)于柳城……击破其众,临阵斩蹋顿首……悉徙其族居中国。(《魏志》卷三十《乌丸传》)

> 文帝践阼,田豫为乌丸校尉,持节,并护鲜卑,屯昌平。步度根(鲜卑种)遣使献马,帝拜为王……步度根部众稍寡弱,将其众万余落,保太原、雁门郡。(《魏志》卷三十《鲜卑传》)

由此可知三国时代蛮族已经入居内郡。匈奴种族盘踞于晋阳汾涧一带之地(《晋书》卷一百一《刘元海载记》)。鲜卑种族散布于太原、雁门之间(《魏志》卷三十《鲜卑传》)。羌氏种族则布在河湟之间,渐入雍凉二州(《晋书》卷一百七《石季龙载记下》)。他们与汉人杂居既久,"多知中国语",似已开始同化。

> 氐……其俗语不与中国同。及羌杂胡同,各自有姓,姓如中国之姓

矣……多知中国语,由与中国错居故也。其还种落间,则自氐语。(《魏志》卷三十《乌丸鲜卑传》评曰注引《魏略》)

前曾说过,东汉政府常将攻战守御之责委于戎狄。三国初期,各地牧守拥兵称雄,多勾结戎狄,以张声势。董卓军队已有大批的羌胡,且看郑太对董卓说:

且天下强勇,百姓所畏者,有并、凉之人及匈奴、屠各、湟中义从、西羌八种,而明公拥之,以为爪牙,譬驱虎兕以赴犬羊也。(《后汉书》卷七十《郑太传》)

而袁绍且与乌丸通婚,以作外援。

三郡乌丸承天下乱,破幽州,略有汉民,合十余万户。袁绍皆立其酋豪为单于,以家人子为己女,妻焉。辽西单于蹋顿尤强,为绍所厚。(《魏志》卷一《太祖纪》建安十一年)

其后袁尚(绍子)兵败,奔于蹋顿,犹欲借其兵力,以图中原。

及绍子尚败,奔蹋顿……尚欲凭其兵力,复图中国。(《后汉书》卷九十《乌桓传》)

到了魏蜀交战,蜀固欲诱羌胡,以为羽翼。

(诸葛)亮在祁山,遣使连结比能(鲜卑种族),比能至故北地石城,与相首尾。(明)帝乃诏招,使从便宜讨之。(《魏志》卷二十六《牵招传》)

(姜)维自以练西方风俗,兼负其才武,欲诱诸羌胡,以为羽翼,谓自陇以西可断而有也。(《蜀志》卷十四《姜维传》)

魏为防止蜀与戎勾结,又拔徙氐人以实关中。

> 正始元年,蜀将姜维出陇西,(郭)淮遂进军,迫至疆中。维退,遂讨羌迷当等,按抚柔氐三千余落,拔徙以实关中。(《魏志》卷二十六《郭淮传》)

由此可知由东汉而至三国,汉胡已经杂居,而胡人且成为中国的重要军队。在曹魏之世,汉胡杂居,尚可相安无事。阮种说:

> 自魏氏以来,夷虏内附,鲜有桀悍侵渔之患,由是边守遂怠,鄣塞不设,而令丑虏内居,与百姓杂处。(《晋书》卷五十二《阮种传》)

固然三国时代已经有人注意到华夷杂居问题,但是他们所顾虑者乃是文化上的蛮夷猾夏,不是政治上的蛮夷猾夏。换言之,他们只怕"礼义之邦"的人民受了戎狄"贪悍之性"的熏染,将丧失廉耻,趋入奸宄。至于蛮族割据州郡,称兵作乱,他们是未曾考虑到的。

> (邓艾)又陈羌胡与民同处者,宜以渐出之,使居民表崇廉耻之教,塞奸宄之路。(《魏志》卷二十八《邓艾传》)

所以提议徙戎的邓艾不久也纳鲜卑降者数万,置于雍梁之间。

> 邓艾纳鲜卑降者数万,置于雍凉之间,与民杂居。(《资治通鉴》卷七十九晋武帝泰始五年)

他们休养生聚,到了晋代初年,户口渐滋,而武帝又复盛纳降胡。

> 武帝践祚后,塞外匈奴大水、塞泥、黑难等二万余落归化,帝复纳之,使居河西故宜阳城下,后复与晋人杂居,由是平阳、西河、太原、新兴、上

党、乐平诸郡靡不有焉……至太康五年,复有匈奴胡太阿厚率其部落二万九千三百人归化。七年,又有匈奴胡都大博及萎莎胡等各率种类大小凡十万余口,诣雍州刺史扶风王骏降附。明年,匈奴都督大豆得一育鞠等复率种落大小万一千五百口、牛二万二千头、羊十万五千口、车驴什物不可胜纪,来降,并贡其方物,帝并抚纳之。北狄以部落为类,其入居塞者有屠各种……力羯种,凡十九种,皆有部落,不相杂错。(《晋书》卷九十七《匈奴传》)

他们杂居内地之时,多沦为豪强的佃客。

太原诸部亦以匈奴胡人为田客,多者数千。(《晋书》卷九十三《王恂传》)

而受方任者又非其材,既不知怀柔政策,使其渐次同化,而乃狙诈侵侮,或妄加讨戮,而如阮种所说:

受方任者又非其材,或以狙诈侵侮边夷,或干赏啖利,妄加讨戮。夫以微羁而御悍马,又乃操以烦策,其不制者,固其理也。(《晋书》卷五十二《阮种传》)

武帝时,傅玄曾说:

臣以为胡夷兽心,不与华同,鲜卑最甚。本邓艾苟欲取一时之利,不虑后患,使鲜卑数万散居人间,此必为害之势也。(《晋书》卷四十七《傅玄传》)

郭钦亦疏请徙戎于边。

郭钦上疏曰:"戎狄强犷,历古为患,魏初民少,西北诸郡皆为戎居,内及京兆、魏郡、弘农往往有之。今虽服从,若百年之后,有风尘之警,胡骑自平阳、上党不三日而至孟津,北地、西河、太原、冯翊、安定、上郡尽为狄庭矣。宜及平吴之威、谋臣猛将之略,渐徙内郡杂胡于边地,峻四夷出入之防,明先王荒服之制,此万世之长策也。"帝不听。(《资治通鉴》卷八十一晋武帝太康元年、《晋书》卷九十七《匈奴传》)

惠帝时,江统又谓:

江统以为戎狄乱华,宜早绝其原。乃作《徙戎论》以警朝廷曰:"……夫关中土沃物丰,帝王所居,未闻夷狄宜在此土也。非我族类,其心必异。而因其衰敝,迁之畿服,士庶玩习,侮其轻弱,使其怨恨之气,毒于骨髓,至于蕃育众盛,则坐生其心。以贪悍之性,挟愤怒之情,候隙乘便,辄为横逆。而居封域之内,无障塞之隔,掩不备之人,收散野之积,故能为祸滋蔓,暴害不测,此必然之势,已验之事也。当今之宜,宜及兵威方盛,众事未罢,徙冯翊、北地、新平、安定界内诸羌,著先零、罕开、析支之地。徙扶风、始平、京兆之氐,出还陇右,著阴平、武都之界。廪其道路之粮,令足自致,各附本种,反其旧土,使属国抚夷就安集之。戎、晋不杂,并得其所。纵有猾夏之心,风尘之警,则绝远中国,隔阂山河,虽为寇暴,所害不广矣。"朝廷不能用。(《资治通鉴》卷八十三晋惠帝元康九年、《晋书》卷五十六《江统传》)

到了八王大乱,加以旱蝗,百姓流移就谷,蛮族也同中原百姓一样,开始亡散,并乘中原多事之际,乘机作乱,发泄其平日怨恨之气。

大安中,并州饿乱,石勒与诸小胡亡散……会建威将军阎粹说并州刺史东瀛公腾,执诸胡于山东,卖充军实……腾虏群胡,将诣冀州。两胡一枷,勒时年二十余,亦在其中……既而卖与茌平人师欢为奴……欢亦奇其状貌而免之……遂……为群盗。(《晋书》卷一百四《石勒载记上》)

元康中,关西扰乱,频岁大饥,百姓乃流移就谷,相与入汉川者数万家,李特随流人……入于蜀……散在益梁,不可禁止……特等聚众,专为寇盗……六郡流民推特为主。(《晋书》卷一百二十《李特载记》)

百姓流亡,不绝于道,社会秩序已经破坏。于是除羯人石勒、氐人李特之外,五胡均乘机蠢动。五胡之中最强悍者莫过匈奴。匈奴自前汉以来,均居吾国边境,多历年所,户口渐滋,弥漫北朔,转难禁制。建安中,曹操分其众为五部,部置都尉一人,选汉人为司马以监督之。

> 前汉末,匈奴大乱,五单于争立,而呼韩邪单于失其国,携率部落入臣于汉。汉嘉其意,割并州北界以安之,于是匈奴五千余落入居朔方诸郡,与汉人杂处……其部落随所居郡县,使宰牧之,与编户大同,而不输贡赋。多历年所,户口渐滋,弥漫北朔,转难禁制……建安中,魏武帝始分其众为五部,部立其中贵者为帅,选汉人为司马以监督之。魏末,复改帅为都尉。其左部都尉所统,可万余落,居于太原故兹氏县。右部都尉可六千余落,居祁县。南部都尉可三千余落,居蒲子县。北部都尉可四千余落,居新兴县。中部都尉可六千余落,居大陵县。(《晋书》卷九十七《匈奴传》)

在中国强盛之时,尚可以相安无事,一旦中原有风尘之警,则胡人猥多,势必为寇。永兴元年,其酋刘渊便乘机起事。

> 惠帝失驭,寇盗蜂起……刘宣(刘渊从祖)等窃议曰:"司马氏骨肉相残,四海鼎沸,兴邦复业,此其时矣。"……于是密共推元海(刘渊字)为大单于……刘宣等曰:"晋为无道,奴隶御我……今司马氏父子兄弟自相鱼肉,此天厌晋德,授之于我……方当兴我邦族,复呼韩邪之业……今天假手于我,不可违也……"元海曰,善……帝王岂有常哉……永兴元年,元海乃为坛于南郊,僭即汉王位。(《晋书》卷一百一《刘元海载记》)

在戎祸发生之时,朝廷几乎束手无策。八王乱于上,流人乱于下,百姓逃亡流散，户口多给豪强挟藏，征兵又感困难。惠帝时代，已经发奴助兵。

<blockquote>
大安二年十一月，发奴助兵，号为四部司马。（《晋书》卷四《惠帝纪》）
</blockquote>

五胡作乱，"雍容贵戚，进不贪功，退不惧罪"（《晋书》卷六十《孟观传》）。而征镇亦多袖手旁观，竟匪勤王之师。怀帝檄征天下兵，"谓使者曰，为我语诸征镇，若今日尚可救，后则无逮矣。时莫有至者"（《晋书》卷五《怀帝纪》永嘉四年）。于是只有坐观戎狄横行，洛阳秩序已经大乱。"宫省无复守卫，荒馑日甚，殿内死人交横，府寺营署并掘堑自守，盗贼公行，枹鼓之音不绝。"（《晋书》卷五《怀帝纪》永嘉四年）"饥甚，人相食，百官流亡者十八九。"（《晋书》卷五《怀帝纪》永嘉五年）愍帝即位，避难长安，时"属永嘉之乱，天下崩离，长安城中，户不盈百，墙宇颓毁，蒿棘成林，朝廷无军马章服，唯桑版署号而已。众唯一旅，公私有车四乘，器械多阙，运馈不继"（《晋书》卷五《愍帝纪》建兴五年）。而财政自惠帝末年以后，就有穷匮之感。

永宁之初，洛中尚有锦帛四百万、宝珠金银百余斛。惠后北征，荡阴反驾，寒桃在御，只鸡以给，其布衾两幅、囊钱三千，以为车驾之资焉。怀帝为刘曜所围，王师累败，府帑既竭，百官饥甚，比屋不见火烟，饥人自相啖食。愍皇西宅，馁馑弘多，斗米二金，死者大半。刘曜陈兵，内外断绝，十饼之曲，屑而供帝，君臣相顾，莫不挥涕。（《晋书》卷二十六《食货志》）

兹将西晋财政情况列表如次。

西晋财政情况表

时代	财政情况
武帝时代	世属升平，物流仓府，宫闱增饰，服玩相辉。（见《晋书》卷二十六《食货志》）
惠帝时代	公私穷踧，米石万钱，诏命所至，一城而已。（见《晋书》卷四《惠帝纪》太安二年）
怀帝时代	府帑既竭，百官饥甚。（见《晋书》卷二十六《食货志》）
愍帝时代	自长安以西，不复奉朝廷，百官饥乏，采稆自存。（见《晋书》卷六十《索䁅传》）

兼以士风颓唐，不讲廉耻，夷祸所经，"衣冠之士靡不变节，未有能以大义进退者"(《晋书》卷一百四《石勒载记上》)。羊后身为国母，而竟屈事刘曜。

> 洛阳败，(惠羊皇后)没于刘曜。曜僭位，以为皇后，因问曰："吾何如司马家儿？"后曰："胡可并言？陛下开基之圣主，彼亡国之暗夫，有一妇一子及身三耳，不能庇之。贵为帝王，而妻子辱于凡庶之手。遗妾尔时实不思生，何图复有今日？妾生于高门，常谓世间男子皆然，自奉巾栉以来，始知天下有丈夫耳。"(《晋书》卷三十一《惠羊皇后传》)

王衍贵为三公，乃劝石勒称帝。

> 石勒、王弥寇京师，诏以王衍都督征讨诸军事，持节，假黄钺以拒之……俄而举军为石勒所破，勒呼王公与之相见，问衍以晋故。衍为陈祸败之由，云计不在己。勒甚悦之，与语移日。衍自说少不豫事，欲求自免，因劝勒称尊号。勒怒曰："君名盖四海，身居专任，少壮登朝，至于白首，何得言不豫世事邪？破坏天下，正是君罪。"使左右扶出……使人夜排墙填杀之。(《晋书》卷四十三《王衍传》)

男无气节，女不贞良，国家安得不亡？永嘉五年，刘曜攻破洛阳，虏怀帝而去。建兴四年，刘曜又犯长安，虏愍帝而去，自是而后，中原遂沦陷于蛮族。各族更兴迭仆，其能建邦立国者十又六家。就民族言，属于匈奴者三(刘渊、赫连勃勃、沮渠蒙逊)，属于羯者一(石勒)，属于鲜卑者五(慕容皝、慕容垂、慕容德、乞伏国仁、秃发乌孤)，属于氐者三(李雄、苻健、吕光)，属于羌者一(姚苌)，属于汉者三(张轨、李暠、冯跋)。就国号言，称赵者二(刘渊的前赵、石勒的后赵)，称燕者四(慕容皝的前燕、慕容垂的后燕、慕容德的南燕、冯跋的北燕)，称秦者三(苻健的前秦、姚苌的后秦、乞伏国仁的西秦)，称凉者五(张轨的前凉、李暠的西凉、沮渠蒙逊的北凉、吕光的后凉、秃发乌孤的南凉)，称成(蜀)者一(李雄)，称夏者一(赫连勃勃)，故后人称之为五胡十六国。

五胡十六国兴亡表①

姓名	国名	领域	史略
刘渊（匈奴）	前赵	二刘盛时，其地东不过太行，南不越嵩洛，西不逾陇坻，北不出汾晋。	刘渊新兴匈奴人，冒顿之后也。东汉建武初，南匈奴入居西河美稷，多历年所，户口渐滋，弥漫北朔，转难禁制。魏武分其众为五部，部立其中贵者为帅。魏末，复改帅为都尉，左部都尉刘豹最强，晋武帝太康十年，豹子渊袭位。惠帝初，拜匈奴五部大都督。永兴元年，其党推渊为大单于，都离石，既而迁都左国城，建国号曰汉，渊自称汉王，略取太原、上党、西河境内数邑。怀帝永嘉二年，寇陷平阳及河东郡，于是徙都蒲子，自称皇帝。遣石勒等寇掠冀州诸郡及兖豫以东。三年，徙都平阳，寇陷上党郡邑。四年，渊死，子聪弑太子和自立。五年，寇陷洛阳，虏怀帝而去。愍帝建兴四年，复陷长安，虏愍帝而去。元帝太兴元年，聪死，靳准作乱，弑太子粲，尽诛刘氏。刘曜起兵讨准，诛之，遂自立为皇帝，徙都长安，改国号曰赵。大兴三年，曜取陇右诸郡，既又南降仇池，西胁凉州。成帝咸和三年，曜攻石勒于金墉，战败被擒。曜子熙走上邽。四年，石虎取上邽，前赵亡。
石勒（羯）	后赵	石赵盛时，其地南逾淮汉，东滨于海，西至河西，北尽燕代。	石勒，上党羯人也，初匈奴别种曰羯，入居上党。石勒生长于武乡，其祖及父并为部落小率。太安中，并州饥乱，诸胡亡散，勒被掠卖为奴，其主奇其状貌而免之，乃聚众为群盗，寇掠冀兖二州。怀帝永嘉元年，降于刘渊，统兵寇掠，所向有功，东越豫兖，南极江汉，悉被残毁。永嘉六年，据襄国，以为基础，山东郡县多为所陷。建兴中，袭幽取并，北至代郡。元帝太兴元年，靳准作乱，勒与刘曜讨灭之，曜封勒为赵公。既而贰于曜，二年，自称赵王，有幽冀并三州之地。明帝大宁初，又克广固，并有青州，复略兖豫之境，取许昌，与刘曜争洛阳。成帝咸和三年，曜攻金墉，勒驰救，与曜战，获之，长安亦来降，进并秦陇，凉州称藩，于是淮汉以北悉为赵境。五年，勒自称赵天王，旋称帝。八年，勒死，石虎篡位。咸康元年，徙都于邺。穆帝永和五年，虎卒，诸子争立。六年，冉闵篡位，改国号曰魏。后赵亡。

---

① 此表据《晋书》及《读史方舆纪要》，冉闵之魏、慕容永之西燕、谯纵之成、杨茂搜之秦均不在十六国之内，故不列表。

续 表

姓名	国名	领域	史略
慕容皝 (鲜卑)	前燕	慕容燕盛时,南至汝颍,东尽青齐,西抵崤黾,北守云中。	慕容皝,昌黎鲜卑人,魏景初中,鲜卑莫护跋自塞外入居辽西,建国于棘城之北,号慕容部。再传至涉归,数从中国征伐有功,拜鲜卑单于,迁于辽东之北,渐慕诸夏之风。又再传至廆,大为边患。晋武帝太康十年,廆请降,拜鲜卑都督,以辽东僻远,迁于徒河之青山。惠帝元康四年,复徙大棘城,教以农桑,法制同于上国。永嘉初,自称鲜卑大单于。元帝称制江左,廆遣使浮江劝进,晋拜廆为平州牧,封辽东郡公。成帝咸和八年,廆卒,子皝嗣,尽有辽东之境。咸康三年,自称燕王。四年,西并段氏(鲜卑段氏立国于辽西,与慕容氏接境),既又北灭宇文(鲜卑宇文亦立国于辽西,康帝建元二年,皝灭之),东兼夫余(夫余东夷之国,时西徙近燕,穆帝永和二年,皝灭之),日以强盛。穆帝永和四年,皝卒,子俊嗣,因赵之衰,席卷幽州,迁都于蓟(永和六年),进略冀州,击灭冉闵,遂取邺城,僭即帝位(永和八年)。旋复南并三齐(永和十二年),渐窥河南,永升元年,自蓟迁邺,于是西取并州,南略豫兖。四年,俊殁,子暐嗣,慕容恪辅政,复陷许昌(哀帝兴宁二年),取洛阳(三年),东至泗上,南至宛城,皆为燕境。及恪卒(废帝太和二年),政治渐乱,苻坚乘机取洛阳,拔壶关,克晋阳,长驱围邺,废帝太和五年,暐降,前燕亡。
苻健 (氐)	前秦	苻坚盛时,南至邛僰,东抵淮泗,西极西域,北尽大碛。	苻健,略阳氐人也,父洪(本姓蒲)多权略善骑射,属永嘉之乱,乃散千金,召英杰之士,访以安危变通之术,宗人遂推洪为盟主。元帝大兴二年,降于刘曜,曜亡,降于后赵。石虎徙关中豪杰及羌氐十余万户于关东,以洪为流民都督,居枋头。及穆帝永和五年,石虎卒,邺中乱,秦雍流民推洪为主。六年,洪自称三秦王,改姓苻氏,旋为降将麻秋酖死。子健统其家,西入关,据长安,略秦雍二州地。永和七年,僭称天王,国号秦。八年,称帝。时并州亦附于秦,又并有陇西地。十一年,健卒,子生嗣。升平元年,苻坚举兵废生自立。是时平阳、宏农以东皆为燕境,废帝太和四年,取燕洛阳。五年,分军攻上党,略晋阳,长驱入邺,遂灭燕,尽得其地。简文帝咸安元年,取仇池。孝武帝宁康元年,陷汉中,取成都,梁益二州皆没,邛、莋、夜郎悉附于秦。太元初,攻凉,克姑臧,尽取河西地,至于高昌。既又击定代地,分代为东西二

续　表

姓名	国名	领域	史略
			部。四年,陷晋襄阳,又东取彭城、下邳。八年,大举入寇,败于肥水,奔还。于是慕容垂称兵于河北,姚苌等作乱于关中,晋亦乘间收复河南及梁益徐诸州地。十年,坚为慕容冲所逼,长安困危,出奔五将山,为姚苌所执,缢死。坚世子丕守邺,困于慕容垂,西奔晋阳称帝。十一年,为慕容永所败,走死。其族子登,前为狄道长,帅众下陇,拔南安,丕封之为南安王,及丕死,登称帝,都雍。太元十九年,登悉众伐姚秦,为姚兴所杀。子崇奔湟中称帝,又为乞伏乾归所杀,秦亡。
姚苌 (羌)	后秦	姚秦盛时,其地南至汉川,东逾汝颍,西控西河,北守上郡。	姚苌,南安羌人也,世为羌酋,父姚弋仲。永嘉六年,东徙隃眉,戎夏襁负随之者数万,自称护羌校尉雍州刺史扶风公。明帝大宁初,降于刘曜,曜亡降于后赵。成帝咸和八年,石虎以弋仲为西羌大都督,帅众数万,徙居清河。穆帝永和八年,弋仲卒,子襄降晋,晋处襄于谯城。殷浩惮其威名,迁襄于梁国。襄遂叛,侵扰淮泗,出没许洛间。升平初,襄自河东图关中,秦苻生击之,襄败死,弟苌帅众降秦。孝武帝太元八年,苻坚入寇,大败于肥水。九年,慕容垂起兵关东,慕容泓等应之,军于华阴,坚使苻叡讨之,以苌为司马,叡败死,苌惧罪,奔渭北,羌豪共推苌为盟主,苌自称秦王,进屯北地,攻新平,克之,复取安定。十年,坚自长安出奔,苌遣将执坚,既而杀之。十一年,苌自安定引兵而南,据长安称帝。十八年,苌卒,子兴嗣,击败苻登,登走死,遂西取上邽,东收蒲阪。安帝隆安初,略取宏农、上洛诸郡。三年,陷洛阳,淮汉以北诸城多降于兴。四年,伐西秦,取枹罕,西秦王乾归降。五年,伐后梁,吕隆亦降。于是秃发傉檀、沮渠蒙逊、李暠皆奉朝贡为藩臣。义熙元年,割南阳诸郡归于晋。二年,以姑臧畀傉檀。三年,赫连勃勃叛,岭北郡县多被侵陷。六年,乾归复攻略陇西诸郡,秦日以弱。十二年,兴卒,子泓嗣。十三年,为刘裕所灭。
李雄 (氐)	成	李成盛时,东守三峡,南兼棘爨,西尽岷邛,北据南郑。	李雄,略阳氐人也,其先住于巴西,汉末,迁于汉中,又徙居于略阳。晋元康中,关西扰乱,频岁大饥,百姓流移就谷,相与入汉川者数万家。雄父李特随流人将入于蜀,至汉中,求寄食巴蜀,朝廷从之,由是散在梁益,不可禁止。惠帝永康元年,益州刺史赵廞据

续表

姓名	国名	领域	史略
			州反,特等依之。永宁元年赵廞杀特弟庠,特等怨廞,引兵攻成都,廞走死。朝议以梁州刺史罗尚为益州刺史,特等迎尚入成都。尚复与特有隙,又敦迫流民还秦雍,特等因之作乱,屯聚绵竹,进取广汉,攻罗尚于成都。大安二年,罗尚攻杀李特,特弟流统其余众,还据绵竹,寻徙据郫城。流旋卒,众推特子雄为益州牧,进攻罗尚,尚遁走,雄入成都,即成都王位。光熙元年,雄僭自称帝,国号大成。于是北取汉中,东略涪陵、巴郡,西收汉嘉、越嶲,久之,复取巴东及建平二郡,宁州亦尽入于成。成帝咸和九年,雄卒,子期篡立(雄以其兄荡有奇才大功,乃立兄子班为太子,期弑班自立)。咸康四年,李寿(特弟骧之子)废期自立,改国号曰汉。康帝建元元年,寿卒,子势立。穆帝永和二年,桓温讨灭之。
张轨 (汉)	前凉	张氏盛时,尝南逾河湟,东至秦陇,西包葱岭,北暨居延。	张轨,安定人,汉常山王耳十七代孙也,仕晋为散骑常侍。惠帝永宁元年,轨以时方多难,隐有保据河西之志,乃求为凉州,从之。既至姑臧,芟夷盗贼,讨破鲜卑,威著西土。于时天下既乱,所在使命莫有至者,轨遣使贡献,岁时不替,朝廷嘉之。愍帝建兴二年,轨卒,子寔嗣。元帝大兴三年,寔为其下所杀,弟茂代为凉州刺史,取陇西、南安之地。明帝太宁二年,茂卒,子骏嗣。成帝咸和二年,刘曜进兵枹罕,骏军大败,遂失河南之地。曜亡,骏因长安乱,复收河南地,至于狄道,又遣将伐龟兹、鄯善西域诸国,焉耆、于阗之属皆诣姑臧朝贡。穆帝永和元年,骏卒,子重华嗣。五年,自称凉王。九年,重华卒,子曜灵嗣,庶子祚废杀之,而篡其位。十一年,祚复为其下所杀,众共立曜灵弟元靓为凉王。哀帝兴宁元年,重华弟天锡杀元靓自立,天锡荒于声色,不恤政事。时苻坚强盛,每进攻之,兵无宁岁。孝武帝太元元年,遂为秦所灭。
李暠 (汉)	西凉	西凉有郡凡七,最为弱小,敦煌、酒泉、晋昌、建康、凉兴皆故郡也,又有会稽郡、广夏郡皆李暠所置。	李暠,陇西人,仕段业为效谷令。安帝隆安四年,敦煌护军郭谦等共推暠为敦煌太守。既而晋昌太守唐瑶以郡叛业,移檄六郡(敦煌、酒泉、晋昌、凉兴、建康、祁连),推暠为沙州刺史凉公。暠遣兵东取凉兴,西取玉门以西诸城。五年,蒙逊所部酒泉、凉宁二郡来降。安帝义熙元年,暠自称秦凉二州牧,迁治酒泉。十二年,卒,子歆嗣。宋武帝永初元年,为蒙逊所杀,弟恂自立于敦煌。二年,又为蒙逊所灭,西凉亡。

续表

姓名	国名	领域	史略
沮渠蒙逊（匈奴）	北凉	蒙逊盛时，西控西域，东尽河涅，前凉旧壤几奄有之矣。	沮渠蒙逊，临松卢水胡人也，其先世为匈奴左沮渠，遂以官为氏焉。安帝隆安初，蒙逊诸父沮渠罗仇等仕于吕光，为光所杀，蒙逊因与诸部结盟起兵，推建业太守段业为凉州牧。二年，拔敦煌，取张掖，因徙治焉。三年，段业称凉王。五年，蒙逊袭杀业，其党共推蒙逊为凉州牧张掖公。义熙三年，攻南凉，取姑臧。八年，迁于姑臧，称河西王。九年，败南凉兵，围其乐都，取湟河郡。十年，南凉为西秦所灭。十一年，蒙逊攻西秦，拔其广武郡。十三年，败西凉兵，城建康而戍之。宋永初元年，蒙逊灭西凉，并其地。元嘉五年，攻西秦乐都郡。六年，取西平郡。八年，魏拜蒙逊为凉州牧凉王。九年，卒，子牧犍嗣，魏复拜为凉州刺史河西王。十六年，魏主围姑臧，姑臧溃，牧犍出降。
吕光（氐）	后凉	吕光初据姑臧，前凉旧壤宛然如昨也，迨其末叶，姑臧而外，惟余二郡而已。	吕光，略阳氐人也，世为酋豪，光仕符坚，官至骠骑将军。坚既平山东，士马强盛，遂有图西域之志。孝武帝太元七年，坚使光率兵讨西域。八年，光行，越流沙三百余里，焉耆等国皆降。九年，进攻龟兹，王侯降者三十余国，遂陷龟兹，抚定西域。十年，引兵还，至玉门，符坚凉州刺史梁熙，责光擅命还师，遣兵拒其入关，光击败其众，自领凉州刺史。十一年，闻符坚为姚苌所害，奋怒哀号，三军缟素，乃自称凉州牧酒泉公。十四年，取枹罕，称三河王。二十一年，称凉天王。安帝隆安三年，立子绍为天王，自称太上皇帝，旋卒。绍庶兄纂弑绍而代之。元兴元年，吕超杀纂而立其兄隆。三年，秦主姚兴伐凉，军至姑臧，凉兵大败，隆降。
慕容垂（鲜卑）	后燕	后燕盛时，南至琅邪，东讫辽海，西届河汾，北暨燕代。	慕容垂，慕容皝之第五子也。慕容晆嗣位，慕容恪辅政，恪死，政乱，垂惧祸，奔于符坚。王猛恶垂雄略，劝坚杀之，坚不从。垂在坚朝，所在征伐，皆有大功。坚之败于肥水也，垂欲乘机起事，以洛阳四面受敌，不如取邺据之，乃引兵而东。孝武帝太元九年，取荥阳，自称燕王。渡河攻邺克之，冀州郡县次第皆降，乃分兵北取蓟城，又取龙城，辽东之地皆为燕有。十一年，定都中山，僭即帝位。遣将南伐，青兖徐诸州郡县亦多附燕。十九年，复并西燕，又遣将济河，南略泰山、琅邪诸郡，进军临海，转入临淄而还。二十

续表

姓名	国名	领域	史略
			一年,垂卒,子宝嗣位。魏拓拔珪侵夺并州,东围中山,尽取常山以东郡县。安帝隆安元年,中山围急,宝遂东保龙城,既而魏克中山,取邺,大河以北悉为魏地,龙城复乱,宝为其臣所弑。宝子盛立,复有辽西东地,又击高句丽,拔其二城。五年,盛为其臣所弑,慕容熙(垂之庶子)代立。义熙五年,冯跋作乱,推高云为主,后燕亡。
秃发乌孤(鲜卑)	南凉	南凉盛时,东自金城,西至西海,南有河湟,北据广武。	秃发乌孤,河西鲜卑人也,八世祖匹孤率其部自塞北迁于河西,三传至树机能,尽有凉州之地。晋武帝为之盱食。又四传至乌孤,务农桑,修邻好。孝武帝太元十九年,吕光遣使拜为河西鲜卑大都统。安帝隆安初,自称西平王,治兵广武,克凉金城。二年,取凉岭南五郡,改称武威王。三年,徙治乐都,寻卒。弟利鹿孤立,徙治西平。五年,更称河西王。元兴元年,利鹿孤卒,弟傉檀袭位,更称凉王,迁于乐都。义熙二年,傉檀献羊马于秦,秦王姚兴使为凉州刺史,遂入姑臧。四年,傉檀复称凉王,其后西讨沮渠蒙逊,东伐赫连勃勃,无不败北。于是姑臧入于蒙逊,傉檀复还乐都。十一年,西秦王乞伏炽磐袭乐都,取之,傉檀降,旋为炽磐所杀,南凉亡。
慕容德(鲜卑)	南燕	南燕之地,东至海,南滨泗上,西带巨野,北薄于河。	慕容德,慕容皝之少子也。孝武帝太元二十一年,后燕慕容宝嗣位,以德为冀州牧,镇邺。既而魏拓拔珪取并州,自井陉进攻中山,分军攻邺,德拒却之。安帝隆安元年,燕主宝东走龙城,中山寻为魏所陷,将欲并军攻邺,德乃弃邺,南徙滑台,自称燕王。三年,滑台叛降于魏,德又引师而南,据琅邪,取莒城,进克广固,遂都之。四年,德称帝。义熙元年,卒,兄子超嗣位。六年,刘裕讨灭之。南燕亡。
乞伏国仁(鲜卑)	西秦	乞伏盛时,其地西逾浩亹,东极陇坻,北距河,南略吐谷浑。	乞伏国仁,陇西鲜卑人也。初乞伏述延居苑川,归刘曜。曜亡,述延惧,迁于麦田。再传至司繁,降秦,苻坚署为南单于。司繁卒,子国仁嗣。孝武帝太元八年,坚兴肥水之役,以国仁为前将军,领先锋骑,会国仁叔父步颓反,坚命国仁还讨之,步颓迎降。及坚败,国仁遂迫胁诸部拒秦。十年,国仁自称大单于,筑勇士城而居之。十三年,国仁卒,众推其弟乾归为河南王,迁都金城。十九年,乾归取陇西郡,称秦王。

续　表

姓名	国名	领域	史略
			安帝隆安四年,迁都菀川,是年后秦姚兴伐乾归,乾归降,兴留之于长安。五年,兴使乾归还镇菀川。义熙二年,乾归朝秦,复留之,而以其子炽磐监其部众。五年,炽磐克枹罕,乾归闻之,逃归菀川,复称王,令炽磐镇枹罕。六年,攻秦,取略阳南安诸郡。七年,攻南凉,取三河郡。八年,乾归为乞伏公府(国仁子)所弑,炽磐遣兵讨诛之,迁于枹罕,自称河南王。十年,袭南凉,遂并其地,复称秦王。宋元嘉五年,炽磐卒,子暮末立,为蒙逊所迫,退保南安,其故地皆入于吐谷浑。八年,夏主赫连定南安,暮末降,旋为夏所杀。
冯跋(汉)	北燕	冯氏袭燕旧壤,有辽东、辽西之地。	冯跋,长乐信都人也,仕后燕,慕容宝时,官至中卫将军。及慕容熙即位,无道,跋得罪,亡命山泽。安帝义熙三年,因间入龙城,与其徒作乱,推建威将军高云(高句丽人,慕容宝养子)为主,执熙杀之。五年,云为宠臣所杀,众推跋为主,跋遂即天王位。宋元嘉七年,跋卒,弟宏篡位。十三年,魏伐燕,宏走死高句丽,北燕亡。
赫连勃勃(匈奴)	夏	勃勃盛时,南阻秦岭,东戍蒲津,西收秦陇,北薄于河。	赫连勃勃,朔方匈奴人,右贤王去卑之后,刘渊之族也。父刘卫辰入居塞内,苻坚以为西单于,督摄河西诸虏,屯于代来城。及坚国乱,遂有朔方之地,控弦之士三万八千。孝武帝太元十六年,魏主拓拔珪击杀卫辰,少子勃勃奔薛乾部,薛乾部送之于姚兴高平公没弈乾。姚兴以勃勃为安北将军五原公,配以三交五部鲜卑及杂虏二万余落,镇朔方。会秦复与魏通,勃勃怒,遂谋叛秦,袭杀没弈乾,而并其众。安帝义熙二年,自称大夏天王,既而破鲜卑薛乾等部,进攻秦三城以北诸戍,侵略岭北诸城,秦人为之困弊。又西击秃发傉檀,大获而还。九年,筑统万城而居之,改姓曰赫连氏。十三年,刘裕灭秦,勃勃知其不能久留,乃进据安定,岭北郡县镇戍皆降。十四年,入长安称帝,东略至陕,又取蒲阪。宋元嘉二年,勃勃卒,子昌嗣,寻为魏所擒,弟定僭号于平凉,又为魏所灭。

元帝渡江，组织政府，建都建康，计其所有领土，不过江左数州①。

> 元帝渡江，建都扬州（建康）……是时司、冀、雍、凉、青、并、兖、豫、幽、平诸州皆沦没，江南所得但有扬、荆、湘、江、梁、益、交、广，其徐州则有过半，豫州唯得谯城而已。（《晋书》卷十五《地理志下》）

梁益二州凡三没。惠帝永安以后，没于李氏。穆帝永和三年，桓温灭蜀。孝武帝宁康元年，又没于苻坚。太元十年，复为晋有。安帝义熙初，没于谯纵。九年，刘裕讨平之。

宁州于成帝咸和四年，没于李雄。咸康五年，复入于晋。

现在试来研究东晋偏安江南，何以不受五胡蹂躏，而能传国一百余年之久？长江天堑，固然可以阻止蛮族南下，而如孙绰所说：

> 中宗龙飞，非惟信顺协于天人而已，实赖万里长江画而守之耳。（《晋书》卷五十六《孙绰传》）

况五胡乱华并不是以一种族灭亡西晋，而是诸种族同时蜂起，使晋的政权分崩瓦解。晋亡之后，各种族利害不同，互相攻战，没有一个种族能够组织巩固的政权，当然不能大举南攻。兼以各种族的户口均不繁庶，当其僻处一隅之时，势力固然雄厚，而一旦开始侵略，自己队伍就因为久经战阵，日益减少。到了进入中原，势不能不招募其他种族，编为军队，而将军事大权委托于异族的渠帅。这样，在侵略进行之中，便种下了破坏的胚子。他们对于别的种族，犹如对于汉族一样，力胁威迫，令其帖服。"终为夷狄之邦，未辨君臣之位"（《晋书》卷一百三《刘曜载记》史臣曰），一旦军事失败，其所建设的国家就随之分崩瓦解。按五胡之中，胡羯最悍，其与汉人杂居最久，"士庶玩习，侮其轻弱，

---

① 晋有州二十一，北方未举秦州，因为秦州是割雍凉一部而置。南方未举宁州，因为宁州是割益交一部而置。

使其怨恨之气,毒于骨髓"(《晋书》卷五十六《江统传》),所以一经作乱,就行同豺狼。刘曜好杀,"师之所处,荆棘生焉"(《晋书》卷一百三《刘曜载记》史臣曰)。石虎"降城陷垒,不复断别善恶,坑斩士女,鲜有遗类"(《晋书》卷一百六《石季龙载记上》)。其他的人也残犷成性,剽城屠邑,坑师沉卒,往往而然。这种虐暴不但不能得到汉人拥护,而有地无人,租税甲兵从何而得?

> 石勒……遣季龙(石虎)统中外步骑四万攻曹嶷……曹嶷降……季龙将尽杀嶷众。其青州刺史刘征曰,今留征,使牧人也,无人焉牧,征将归矣。季龙乃留男女七百配征,镇广固。(《晋书》卷一百五《石勒载记下》)

又者,刘渊、刘曜固然寇略纵横,而皆不置戍卒,或则诸将各私其地,其行动有似流寇。

> 胡刘盛时,王弥、石勒以及曹嶷等虽寇略纵横,东至青齐,南抵江汉,然皆不置戍卒,或各私其地,名为附汉而已。(《读史方舆纪要》卷三《十六国》)

石勒之世,北方几成统一之局,但是石勒僭号,不过数年,而国民经济太过破坏,钱币不通。石勒"令公私行钱,而人情不乐,乃出公绢市钱,限中绢匹一千二百,下绢八百,然百姓私买中绢四千,下绢二千,巧利者贱买私钱,贵卖于官,坐死者十数人,而钱终不行"(《晋书》卷一百五《石勒载记下》)。石虎又复纵武穷兵,自耗国力,所以石赵虽然强于刘赵,而对于东晋偏安江左,也无法进攻。

> 季龙志在穷兵……百姓失业,十室而七……制:"征士五人车一乘、牛二头、米各十五斛、绢十匹,调不办者以斩论。"将以图江表。于是百姓穷窘,鬻子以充军制,犹不能赴,自经于道路,死者相望,而求发无已。(《晋书》卷一百六《石季龙载记上》)

冉闵代赵,"与羌胡相攻,无月不战。青、雍、幽、荆州徙户及诸氐羌胡蛮数百余万,各还本土,道路交错,互相杀掠。且饥疫死亡,其能达者,十有二三。诸夏纷乱,无复农者"(《晋书》卷一百七《冉闵载记》)。冉闵汉人,虽为石虎之养孙,既见石虎之残犷,民族意识不觉油然发生,遂亦虐杀胡羯,单单邺城内外,胡羯死者已有二十余万。

> (冉)闵知胡之不为己用也,班令内外赵人斩一胡首,送凤阳门者,文官进位三等,武职悉拜牙门。一日之中,斩首数万。闵躬率赵人诛诸胡羯,无贵贱男女少长,皆斩之。死者二十余万,尸诸城外,悉为野犬豺狼所食。屯据四方者所在承闵书诛之,于时高鼻多须至有滥死者半。(《晋书》卷一百七《石季龙载记下》)

且遣使告晋派兵共讨。

> 闵僭即皇帝位……国号大魏……遣使临江告晋曰,胡逆乱中原,今已诛之,若能共讨者,可遣兵来也。朝廷不答。(《晋书》卷一百七《冉闵载记》)

时为晋穆帝永和六年。晋之朝廷所以不答,盖冉闵已自立为帝,国号为魏。而鲜卑之慕容俊又由辽东,迁都于蓟,取幽州,进略冀州,国号燕。氐族之苻健复西入关中,据长安,略取秦雍二地,国号秦。同时又值晋之政局不甚安定之际,三庾①已死,桓温与殷浩正在夺权,内外形势如斯,其不能率师北伐,自是意中的事。

胡羯经此次残杀之后,势力大衰,不能再起。继之而兴者鲜卑最强。慕容起自辽东,慕容俊之世奄有关东之地。当时中原受了胡羯蹂躏,已经残破不堪。常炜说:

> 自顷中州丧乱,连兵积年,或遇倾城之败、覆军之祸,坑师沉卒,往往

---

① 庾亮于成帝咸康六年薨,庾冰于康帝建元二年卒,庾翼于穆帝永和元年卒。

而然,孤孙茕子,十室而九。(《晋书》卷一百十《慕容俊载记》)

计其全盛时代,全国户口,据申绍言:

今之见户不过汉之一大郡。(《晋书》卷一百十一《慕容暐载记》)

此又未免过甚其辞。西汉户口比东汉多,然而西汉时,大郡户数未有超过百万者。口数以汝南、颍川两郡为最多,汝南郡口二百五十九万六千一百四十人,户不过四十六万一千五百八十七(《汉书》卷二十八《地理志上二》)。颍川郡口二百二十一万九百七十三人,户不过四十三万二千四百九十(《汉书》卷二十八《地理志上》)。而当苻坚灭燕之时,阅其名籍,户二百四十五万八千九百六十九,口九百九十八万七千九百三十五(《晋书》卷一百十三《苻坚载记上》),即燕之户口不但比曹魏时代,且比西晋初年的北方为多。此种户口固然是包括汉胡双方言之,若照三国时代十人一兵之比例,前燕只能出兵百万,所以慕容俊欲图南寇并经略关西之时,欲使步卒满一百五十万,"乃令州郡校阅见丁,精覆隐漏,率户留一丁,余悉发之"(《晋书》卷一百十《慕容俊载记》),何况"郡县守宰每于差课之际,无不舍越殷强,首先贫弱,行留俱窘,资赡无所,人怀嗟怨,遂致奔亡"(《晋书》卷一百十一《慕容暐载记》)?兵士虽多,而国民经济因之破坏,其不能持久作战,终归灭亡,可以说是势之必然。

慕容灭亡之后,继之而起者氐族最强。苻坚之世奄有北方之土,十六国中最为强盛。其能崛起关中,统一北方,不但因为关中形势之地,可以高屋建瓴之势,控制中原,亦因他的作风与别国不同,各国所恃者为武力,武力愈用愈疲。苻坚知道与民休息,改革政治,振兴经济,而谋国力的充实。

苻坚修废职,继绝世,礼神祇,课农桑,立学校,鳏寡孤独高年不自存者,赐谷帛有差,其殊才异行、孝友忠义德业可称者,令在所以闻……开山泽之利,公私共之,偃甲息兵,与境内休息……坚广修学官,召郡国学生通一经以上充之,公卿已下子孙并遣受业,其有学为通儒,才堪干事,清修廉直、孝弟力田者,皆旌表之。于是人思劝励,号称多士,盗贼止息,请托路绝,田畴修辟,帑藏充盈,典章法物,靡不悉备……颇留心儒学,王猛整齐风俗,政理称举,学校渐兴,关陇清晏,百姓丰乐。自长安至于诸州,皆夹路树槐柳,二十里一亭,四十里一驿,旅行者取给于途,工商贸贩于道。百姓歌之曰:"长安大街,夹树杨槐,下走朱轮,上有鸾栖,英彦云集,诲我萌黎。"(《晋书》卷一百十三《苻坚载记上》)

到了北方奠定,又平巴蜀,便欲大举南侵,而谋六合为一。这个时候东晋国运固然危险,而苻秦内部也有隐忧。苻氏兴于略阳,盘据关中。雍凉之地自东汉以来,就为羌人的势力范围。苻坚剪平诸国,欲收英豪,以建不世之功,既不肯诛其豪酋,且复授以官职,令其将兵,又徙鲜卑四万余户于长安(《晋书》卷一百十一《慕容𬀩载记》),复徙关东杂夷十万户于关中(《晋书》卷一百十三《苻坚载记上》)。羌及鲜卑弥漫秦陇,同时却把自己种族十五万户分属诸方要镇。

> (苻)坚以关东地广人殷,思所以镇静之。引其群臣于东堂议曰:"凡我族类,支胤弥繁,今欲分三原、九嵕、武都、汧、雍十五万户于诸方要镇,不忘旧德,为磐石之宗,于诸君之意如何?"皆曰:"此有周所以祚隆八百,社稷之利也。"……诸戎子弟离其父兄者,皆悲号哀恸,酸感行人,识者以为丧乱流离之象。(《晋书》卷一百十三《苻坚载记上》)

一方把异族移植于自己的巢窟,同时把自己的族类分散于诸镇,这是苻坚的失策。王猛为苻坚的谋臣,临死,曾告苻坚剪除鲜卑及羌。

> (王猛)疾笃,(苻)坚亲临省病,问以后事。猛曰:"……鲜卑、羌虏,我之仇也,终为人患,宜渐除之,以便社稷。"言终而死。(《晋书》卷一百十四《王猛载记》)

苻坚南侵之际,苻融亦说:

陛下宠育鲜卑羌羯，布诸畿甸，旧人族类斥徙遐方。今倾国而去，如有风尘之变者，其如宗庙何？监国（太子）以弱卒数万留守京师，鲜卑羌羯攒聚如林，此皆国之贼也，我之仇也。臣恐非但徒返而已，亦未必万全。（《晋书》卷一百十四《苻坚载记下》）

伐晋之举，氐族大臣无不反对，赞成之者乃是羌族的姚苌、鲜卑的慕容垂。他们国家都给苻坚吞并，当然希望秦师倾败。他们赞成伐晋，本来不怀好意，乃是要乘机起事，兴复社稷。

慕容垂、姚苌等常说坚以平吴封禅之事……坚之将入寇也，（苻）融又切谏曰："陛下听信鲜卑、羌虏谄谀之言，臣恐非但无成，亦大事去矣。垂、苌皆我之仇敌，思闻风尘之变，冀因之以逞其凶德……不足采也。"坚弗纳。（《晋书》卷一百十四《苻融载记》）

唐代李靖曾谓太宗曰："臣观《苻坚载记》曰，秦诸军皆溃败，惟慕容一军独全。坚以千余骑赴之，垂子宝劝垂杀坚，不果。此有以见秦军皆乱，慕容垂独全。盖坚为垂所陷，明矣。"（唐《李卫公问对》卷上）苻坚不知异族之不可恃，而乃倾国伐晋，卒至淝水一战，晋师未渡，而秦军已经奔败。

（苻坚）遣征南苻融、骠骑张蚝、抚军苻方、卫军梁成、平南慕容暐、冠军慕容垂率步骑二十五万为前锋。坚发长安戎卒六十余万、骑二十七万，前后千里，旌鼓相望。坚至项城，凉州之兵始达咸阳。蜀汉之军顺流而下，幽冀之众至于彭城，东西万里，水陆齐进……晋遣都督谢石、徐州刺史谢玄、豫州刺史桓伊、辅国谢琰等水陆七万，相继距融……（秦）列阵迫肥水，王师不得渡，遣使谓融曰："君悬军深入，置阵逼水，此持久之计，岂欲战者乎？若小退师，令将士周旋，仆与君公缓辔而观之，不亦美乎？"融于是麾军却阵，欲因其济水，覆而取之，军遂奔退，制之不可止。融驰骑略阵，马倒被杀，军遂大败。王师乘胜追击，至于青冈，死者相枕。坚

为流矢所中,单骑遁于淮北……闻风声鹤唳,皆谓晋师之至。(《晋书》卷一百十四《苻坚载记下》)

以秦师之众而竟败于南朝七万之兵,卒至风声鹤唳,皆谓晋师之至。此盖苻坚的军队不是纯粹由氐族组织之故。而当时除氐人外,无不希望苻坚失败于南朝,吾人观朱序之事即可知之。

(朱序)宁康初,拜……梁州刺史,镇襄阳。是岁苻坚遣其将苻丕等率众围序……襄阳遂没,序降于苻坚,坚……以为尚书。太元中,苻坚南侵,谢石率众距之。时坚大兵尚在项,苻融以三十万众先至。坚遣序说谢石,称己兵威。序反谓石曰:"若坚百万之众悉到,莫可与敌,及其未会,击之可以得志。"于是石遣谢琰选勇士八千人涉肥水挑战,坚众小却。时序在军后唱云,坚败。众遂大奔。(《晋书》卷八十一《朱序传》)

秦师既败,各族果然纷起独立。慕容泓说:"秦为无道,灭我社稷,今天诱其衷,使秦师倾败,将欲兴复大燕。"(《晋书》卷一百十四《苻坚载记下》)于是北方又陷于混乱之中,没有一个种族能够组织巩固的政权。固然羌族姚苌所建设的国家比较强大,但是中原久经丧乱,民穷财匮,而"勃勃(赫连勃勃)、乾归(乞伏乾归)作乱西北,傉檀(秃发傉檀)、蒙逊(沮渠蒙逊)擅兵河右"(《晋书》卷一百十八《姚兴载记下》),戎马交驰,储用殚竭,所以国力亦甚薄弱。关河之间,戎狄之长,更兴迭仆,中原遗黎固然殚于兵刃,而异族也互相攻战,残杀不已。孙绰说:

自丧乱已来,六十余年,苍生殄灭,百不遗一。河洛丘墟,函夏萧条,井堙木刊,阡陌夷灭,生理茫茫,永无依归。(《晋书》卷五十六《孙绰传》)

中原萧条,汉夷俱惫,于是代北游牧种族的拓拔魏便乘机入窥中原,渐次统一了北方。

以上乃就五胡不能灭亡东晋的原因言之,其实,东晋也有自全之道。就经济言,国之强弱在于民之多少,民多则田垦而税增,役众而兵强,晋在极盛时代,南北户口几乎相等。

西晋户口分布表①

北方		南方		备考
州名	户数	州名	户数	
司州	475700	扬州	311400	
冀州	316000	荆州	357548	
雍州	99500	湘州		湘州包括于荆广之中
凉州	30700	江州		江州包括于扬荆之中
青州	53000	梁州	76300	
并州	59200	益州	149300	
兖州	83000	交州	25600	
豫州	116796	广州	43140	
幽州	59200	宁州	82400	
平州	18100	徐州	81021	晋于徐州只有过半之地
秦州	32100			
总数	1333596	总数	1126709	

　　北方有户一百三十三万,南方有户一百十二万,两相比较,相差无多。而自丧乱以来,北方受害甚惨。

　　　　自永嘉丧乱,百姓流亡,中原萧条,千里无烟,饥寒流陨,相继沟壑。
　　(《晋书》卷一百九《慕容廆载记》)

南方精华在于荆扬,永嘉丧乱,两州未蒙其祸。

---

① 此表据《晋书·地理志》。

> 荆扬晏安，户口殷实。(《晋书》卷六十五《王导传》)

中原士女避难江左者为数不少。

> 洛京倾覆，中州士女避难江左者十六七。(《晋书》卷六十五《王导传》)

人口的南移，引起南方经济的发达，而江南之地待垦的良田尚多，"火耕水耨，为功差易"，若能稍加励导，"则仓盈庾亿，可计日而待"(《晋书》卷二十六《食货志》)。然此繁荣亦不过暂时而已。元帝调诸葛恢为会稽太守，临行，对他说：

> 今之会稽，昔之关中，足食足兵，在于良守。以君有莅任之方，是以相屈。(《晋书》卷七十七《诸葛恢传》)

东晋偏安江左，"江左区区，户不盈数十万，地不逾数千里"(《晋书》卷八十五《刘毅传》)。国之财赋仰给三吴。"朝廷赋役繁重，吴会尤甚。"(《晋书》卷八十《王羲之传》)三吴寡弱，经济上已难协助东晋建立强有力的政府。明成以后政烦役殷，逃亡相续。江州余户只有五万六千(《晋书》卷八十一《桓伊传》)。荆州编户不盈十万(《晋书》卷八十五《刘毅传》)。东晋地方可以说是凋敝极了。成帝时：

> 自江陵至于建康三千余里，流人万计，布在江州。(《晋书》卷八十一《刘胤传》)

简文帝时：

> 今政烦役殷，所在凋弊，仓廪空虚，国用倾竭，下民侵削，流亡相属，略计户口，但咸安以来，十分去三。(《晋书》卷六十九《刘波传》)

孝文帝时：

> 时谷贱人饥,流殣不绝,由百姓单贫,役调深刻。(《晋书》卷六十四《会稽王道子传》)

江南固然如此,而中原之地,戎狄之长更兴迭仆,已难南下。而江左大镇莫过荆扬,徐州又为捍卫江东的第一防线。东晋建都建康,可以控制扬州,而对于荆徐二州,则寄重任于方伯,其刺史常都督七八州军事,非终于其军者,不肯易人。将士服习于下,敌人畏敬于外,非忽来忽去,兵不适将、将不适兵之比,故能享国百年,五胡云扰,竟不能窥江汉。洪迈说：

> 西晋南渡,国势至弱……然其享国百年,五胡云扰,竟不能窥江、汉。苻坚以百万之众,至于送死肥水,后以强臣擅政,鼎命乃移,其于江左之势固自若也,是果何术哉？尝考之矣：以国事付一相,而不贰其任；以外寄付方伯,而不轻其权。文武二柄既得其道,余皆概可见矣。百年之间……其真托国者王导、庾亮、何充、庾冰、蔡谟、殷浩、谢安、刘裕八人而已。方伯之任莫重于荆、徐。荆州为国西门,刺史常都督七八州事,力雄强,分天下半。自渡江迄于太元,八十余年,荷阃寄者,王敦、陶侃、庾氏之亮、翼,桓氏之温、豁、冲、石民八人而已,非终于其军不辄易,将士服习于下,敌人畏敬于外,非忽来忽去,兵不适将、将不适兵之比也。(《容斋随笔》卷八《东晋将相》)

但是东晋亦只能消极地保全江左,不能积极地恢复中原。固然当时将相均有北伐之志,而皆谋而未行,或行而无功。

东晋将相北图中原表[①]

时代	姓名	北伐史略
元帝时代	祖逖	逖以社稷倾覆,常怀振复之志。元帝拜逖为奋威将军、豫州刺史,给千人,廪布三千匹,不给铠仗,使自招募。逖渡江,中流击楫而誓曰,祖逖不能清中原而复济者,有如大江。逖既收复黄河以南,方欲推锋越河,扫清冀朔。会朝廷将遣戴渊为都督,逖以渊无弘致远识,且已剪荆棘,收河南地,而渊雍容一旦来统之,意甚怏怏。且闻王敦与刘隗等构隙,虑有内难,大功不遂,感激发病卒。
成帝时代	庾亮	成帝以亮为征西将军,都督江荆豫益梁雍六州诸军事,领江荆豫三州刺史,假节镇武昌。亮有开复中原之谋,以襄阳北接宛许,南阻汉水,其险足固,其土足食,上疏请移镇襄阳,并佃并守,修进取之备,待戎士习练,乘衅齐进,以临河洛。朝廷不许。会邾城陷没,亮忧慨发疾卒。
康帝时代	庾翼	庾亮卒,成帝以翼为都督江荆司雍梁益六州诸军事、安西将军、荆州刺史,假节镇武昌。翼以灭胡平蜀为己任,受任四年,惟以习戎为务,实欲因寇衰弊,渐临迫之。康帝即位,翼欲率众北伐,以襄阳西接益梁,与关陇咫尺,北去洛河,不盈千里,土沃田良,方城险峻,水路流通,转运无滞,进可以扫荡秦赵,退可以保据上流,乃迁镇襄阳,缮修军器,大佃积谷,欲图后举,俄而疽发背死。
穆帝时代	殷浩	穆帝以浩为扬州刺史,中军将军,假节,都督扬豫徐兖青五州军事。浩既受命,以中原为己任。永和八年,上疏北征许洛,师次寿阳,进至许昌,屡战屡败,器械都尽,乃退保谯城。桓温因朝野之怨,上疏罪浩,坐废为庶人。
穆哀废帝时代	桓温	穆帝永和二年,桓温率众伐蜀,师次青衣,进至彭模,直指成都,纵火烧其城门,蜀人大惧,无复斗志,李势降。四年,温统步骑四万,发江陵,水军自襄阳入均口至南乡,步兵自浙川趣武关,命梁州刺史司马勋出子午道以伐秦,战于蓝田,屡破秦军,进至霸上,居人皆安堵复业,持牛酒迎温于路者十八九。耆老感泣曰,不图今日,复见官军。初温恃秦麦熟,取以为军资,而苻健芟苗清野,温果乏食,遂归。废帝太和四年,温又悉众伐燕,由彭城进次金乡,时亢旱,水道不通,乃凿巨野三百余里,以通舟运,自清水入河,进至枋头,军粮竭尽,温军败绩。

[①] 此表据《晋书》及《资治通鉴》。

续 表

时代	姓名	北伐史略
安帝时代	刘裕	安帝义熙五年,刘裕北伐南燕,自淮入泗,至下邳,取琅邪,袭克临朐,进围广固,遂平齐地。九年,遣朱龄石伐蜀,师至白帝,分三路进攻,一路从外水向平模而取成都,一路从中水向牛鞞而取广汉,一路从内水向黄虎而取涪城,谯纵走死,蜀地悉平。十三年,裕又伐秦,分水陆进军,陆路有三,王镇恶、檀道济将步军自寿春趣许洛,朱超石、胡藩自南阳趋阳城,沈田子、傅弘之自襄阳趣武关。水路均由彭城出发,沈林子、刘遵考率水军,出石门,由汴入河;王仲德督前锋诸军,开巨野入河;王镇恶、檀道济克许昌,进至柏谷,沈林子克仓垣,王仲德取滑台,遂由石门进至成皋,共攻陷洛阳,进攻渑池,径攻潼关。刘裕亦自将水军,自淮泗入清河,溯河西上,寻入洛阳,自陕抵潼关。此时沈田子等亦入武关,大败秦军于青泥,而王镇恶复帅水军,自河入渭,趋长安,破秦军于渭桥,遂克长安,姚泓降。刘裕本欲息驾长安,经略西北,会刘穆之卒,裕以根本无托,遂决意东归,留子义真守之。十四年,赫连勃勃伐义真,入长安,关中复没于夏。宋武帝殁,河南州郡亦陷于魏。

这个时候,北方遗黎尚未丧失民族意识,桓温、刘裕进兵关中,三秦父老无不感激流泪。

(桓温进至霸上)居人皆安堵复业,持牛酒迎温于路者十八九,耆老感泣曰,不图今日,复见官军。(《晋书》卷九十八《桓温传》)

(高祖)从北征大军进长安……及关中平定……议欲东还……三秦父老诣门流涕诉曰:"残民不沾王化,于今百年矣,始睹衣冠,方仰圣泽,长安十陵是公家坟墓,咸阳宫殿数千间是公家屋宅,舍此欲何之?"高祖为之愍然。(《宋书》卷六十一《庐陵王义真传》)

桓温时,氐族苻健割据三辅,氐苻方兴未艾。温进至灞上,健深沟自固,刈苗清野,温果乏食,不得不归。刘裕时,关中为羌族姚泓所据,羌姚已经日暮途穷。裕率军西伐,以其心腹刘穆之留守建康。穆之"内统朝政,外供军旅,决断如流,事无拥滞"(《宋书》卷四十二《刘穆之传》)。裕既平定关中,本欲长留长安,经营赵魏。会穆之卒,"京邑任虚"(《刘穆之传》),裕恐有人反侧,断其后路,乃急急东归,以其子义真为安西将军、雍州刺史,镇长安。义真时年十二(此即南朝四代皇子甫离襁褓即司方岳的起源),留心腹将佐以辅之,王修为长史,征虏将军王镇恶兼安西司马,振武将军沈田子为安西参军(《宋书》卷六十一《孝献王义真传》、卷六十五《王镇恶传》、卷一百《序传》)。当裕之平姚泓也,崔浩谓魏明元帝曰:"秦地戎夷混并,虎狼之国,裕亦不能守之。"(《魏书》卷三十五《崔浩传》)何况十二岁之义真,一方"诸将行役既久,咸有归心",他方将佐内讧,沈田子杀王镇恶,王修杀沈田子,义真左右复杀王修(《孝献王义真传》)?兼以王镇恶入关之时"极意收敛子女玉帛,不可胜数"(《王镇恶传》)。到了义真南归,诸将又"竞敛财货,多载子女"(《孝献王义真传》)。关中遗黎欲沾王化,而王化竟然残暴如此,所以赫连勃勃之兵一至,"关中郡县悉降"。刘裕虽命朱龄石守长安,而百姓竟逐龄石,而迎勃勃(《晋书》卷一百三十《赫连勃勃载记》)。自是而后,南军不能收复北土,遂成为定局。

抑有进者,自元帝而至安帝,一百余年之中,东晋将相不忘北伐,而终不能成功,盖有原因,即军队缺乏与财政困难,而军队所以缺乏,财政所以困难,又以编户减耗为其主要原因。东晋政权成立之时,土著百姓多给豪族挟藏。

> 江左初基,法禁宽弛,豪族多挟藏户口,以为私附。(《晋书》卷四十三《山遐传》)

而过江百姓又因为不著户籍,租税是随意乐输。

> 晋自中原丧乱,元帝寓居江左,百姓之自拔南奔者,并谓之侨人,皆取旧壤之名,侨立郡县,往往散居,无有土著……其无贯之人不乐州县编户者,谓之浮浪人,乐输亦无定数,任量准所输,终优于正课焉。(《隋书》卷二十四《食货志》)

于是国家的军队和财政只能仰给于土著的编户。编户减少,军队当然寡弱,财政当然困难。元帝渡江之际,军队多用奴兵。

> 元帝南渡……调兵不出三吴,大发毋过三万,每议出讨,多取奴兵。
> (《文献通考》卷一百五十一《兵制》)

祖逖渡江,志复中原,而元帝只给千人,不给铠仗,使自招募。

> 帝乃以逖为奋威将军、豫州刺史,给千人廪,布三千匹,不给铠仗,使自招募。(《晋书》卷六十二《祖逖传》)

财政更觉困难,故以石勒那样重要的人物,有斩其首者不过赏布千匹。

> 元后渡江,军事草创,蛮陬赕布,不有恒准,中府所储,数四千匹。于时石勒勇锐,挺乱江南,帝惧其侵逼,甚患之,乃诏方镇云,有斩石勒首者,赏布千匹。(《晋书》卷二十六《食货志》)

元帝以后,情况还是一样。

东晋军队①及财政情况表

年代	军队	财政
元帝时代	大兴四年五月,诏曰,昔汉二祖及魏武皆免良人,武帝时凉州覆败,诸为奴婢亦皆复籍,此累代成规也,其免中州良人遭难为扬州诸郡僮客者,以备征服。(见《晋书》卷六《元帝纪》)	时帑藏空竭,库中唯有练数千端,鬻之不售,而国用不给。王导患之,乃与朝贤俱制练布单衣,于是士人翕然竞服之,练遂踊贵,乃令主者出卖,端至一金。(见《晋书》卷六十五《王导传》)
成帝时代		是时朝廷空罄,百官无禄,惟资江州漕运。(见《晋书》卷八十一《刘胤传》)

---

① 东晋每出征伐,多取奴兵,其议为刁协所建。《晋书》卷六十九《刁协传》,以奴为兵,取将吏客,使转运,皆协所建也。

续表

年代	军队	财政
康帝时代	康帝即位,庾翼欲率众北伐,于是并发所统六州奴及车牛驴马,百姓嗟怨。(见《晋书》卷七十三《庾翼传》)	
孝武帝时代	元显发东土诸郡免奴为客者号曰乐属,移置京师,以充兵役,东土嚣然,人不堪命。(见《晋书》卷六十四《会稽王道子传》)	政烦役殷,所在凋弊,仓廪空虚,国用倾竭,下民侵削,流亡相属,但咸安以来,十分去三。(见《晋书》卷六十九《刘波传》)

军队寡弱,财政穷匮,东晋政府当然不能大举北伐,而内乱不已,王敦、桓温、殷仲堪、桓玄皆利用荆州上流之势,率兵犯阙,而祖约、苏峻、孙恩、卢循也招集乌合之众,逞其不臣之心。

东晋内乱表①

年代	姓名	乱事始末
元明时代	王敦	王敦少有奇人之目,尚武帝女襄城公主。怀帝永嘉五年,为扬州刺史,加广武将军。愍帝建兴三年,进镇东大将军,加都督江扬荆湘交广六州诸军事,江州刺史。元帝初镇江东,威名未著,敦与从弟导等,同心翼戴,以隆中兴。时人为之语曰,王与马共天下。太兴元年,改江州牧,兼荆州刺史。敦既专任阃外,手控强兵,遂欲专制朝廷,有问鼎之心。元帝畏而恶之,引刘隗、刁协等以为心膂。敦不能平,于是嫌隙始构矣。永昌元年,率兵犯阙,以诛隗为名,王师败绩。敦收周颉、戴渊害之,还屯武昌。明帝太宁元年,敦移镇姑孰,自为扬州牧,而以从弟舒为荆州,彬为江州,廙为徐州。三年,复举兵内向,帝亲率六军以御,频战破之,敦愤惋而死。
成帝时代	祖约 苏峻	成帝咸和二年,豫州刺史祖约、历阳太守苏峻等反。苏峻青州长广郡掖县之坞主,率其所部数百家泛海南渡,既到广陵,朝廷嘉之,假峻鹰扬将军,累迁至冠军将军、历阳太守。明帝崩,庾亮欲征之,峻素疑亮欲害己,于是遣人结祖约,谋作乱。祖约豫州刺史祖逖之弟也,逖卒,代逖为平西将军、豫州刺史,以不豫明帝顾命,遂怀怨望,闻苏峻举兵,遂以兵会峻。三年,袭姑孰,济横江,登牛堵,遂陷宫城,纵兵大掠。时温峤、陶侃已唱义于武昌,峻闻兵起,迁天子于石头。帝哀泣升车,宫中恸哭。义师既至,峻出战,坠马死。贼党复立峻弟逸为主,王师又攻杀之。祖约奔于石勒,为石勒所杀。

① 此表据《晋书》各本传及《资治通鉴》。

续 表

年代	姓名	乱事始末
哀废简文时代	桓温	桓温豪爽有风概,选尚南康长公主,累迁徐州刺史。温与荆州刺史庾翼友善,翼尝荐温于明帝。翼卒,以温为都督荆梁四州诸军事、安西将军、荆州刺史,领护南蛮校尉,假节。时李势微弱,温志在立勋于蜀。穆帝永和二年,率众西伐,蜀降,进位征西大将军。温既立功上流,威势甚振,朝廷惮之,乃引殷浩为心膂,以抗于温。温甚忿之,以国无他衅,遂得相持弥年,虽有君臣之迹,亦相羁縻而已。既而殷浩北伐,屡战屡败,温因朝野之怨,乃奏废浩,自此内外大权一归温矣。永和十五年,温率师伐秦。进至霸上,因军粮不继,遂归。哀帝兴宁元年,加大司马,都督中外诸军事,录尚书事,假黄钺。二年,兼扬州牧。三年,召温入参朝政,温移镇姑孰,而以弟豁为荆州刺史,冲为江州刺史。废帝太和四年,帅众伐燕,至枋头,温军败绩。温久怀异志,欲先立功河朔,还受九锡,既蒙覆败,遂有废立之事。简文帝咸安二年,帝不豫,温初望简文临终,禅位于己。及帝崩,孝武帝即位,温既不副所望,故甚愤怨。宁康元年,温薨。
安帝时代	王恭庾楷殷仲堪杨佺期	安帝即位,司徒会稽王道子摄政,宠昵中书令王国宝,委以机权,谋削弱方镇,内外骚动。隆安元年,兖州刺史王恭与豫州刺史庾楷举兵反,以讨王国宝为名。道子惧,杀国宝,以悦于恭,恭乃罢兵。于时王恭威振内外,谯王尚之复说道子以藩伯强盛,宰相权弱,宜多树置以自卫,道子然之。隆安二年,以王愉为江州刺史,割庾楷豫州四郡,使愉督之。楷怒,乃约王恭及荆州刺史殷仲堪、广州刺史桓玄,克期举兵,同赴京师,以讨王愉、司马尚之为名,推王恭为盟主。王恭、殷仲堪素无戎略,军旅之事,王恭委其司马刘牢之,殷仲堪亦委其司马杨佺期。刘牢之背恭归顺,恭败伏诛。庾楷奔依桓玄,玄等闻王恭败死,三军失色,无复固志。桓修告道子曰,若许佺期以重利,无不倒戈于仲堪者,道子纳之,乃以玄为江州,佺期为雍州,黜仲堪为广州,以桓修为荆州。仲堪等不肯受诏,朝廷深惮之,乃免桓修,复仲堪,以相和解。佺期、仲堪与桓玄素不睦,佺期屡欲相攻,仲堪每抑止之。隆安三年,桓玄遂举兵讨佺期,先攻仲堪,仲堪急召佺期,佺期率众赴之,兵败,俱被杀。
	桓玄	桓玄,大司马温之孽子也,时议谓温有不臣之迹,故玄在荆楚积年优游无事。及中书令王国宝用事,谋削弱方镇,内外骚动,玄潜有意于功业,乃劝荆州刺史殷仲堪,兴晋阳之师,以内匡朝廷。国宝既死,于是兵罢,玄乃求为广州,朝廷不欲其在荆楚,故顺其意,玄受命不行。隆安二年,玄与王恭、庾楷、殷仲堪等率兵犯阙,王恭既死,诏以玄为江州,玄始得志。三年,玄平荆(殷仲堪)、雍(杨佺期),朝廷以玄为荆江二州刺史,都督八州军事,于是树用腹心,兵马日盛,自谓三分有二,势运所归。于时会稽王道子之世子元显执政,元兴元年,元显称

续表

年代	姓名	乱事始末
		诏伐玄。玄率众下寻阳，至新亭，元显自溃。玄入京师，害元显于市，以兄伟为荆州刺史，修为徐州刺史，石生为江州刺史，自为丞相，总百揆，都督中外诸军事，录尚书事，兼扬州牧，加假黄钺，出镇姑孰，而大政皆咨焉。二年，玄又自称相国，封楚王，寻即篡位。三年，刘裕等起兵讨玄，玄伏诛。
	孙恩卢循	安帝隆安三年，妖贼孙恩陷会稽，有众数万，于是会稽、吴郡、吴兴、义兴、临海、永嘉、东阳、新安等凡八郡一时俱反，杀长吏以应之，旬日之间，众数十万。吴会承平日久，人不习战，又无器械，故所在多被破亡。诸贼皆烧仓廪，焚邑屋，刊木堙井，房掠财货，相率聚于会稽。朝廷遣卫将军谢琰、辅国将军刘牢之，迎击走之，于是转寇沿海各地，南至临海，北至广陵，无不受其蹂躏。至元兴元年，始为临海太守辛景所破，恩穷蹙，赴海自沉，余众复推恩妹夫卢循为主。二年，刘裕讨循，循窘急泛海到番禺，寇广州，逐刺史，自摄州事，号平南将军，遣使贡献。时朝廷新诛桓玄，中外多虞，乃权假循征虏将军，广州刺史。义熙六年，刘裕北伐慕容超，循又乘虚而反，寇江州，南康、庐陵、豫章诸郡守相皆委任奔走。江州刺史何无忌率众拒之，兵败被杀。循遂进迫江宁，刘裕栅石头、断柤浦以距之。循攻栅不利，乃进攻京口，寇掠诸县无所得，复南走寻阳，遁还豫章，退保广州，均为刘裕所败。七年，卢循走交州，刺史杜慧度斩之。

政局如斯梦乱，东晋政府哪有能力恢复中原；何况一般士大夫又复宴安耽禄，只知肆情纵欲，置国耻于不顾？成帝时，慕容皝遣使刘翔至建康，翔疾江南士大夫以骄奢酗纵相尚，尝因朝贵宴集，谓何充（时为中书令录尚书）等曰：

四海板荡，奄逾三纪，宗社为墟，黎民涂炭，斯乃庙堂焦虑之时、忠臣毕命之秋也。而诸君宴安江沱，肆情纵欲，以奢靡为荣，以傲诞为贤，謇谔之言不闻，征伐之功不立，将何以尊主济民乎？（《资治通鉴》卷九十六成帝咸康七年）

刘翔继着又说：

昔少康资一旅以灭有穷,句践凭会稽以报强吴。蔓草犹宜早除,况寇仇乎?今石虎、李寿志相吞噬,王师纵未能澄清北方,且当从事巴蜀。一旦石虎先入举事,并寿而有之,据形便之地,以临东南,虽有智者,不能善其后矣。(《资治通鉴》卷九十七《晋纪》成帝咸康七年)

刘翔之忠告如此。然东晋大臣并不若南宋大臣之无意北伐。唯自桓玄乱后,"驱蹙残毁,至乃男不被养,女无匹对,逃亡去就,不避幽深,自非财殚力竭,无以至此"(《晋书》卷八十五《刘毅传》)。到了后来,人庶"播流江表,已经数世,在者长子老孙,亡者丘陇成行",既绝望于本邦,宴安于所托,难免忘记故国,丧失斗志,遂不肯"提挈万里,逾险浮深,离坟墓,弃生业……舍安乐之国,适习乱之乡,出必安之地,就累卵之危"(《晋书》卷五十六《孙绰传》)。一方蛮族不能南侵,他方汉族不能北伐,其结果如何?三国初期,干戈云扰,中原士女避难江左者为数不少,五胡乱华,江左汉族受了过江人士的压迫,复因累次内乱,更向南方移殖。中华文化向南发展,于是南方各地便真正成为吾国的版图。这个时候中原遗黎之遭残杀者为数甚多,永嘉丧乱,单单雍秦一带,汉族死者已有十之八九(《资治通鉴》卷九十晋元帝建武元年),中原空虚,蛮族便不断地徙居内地。上郡有氐羌十余万落,刘曜徙氐羌二十余万口于长安(《晋书》卷一百三《刘曜载记》)。石勒徙乌丸三万余户于襄国,又徙羌羯十余万落于司州,复徙氐羌十五万落于司冀两州(《晋书》卷一百四及卷一百五《石勒载记》)。石虎徙鲜卑二万户于雍司兖豫四州之地。河湟之间有氐羌十余万落。冉闵屠杀胡羯,单单邺城内外胡羯死者已有二十余万(《晋书》卷一百六及卷一百七《石季龙载记》)。慕容俊将匈奴部落三万五千处于代郡(《晋书》卷一百十《慕容俊载记》)。苻坚徙鲜卑四万余户于长安(《晋书》卷一百十一《慕容暐载记》),又徙关东豪杰及诸杂夷十万户于关中(《晋书》卷一百十三《苻坚载记上》),此只举其荦荦大者。由此可知蛮族内徙比之汉族南渡,其数尤多。当时衣冠之士固然变节,刘隗以王敦"威权太盛,终不可制",欲"竭股肱之力,效之以忠贞",王敦作乱亦"以诛隗为名",而王师败绩,竟然奔于石勒,勒以为太子太傅(《晋书》卷六十九《刘隗传》)。然而多数人士深信胡人不能为华夏的帝王。

刘琨遗石勒书曰……自古已来,诚无戎人而为帝王者,至于名臣建功业者则有之矣。(《晋书》卷一百四《石勒载记上》)

王子春为石勒之舍人,奉表推崇王浚为天子,而说:"且自古诚胡人而为名臣者实有之,帝王则未之有也。"(《晋书》卷一百四《石勒载记上》)这固然是故作卑辞以骄王浚之意,而蛮族之中深信戎狄不能为天子者亦有之。慕容俊答群臣曰:"吾本幽漠射猎之乡,被发左衽之俗,历数之箓宁有分邪?"(《晋书》卷一百十《慕容俊载记》)姚弋仲常戒诸子曰:"自古以来,未有戎狄作天子者,我死,汝便归晋,当竭尽臣节,无为不义之事。"(《晋书》卷一百十六《姚弋仲载记》)案蛮族君长爱好中华文学者甚多,他们与秦汉时代的匈奴不同,不是纯粹的胡虏,而是汉化的异族①。

晋载记诸僭伪之君虽非中国人,亦多有文学。刘渊少好学,习《毛诗》、京氏《易》、马氏《尚书》,尤好《左氏春秋》、孙吴兵法,《史》《汉》诸子无不综观,尝鄙隋陆无武,绛灌无文,一物不知,以为君子之耻。其子刘和亦好学,习《毛诗》《左氏春秋》、郑氏《易》。和弟宣师事孙炎,沉精积思,不舍昼夜,尝读《汉书》至萧何、邓禹传,未尝不反复咏之。刘聪幼而聪悟,博士朱纪大奇之,年十四,究通经史,兼综百家言,工草隶,善属文,著述怀诗百余篇、赋颂五十余篇。刘曜读书,志于广览,不精思章句,亦善属文,工草隶。小时避难,从崔岳质通疑滞,既即位,立太学于长乐宫,立小学于未央宫,简民间俊秀千五百人,选朝廷宿儒教之。慕容皝尚经学,善天文,即位后,立东庠于旧宫,赐大臣子弟为官学生,亲自临考,自造《太上章》以代《急就》,又著《典诫》十五篇以教胄子。慕容俊亦博观图书。后慕容宝亦善属文,崇儒学。苻坚八岁,向其祖洪请师就学。洪曰:"汝氐人,乃求学耶?"及长,博学多才艺,既即位,一月三临太学,谓"躬自

---

① 石勒雅好文学,虽在军旅,常令儒生读史书而听之。(《晋书》卷一百五《石勒载记下》)慕容俊雅好文籍,凡所著述四十余篇。(《晋书》卷一百十《慕容俊载记》)苻健修尚儒学。(《晋书》卷一百十二《苻健载记》)李雄听览之暇,手不释卷。(《晋书》卷一百二十二《李雄载记》)慕容宝敦崇儒学,工谈论,善属文。(《晋书》卷一百二十四《慕容宝载记》)

奖励,庶周孔之微言不坠"。诸非正道者悉屏之。自永嘉之乱,庠序无闻,至是学校渐兴。苻登长而折节,博览书传。姚兴为太子时,与范勖等讲经籍,不以兵难废业。时姜龛、淳于岐等皆耆儒硕德,门徒各数百人,兴听政之暇辄引龛等讲论。姚泓博学善谈论,尤好诗咏,王尚、段章以儒术,胡义周、夏侯稚以文学,皆尝游集。淳于岐疾,兴亲往问疾,拜于床下。李流少好学,李庠才兼文武,曾举秀异科。沮渠蒙逊博涉群史,晓天文。赫连勃勃闻刘裕遣使来,预命皇甫徽为答书,默诵之,召裕使至前,口授舍人为书。裕见其文曰:"吾不如也。"此皆生于戎羌,以用武为急,而仍兼文学如此,人亦何可轻量哉?(《廿二史札记》卷八《僭伪诸君有文学》)

他们进入中原之后,复实行各种汉化政策,以应付环境的需要,而谋汉胡界限的消灭。

五胡汉化表

种族	国名	汉化意识	文化	经济	法制
匈奴	前赵	惠帝永兴元年,刘渊为坛于南郊,僭即汉王位,下令曰,昔我太祖高皇帝以神武应期,廓开大业。太宗孝文皇帝重以明德,升平汉道。世宗孝武皇帝拓土攘夷,地过唐日。中宗孝宣皇帝搜扬俊乂,多士盈朝。是我祖宗道迈三王,功高五帝云云。乃赦其境内,立汉高祖以下三祖五宗神主而祭之。(《晋书》卷一百一《刘元海载记》)	刘曜立太学于长乐宫东,小学于未央宫西,简百姓年二十五以下,十三以上,神志可教者,选朝贤宿儒明经笃学以教之。曜临太学,引试学生之上第者拜郎中。(《晋书》卷一百三《刘曜载记》)	刘曜始禁,自秋季农功毕,乃听饮酒。宗庙社稷之祭,不得杀牛,犯者皆死。(《晋书》卷一百三《刘曜载记》)	《刘元海载记》有大司马、大司徒、大司空、御史大夫、尚书令等官。《刘聪载记》有相国、太师、丞相、太傅、太保、录尚书事等官。

续表

种族	国名	汉化意识	文化	经济	法制
	北凉			沮渠蒙逊下书曰,戎车屡动,干戈未戢,农失三时之业,百姓户不粒食。可蠲省百徭,专功南亩,明设科条,务尽地利。(《晋书》卷一百二十九《沮渠蒙逊载记》)	《沮渠蒙逊载记》有录尚书事、中书侍郎等官。
	夏	安帝义熙二年,赫连勃勃僭称天王,自以匈奴夏后氏之苗裔也,国称大夏。姚兴镇北参军王买德来奔,勃勃谓买德曰,朕大禹之后,今将应运而兴,复大禹之业。(《晋书》卷一百三十《赫连勃勃载记》)			《赫连勃勃载记》有丞相、大将军、御史大夫、司隶校尉、尚书令、尚书仆射、光禄勋、将作大匠等官。
羯族	后赵		石勒立大学,简明经善书吏,署为文学掾,选将佐子弟三百人教之。勒增置宣文、宣教、崇儒、崇训十余小学于襄国四门,简将佐豪右子弟百余人以教之。(《晋书》卷一百四《石勒载记上》)石勒命郡国立学官,每郡置博	石勒遣使循行州郡,劝课农桑。勒以右常侍霍浩为劝课大夫,与典农使者朱表、典农都尉陆充等,循行州郡,核定户籍,劝课农桑。(《晋书》卷一百五《石勒载记下》)	石勒清定五品,以张宾领选,复续定九品,署张班为左执法郎,孟卓为右执法郎,典定士族,副选举之任。(《晋书》卷一百五《石勒载记下》)石虎下书曰,魏始创九品之制,三年一清定之,虽未尽弘美,亦缙绅之清律、人伦之明镜。从尔

续表

种族	国名	汉化意识	文化	经济	法制
			士祭酒二人,弟子百五十人,三考修成,显升台府。(《晋书》卷一百五《石勒载记下》) 石勒初置大小学博士,石虎复置国子博士、助教。(《晋书》卷一百六《石季龙载记上》)		以来,遵用无改。吏部选举可依晋氏九班选制,永为揆法。选毕,经中书、门下宣示三省,然后行之,其著此诏书于令。(《晋书》卷一百六《石季龙载记上》) 《石季龙载记》有太尉、尚书令、司空、尚书仆射、侍中、中书令等官。
鲜卑	前燕		慕容廆以平原刘赞儒学该通,引为东庠祭酒,其世子皝率国胄束修受业焉。廆览政之暇,辄临听之,于是路有颂声,礼让兴矣。(《晋书》卷一百八《慕容廆载记》) 慕容皝立东庠于旧宫,以行乡射之礼,每月临观,考试优劣,其经通秀异者,擢充近侍。皝雅好文籍,勤于讲授,学徒甚盛,至千余人。(《晋书》卷一百九《慕容皝载记》) 慕容俊立小学于显贤里,以教胄子。(《晋书》卷一百十《慕容俊载记》)	慕容廆以大棘城即帝颛顼之墟也,惠帝元康四年,乃移居之,教以农桑,法制同于上国。尝从容言曰,稼穑者国之本也,不可以不急。(《晋书》卷一百八《慕容廆载记》) 慕容皝躬巡郡县,劝课农桑。皝以牧牛给贫家,田于苑中,公收其八,二分入私。有牛而无地者亦田苑中,公收其七,三分入私。皝记室参军谏曰云云,皝乃令曰,农者,国之本也。贫者全无资产,不能自存,	《慕容廆载记》法制同于上国。《慕容皝载记》有国相、司马、列卿等官。《慕容俊载记》有太尉、侍中、尚书令、尚书仆射、中书监、中书令等官。

续　表

种族	国名	汉化意识	文化	经济	法制
				各赐牧牛一头。若私有余力,乐取官牛垦官田者,其依魏晋旧法。(《晋书》卷一百九《慕容皝载记》)	
	后燕				《慕容垂载记》有吏部尚书、侍中、都督中外诸军事、司隶校尉、骠骑大将军等官。《慕容宝载记》有太尉、太师、太保等官。宝定士族旧籍,明其官仪。
	南燕		慕容德建立学官,简公卿以下子弟及二品士门二百人为太学生。(《晋书》卷一百二十七《慕容德载记》)		《慕容德载记》有司空、尚书令、尚书仆射等官。
	南凉		祠部郎中史暠曰,宜建学校,开庠序,选耆德硕儒以训胄子。秃发利鹿孤善之,于是以田玄冲、赵诞为博士祭酒,以教胄子。(《晋书》卷一百二十六《秃发利鹿孤载记》)	秃发乌孤嗣位,务农桑。(《晋书》卷一百二十六《秃发乌孤载记》)秃发利鹿孤以隆安五年僭称河西王,其将鍮勿仑进曰,昔我先君肇自幽朔,被发左衽,无冠冕之仪,迁徙不常,无城邑之制,用能中分天下,威振殊境。宜署晋人于诸	《秃发乌孤载记》有骠骑大将军、车骑大将军等官。《秃发利鹿孤载记》有祠部郎中、博士祭酒、尚书、左丞等官。《秃发傉檀载记》有录尚书事、尚书仆射、太尉、司隶校尉、大司农、卫尉等官。

续 表

种族	国名	汉化意识	文化	经济	法制
				城,劝课农桑,以供军国之用,我则习战法,以诛未宾。利鹿孤然其言。(《晋书》卷一百二十六《秃发利鹿孤载记》)	
氐族	前秦		苻健修尚儒学。(《晋书》卷一百十二《苻健载记》)苻坚广修学宫,召郡国学生通一经以上充之。公卿以下子孙并遣受业。坚亲临太学,考学生经义优劣,品而第之。自永嘉之乱,庠序无闻,坚颇留心儒学,学校渐兴。(《晋书》卷一百十三《苻坚载记上》)	苻坚亲耕籍田,其妻苟氏亲蚕于近郊。(《晋书》卷一百十三《苻坚载记上》)	《苻健载记》有丞相、都督中外诸军事、车骑大将军、司空等官。《苻坚载记》有录尚书事、太尉、车骑大将军、尚书令、尚书仆射、司隶校尉、中书侍郎、给事黄门侍郎等官。
	成		李雄兴学校,置史官。(《晋书》卷一百二十一《李雄载记》)		《李雄载记》有太傅、太保、太尉、司徒、司空、太宰等官。其赋,男子岁谷三斛,女丁半之,户调绢不过数丈,棉数两。
	后凉	太庙新成,中书侍郎杨颖上疏,请依三代故事,追尊吕尚为始祖,永为不迁之庙,吕光从之。(《晋书》卷一百二十二《吕光载记》)			《吕光载记》有中书令、尚书仆射、侍中、太常、太尉、司徒等官。

续 表

种族	国名	汉化意识	文化	经济	法制
羌族	后秦		姚苌立太学，礼先贤之后。令诸镇各置学官，勿有所废，考试优劣，随才擢叙。(《晋书》卷一百十六《姚苌载记》) 姚兴敕关尉曰，诸生咨访道艺，修己厉身，往来出入，勿拘常限。于是学者咸劝，儒风盛焉。(《晋书》卷一百十七《姚兴载记上》)	姚苌劝课农桑。(《晋书》卷一百十六《姚苌载记》)	《姚苌载记》有司隶校尉、尚书令、尚书仆射等官。 《姚兴载记》有太尉、中书令、廷尉、大司农、大鸿胪等官。

一个民族没有文化，一旦与高级文化的民族接触，势必受到影响，而渐次同化。五胡百余年来，既与中原遗黎同居一地，当然要受熏陶，而逐渐同化于汉族。于是北方人民变为虏汉相杂，虏汉之畛域以同居久而日消，南北之界限以分裂久而益深。南北分裂，"南谓北为索虏，北谓南为岛夷"（《资治通鉴》卷六十九魏文帝黄初二年司马光曰）。这样，就发生了南北朝的对立。

第三节
风俗颓败与政治腐化

晋之代魏与魏之代汉，形式虽然相似，均以王国形式，夺取政权，更进而用禅让的方法，代替前此的朝廷。此后南朝禅代均依此种形式，兹试列表如次。

晋及南北朝禅代形式表①

朝代形式	晋	宋	齐	梁	陈
建国	景元四年，天子以并州、司州、雍州十郡之地，封司马昭为晋公。咸熙元年，天子进晋公昭爵为晋王，增封十郡，并前二十。二年，天子命晋王昭建天子旌旗，出警入跸。	义熙十二年，天子以徐州、兖州十郡之地封刘裕为宋公。策曰……此又君之功也……此又君之功也，共列举九大功勋。十三年，天子进宋公裕爵为宋王，增封十郡，并前二十郡。元熙元年，天子命宋王建天子旌旗，出警入跸。	升平三年三月，天子以青州、徐州、南徐州、扬州十郡之地封萧道成为齐公。策曰……此又君之功也，共列举九大功勋。夏四月，天子进齐公道成爵为齐王，增郡十郡，并前二十郡，复命齐王建天子旌旗，出警入跸。	中兴二年春正月，天子以豫州、南徐州、扬州十郡之地封萧衍为梁公，策曰……此又君之功也，共列举十二功勋。二月，天子进梁公衍爵为梁王，增封十郡，并前二十郡。三月，天子命梁王建天子旌旗，出警入跸。	太平二年八月，天子以南豫州、扬州、南徐州十郡之地封陈霸先为陈公，策曰……此又君之功也，共列举十五功勋。十月，天子进陈公霸先爵为陈王，增封十郡，并前二十郡。又命陈王建天子旌旗，出警入跸。

---

① 此表据《晋书》卷二《文帝纪》、卷三《武帝纪》及宋齐梁陈各书本纪。

续表

朝代 形式	晋	宋	齐	梁	陈
设官	晋国之职官，其详已不可考。《晋书》卷二《文帝纪》，景元四年，天子封司马昭为晋公，加九锡，申命曰，晋国置官司以下，率由旧式，往钦哉！咸熙二年，晋国置御史大夫、侍中、常侍、尚书、中领军、卫将军等官。卷三《武帝纪》，咸熙二年，晋国以何曾为丞相，贾充为卫将军，裴秀为尚书令。由此可知晋国官司组织已与魏廷相同。	义熙十二年，天子封刘裕为宋公，加九锡，策曰，宋国置丞相以下，一遵旧仪，钦哉！		中兴二年春正月，天子封萧衍为梁公，加九锡，策曰，梁国置丞相以下，一遵旧式，钦哉！二月，又诏梁国依旧选诸要职，悉依天朝之制。	太平二年八月，天子封陈霸先为陈公，加九锡。策曰，陈国置丞相以下，一遵旧式，往钦哉！
受禅	咸熙二年八月，晋王昭薨，子炎嗣位。十二月，魏帝知历数有在，乃禅位于晋。	元熙二年，晋帝禅位于宋，使太保谢澹、太尉刘宣范奉皇帝玺绶，受终之礼，一如唐虞汉魏故事。	升平三年，宋帝以历数在齐，乃下诏禅位，使太保褚渊、太尉王僧虔奉皇帝玺绶，受终之礼，一如唐虞故事。	中兴二年，齐帝禅位于梁，使太保王亮、太尉王志奉天子玺绶，受终之礼，一如唐虞故事。	太平二年，梁帝禅位于陈，使太保王通、太尉王玚奉皇帝玺绶，受终之礼，一依唐虞故事。

但是魏晋发迹又有不同之点。汉末,天下大乱,豪杰并起,大者连郡国,中者婴城邑,小者聚阡陌。这个时候汉的政权已经土崩瓦解,曹操奋身于董卓肆凶之际,芟刈群雄,几平海内,汉祚能够延长二十余年之久,实赖曹操之力。司马懿受两世托孤之命,就友谊说,亦应竭股肱之力,效忠贞之节,而乃欺凌幼主,诛戮大臣,子师废齐王而立高贵乡公,昭弑高贵乡公而立陈留王,每乘废置,窃取权柄,三世秉政,卒迁魏鼎,其创业之本异于前代,而如石勒所说:"欺他人孤儿寡妇,狐媚以取天下。"(《晋书》卷一百五《石勒载记下》)所以王导陈述创业之迹,明帝不禁掩面,谓"晋祚复安得长"。

  明帝时,王导侍坐,帝问前世之所以得天下,导乃陈宣帝创业之始及文帝高贵乡公事。明帝以面覆床曰,若如公言,晋祚复安得长?(《晋书》卷一《宣帝纪》)

按吾国皇室数传之后,往往发生荒君暴主。西汉自高帝以后,贤圣之君六七作,可以视为例外,然而也有原因。汉高起自匹夫,为创业之主,固不必说。文帝来自外藩,宣帝兴于间阎,具知民事艰难、吏治得失。其他朝代一传再传之后,皇子长养深宫,沉沦富贵,无异纨绔子弟。而如庾亮所说:"人则在宫人之手,出则唯武官小人,读书无从受音句,顾问未尝遇君子"(《晋书》卷七十三《庾亮传》),一旦即位,当然非荒即暴。司马氏三世秉政,懿死师嗣,师死昭继,已经有似于帝位的世袭。司马炎绍封袭位,更是依靠门资,其能总摄百揆,竟登帝座,可以说是先代余荫。武帝既非创业之主,何能知道创业之难?当其受禅之初,虽能励精图治,

  武皇……绝缣纶之贡,去雕琢之饰,制奢俗以变俭约,止浇风而反淳朴,雅好直言,留心采擢……仁以御物,宽而得众,宏略大度,有帝王之量焉。于是民和俗静,家给人足。(《晋书》卷三《武帝纪》制曰)

但是平吴之后,又耽于游宴,不复留心万机,国政渐次废弛。皇帝如斯,

朝臣如何？前已说过，东汉之世豪宗大族渐有势力，而自魏文施行九品中正之后，膏粱世家又利用之以为猎官的工具，朝有世及之私，下无寸进之路。武帝受禅之际，佐命大臣多系汉魏华胄，而如刘颂对武帝所说：

> 泰始之初，陛下践阼，其所服乘皆先代功臣之胤，非其子孙，则其曾玄。(《晋书》卷四十六《刘颂传》)

他们也同武帝一样，只是纨绔子弟。他们之居显宦，不是依靠自己的才智，而是依靠祖宗的门荫。他们之为佐命大臣，也不过遭时际会，攀龙附凤，并没有汗马之劳或运筹之功。武帝即位，"八公同辰，攀云附翼"(《晋书》卷二十四《职官志》)，而八公的人格都有问题，有的备员高位，畏权远势，有似冯道之流，有的阿意苟合，襄助弑逆，而非纯德之人。兹将八公人格列表如次：

泰始初年八公人格表

官名	姓名	人格
太宰	司马孚	在魏为太傅，高贵乡公遭害，百官莫敢奔赴，孚枕尸于股，哭之恸曰，杀陛下者臣之罪。武帝受禅，陈留王就金墉城，孚拜辞，执王手，流涕歔欷，不能自胜，曰臣死之日，固大魏之纯臣也。然孚入晋，仍受封安平王，进拜太宰，持节都督诸军事。(见《晋书》卷三十七《安平王孚传》)
太傅	郑冲	在魏为太保，冲虽位阶台辅，而不预世事。及魏帝告禅，使冲奉策。武帝践阼，拜太傅，晋爵为公。(见《晋书》卷三十三《郑冲传》)
太保	王祥	在魏为太尉，高贵乡公之弑也，朝臣举哀，祥号哭曰，老臣无状，涕泪交流，众有愧色。武帝践阼，拜太保，进爵为公。(见《晋书》卷三十三《王祥传》)
太尉	司马望	性俭吝而好聚敛，身亡之后，金帛盈溢。(见《晋书》卷三十七《义阳王望传》)
司徒	何曾	性奢豪，务在华侈，帷帐车服穷极绮丽，厨膳滋味过于王者，日食万钱，犹曰无下箸处。时贾充权拟人主，曾卑充而附之。(见《晋书》卷三十三《何曾传》)
司空	荀顗	无质直之操，唯阿意苟合于荀勖、贾充之间。(见《晋书》卷三十九《荀顗传》)
大司马	石苞	不修细节，好色薄行。(见《晋书》卷三十三《石苞传》)
大将军	陈骞	素无謇谔之风。(见《晋书》卷三十五《陈骞传》)

鼎革的目的在于除旧布新，要布其新，须除其旧，要除其旧，须斩其根。政治的革新不外人才的革新，不但鼎革，就是平时，政界也应该保持新陈代谢的现象。按才不才之别乃以时代需要为标准，合于时代需要者为英才，不合时代需要者为蠢才。时代推移，国家所需要的人才自宜随之变更。汉高祖起自匹夫，其臣多版筑贩牛之徒，然而天下未定，必须攻城略地，故不惜高位以求斩将搴旗之士，封韩信、王彭越、赏英布，而刘敬、叔孙通之辈却不能得到青睐。天下既定，必须制礼作乐，于是韩彭菹醢，英布伏诛，而搢绅之士又见重于一时。文景之世固然公卿尽是列侯，但是政治上各种策略均建议于新进之士。文帝时代有贾谊，谊虽远谪，而其所陈颇被采纳。景帝时代有晁错，错虽见诛，而其政见却已施行。到了武帝，卜式拔于刍牧，弘羊擢于贾竖，卫青奋于奴仆，日䃅出于降虏。而武帝将崩之际，又托孤于霍光，霍光就由奉车都尉、光禄大夫一跃而为大司马大将军，受遗诏辅政。总之，西汉皇帝随时求才，而又不讲资格，不拘门第，所以二百余年之中，英才辈出，后世莫能比美。晋呢？开国之初，佐命功臣不是汉魏华胄，就是魏之公卿。公门有公，卿门有卿，他们在魏既然不能支大厦于将倾，在晋何能作大厦之栋梁？人物没有新陈代谢，政治当然不能革新。

鼎革之后，不能一鼓作气，革新政治，结果必江河日下，愈益腐化。何曾为八公之一，非纯德之人，而告其子遵曰："国家应天受禅，创业垂统，吾每宴见，未尝闻经国远图，惟说平生常事，非贻厥孙谋之兆也，及身而已，后嗣其殆乎？"（《晋书》卷三十三《何曾传》）以何曾之为人，尚知晋祚不长，何况明眼的人？案晋代政治腐化有两种原因，一是风俗颓败，二是制度废弛。前者可以说是社会的原因，后者可以说是政治的原因。兹试分别述之。

就社会的原因说，魏亡，晋兴，公卿大臣多系汉魏华胄，他们承正始之风，假托高超，喜谈老庄，由老庄之清静而流于列子的玄虚。他们之中，有的热衷于富贵，不惜奔走于权贵之门；有的虽居高位，而对于国家治乱，漠不关心，其视民生之憔悴、国势之危殆，乃若秦人视越人之肥瘠。当时有七贤八达者，世人皆尊之为一代名流。兹将他们作风列表如次。

七贤表(依《晋书》列传次序)

姓名	史略	备考
山涛	性好老庄,与嵇康善,后遇阮籍,便为竹林之游。隐身不交世务,仕亦未达。因与宣穆后(司马懿后,为涛之从祖姑)有中表亲,乃往见景帝(司马师)。帝曰,吕望欲仕耶?除郎中,迁吏部尚书郎。涛与钟会、裴秀并申欸昵,以二人居势争权,涛平心处中,各得其所,而俱无恨焉。师卒,昭嗣,昭卒,炎嗣。涛以一言而定太子之位,及武帝受禅,累迁吏部尚书,除尚书仆射,加侍中,掌选如故。居选职十有余年,每一官缺,辄启拟数人,诏旨有所向,然后显奏,随帝意所欲为先。故帝之所用,或非举首,众情不察,以涛轻重任意。涛善以退为进,每迁官,常以年老力辞,武帝均不之许。尚书令卫瓘奏涛久不视职,不宜居位,可免涛官,帝亦不准。太康四年薨,时年七十九。	《晋书》卷四十三《山涛传》孙绰尝鄙山涛,而谓人曰,山涛吾所不解,"吏非吏,隐非隐"(见《晋书》卷五十五《孙绰传》)。
王戎	阮籍与戎父浑(非伐吴之王浑,此王浑为太原晋阳人,戎父浑为琅邪临沂人,但又与王导、王敦不是一家人)为友,戎少籍二十岁,而籍与之交。及浑卒于凉州,故吏赙赠数百万,戎辞而不受,由是显名。性至孝,不拘礼制,饮酒食肉,或观弈棋,而容貌毁悴,杖然后起。戎受诏伐吴,吴平,征为侍中,累迁至司徒。戎以晋室方乱,慕蘧伯玉之为人,与时舒卷,无蹇谔之节,但与时浮沉而已。性好兴利,广收八方园田水碓,周遍天下,积实聚钱,不知纪极。每自执牙筹昼夜算计,恒若不足,而又俭啬不自奉养,天下人谓之膏肓之疾。家有好李,常出货之。恐人得种,恒钻其核,以此获讥于世。永兴二年薨,时年七十二。	《晋书》卷四十三《王戎传》。
阮籍	其史略已述于前。	《晋书》卷四十九《阮籍传》。
阮咸	任达不拘,与叔父籍为竹林之游,咸与籍居南,诸阮居道北。北阮富,而南阮贫。七月七日,北阮盛晒衣服,皆锦绮粲目。咸以竿挂大布犊鼻于庭,人或怪之。答曰,未能免俗,聊复尔耳。历仕散骑侍郎,山涛举咸典选,武帝以咸耽酒浮虚,遂不用。咸居母丧,纵情越礼。素幸姑之婢,姑当归于夫家,初云留婢,既而自从去。时方有客,咸闻之,遽借客马追婢,既及,与婢累骑而还。诸阮皆饮酒,咸至,宗人间共集,不复用杯觞	《晋书》卷四十九《阮咸传》。

续表

姓名	史略	备考
	斟酌,以大盆盛酒,圆坐相向,大酌更饮。时有群豕来饮其酒,咸直接去其上便,共饮之。群从昆弟,莫不以放达为行。	
嵇康	其史略已述于前。	《晋书》卷四十九《嵇康传》。
向秀	雅好老庄之学,庄周著内外数十篇,秀为之解说。惠帝之世,郭象又述而广之,儒墨之迹见鄙,道家之言遂盛焉。嵇康善锻,秀为之佐,相对欣然,傍若无人。康既被诛,秀入洛,文帝(司马昭)问曰,闻有箕山之志,何以在此?秀曰,以为巢许狷介之士未达尧心,岂足多慕?帝甚悦。后为散骑侍郎,迁散骑常侍,在朝不任职,容迹而已,卒于任。	《晋书》卷四十九《向秀传》。
刘伶	放情肆志,常以细宇宙齐万物为心,澹默少言,不妄交游,与阮籍、嵇康相遇,欣然神解,携手入林,初不以家产有无介意。常乘鹿车携一壶酒,使人荷锸而随之谓曰,死便埋我。其遗形骸如此。尝为建威参军,泰始初对策,盛言无为之化,时辈皆以高第得调,伶独以无用罢,竟以寿终。	《晋书》卷四十九《刘伶传》。

八达表(依《晋书》列传之次序)

姓名	史略	备考
阮孚	初辟太傅府,迁骑兵。属避乱渡江,元帝以为安东参军,蓬发饮酒不以王务婴心。终日酣饮,恒为有司所按,帝每优容之。迁散骑常侍,尝以金貂换酒,复为有司弹劾,帝宥之。明帝即位,迁侍中,从平王敦,赐爵南安县侯,转吏部尚书。及帝疾大渐,温峤入受顾命,过孚,要与同行,升车乃告之曰,主上遂大渐,江左危弱,实资群贤共康世务,卿时望所归,今欲屈卿同受顾托。孚不答,固求下车,峤不许。乘至台门,告峤内迫,	《晋书》卷四十九《阮孚传》。

续表

姓名	史略	备考
	求暂下,便徒步还家。咸和初,拜丹阳尹。时太后临朝,政出舅族。孚谓所亲曰,今江东虽累世,而年数实浅,主幼时艰,运终百六。而庾亮年少,德信未孚,以吾观之,将兆乱矣。会广州刺史刘顗卒,遂苦求出,王导等以孚疏放,非京尹才,乃除都督交广宁三州军事、镇南将军、领平越中郎将,广州刺史,假节。未至镇卒,年四十九。	
阮放	放少与孚并知名,中兴除太学博士、太子中庶子。时虽戎车屡驾,而放侍太子,常说老庄,不及军国,明帝甚友爱之,迁吏部郎。成帝幼冲,庾氏执政,放求为交州,乃除监交州军事、扬威将军、交州刺史。行至宁浦,逢陶侃将高宝,放设馔请宝,伏兵杀之。到州,见宝为崇,遂卒,时年四十四。	《晋书》卷四十九《阮放传》。
谢鲲	好《老》《易》,太傅东海王越闻其名,辟为掾,任达不拘。邻家高氏女有美色,鲲尝挑之,女投梭折其两齿。时人为之语曰,任达不已,幼舆折齿。鲲闻之,傲然长啸曰,犹不废我啸歌。越寻更辟之,转参军事。鲲以时方多故,乃谢病去职,避地于豫章。左将军王敦引为长史,以讨杜弢功,封咸亭侯。鲲不徇功名,无砥砺行,居身于可否之间。敦有不臣之迹,显于朝野,鲲知不可以道匡弼,乃优游寄寓,不屑政事,从容讽议卒岁而已。寻卒官,时年四十三。	(《晋书》卷四十九《谢鲲传》)子谢尚、侄谢安均有传。
胡毋辅之	性嗜酒,任纵不拘小节,为太尉王衍所昵,辟太尉掾,不就,以家贫,求试守繁昌令,迁尚书郎。豫讨齐王冏,赐爵阴平男,累转司徒左长史,复求外出,为建武将军乐安太守,昼夜酣饮,不视郡事。东海王越引为从事中郎,复补振威将军、陈留太守。越薨,避难渡江,元帝以为扬武将军、湘州刺史,假节。未几卒,时年四十九。	《晋书》卷四十九《胡毋辅之传》。

续表

姓名	史略	备考
毕卓	少希放达,太兴末,为吏部郎,常饮酒废职,比舍郎酿熟,卓因醉,夜至其瓮间,盗饮之,为掌酒者所缚。明旦视之,乃毕吏部也,遽释其缚。卓遂引主人宴于瓮侧,致醉而去。卓尝谓人曰,得酒满数百斛,船四时甘味,置两头,右手持酒杯,左手持蟹螯,拍浮酒船中,便足了一生矣。及过江,为温峤平南长史,卒官。	《晋书》卷四十九《毕卓传》。
羊曼	少知名,避难渡江,元帝以为镇东将军,转丞相主簿,委以机密。累迁晋陵太守,以公事免。曼任达颓纵,好饮酒。王敦既与朝廷乖贰,以曼为右长史,曼知敦不臣,终日酣饮讽议而已。敦以其士望,厚加礼遇,不委以事,故得不涉其难。敦败,代阮孚为丹阳尹。苏峻作乱,加前将军,率文武守云龙门,王师不振。或劝曼避峻,曼曰,朝廷破败,吾安所求生?勒马不动,为峻所害。年五十五。	《晋书》卷四十九《羊曼传》。
光逸	初为博昌少吏,后举孝廉,为州从事,弃官,投胡毋辅之。辅之荐逸于太傅东海王越,越即辟焉。寻以世难,避乱渡江,复依辅之。初至,属辅之与谢鲲、阮放、毕卓、羊曼、桓彝、阮孚,散发裸袒,闭室酣饮已累日。逸将排户入,守者不听。逸便于户外,脱衣露头,于狗窦中窥之,而大叫。辅之惊曰,他人决不能尔,必我孟祖(逸字)也。遽呼入,遂与饮不舍昼夜。时人谓之八达。元帝以逸补军咨祭酒,中兴建,为给事中,卒官。	《晋书》卷四十九《光逸传》。
桓彝	少孤贫,虽箪瓢,处之晏如,性通朗,早获盛名,与庾亮深交,雅为周颉所重。元帝中兴,累迁尚书吏部郎,名显朝廷。于时王敦擅权,嫌忌士望,彝以疾去职。明帝将伐王敦,拜彝散骑常侍,引参密谋,及敦平,以功封万宁县男。丹阳尹温峤荐为宣城内史,在郡有惠政,为百姓所怀。苏峻之乱也,彝以社稷危逼,义无晏安。乃遣将讨贼于芜湖,破之。会朝廷遣将军司马流先据慈湖,为贼所破。彝以郡无坚城,遂退据广德,寻王师败绩,彝闻而慷慨流涕,进屯泾	《晋书》卷七十四《桓彝传》观彝之言论及行为乃慷慨之士,似不宜与狂放之八达同称。桓温为彝之子,另有传。

续表

姓名	史略	备考
	县,时州郡多遣使降峻,其长史劝彝伪与通和,以纾交至之祸。彝曰,吾受国厚恩,义在致死,焉能忍垢蒙辱,与丑逆通问?如其不济,此则命也。彝固守经年,势孤力屈。贼曰,彝若降者,当待以优礼。将士多劝彝伪降,更思后举。彝不从,辞气壮烈,志节不挠,城陷,为贼所害,年五十三。	

七贤之中,嵇康、阮籍死于魏世之末,《魏志》未述二人之事,故《晋书》为之立传。其他五人均死在西晋时代。八达之中,桓彝并不狂放,又不尸位旷职,遇到患难,复能杀身以成仁,与其他七人之旷务尸禄者,绝不相同。以之为八达之一,若不读彝传,必误会其为人。此八人均死于东晋之世,此则七贤与八达区别之所在。吾人观七贤之行为,可知晋祚之必亡,观八达之行为,又知正始之风已随名流渡江而南下。然而他们又为时望所归,政风如此,东晋何能恢复中原?

抑有进者,七贤八达(桓彝应除外)崇尚玄虚,徒有其名;而不遵礼法,则为事实。凡崇尚玄虚之人应淡于名利,而七贤八达乃矫饰其行,故作放达,迎合时代所尚,藉以沽名钓誉。既得令名,又不知奔竞之耻,以求官职;既得官职,复不羞宠赂之彰,怀私苟得。他们口谈玄虚,心冀名利,一登高位,乃以玄虚为幌,不恤国事。甚至平日莫逆之友遇到患难,竟然视若无睹,莫肯援手。向秀与嵇康友善,嵇康既诛,秀欲免祸,往见司马昭,仕至散骑常侍。山涛隐身不与世务,因与司马氏有中表之亲,乃往见司马师,以求官职。晋武受禅,涛居选职,每一官缺,辄拟数人,随帝意所欲,然后启奏,其干禄之法,可以说是神乎其技。至于王戎,只是市侩,社会竟予以莫大钦仰,身居三公之位,而无謇谔之节,但与时浮沉而已。晋祚之亡早已注定于武帝初年。当时风气,干宝的《晋纪总论》,说之甚得要点,本书当随处引用,以免重复。当时并不是无人出来矫正,例如西晋时,裴頠著崇有之论,意谓"悠悠之徒,阐贵无之议,而建贱有之论。是以立言藉其虚无,谓之玄妙,处官不亲所司,谓之雅远,奉身散其廉操,谓之旷达,故砥砺之风弥以陵迟。放者因斯,或悖吉凶之礼,而忽容止之表,渎弃长幼之序,混漫贵贱之级。其甚者至于裸裎,言笑忘宜,以不惜为弘士,行又亏矣"(《晋书》卷三十五《裴頠传》)。到了东晋,有江惇之《崇检论》,以为"君子立行,应依礼而动,虽隐显殊途,未有不傍礼教者也。若乃放荡不羁,以肆纵为贵者,非但动违礼法,亦道之所弃也"(《晋书》卷五十六《江惇传》)。又有王坦之《废庄论》,意谓"先王知人情之难肆,惧违行以致讼,故敦礼以崇化,日用以成俗。诚存而邪忘,利损而竞息。若夫庄生者,其言诡谲,其义恢诞,众人因藉之以为弊薄之资。天下之善人少,不善人多;庄生之利天下也小,害天下也多。礼与浮云俱征,伪与利荡并肆。人以克己为耻,士以无措为通。时无履德之誉,俗有蹈义之愆。骤语赏罚不可以造次,屡称无为不可与适变,虽可用于天下,不足以用天下人"(《晋书》卷七十五《王坦之传》)。范宁因浮虚相扇,儒雅日替,以为其源始于王弼、何晏,二人之罪深于桀纣,乃著论曰:"王何蔑弃典文,不遵礼度,游辞浮说,波荡后生。遂令仁义幽沦,儒雅蒙尘,礼坏乐崩,中原倾覆,古之所谓言伪而辩、行僻而坚者,其斯人之徒欤？王何叨海内之浮誉,资膏粱之傲诞,画螭魅以为巧,扇无检以为俗,郑声之乱乐,利口之覆邦,信矣哉！吾固以为一世之祸轻,历代之罪重,自丧之衅小,迷众之愆大也。"(《晋书》卷七十五《范宁传》)然而风气所趋,固非少数人所能为力。兹再举潘尼之言,以证明晋代风俗颓废,并不是由于玄虚思想,而是由于人士之多欲。他说:

> 崇德莫大乎安心,安心莫尚乎存正,存正莫重乎无私,无私莫深乎寡欲……忧患之接,必生于自私,而兴于有欲。自私者不能成其私,有欲者不能济其欲,理之至也。欲苟不济,能无争乎？欲苟不从,能无伐乎？人人自私,家家有欲;众欲并争,群欲交伐。争则乱之萌也,伐则怨之府也。怨乱既构,危害及之,得不惧乎？然弃本要末之徒,知进忘退之士,莫不饰才锐智,抽锋擢颖,倾侧乎势利之交,驰骋乎当涂之务,朝有弹冠之朋,野有结绶之友,党与炽于前,荣名扇其后,握权则赴者鳞集,失宠则散者瓦解,求利则托刎颈之欢,争路则构刻骨之隙。于是浮伪波腾,曲辩云

沸,寒暑殊声,朝夕异价,驽骞希奔放之迹,铅刀竞一割之用。至于爱恶相攻,与夺交战,诽谤噂沓,毁誉纵横,君子务能,小人伐技,风颓于上,俗弊于下,祸结而恨争也不强,患至而悔伐之未辩。大者倾国丧家,次则覆身灭祀,其故何邪? 岂不始于私欲,而终于争伐哉?《晋书》卷五十五《潘尼传》)

观潘尼之言,试问晋代士大夫果依道家之言,淡泊寡欲乎?抑假道学之言,以沽名钓誉乎?吾尝谓晋代士大夫之沽名钓誉有似东汉士大夫。但东汉士大夫矫饰其行,乃表示其尊重礼教。晋代士大夫则以违反礼教为放达,有的好货,有的好色,世人不之耻也,反视为风雅之事。此盖东汉之时,儒学尚盛,魏晋之际,列子思想方兴,而世道多虞,士大夫只求自全之策,不遵礼法,生活因之颓废,实是时势使然。固然此种名流不但七贤八达而已,如乐广,如王衍,"俱宅心事外,名重于时"(《晋书》卷四十三《乐广传》)。他们两人均居显职,又均仕不事事,此种人数之多,读《晋书》所载,乃不胜枚举。礼教崩弛,小人道长,君子道消,难怪五胡乱华,中原士大夫之残留北方者,多奉五胡以为主。

兹宜特别一言的,正始以来,士大夫仰慕风流,述老庄,谈玄虚,既如上述。他们所谓老庄,只是列子思想;所谓玄虚,不过出之于口。若论他们行为则完全与玄虚相反。然而因谈玄虚,却产生了一种时髦,称为清谈,至晋王衍、乐广而大盛,后进仰慕,遂成风气。

清谈起于魏正始中,何晏、王弼祖述老庄,谓天地万物皆以无为本,无也者开物成务,无往而不存者也。(《王衍传》)是时阮籍亦素有高名,口谈浮虚,不遵礼法。(《裴𬱟传》)籍尝作《大人先生传》,谓世之礼法君子,如虱之处裈。(《阮籍传》)其后王衍、乐广慕之,俱宅心事外,名重于时,天下言风流者以王、乐为称首。(《乐广传》)后进莫不竞为浮诞,遂成风俗。(《王衍传》)学者以老庄为宗而黜六经,谈者以虚荡为辨而贱名检,行身者以放浊为通而狭节信,仕进者以苟得为贵而鄙居正,当官者以望空为高而笑勤恪。(《愍帝纪论》)其时未尝无斥其非者,如刘颂屡言治道,傅咸每纠邪正,世反谓之俗吏。裴𬱟又著《崇有论》以正之。(《裴𬱟传》)江惇亦著《通道崇检论》以矫之。(《江惇传》)卞壶斥王澄、谢鲲,谓悖礼伤教,中朝倾覆,实由于此。(《卞壶传》)范宁亦谓王弼、何晏二人之罪深于桀纣。(《范宁传》)应詹谓元康以来,贱经尚道,永嘉之弊由此。(《应詹传》)熊远、陈頵各有疏论,莫不大声疾呼,欲挽回颓俗,而习尚已成,江河日下,卒莫能变也。今散见于各传者,裴遐善言玄理,音词清畅,泠然若琴瑟,尝与郭象谈论,一座尽服。(《裴遐传》)卫玠善玄言,每出一语,闻者莫不咨叹,以为入微;王澄有高名,每闻玠言,辄叹息绝倒;后过江,与谢鲲相见,欣然言论终日;王敦谓鲲曰,昔王辅嗣吐金声于中朝,此子复玉振于江表,不意永嘉之末,复闻正始之音。(《卫玠传》)王衍为当时谈宗,自以论《易》略尽,然亦有所未了,每日不知此生当见有能通之者否?及遇阮修谈《易》,乃叹服焉。(《阮修传》)王戎问阮瞻曰,圣人贵名教,老庄明自然,其指同异。瞻曰,将毋同。戎即辟之,时人谓之三语掾。(《阮瞻传》)郭象善老庄,时人以为王弼之亚。(《庾敳传》)桓温尝问刘惔,会稽王更进耶?惔曰,极进,然是第三流耳。温曰,第一流是谁?惔曰,故是我辈。(《刘惔传》)张凭初诣刘惔,处之下座,适王蒙来,清言有所不通,凭即判之,惔惊服。(《张凭传》)此可见当时风尚大概也。其中未尝无好学者,然所学亦正以供谈资。向秀好老庄之学,尝批注之,读者超然心悟。郭象又从而广之,儒墨之迹见鄙,道家之风遂盛。(《向秀传》)潘京与乐广谈,广深叹之,谓曰,君天才过人,若加以学,必为一代谈宗,京遂勤学不倦。(《潘京传》)……是当时父兄师友之所讲求,专推究老庄,以为口舌之助,五经中惟崇易理,其他尽束阁也。至梁武帝始崇尚经学,儒术由之稍振,然……梁时五经之外,仍不废老庄,且又增佛义,晋人虚伪之习依然未改,且又甚然。风气所趋,积重难返,直至隋平陈之后,始扫除之。盖关陕朴厚,本无此风,魏周以来,初未渐染。陈人之迁于长安者又已衰茶不振,故不禁而自消灭也。(《廿二史札记》卷八《六朝清谈之习》)

清谈与东汉之清议不同,清议乃月旦人物,进而品核公卿,裁量执政。清谈则空谈玄虚,逃避现实,例如阮籍"发言玄远,口不臧否人物"(《晋书》卷四十九

《阮籍传》)。此盖如前所言,正始年间正是魏晋易代兴废之时,"天下多故,名士少有全者"(《晋书》卷四十九《阮籍传》),而晋武帝末年又"值世道多虞,朝章紊乱",士大夫只可同乐广一样,"清己中立,任诚保素"(《晋书》卷四十三《乐广传》),或同谢鲲一样,"无砥砺行,居身于可否之间"(《晋书》卷四十九《谢鲲传》),而后方能保全生命。于是人士遂托老庄之言,而作浮虚之论。若研其实,魏晋士大夫祖述老庄,目的在于反对网密文峻,而希望政府垂拱无为。何晏谓"天下万物皆以无为为本"(《全三国文》卷三十九何晏《无为论》),阮籍亦言"君臣垂拱,完太素之朴"(同上卷四十五阮籍《通老论》)。即鉴上举徐干之言:朝廷"以纶组为绳索,以印佩为钳铁",而希望政府能若王弼所说:"达自然之至,畅万物之情"(《老子》第二十九章王弼注),"若乃多其法网,烦其刑罚,塞其径路,攻其幽宅,则万物失其自然,百姓丧其手足,鸟乱于上,鱼乱于下。"(《老子》第四十九章王弼注)他们由于主张无为,进而主张无政府主义,自是理论上必然之事。阮籍说:"无君而庶物定,无臣而万事理","君立而虐兴,臣设而贼生。"(《全三国文》卷四十六阮籍《大人先生论》)鲍敬言亦谓"古者无君胜于有君"。"曩古之世,无君无臣","祸乱不作,干戈不用。""降及杪季,君臣既立,众慝日滋","有司设,则百姓困;奉上厚,则下民贫。""且夫细民之争,不过小小","孰若王赫斯怒,陈师鞠旅","僵尸则动以万计,流血则漂橹丹野","岂徒小小争夺之患耶?"(葛洪撰《抱朴子外篇》卷四十八《诘鲍》)案葛洪生于西晋,而死于东晋之时(《晋书》卷七十二《葛洪传》)。鲍敬言之身世,历史无载,大约在阮籍之后、葛洪之前。吾人须知魏晋大多数士大夫未必了解老庄学说,只能拾其单言词组,以供谈资。其尤甚者,模棱两可之言,在可解不可解之间,且视为绝妙好辞。例如:

> 阮瞻见司徒王戎,戎问曰,圣人贵名教,老庄明自然,其旨同异。瞻曰,将无同。戎咨嗟良久,即命辟之,时人谓之三语掾。(《晋书》卷四十九《阮瞻传》)

"将无同"三字实在费解,言者乃对于王戎提出的问题,不知如何解说,故用此以作遁辞。听者因不知阮瞻之意何在,为要表示自己见解的高超,只得咨嗟良久,即命辟之。何况吾人观七贤八达之行径,老庄所谓循性,或变之以任性不羁,或变之以纵情肆志,由是老庄的归真返朴遂与杨朱的快乐主义合流。试看杨朱之言:

> 杨朱曰,百年寿之大齐,得百年者千无一焉……则人之生也奚为乎,奚乐乎?为美厚尔,为声色尔……遑遑尔竞一时之虚誉,规死后之余荣;偊偊尔慎耳目之观听,惜身意之是非。徒失当年之至乐,不能自肆于一时,重囚累梏,何以异哉?(《列子》第七篇《杨朱》)

> 杨朱曰,万物所异者生也,所同者死也。生则有贤愚贵贱,是所异也。死则有臭腐消灭,是所同也……十年亦死,百年亦死;仁圣亦死,凶愚亦死。生则尧舜,死则腐骨;生则桀纣,死则腐骨。腐骨一矣,孰知其异?且趣当生,奚遑死后。(同上)

> 杨朱曰,天下之美归之舜、禹、周、孔,天下之恶归之桀、纣……彼四圣者生无一日之欢,死有万世之名。名者固非实之所取也,虽称之弗知,虽赏之不知,与株槐无以异矣……彼二凶也,生有从欲之欢,死被愚暴之名,实者固非名之所与也,虽毁之不知,虽称之弗知,此与株槐奚以异矣?彼四圣虽美之所归,苦以至终,同归于死矣。彼二凶虽恶之所归,乐以至终,亦同归于死矣。(同上)

杨朱思想可以说是乱世时代所产生的悲观论调。晋在平吴之后,武帝急于政术,耽于游宴,而惠帝之为太子也,朝廷咸知不堪政事。卫瓘固曾托醉跪帝(武帝)床前,以手抚床曰,此座可惜(《晋书》卷三十六《卫瓘传》)。和峤亦谓"皇太子有淳古之风,而季世多伪,恐不了陛下家事"(《晋书》卷四十五《和峤传》)。以新集易动之基,而无久安难拔之虑,一般公卿又出身于汉魏华胄,既知世事之不可为,遂倚其家产,乘天下尚安之时,优游卒岁。于是杨朱思想遂透过阮籍、何晏,而影响于晋代公卿。阮籍任性,由我们观之,不是放达,而是放荡。何晏浮华,由我们观之,不是循性,而是纵欲。晋代公卿乃兼二者而有之。放荡与纵欲固然形式有别,而其本质则同,均是狂放。狂放以不遵礼法为高,阮籍说:"礼岂为我设耶?"(《晋书》卷四十九《阮籍传》)王弼说:"夫礼者忠信之薄,而乱之首也。"(《老子》第三十八章注)他们为了表示宏达,乃蓬头散发,陶侃曾批评当时士君子。他说:

> 君子当正其衣冠,摄其威仪,何有乱头养望,自谓宏达耶?(《晋书》卷六十六《陶侃传》)

但是中国士大夫数百年来,受了礼教的拘束,何能一时脱离礼教,而狂放起来?晋代公卿欲得狂放之名,只有饮酒乱性。吾人观七贤(参阅《晋书》卷四十九《嵇康传》)八达(参阅《晋书》卷四十九《光逸传》)之传即可知之。史载:

> 是时王澄、胡毋辅之等皆以放任为达,或至裸体者。(《晋书》卷四十三《乐广传》)
>
> 光逸以世难避乱渡江,复依辅之。初至,属辅之与谢鲲、阮放、毕卓、羊曼、桓彝、阮孚散发裸袒,闭室酣饮已累日,逸将排户入,守者不听,逸便于户外,脱衣露头,于狗窦中窥之而大叫。辅之惊曰,他人决不能尔,必我孟祖(逸字)也。遽呼入,遂与饮不舍昼夜。(《晋书》卷四十九《光逸传》)

所以范宣才说:

> 正始以来,世尚老庄,逮晋之初,竞以裸袒为高。(《晋书》卷九十一《范宣传》)

有的竟然矫伪造作,以表示自己放达,以为"复归于婴儿"。

> 惠帝末,澄为荆州刺史……澄将之镇,送者倾朝,澄见树上鹊巢,便脱衣上树,探鷇而弄之,神气萧然,傍若无人。(《晋书》卷四十三《王澄传》)

时值丧乱,以方镇之尊而乃解袒登枝,裸形扪鹊,这何能视为放达,而只可视为轻薄。晋人仰慕阮籍,阮籍"不拘礼法"(《晋书》卷四十九《阮籍传》)。于是世人遂以放荡为天下第一名流。

察时贤之所为,官是要做的,而责任则不肯负。这种风气亦开始于何晏、阮籍。

> 时俗放荡,不尊儒术,何晏、阮籍素有高名于世,口谈浮虚,不遵礼法,尸禄耽宠,仕不事事。(《晋书》卷三十五《裴頠传》)

庾峻曾言:

> 有朝廷之士,又有山林之士。朝廷之士,佐主成化,犹人之有股肱心膂,共为一体也。山林之士,被褐怀玉,太上栖于丘园,高节出于众庶。其次轻爵服,远耻辱,以全名。最下就列位,虽无功而能知止。彼其清劲足以抑贪污,退让足以息鄙事。故在朝之士闻其风而悦之,将受爵者皆耻躬之不逮,斯山林之士、避宠之臣所以为美也。(《晋书》卷五十《庾峻传》)

顾晋代士大夫乃有一种误谬观念,而如邓粲之言:

> 夫隐之为道,朝亦可隐,市亦可隐,隐初在我,不在于物。(《晋书》卷八十二《邓粲传》)

朝亦可隐,于是"群公卿士皆餍于安息"(《晋书》卷六十五《王导传》)。西晋时,裴頠曾谓,"处官不亲所司,谓之雅远"(《晋书》卷三十五《裴頠传》)。南渡之后,熊远亦说:"当官者以理事为俗吏。"(《晋书》卷七十一《熊远传》)陈頵又说:"养望者为弘雅,政事者为俗人。"(《晋书》卷七十一《陈頵传》)"山涛居魏晋之间,无所标明。"(《世说新语》卷中之上第七篇《识鉴》)孙绰"尝鄙山涛,而谓人曰,山涛吾所不解,吏非吏,隐非隐"(《晋书》卷五十六《孙绰传》)。昔者孔子尝为委吏矣,尝为乘田矣,亦不敢旷其职，必曰会计当而已矣，必曰牛羊遂而已矣。哪有身居公卿之位，而乃不亲所司？王戎、王衍、王澄兄弟三人无不名高一时，而均尸禄耽宠，不以经国为念。

> 王戎以晋室方乱，慕蘧伯玉之为人，与时舒卷，无蹇谔之节。自经典选，未尝进寒素，退虚名，但与时浮沉，户调门选而已。寻拜司徒，虽位总鼎司，而委事僚寀，间乘小马，从便门而出，游见者不知其三公也。(《晋书》卷四十三《王戎传》)

> 王衍声名籍甚，倾动当世，妙善玄言，唯谈老庄为事，每捉玉柄麈尾，与手同色……后拜尚书令、司空、司徒，衍虽居宰辅之重，不以经国为念，而思自全之计。(《晋书》卷四十三《王衍传》)①

> 王澄为荆州刺史，既至镇，日夜纵酒，不亲庶事，虽寇戎急务，亦不以在怀。(《晋书》卷四十三《王澄传》)

中原大乱，元帝渡江，在这国势危急之时，一般士大夫尚不知卧薪尝胆，还是仰慕王澄、谢鲲之狂放。

> 时贵游子弟多慕王澄、谢鲲为达。壸厉色于朝曰："悖礼伤教，罪莫斯甚，中朝倾覆，实由于此。"欲推奏之。王导、庾亮不从，乃止。(《晋书》卷七十《卞壸传》)

而时论所归仍在他们。此辈皆学王衍之"雅崇拱默，以遗事为高"(见上引《世说新语》)。明帝将崩，温峤入受顾命，邀吏部尚书阮孚同往，孚竟避之而去。盖时局动荡，孚之作风既可沽名，又可避祸，阮孚之事如次：

---

① 《世说新语》卷下之下第二十六篇《轻诋》，注引《八王故事》曰："夷甫（衍字）虽居台司，不以事物自婴。当世化之，羞言名教。自台郎以下，皆雅崇拱默，以遗事为高。四海尚宁，而识者知其将乱。"

  阮孚避难渡江,元帝以为安东参军,蓬发饮酒,不以王务婴心。时帝既用申韩以救世,而孚之徒未能弃也……转丞相从事中郎,终日酣纵,恒为有司所按,帝每优容之……明帝即位,迁侍中……转吏部尚书……及帝疾大渐,温峤入受顾命,过孚,要与同行,升车乃告之曰:"主上遂大渐,江左危弱,实资群贤共康世务,卿时望所归,今欲屈卿同受顾托。"孚不答,固求下车,峤不许,垂至台门,告峤内迫,求暂下,便徒步还家。(《晋书》卷四十九《阮孚传》)

  殷浩不过"善玄言","为风流谈论者所宗",而三府争辟,皆不就,藉此养望,以提高自己的身价。"于时拟之管葛",且"伺其出处,以卜江左兴亡",至"相谓曰,深源(浩字)不出,如苍生何"。及其参综朝权,上疏北征,而师徒败绩,"舟车焚烧,辎重复没,三军积实反以资寇,精甲利器更为贼用"(《晋书》卷七十七《殷浩传》)。盖东汉以后,"处士纯盗虚声"。凡"倚杖虚旷,依阿无心者皆名重四海"(《晋书》卷五《愍帝纪》史臣曰)。他们率皆耽禄尸位,优游卒岁,于是纵欲主义遂由杨朱思想,经嵇康之说明,而得到理论之根据。嵇康说:

  六经以抑引为主,人性以从欲为欢。抑引则违其性,从欲则得自然。
(《全三国文》卷五十嵇康《难张辽叔自然好学论》)

既然从欲,奢靡便成为一代风气,王导说:

  自魏氏以来,迄于太康之际,公卿世族豪侈相高,政教陵迟,不遵法度,群公卿士皆餍于安息,遂使奸人乘衅,有亏至道。(《晋书》卷六十五《王导传》)

  何曾为八公之一,即武帝的佐命功臣,"性奢豪,务在华侈,帷帐车服穷极绮丽,厨膳滋味过于王者。食日万钱,犹曰无下箸处",子劭"骄奢简贵亦有父风,衣裘服玩,新故巨积,食必尽四方珍异,一日之供以钱二万为限,时论以为大官御膳无以加之"(《晋书》卷三十三《何曾传》)。此犹可以说何曾非纯德之人,何劭不过纨绔子弟。任恺"性忠正,以社稷为己任",而其奢侈乃有过于何劭。"一食万钱,犹云无可下箸处。"(《晋书》卷四十五《任恺传》)现在试举石崇与王恺斗侈之事,以证明当时的风气。

> 石崇财产丰积,室宇宏丽,后宫百数,皆曳纨绣,珥金翠。丝竹尽当时之选,庖膳穷水陆之珍,与贵戚王恺、羊琇之徒,以奢靡相尚。恺以𩚳澳釜,崇以蜡代薪。恺作紫丝布步障四十里,崇作锦步障五十里以敌之。崇涂屋以椒,恺用赤石脂,崇恺争豪如此。武帝每助恺,当以珊瑚树赐之,高三尺许,枝柯扶疏,世所罕比。恺以示崇,崇便以铁如意击之,应手而碎。恺既惋惜,又以为嫉己之宝,声色方厉。崇曰,不足多恨,今还卿。乃命左右悉取珊瑚树,有高三四尺者六七株,条干绝俗,光彩耀日,如恺比者甚众。恺恍然自失矣。(《晋书》卷三十三《石崇传》)

所以傅咸才说:

> 古者尧有茅茨,今之百姓竞丰其屋。古者臣无玉食,今之贾竖皆厌梁肉。古者后妃乃有殊饰,今之婢妾被服绫罗。古者大夫乃不徒行,今之贱隶乘轻驱肥。(《晋书》卷四十七《傅咸传》)

南渡之后,国势岌岌,人士悲观之极,更自暴自弃而去追求个人的享乐。即杨朱的快乐主义不但未曾小戢,而且日益加甚。孝武帝时范宁曾说:

> 今兼并之士……蒲酒永日,驰骛卒年,一宴之馔,费过十金。丽服之美不可赀算。盛狗马之饰,营郑卫之音……凡庸竞驰,傲诞成俗。(《晋书》卷七十五《范宁传》)

由奢生贪,势之必然。何晏"承势窃取官物,因缘求欲"(《魏志》卷九《曹爽传》),而晏竟是晋代士大夫崇拜的对象,所以晋人不以贪墨为耻辱。山涛枉法受贿,因为"不欲异于时"。

> 陈郡袁毅尝为鬲令,贪浊而赂遗公卿,以求虚誉,亦遗山涛丝百斤,涛不欲异于时,受而存于阁上。(《晋书》卷四十三《山涛传》)

王戎怀私苟得,武帝谓其"不欲为异"。

> 南郡太守刘肇赂王戎筒中细布五十端,为司隶所纠,以知而未纳,得故不坐,然议者尤之。武帝谓朝臣曰,戎之为行,岂怀私苟得,正当不欲为异耳。(《晋书》卷四十三《王戎传》)

其间虽有一二忠正之士如杜预者,纵有灭吴之功,而当其镇戍荆州之时,亦须赂遗朝中权贵,求其无害于己。

> 杜预在镇,数饷遗洛中贵要。或问其故,预曰,吾但恐为害,不求益也。(《晋书》卷三十四《杜预传》)

所以刘毅才对武帝说:

> 桓灵卖官,钱入官库,陛下卖官,钱入私门,以此言之,殆不如也。(《晋书》卷四十五《刘毅传》)

贪墨为致富之法,论其行径实与强盗无异。晋代公卿既不以贪墨为羞,故其子弟亦不以劫掠为耻。例如:

> 戴若思(即戴渊)祖烈吴左将军、父昌会稽太守,若思……少好游侠,不拘操行。遇陆机赴洛,船装甚盛,遂与其徒掠之。若思登岸据胡床,指麾同旅,皆得其宜。机察见之,知非常人,在舫屋上,遥谓之曰,卿才器如

此,乃复作劫邪?(《晋书》卷六十九《戴若思传》)

到了八王作乱,国势危急,一般大臣更聚敛无厌,急急为身后之计。王戎为尚书令,对于国事,虽然"慕蘧伯玉之为人,与时舒卷,无謇谔之节",而于家事,乃"广收八方园田水碓,周遍天下,积实聚钱,不知纪极,每自执牙筹,昼夜算计,恒若不足"(《晋书》卷四十三《王戎传》)。悠悠风尘尽冒货之士,列官千百无清廉之风,国家不乱,只可视为奇迹。

南渡之后,贪墨之风不但未曾革除,而且日益加甚。陶侃为中兴名臣,当其微时,范逵来访,"仓卒无以待宾,其母乃截发,得双鬟以易酒肴"。而既仕之后,竟然"媵妾数十,家僮千余,珍奇宝货富于天府"(《晋书》卷六十六《陶侃传》)。若非贪污,试问此种财产从何而来?成帝时,豪将偷仓米,尚杀仓监督以塞责(《晋书》卷七十三《庾翼传》)。穆帝时代,"仓监督耗盗官米,动以万计",而乃"检校诸县,无不皆尔",余姚一县就有十万斛为奸吏中饱(《晋书》卷八十《王羲之传》)。其尤甚者侵占官物竟成为一种法制,官署是公家的,而东晋官吏辞职之后,可以干没官署为私宅。军队也是公家的,而东晋官吏辞职之后,可以收留军队为部曲①。孝武帝时范宁有言:

> 郡守长吏……牵曳百姓,营起廨舍……先之室宇皆为私家,后来新官复应修立……又方镇去官,皆割精兵器仗以为送……送兵多者至于千余家,小者数十户。既力入私门,复资官廪布,兵役既竭,枉服良人,牵引无端,以相充补。(《晋书》卷七十五《范宁传》)

职官成为储财的工具,《晋书》(卷四十九)《阮裕传》:"或问裕曰,子屡辞征聘,而宰二郡(临海太守及东阳太守)何耶?裕曰,既不能躬耕自活,必有所资,故曲躬二郡,岂以聘能?私计故耳。"阮裕"以德业知名",尚复如此,其他

---

① 明帝时,虞预已谓"自顷长吏轻多去来,送故迎新,交错道路,受迎者惟恐船马之不多,见送者惟恨吏卒之常少"(《晋书》卷八十二《虞预传》)。可知送故迎新,故者可以吏卒为部曲,新者则以船马为私产。

的人更不必说。王述"安贫守约",为宛陵令,"颇受赠遗,而修家具,为州司所检,有一千三百条",王导使人让之,"述答曰,足自当止"。足而能止,实系罕见的事。此后,述居州郡,固然"清洁绝伦"(《晋书》卷七十五《王述传》),然而吾人由此亦可知道晋代官吏固以贪邪为致富之道。范宁曾说:

> 顷者选举惟以恤贫为先,虽制有六年,而富足便退。《晋书》卷七十五《范宁传》

这何异于世族们以职官为工具,轮流贪污?于是人民方面,乞职以家弊为辞;政府方面,选举以恤贫为先,卒至世上无有清议,贪污反视为清勤,守法竟斥为怯劣。且看刘波之言。

> 告时乞职者以家弊为辞,振穷恤滞者以公爵为施。古者为百姓立君,使之司牧;今者以百姓恤君,使之蚕食,至乃贪污者谓之清勤,慎法者谓之怯劣。(《晋书》卷六十九《刘波传》)

贪污成为政界的普遍现象,人世事物无不还原为金钱,金钱乃测定价值的最高标准。人格的高低、学问的深浅、才干的大小,无一不用金钱测定。鲁褒说:

> 钱之为体,有乾坤之象,内则其方,外则其圆……亲之如兄,字曰孔方。失之则贫穷,得之则富昌……钱多者处前,钱少者居后;处前者为君长,在后者为臣仆;君长者丰衍而有余,臣仆者穷竭而不足……京邑衣冠,疲劳讲肆,厌闻清谈,对之睡寐,见我家兄,莫不惊视。钱之所佑,吉无不利,何必读书,然后富贵……无德而尊,无势而热,排金门而入紫闼,危可使安,死可使活,贵可使贱,生可使杀。是故忿争非钱不胜,幽滞非钱不拔,怨仇非钱不解,令闻非钱不发。洛中朱衣,当涂之士,爱我家兄,皆无已已……凡今之人惟钱而已。(《晋书》卷九十四《鲁褒传》)

风俗的颓唐又影响于家庭之内,健全的国家须有健全的国民,而健全的国民又有恃于善良的母教。晋代妇女,据干宝说:

> 其妇女庄栉织纴皆取成于婢仆,未尝知女工丝枲之业、中馈酒食之事也。先时而婚,任情而动,故皆不耻淫佚之过,不拘妒忌之恶。有逆于舅姑,有反易刚柔,有杀戮妾媵,有黩乱上下,父兄弗之罪也,天下莫之非也,又况责之闻四教于古,修贞顺于今,以辅佐君子者哉?(干宝《晋纪总论》)

当时世族似均有惧内之癖,武帝下列数事,均以杨后反对而止。

> 帝以皇太子(惠帝)不堪奉大统,密以语后。后曰,立嫡以长不以贤,岂可动乎?初贾充妻郭氏使赂后,求以女为太子妃。及议太子婚,帝欲娶卫瓘女,然后盛称贾后有淑德,又密使太子太傅荀𫟹进言,上乃听之……泰始中,帝博选良家以充后宫……时卞藩女有美色,帝掩扇谓后曰,卞氏女佳。后曰,藩三世后族,其女不可枉以卑位,帝乃止。(《晋书》卷三十一《武元杨皇后传》)

王衍"口未言钱",而其妻郭氏乃聚敛无厌,衍虽"疾郭之贪鄙",而不能禁。

> 衍妻郭氏,贾后之亲,藉宫中之势,刚愎贪戾,聚敛无厌,好干预人事。衍患之,而不能禁。(《晋书》卷四十三《王衍传》)

王导为中兴名臣,亦惮其妻曹氏。

> 王导妻曹氏性妒,导甚惮之,乃密营别馆以处众妾。曹氏知将往焉,导恐妾被辱,遽令命驾,犹恐迟之,以所执麈尾柄驱牛而进。司徒蔡谟闻之,戏导曰:"朝廷欲加公九锡。"导弗之觉,但谦退而已。谟曰:"不闻余物,惟有短辕犊车,长柄麈尾。"导大怒。(《晋书》卷六十五《王导传》)

女性的凶悍只限于家庭之内,不过不能齐家而已,倘若进至政界,则必加甚政风的腐化。杨后以国母之尊,乃受郭氏之贿,卒成贾后之乱。王衍坐听其妻聚敛无厌,干预人事。贪墨之风因女性好贿而益炽,西晋之亡,膏粱妇女应负责任。

风俗如此,制度如何呢?官僚政治的目的在使贤者在位,能者在职。要达到这个目的,须有学校培养人才。魏世太学只有其名而无其实。晋受魏禅,武帝泰始八年,有司奏太学生七千余人《宋书》卷十四《礼志上》。咸宁二年,立国子学①。南齐曹思文则谓"晋初,太学生三千人,既多猥杂,惠帝时欲辨其泾渭,故元康三年始立国子学……太学之与国学,斯是晋世殊其士庶,异其贵贱耳。然贵贱士庶皆须教成,故国学、太学两存之也"《南齐书》卷九《礼志上》。今不问晋初太学生多少,国子学立于何时,而晋代既有太学,又置国子学,则为各书记载所同。这是晋制与汉②魏不同之点。我们所宜知道的,晋代太学生"既多猥杂",而"有晋受命,值世多阻,庠序之业或废或兴"《宋书》卷十四《礼志一》。元帝渡江,建武元年十一月,立太学《晋书》卷六《元帝纪》,而"东序西胶,未闻于弦诵"。此盖"有晋始自中朝,迄于江左,莫不……祖述虚玄,摈阙里之典经,习正始之余论"《晋书》卷九十一《儒林传序》。是以虽置太学,实同虚设。其所以如此者,盖如庾亮所说:"学业致苦,而禄答未厚,由快捷方式者多,故莫肯用心。"《宋书》卷十四《礼志一》孝武帝大元年间,又立国子学,而"品课无章,士君子耻与其列",学生皆"惮业避役"《宋书》卷十四《礼志一》,且"多顽嚚,因风放火,焚房百余间。是后考课不厉,赏黜无章,有育才之名,无收贤之实"《宋书》卷三十二《五行志二》。学校如斯,当然不能培养人才。而且吾国自三国以后,职官之数日益加多,官多已不能精选贤能,何况人才又复缺乏?王彪之说:

---

① 《晋书》卷三《武帝纪》,但卷二十四《职官志》作"咸宁四年,武帝初立国子学"。
② 东汉灵帝光和元年,置鸿都门学,《集解》引汪文台曰:"其中诸生皆敕州郡三公举用辟召,士君子皆耻与为列焉。"《后汉书》卷八《灵帝纪》即东汉在灵帝时,除太学外,又有鸿都门学。此时党锢之祸已经发生,"太学诸生三万余人,其持危言核论,以激浊扬清自负者,诛戮禁锢,殆靡孑遗。而其在学授业者,至争党相更告讼,无复廉耻"。灵帝设置之鸿都门学又不能代替太学培养人才,盖太学公学也,鸿都学私学也,学乃天下公,而以为人主私,可乎?是以士君子之与为列者,则以为"耻"《文献通考》卷四十《太学》。

凡庸之族众,贤能之才寡。才寡于世,而官多于朝,焉得不贤鄙共贯,清浊同官?官众则阙多,阙多则迁速,前后去来,更相代补,非为故然,理固然耳,所以职事未修、朝风未澄者也。职事之修在于省官,朝风之澄在于并职。官省则选清而得久,职并则吏简而俗静;选清则胜人久于其事,事久则中才犹足有成。今内外百官较而计之,固应有并省者矣……若未能顿废,自可因缺而省之。(《晋书》卷七十六《王彪之传》)

晋在开国之初,朝中大臣尽是汉魏华胄,而又沿用九品中正之制,未加改革。九品中正之制,不问人之未仕与既仕,均以中正所品第者,定其升沉,故就制度本身言之,已有缺点。晋代人士反对九品中正之制者不乏其人。卫瓘说:

魏氏承颠覆之运,起丧乱之后,人士流移,考详无地,故立九品之制,粗且一时选用之本耳。其始造也,乡邑清议,不拘爵位,褒贬所加,足为劝励,犹有乡论余风。中间渐染,遂计资定品,使天下观望,唯以居位为贵……臣等以为宜……尽除中正九品之制,使举善进才各由乡论。(《晋书》卷三十六《卫瓘传》)

刘毅说:

今立中出,定九品,高下任意,荣辱在手……所欲与者获虚以成誉,所欲下者吹毛以求疵,高下逐强弱,是非由爱憎……或以货赂自通,或以计协登进,附托者必达,守道者困悴……是以上品无寒门,下品无势族……今一国之士,多者千数,或流徙异邦,或取给殊方,面犹不识,况尽其才力?而中正知与不知,其当品状,采誉于台府,纳毁于流言。任己则有不识之蔽,听受则有彼此之偏。所知者以爱憎夺其平,所不知者以人事乱其度。既无乡老纪行之誉,又非朝廷考绩之课,遂使进官之人弃近求远,背本逐末,位以求成,不由行立,品不校功,党誉虚妄……凡官不同事,人不同能,得其能则成,失其能则败。今品不状才能之所宜,而以九等为例。以品取人，或非才能之所长；以状取人，则为本品之所限。若状得其实，犹品状相妨，系絷选举，使不得精于才宜。况今九品所疏则削其长，所亲则饰其短，徒结白论，以为虚誉，则品不料能，百揆何以得理，万机何以得修？（《晋书》卷四十五《刘毅传》）

段灼亦说：

> 今台阁选举，徒塞耳目，九品访人，惟问中正，故据上品者非公侯之子孙，则当涂之昆弟也。二者苟然，则荜门蓬户之俊，安得不有陆沉者哉？（《晋书》卷四十八《段灼传》）

九品中正评论乡党人物，已经是"高下任意，荣辱在手"了。刘毅又谓"陛下赏善罚恶，无不裁之以法，独置中正，委以一国之重，曾无赏罚之防，又禁人不得诉讼，使之纵横任意，无所顾惮，诸受枉者抱怨积恨，不获上闻"①。这是九品中正最大的缺点。但是晋初，许多名臣固然反对九品中正，而又不能提出代替的制度，最多不过欲使"举善进才各由乡论"（《晋书》卷三十六《卫瓘传》），然"晋承魏氏雕弊之迹，人物播越，仕无常朝，人无定处"（《晋书》卷四十六《李重传》），何能依汉之法用乡举里选之制？何况乡论自东汉中叶以后，已酿成人士集朋结党，互相标榜，纵能实行，人才亦未必可得。尤有进者，九品中正既有利于豪宗大族，他们何肯放弃权利？为政之道应如熊远所说："求才急于疏贱，用刑先于亲贵，然后令行禁止，野无遗滞。"（《晋书》卷七十一《熊远传》）晋之制度刚刚与此相反，用刑"避贵施贱"（参阅《资治通鉴》卷七十九晋武帝泰始三年臣光曰），求才呢？"据上品者非公侯之子孙，则当涂之昆弟。"例如：

> 国子祭酒邹湛以阎缵才堪佐著作，荐于秘书监华峤。峤曰，此职闲廪重，贵势多争之，不暇求其才。遂不能用。（《晋书》卷四十八《阎缵传》）

---

① 《资治通鉴》卷八十一晋武帝太康五年，《晋书》所载不及《通鉴》明显，故用《通鉴》。

其结果如何呢？魏世以来，太学已经有名无实，而百官子弟悬名太学，又复不修学业，专事交游。武帝时，傅玄曾说：

> 汉魏百官子弟不修经艺，而务交游，未知莅事，而坐享天禄……徒悬名于太学，不闻先王之风。（《晋书》卷四十七《傅玄传》）

纵是东宫以及诸王师友，官以文学为名，亦皆嬉游博弈，而不读书，阎缵说：

> 非但东宫，历观诸王师友文学皆豪族力能得者……官以文学为名，实不读书，但共鲜衣好马，纵酒高会，嬉游博弈，岂有切磋，能相长益？（《晋书》卷四十八《阎缵传》）

膏粱子弟多无学识，而又不知民间疾苦，令其担任国政，当然是"于公则政事纷乱，于私则污秽狼籍"（《晋书》卷五十二《郗诜传》）。西汉之世，举才之路甚广；东汉举了之后，均加考试；到了魏世，无不试经。晋初，公卿牧守选举贤良方正，均有对策之事。武帝诏天下举贤良，郗诜以对策上第，拜议郎（《晋书》卷五十二《郗诜传》）；阮种以对策第一，转中书郎（《晋书》卷五十二《阮种传》）。又《晋书》（卷五十一）《王接传》："惠帝复祚，以国有大庆，天下秀孝一皆不试。"由此可知晋代初年，秀才也是要考试的。八王大乱，元帝渡江，考试制度似又中辍①。

> 先是以兵乱之后，务存慰悦，远方秀孝，到不策试，普加除署。至是，帝（元帝）申明旧制，皆令试经，有不中科，刺史太守免官……扬州诸郡接近京都，惧累及君父，多不敢行。其远州边郡，掩诬朝廷，冀于不试，冒昧来赴，既到，审试，遂不敢会。（《晋书》卷七十八《孔坦传》）

---

① "中兴初，以边寇未静，学校陵迟，特听不试孝廉，而秀才犹依旧策试"，是则元帝初年秀才还是有试。湘州刺史甘卓举桂阳谷俭为秀才。"诸州秀才闻当考试，皆惮不行。惟俭一人到台，遂不复策试。"以上见《晋书》卷七十《甘卓传》。

由《孔坦传》，可知晋之秀孝试策，乃依魏制而用经义。考试尤其试经本来未必能够选拔贤才，但既有考试了，举官尚能公平。即如葛洪所说："假令不能尽得贤才，要必愈于了不试也。"(《抱朴子外篇》卷十五《审举》)考试停止，则出仕者将尽是公侯之子孙或当涂之昆弟。而在公卿子孙及当涂昆弟之中，又复"先白望而后实事"(《晋书》卷七十一《陈颍传》)。换言之，"选官用人，惟在白望，不求才干"(《晋书》卷七十一《熊远传》)。如斯人物出来担任国政，当然偾事败国十人而九。兼以选举之后，又无考课，泰始年间，杜预受诏，固曾拟定考课之法。

诏河南尹杜预为黜陟之课，预奏魏氏考课，其文可谓至密(有七十二条)，然失于苛细，故历代不能通也。莫若委任达官各考所统，岁第其人，言其优劣。如此六载，主者总集采案其言。六优者超擢，六劣者废免。优多劣少者平叙，劣多优少者左迁。其有优劣徇情，不叶公论者，当委监司随而弹之。若令上下公相容过，此为清议大颓，虽有考课之法，亦无益也。事竟不行。(《资治通鉴》卷七十九晋武帝泰始四年，参阅《晋书》卷三十四《杜预传》)

傅玄曾谓"《虞书》曰，三载考绩，三考黜陟幽明。是为九年之后乃有迁叙也……六年之限，日月浅近，不周黜陟"(《晋书》卷四十七《傅玄传》)。傅玄之言似在杜预以前。观其"六年之限，日月浅近"，可知魏晋之世本来就有六载黜陟之制。杜预虽亦主张六考，但其本意乃在于责成长官，依简易之法，岁较其属功过。东晋孝武帝时，范宁上疏曰："顷者选举，惟以恤贫为先，虽制有六年，而富足便退。"(《晋书》卷七十五《范宁传》)观"制有六年"一语，是则六载黜陟似曾定为法制。按九载之说出自《虞书》，但古今异俗，俗变，法亦不可不变。商君云："贤人之为国也，因世而为之治，度俗而为之法。"(《商君书》第八篇《壹言》)韩非亦说："法与时转则治，治与世宜则有功。"(《韩非子》第五十四篇《心度》)唐代陆贽曾批评食古不化之人。他说：

《虞书》三载考绩，三考黜陟幽明。是则必俟九年，方有进退。然其所进者或自侧微而纳于百揆，虽久于其任，复何病哉……至如鲧堙洪水，绩用靡成,犹终九年,然后殛窜。后代设有如鲧之比者,岂复能九年而始行罚乎?臣固知其必不能也。行罚欲速而进官欲迟,以此为稽古之方,是犹郤行而求及前人也。(《陆宣公全集》卷十一《论朝官阙员及刺史等改转伦序状》)

九载过长,六年之期亦不算短。盖时俗常情,乐新厌旧。其始也砥砺之心虽切,其久也因循之意必萌。何况制度虽备,而迁降全以门资为标准?即如应詹所说:"莅官虽美,当以素论降替;在职实劣,直以旧望登叙。"(《晋书》卷七十《应詹传》)兼以一方高官显宦有迁无贬,纵令暂时褫职,不久又复授之以更高之位。庾峻说:

国无随才任官之制,俗无难进易退之耻。位一高,虽无功而不见下,已负败而复见用,故因前而升,则处士之路塞矣。(《晋书》卷五十《庾峻传》)

他方中级官吏常依官次,定其升迁之序,甚至视势力之大小,力大者先显,力小者后叙。刘寔说:

官职有缺,主选之吏不知所用,但案官次而举之。同才之人先用者,非势家之子,则必为有势者之所念也。非能独贤,因其先用之资而复迁之无已,迁之无已,不胜其任之病发矣。观在官之人,政绩无闻,自非势家之子,率多因资次而进也。(《晋书》卷四十一《刘寔传》)

所谓"因资次而进",就是后魏崔亮之"停年格"、唐代裴光廷之"循资格"。其所以用此制度,乃如刘寔所言,"其所举必有当者,不闻时有擢用,不知何谁最贤故也。所举必有不当,而罪不加,不知何谁最不肖也"(《晋书》卷四十一《刘寔传》)。如果专依资格,还觉公平,哪知秉钧当轴之士乃兼官以十数,而世族贵戚之子弟又得陵迈超越,不拘资次?且看干宝之言。

而秉钧当轴之士,身兼官以十数,大极其尊,小录其要,机事之失,十

恒八九。而世族贵戚之子弟,陵迈超越,不拘资次。(干宝《晋纪总论》)

求才贵广,考课贵精,广则选择的范围大,精则能否之区别明。晋制恰恰与此相反,求才限于世家,考课等于虚设,选任既不以才为标准,升迁又不以才为准绳,当然请托之弊不能避免。武帝时,郄诜说过:

今之官者,父兄营之,亲戚助之,有人事则通,无人事则塞。(《晋书》卷五十二《郄诜传》)

元帝时熊远亦说:

乡举道废,请托交行,有德而无力者退,修望而助者进。(《晋书》卷七十一《熊远传》)

于是"浮竞驱驰,互相贡荐,言重者先显,言轻者后叙"(《晋书》卷七十一《陈颎传》),因之奔竞之风日益加甚,有如王沈所说:

京邑翼翼,群士千亿,奔集势门,求官买职。童仆窥其车乘,阍寺相其服饰。亲客阴参于靖室,疏宾徙倚于门侧。时因接见,矜厉容色,心怀内荏,外诈刚直。谈道义谓之俗生,论政刑以为鄙极。高会曲宴,惟言迁除消息,官无大小,问是谁力。(《晋书》卷九十二《王沈传》)

到了最后,一般官僚遂不知世间有羞耻事,得势则门庭如市,失意则门张雀罗。一冷一热,方见交情,东晋人士只知利害,而无友谊。例如:

王珣儿婚,宾客车骑甚众。会闻王雅拜少傅,回诣雅者过半。时风俗颓敝,无复廉耻,然少傅之任,朝望属珣,珣亦颇以自许。及中诏用雅,众遂赴雅焉。(《晋书》卷八十三《王雅传》)

又有进者,官吏是依靠禄俸维持生计的,何琦说:"所以出身仕者,非谓有尺寸之能,以效智力,实利微禄,私展供养。"(《晋书》卷八十八《何琦传》)这可以说是吾国士大夫出仕的真正目的。是故禄俸须能代耕,否则怀私苟得,势所难免。魏世官禄比之汉代,只有五分之一。魏高堂隆说:

> 将吏奉禄稍见折减,方之于昔,五分居一,诸受休者又绝廪赐。(《魏志》卷二十五《高堂隆传》)

晋武受禅,曾于泰始三年,下诏议增吏俸。

> 泰始三年九月甲申,诏曰,古者以德诏爵,以庸制禄,虽下士犹食上农,外足以奉公忘私,内足以养亲施惠。今在位者禄不代耕,非所以崇化之本也,其议增吏俸。(《晋书》卷三《武帝纪》)

晋制,百官禄秩多少,史阙其文。《晋书》(卷二十四)《职官志》所载,惟及诸公及开府位从公者、特进、光禄大夫、尚书令、太子二傅,而余官禄秩皆无可考。兹试列表如次:

晋代百官禄秩表

官名	官品	官秩	官禄	其他津贴
诸公及开府位从公者	第一		俸日五斛	太康二年,又给绢,春百匹,秋绢二百匹,绵二百斤。惠帝元康元年,始给菜田十顷、田驺十人。
特进	第二		俸日四斛	太康二年,始赐春服绢五十匹、秋绢百五十匹,绵一百五十斤。惠帝元康元年,给菜田八顷、田驺八人。
光禄大夫		中二千石	俸日三斛	太康二年,始给春赐绢五十匹、秋绢百匹,绵百斤。惠帝元康元年,始给菜田六顷、田驺六人。

续表

官名	官品	官秩	官禄	其他津贴
尚书令		千石	俸月五十斛	太康二年,始给赐绢春三十匹、秋七十匹,绵七十斤。惠帝元康元年,始给菜田六顷、田驺六人。
太子太傅		中二千石	俸日三斛	太康二年,始给春赐绢五十匹、秋绢百匹,绵百斤。惠帝元康元年,复给菜田六顷、田驺六人。
太子少傅		二千石		

由此可知晋代官禄不及两汉之丰。两汉三公万石,谷月三百五十斛,而晋每日五斛,每月一百五十斛。光禄大夫比二千石,谷月百斛,而晋每日三斛,每月九十斛。尚书令千石,谷月九十斛（东汉千石,谷月八十斛）,而晋每月五十斛。太子二傅二千石（东汉,太子太傅中二千石,太子少傅二千石）,谷月百二十斛,而晋每日三斛,每月九十斛(参阅《汉书·百官公卿表》《后汉书·百官志》)。固然魏晋之斛比汉斛大,即汉之一斛等于魏晋九斗七升四合有奇(《晋书》卷十六《律历志上》),而晋代又有春秋两季绢绵之赐,惠帝太康二年以后,复有菜田与田驺之给。但是惠帝即位不久,就发生八王之乱。南渡以后,财政甚觉困难,因之,百官禄俸必有减而无增。举一例说,孝武帝太元四年三月,诏曰："年谷不登,百姓多匮……众官廪俸,权可减半。"(《晋书》卷九《孝武帝纪》)安帝初年,"自司徒已下,日廪七升"(《晋书》卷六十四《会稽王子道传》)。禄不代耕,贪污遂成为普遍现象。

固然御史台由魏至晋,已经离开少府,成为独立机关,但是单单独立,未必有补于事。商鞅有言："夫置丞立监者,且以禁人之为利也,而丞监亦欲为利,则何以相禁？"(《商君书》第二十四篇《禁使》)武帝创业之初,惩治贪污已经刑赏无章,有如刘颂所说："放兕豹于公路,而禁鼠盗于隅隙。"(《晋书》卷四十六《刘颂传》)例如：

泰始初,司隶校尉李熹上言,故立进令刘友、前尚书山涛、中山王睦、故尚书仆射武陔各占官三更稻田,请免涛、睦等官,陔已亡,请贬谥。诏曰,友……侵剥百姓……其考竟友,以惩邪佞。涛等不贰其过者,皆勿有所问……熹亢志在公,当官而行,可谓邦之司直者矣。(《晋书》卷四十一《李熹传》)

关此,司马光有所评论。他说:

> 政之大本在于刑赏,刑赏不明,政何以成?晋武帝赦山涛而褒李熹,其刑赏两失之。使熹所言为是,则涛不可赦,所言为非,则熹不足褒。褒之使言,言而不用,怨结于下,威玩于上,将安用之?且四臣同罪,刘友伏诛,而涛等不问,避贵施贱,可谓政乎?创业之初,而政本不立,将以垂统后世,不亦难乎?(《资治通鉴》卷七十九晋武帝泰始三年)

皇帝避贵施贱,监司便望风承旨,凡有弹劾,皆舍巨憝而举微过。刘颂说:

> 近世以来,为监司者类大纲不振,而微过必举……夫大奸犯政,而乱兆庶之罪者,类出富强。而豪富者,其力足惮,其货足欲,是以官长顾势而顿笔,下吏纵奸,惧所司之不举,则谨微网以罗微罪,使奏劾相接,状似尽公,而挠法不亮,固已在其中矣。(《晋书》卷四十六《刘颂传》)

监司失职,百官益无忌惮,贿赂公行,苞苴塞路,遂由八王之乱,引起五胡之祸,经南北朝而至隋唐,中国陷入紊乱之局者有三百余年之久。

第四节
世族政治的成立

土地集中是世族政治的基础,九品中正是世族政治的工具。换句话说,有了土地集中,而后才有世族阶级,有了世族阶级,而后九品中正才供为世族把持政权的工具。东汉末年,"豪人之室,连栋数百,膏田满野"(《后汉书》卷四十九《仲长统传》理乱篇)。三国时代,"大族田地有余,而小民无立锥之土"(《魏志》卷十六《仓慈传》)。到了晋代,土地集中愈益厉害。土地固然集中,而晋的户口却甚稀少,计其极盛时代,尚不及光武中元二年之数①。

> 太康元年,平吴,大凡户二百四十五万九千八百四十,口一千六百一十六万三千八百六十三。(《晋书》卷十四《地理志上》)

户口锐减,待垦的田尚多。晋的政府一方要处分荒地,同时要抑制世族,就公布占田制度,将土地分给人民,一以保障平民有相当面积的土地,二以限制世族土地无超过一定面积。

分配土地之时,自须以人民年龄为标准,所以丁法甚

---

① 光武中元二年,户四百二十七万九千六百三十四,口二千一百万九千八百二十。见《后汉书》卷二十九《郡国志一》注引《帝王世纪》。

为重要。晋制,男女年十六以上至六十者为正丁,十五以下至十三、六十一以上至六十五为次丁,十二以下六十六以上为老小。

> 男女年十六以上至六十为正丁,十五以下至十三、六十一以上至六十五为次丁,十二以下六十六以上为老小,不事。(《晋书》卷二十六《食货志》)

平民不问正丁或次丁,男子每人占田七十亩,女子三十亩,此外丁男又课田五十亩,丁女二十亩,次丁男半之,女则不课。

> 男子一人占田七十亩,女子三十亩,其外丁男课田五十亩,丁女二十亩,次丁男半之,女则不课。(《晋书》卷二十六《食货志》)

占田与课田的区别是农民于前者可将田之收获收归己有,于后者须将田之收获献给国家。即农民对于占田有使用的权利,对于课田有耕耘的义务。国家既分配土地于人民了,人民自应缴纳租税,其税称为户调。户调之制,丁男之户岁输绢三匹、绵三斤,女及次丁男为户者半输。边郡近者输前额三分之二,远者三分之一。夷人输賨布,户一匹,远者或一丈。远夷不课田者,输义米,户三斛,远者五斗,极远者输算钱,每人二十八文。

> 又制户调之式,丁男之户岁输绢三匹、绵三斤,女及次丁男为户者半输。其诸边郡或三分之二,远者三分之一。夷人输賨布,户一匹,远者或一丈……远夷不课田者输义米,户三斛,远者五斗,极远者输算钱,人二十八文。(《晋书》卷二十六《食货志》)

即晋代租税,只有户调一项,马端临说:

> 按两汉之制,三十而税一者田赋也。二十始傅,人出一算者户口之赋也。今晋法如此,则似合二赋而为一焉。男子一人占田七十亩,丁男

课田五十亩,则无无田之户矣,此户调所以可行欤?(《文献通考》卷二《历代田赋之制》)

但是晋代人民除缴纳户调之外,又因课田之故,而须耕耘官地。耕耘官地有似周代"共耕公田"之制,须将官地之收获献给国家,即如傅玄所言:

> 持官牛者,官得八分,士得二分。持私牛及无牛者,官得七分,士得三分。(《晋书》卷四十七《傅玄传》)

傅玄之言乃在泰始四年,上述户调之式则颁布于平吴后,到底占田与课田合并缴纳户调乎?抑或占田课户调,课田另有赋,而如傅玄之言欤?待考。

官吏受田之数与平民不同。汉魏以来,豪宗大族颇有势力,豪强兼并有害于君主的集权,所以晋的政府不能不限制他们所有的土地,同时他们自东汉以来,已经膏田满野,所以又不能不承认他们有较多的权利。自魏创九品官人之法,朝有世及之私,下无寸进之路,豪宗大族已经演变为政治上的贵族。晋之受禅有恃于他们拥护者甚多。晋既不能铲除他们,自不能不与他们妥协,于是遂依官品高下,许他们各以贵贱占田,第一品五十顷,每降一品,减田五顷,至第九品,则为十顷。

> 其官品第一至于第九,各以贵贱占田。品第一者占五十顷,第二品四十五顷,第三品四十顷,第四品三十五顷,第五品三十顷,第六品二十五顷,第七品二十顷,第八品十五顷,第九品十顷。(《晋书》卷二十六《食货志》)

此种各以贵贱占田之制是一经确定,就不变动么?抑官今年二品占田四十五顷,明年迁为一品,增加五顷,或降为三品,减少五顷么?文献上无可稽考。而平民身死之后,有否还田;户口变动之时,占田之亩数有否变更,历史亦无记录。

土地的分配已不公平了,而劳役尤不均衡。《晋志》云:

> 其官品第一至第九,又各以品之高卑,荫其亲属,多者及九族,少者三世,宗室国宾先贤之后及士人子孙亦如之。而又得荫人以为衣食客及佃客,品第六以上得衣食客三人,第七第八品二人,第九品……一人。其应有佃客者,官品第一第二者佃客无过五十户①,第三品十户,第四品七户,第五品五户,第六品三户,第七品二户,第八品第九品一户。(《晋书》卷二十六《食货志》)

所谓"荫其亲属",固然《晋书》未曾解释"荫"之意义,唯据《隋书》(卷二十四)《食货志》,南渡之后,王公贵人佃客、衣食客之类,"皆无课役",即所谓"荫"是指免税而又免役。所荫之人既然免役,则王公贵人之家人子弟无须服役,自不必言。当时人民惮役尤其兵役甚于惮税。在平吴之后,"天下怀静",而兵士戍守江表或给京城漕运,"父南子北,室家分离,咸更不宁,又不习水土,运役勤瘁,并有死亡之患"(《晋书》卷四十六《刘颂传》)。所以平民无不愿意投靠于豪宗大族,因之贵势之家遂有无数客户。

> 魏氏给公卿已下,租牛客户数各有差,自后小人惮役,多乐为之,贵势之门动有百数。(《晋书》卷九十三《王恂传》)

世族之田由其客户耕种,比方第九品有田十顷,而衣食客只一人,佃客只一户,劳动力必感缺乏。当时地广人稀,各人均得由国家那里,享受土地的分配,当然不必再为别人劳动。于是豪宗大族欲取得劳动力,只有强制留用,于是晋代就有奴隶制度。其数之多,单单洛阳一地,已有一万余人。

> 张方大掠洛中官私奴婢万余人,而归长安。(《晋书》卷六十《张方传》)

---

① 疑是十五户之误。

总之，占田制固然承认世族的田可以多过平民。但是一方尚保证平民有一定面积的田，同时又限制世族的田无超过一定面积，所以不但和秦汉允许人民买卖土地毫不限制者不同，且又和限田制及井田制也有区别。

我们知道占田是鼓励耕垦的，课田是强迫耕垦的。但是当时的人惟知扩大耕垦面积，而乃忘记了农民的耕垦能力。固然周代每夫授田百亩，然而由周至秦，均以六尺为步，周以百步为亩，秦汉以后以二百四十步为亩（《晋书》卷四十七《傅玄传》），晋尺长于周尺又复四分有余（《晋书》卷三十五《裴𬱟传》及卷五十一《挚虞传》）。所以周代百亩，在晋只有三十余亩。何况周代受田的人限于男子，而受田百亩者又限于户主，余夫受田不过二十五亩，到了壮而有室，才再受百亩的田？晋呢？吾人由上所言，可列表如次。

晋代平民受田表

丁别	年龄	性别	占田数	课田数	受田总数
正丁	16 以上至 60	男	70 亩	50 亩	120 亩
		女	30 亩	20 亩	50 亩
次丁	15 以下至 13 61 以上至 65	男	70 亩	25 亩	95 亩
		女	30 亩		30 亩
老小	12 以下 66 以上				

一夫受田一百二十亩，丁女及次丁男女又别有田，则一户所得的田平均当在二百亩以上。晋代政府不问人民能力如何，而乃为取得赋税起见，强迫他们耕垦过大的土地。所以占田制固然保障平民有一定面积的土地，而由平民观之，只是负担，不是权利。人民疲于耕作，生产力日益降低，甚者竟至收获乃不足以偿种。傅玄说①：

---

① 傅玄所言魏时农业生产力颇有问题，东汉之末，每亩平均只收三斛（《后汉书》卷七十九《仲长统传》损益篇），魏在丧乱之后，未闻有何改良耕种方法，何以忽然增加为十余斛或数十斛？东晋成帝时代，度百姓田，取十分之一，率亩税米三升（《晋书》卷二十六《食货志》），即每亩只收三斗，这个生产又未免太少了。

古以步百为亩,今以二百四十步为一亩,所受过倍。近魏初课田,不务多其顷亩,但务修其功力,故白田收至十余斛,水田收数十斛。自顷以来,日增田顷亩之课,而田兵益甚,功不能修理,至亩数斛已还,或不足以偿种,非与曩时异天地,横遇灾害也。其病正在于务多顷亩,而功不修耳。(《晋书》卷四十七《傅玄传》)

占田的目的本来是要限制世族所有的土地,然在颁布占田制度之初,不但世族的田可以多过平民,而世族逾限的田如何处理,又没有解决的方法。武帝时代,世族占田已经没有定限,所以李重才说:

人之田宅既无定限,则奴婢不宜偏制其数。(《晋书》卷四十六《李重传》)

朝中王公可以兼并八方园田。

王戎性好兴利,广收八方园田水碓,周遍天下。(《晋书》卷四十三《王戎传》)

地方大姓且得占田至数百顷之多。

庞宗西州大姓,蓝田令张辅夺宗田二百余顷,以给贫户。(《晋书》卷六十《张辅传》)

世族在经济上既有雄厚的势力,于是又利用九品官人之制,垄断了高官显位,而成为政治上的贵族。案九品中正之制创始于汉献帝延康元年,即魏文帝黄初元年。即如李重所说:"九品始于丧乱,军中之政,诚非经国不刊之法也。"(《晋书》卷四十六《李重传》)其所以发生流弊,晋人论之详矣。刘毅谓其"上品无寒门,下品无势族"(《晋书》卷四十五《刘毅传》)。段灼亦说:"据上品者非公侯之子孙,则当涂之昆弟也。"(《晋书》卷四十八《段灼传》)于是人事方面便如王沈所说:

百辟君子,奕世相生,公门有公,卿门有卿,指秃腐骨,不简蛀停,多士丰于贵族,爵命不出闺庭。四门穆穆,绮襦是盈,仍叔之子,皆为老成。贱有常辱,贵有常荣,肉食继踵于华屋,疏饭袭迹于耨耕,谈名位者以谄媚附势,举高誉者因资而随形。(《晋书》卷九十二《王沈传》)

世族一旦变成政治上的贵族,他们便自矜门第,有轻视寒人之心①,武帝时石苞有佐命之功,位至大司马,而王琛尚轻其素微。

　　石苞雅旷有智局,县召为吏……既而贩铁于邺市……苞有经国才略……武帝践祚,迁大司马,进封乐陵郡公……淮北监军王琛轻苞素微。(《晋书》卷三十三《石苞传》)

陶侃为中兴功臣,当其微时,朝士因其寒素,竟不肯与之同车。

　　陶侃早孤贫,为县吏……伏波将军孙秀以侃寒宦,召为舍人。时豫章国郎中令杨晫,侃州里也,为乡论所归。侃诣之,晫与同乘。吏部郎温雅谓晫曰,奈何与小人共载?(《晋书》卷六十六《陶侃传》)

永嘉大乱,人民奔迸流移,世族一部分渡江,一部分残留北方。南方在孙吴时代,世族已有势力,而如葛洪所言:"势利倾于邦君,储积富乎公室……僮仆成军,闭门为市,牛羊掩原隰,田池布千里。"(《抱朴子外篇》卷三十四《吴失》)晋武平吴,又承认他们的固有权利,不加压制。同时渡江之世族复带其部曲与宾客同行,晋代公卿多有家兵。司徒王浑归第,有家兵千余人(《晋书》卷四十二《王

---

① 但是握权的人多喜用寒人,藉以牵制大族。张华少孤贫,自牧羊。武帝时,已拜中书令了,而荀勖自以为大族,憎疾之。惠帝即位,迁侍中中书监,贾谧与贾后共谋,以华庶族,无逼主之嫌,欲倚为援(《晋书》卷三十六《张华传》)。又如刘隗父不过县令,刁协父只为御史中丞,戴渊之祖及父均仕于吴。此三人者,中原士族均视之为寒素,而元帝却倚为心膂,藉以牵制王氏(《晋书》卷六十九各本传)。这是西晋及东晋初年的事。到了后来,世族的地位更见巩固,寒人除握兵外,均有自卑之心,不敢与世族较。

浑传》)。苏峻南渡,亦带其部曲以从。

> 永嘉之乱,百姓流亡,所在屯聚。苏峻纠合得数千家,结垒于本县……时曹嶷为青州刺史,恶其得众,将讨之。峻惧,率所部数百家,泛海南渡……到广陵。(《晋书》卷一百《苏峻传》)

所以在侨迁之中,仍保存其社会的地位。他们一方建立政权,这有恃于王谢二家之力者甚大。王家建立南方的政权,淝水之役,谢家战败北寇,维持南方的政权,所以王谢二家便成为江南世族的领袖。永嘉之初,王导知天下将乱,每劝元帝就国琅邪,到了徙镇建康,三吴豪杰不甚欢迎。这个时候,王敦为荆州刺史,荆州居上流之势,可以控制扬州,于是王导遂利用自己之社会的地位及王敦之政治的势力,相依相辅,拥戴元帝,使江左政权得以建立起来。

> 元帝为琅邪王,与王导素相亲善。导知天下已乱,遂倾心推奉,潜有兴复之志,帝亦雅相器重,契同友执。帝之在洛阳也,导每劝令之国,会帝出镇下邳,请导为安东司马,军谋密策,知无不为。及徙镇建康,吴人不附,居月余士庶莫有至者,导患之。会导从兄敦来朝,导谓之曰,琅邪王仁德虽厚,而名论犹轻,兄威风已振,宜有以匡济者。会三月上巳,帝亲观禊,乘肩舆,具威仪,敦、导及诸名胜皆骑从。吴人纪瞻、顾荣皆江南之望,窃觇之,见其如此,咸惊惧,乃相率拜于道左。导因进计曰……顾荣、贺循此土之望,未若引之,以结人心,二子既至,则无不来矣。帝乃使导躬造循、荣,二人皆应命而至,由是吴会风靡,百姓归心焉。(《晋书》卷六十五《王导传》)①

他方他们同南方世族又在江南火耕水耨的地区之上,建立他们的生产组

---

① 《晋书》卷九十八《王敦传》亦云:"元帝初镇江东,威名未著,王敦与从弟导同心翼戴,以隆中兴。时人为之语曰,王与马共天下。"

织,既兼并土地,

> 晋自中兴以来,治纲大弛,权门兼并,强弱相凌,百姓流离,不能保其产业。(《宋书》卷二《武帝纪中》)

复封固山泽,

> 山湖川泽皆为豪强所专,小民薪采渔钓,皆责税直。(《宋书》卷二《武帝纪中》)

又挟存户口,以作私附。

> 江左初基,法禁宽弛,豪族多挟藏户口,以为私附。(《晋书》卷四十三《山遐传》)

晋之丁法本有问题,南渡之后沿而未改。范宁说:

> 礼十九为长殇,以其未成人也。十五为中殇,以为尚童幼也。今以十六为全丁,则备成人之役矣。以十三为半丁,所任非复童幼之事矣。(《晋书》卷七十五《范宁传》)

而徭役又复繁重,即如范宁所说:

> 古者使人,岁不过三日,今之劳扰殆无三日休停,至有残形剪发,要求复除,生儿不复举养,鳏寡不敢妻娶。(《晋书》卷七十五《范宁传》)

王羲之亦说:

> 自军兴以来，征役及充运，死亡叛散，不反者众，虚耗至此，而补代循常，所在凋困，莫知所出。上命所差，上道多叛，则吏及叛者席卷同去。又有常制，辄令其家及同伍课捕，课捕不擒，家及同伍寻复亡叛。百姓流亡，户口日减，其源在此。（《晋书》卷八十《王羲之传》）

同时投靠世族之人复同西晋一样，可以免除课役，由是贫民遂争相荫附，竟令政府不能不承认这个事实，而增加荫附的人的人数。

> 晋自中原丧乱，元帝寓居江左……都下人多为诸王公贵人左右、佃客、典计、衣食客之类，皆无课役。官品第一第二，佃户无过四十户，第三品三十五户，第四品三十户，第五品二十五户，第六品二十户，第七品十五户，第八品十户，第九品五户，其佃谷皆与大家量分。其典计，官品第一第二置三人，第三第四置二人，第五第六及公府参军……议郎已上一人，皆通在佃客数中。官品第六已上并得衣食客三人，第七第八二人，第九品……一人，客皆注家籍。（《隋书》卷二十四《食货志》）

权门兼并，百姓流离，不能保其产业，质言之，"晋纲宽弛，威禁不行，盛族豪右，负势凌纵，小民穷蹙，自立无所"（《宋书》卷四十二《刘穆之传》），因之，奴隶人数就跟着增加起来。陶侃有家僮千余（《晋书》卷六十六《陶侃传》），刁逵兄弟有奴婢数千人（《晋书》卷六十九《刁逵传》），观此两例，已可知道一斑。部曲、宾客、奴隶都是豪族的领户，领户增加，国家的编户随之减少。西晋时代编户已经不多，傅咸说："户口比汉十分之一。"（《晋书》卷四十七《傅咸传》）到了东晋愈益凋寡，桓温曾谓：

> 户口凋寡，不当汉之一郡。（《晋书》卷九十八《桓温传》）

这固然因为东晋偏安江南，北方户口均已沦亡。唯当元帝渡江之初，"荆扬宴安，户口殷实"（《晋书》卷六十五《王导传》）。其所以日益凋寡，实因政烦役殷，编户逃避为世族的领户。颜含对王导说：

> 王师岁动，编户虚耗，南北权豪竞招游食。（《晋书》卷八十八《颜含传》）

于是国家需要劳动力之时，只有向世族借用人丁。西晋时代已经发奴助兵。

> 惠帝太安二年，发奴助兵，号为四部司马。（《晋书》卷四《惠帝纪》）

南渡之后，此例更多。

> 元帝太兴四年五月，免中州良人遭难为扬州诸郡僮客者，以备征役。（《晋书》卷六《元帝纪》）
>
> 成帝咸和六年正月，以运漕不继，发王公以下千余丁，各运米六斛。（《晋书》卷七《成帝纪》）
>
> 穆帝升平三月，诏以比年出军，粮运不继，王公以下，十三户借一人，一年助运。（《晋书》卷八《穆帝纪》）

部曲已是军队，奴隶又可以改编为军队，于是世族不但经济上政治上，便是军事上也有势力。这就是南渡以后，世族政治日益浓厚的原因。

奴隶既成为世族势力的基础，所以朝廷欲君主集权，必须解放奴隶；世族欲保持政权，又必反对奴隶之解放。元帝忌惮王敦，引刘隗、刁协、戴渊等以为心腹。刁协曾经建议以奴为兵（《晋书》卷六十九《刁协传》）。戴渊亦调扬州百姓家奴万人为兵（《晋书》卷六十九《戴若思传》）。王敦率兵犯阙，以诛刘隗为名，谓其"免良人奴，自为惠泽"（《晋书》卷九十八《王敦传》）。会稽王道子欲中央集权，其世子元显亦下令解放奴隶，以充兵役（《晋书》卷六十四《会稽王道子传》）。盖免奴为兵不但可以增强国家的军队，而又可以削弱世族的势力。

在这时期，朝廷与世族之间曾发生了许多明争暗斗，而结果无一不是朝廷失败。元帝忌王氏之盛，用刁协、刘隗为私人，即召王敦之乱。穆帝惮桓氏之盛,引殷浩为心膂,复召桓温之祸。孝武帝欲抗王恭、庾楷、桓玄,信任宗室会稽王道子,亦引起数次内战。政治上的明争无不失败,朝廷只有退一步,从事于经济上的暗斗。古代军队与赋税均以户口为基础,百姓隐匿为豪族的领户,不为国家的编户,其影响于国家甚大,所以国家与世族之间就发生了夺取户口的斗争。王彪之为会稽内史,居郡八年,豪右敛迹,亡户归者三万余口(《晋书》卷七十六《王彪之传》)。但是权贵之门势力已经巩固,强行搜括,必至失败。例如:

> 山遐为余姚令,时江左初基,法禁宽弛,豪族多挟藏户口,以为私附。遐绳以峻法,到县八旬,出口万余……诸豪强莫不切齿于遐……竟坐免官。(《晋书》卷四十三《山遐传》)[①]

于是搜括户口只能施行于无贯的人。陈頵为郡督邮,"检获隐匿者三千人"(《晋书》卷七十一《陈頵传》);庾冰辅政,"隐实户口,料出无名万余人,以充军实"(《晋书》卷七十三《庾冰传》)。但是户口隐匿乃因赋役繁重,朝廷不求其本,而务其末,愈搜括,愈隐匿,由无贯之人隐匿为世族的领户。"桓谦江左贵族,部曲遍于荆楚"(《晋书》卷一百十八《姚兴载记下》),纵在桓玄失败之后,桓氏的势力依然存在。"诸桓世居西楚,群小皆为竭力","荆州、湘、江、豫犹多桓氏余烬,往往屯结","荆楚既桓氏义旧,并怀异心。"(《宋书》卷五十一《临川王道规传》)其他巨官显宦无不皆然。

编户减少,又影响于国家财政之上,国家为增加税收起见,遂度百姓之田,使赋税基础由户调改为田租。

> 咸和五年,成帝始度百姓田,取十分之一,率亩税米三升……哀帝即位,乃减田租,亩收二升。(《晋书》卷二十六《食货志》)

[①] 《晋书》卷七十三《庾翼传》,山遐作余姚,半年而为官出二千户,而群共驱之,不得安席。

田租是以亩数为课税的标准,谁有多少田,谁就纳多少税。豪强兼并,他们免税么,国家的收入不丰;他们不免税么,他们又感觉不利。何况什一之税,每亩只税三升,即每亩只产米三斗?这比之武帝时傅玄所说:"至亩数斛已还"(《晋书》卷四十七《傅玄传》),相差远了。生产力如斯减低,所以不及数年而至咸康之初,度田税米竟然"空悬五十余万斛"(《晋书》卷二十六《食货志》)。哀帝即位,固然减少田租,每亩只取二升,而国用增加,所以孝武帝时代,又改田租为口税。

> 孝武太元二年,除度田收租之制,王公以下,口税三斛,唯蠲在役之身。八年,又增税米口五石。(《晋书》卷二十六《食货志》)

关此,马端临曾说:

> 按晋制,丁男一人授田七十亩,以亩收三升计之,当口税二斛一斗;以亩收二升计之,当口税一斛四斗。今除度田收税之制,而口税二斛增至五石,则赋颇重矣。岂所谓王公以下云者,又非泛泛授田之百姓欤?当考。(《文献通考》卷二《历代田赋之制》)

其实,南渡之后,占田制度已经破坏。而口税又须以户口调查精确为前提,纵令三斛或五石之税不是课于"非泛泛授田之百姓",而世族亦有逋税之法,即利用政治上的权力,以多报少,所以沈约才说:

> 晋纲弛紊……编户之命竭于豪门,王府之蓄变为私藏。(《宋书》卷四十二《王弘传》史臣曰)

朝廷要限制世族的土地,不能实行;要限制世族的佃客,不能实行;要解放奴隶,世族出来反对;要改良税制,世族出来掣肘,"晋纲宽弛,威禁不行,盛族豪右,负势凌纵,小民穷蹙,自立无所"(《宋书》卷四十二《刘穆之传》)。晋主虽有南面之尊,而无总御之实。元明时代,政在王氏(王导、王敦);成康时代,政在庾氏(庾亮、庾冰);穆帝以后,政在桓温;孝武之世,政在谢安;安帝初年,政在桓玄;桓玄虽灭,刘裕继起,既控大权,遂移晋祚。所以韦华对姚兴说:

> 晋主虽有南面之尊,无总御之实,宰辅执政,政出多门,权去公家,遂成习俗。(《晋书》卷一百十七《姚兴载记上》)

南北朝时,沈约亦说:

> 晋自社庙南迁,禄去王室,朝权国命递归台辅,君道虽存,主威久谢。(《宋书》卷三《武帝纪下》史臣曰)

兹将世族执政列表如次。

东晋世族执政表①

年代	姓名	官职	备考
元明时代	王导	骠骑大将军、都督中外诸军事、中书监、录尚书事、假节、扬州刺史,进拜丞相。	王氏强盛,有专天下之心。(见《晋书》卷六十五《王导传》) 时人为之语曰,王与马共天下。(见《晋书》卷九十八《王敦传》)
	王敦	大将军、开府仪同三司、都督江扬荆湘交广六州诸军事、江州牧,兼荆州刺史,假节,屯武昌。既又进位丞相,都督中外诸军事,假黄钺,录尚书事,领扬州牧,镇姑孰。	
成康时代	庾亮	征西将军、开府仪同三司、都督江荆豫益梁雍六州诸军事,领荆江豫三州刺史,镇武昌。	明帝疾笃,中书令庾亮与司徒王导受遗诏辅幼主(成帝)。太后临朝,政事一决于亮。(见《晋书》卷七十三《庾亮传》) 庾亮虽居外镇,而执朝廷之权,既据上流,拥强兵,趣向者多归之。(见《晋书》卷六十五《王导传》) 成帝少为舅氏(庾亮、庾冰)所制,
	庾冰	中书监、扬州刺史、都督扬豫兖三州诸军事、征虏将军、假节。既又迁车骑将军、都督江荆宁益梁交广七州豫州之四郡诸军事,领江州刺史,假节,镇武昌。	

---

① 此表除已注明出处外,均根据《晋书》各本传。

续 表

年代	姓名	官职	备考
			不亲庶政。(见《晋书》卷七《成帝纪》)成帝有疾,中书令庾冰自以舅氏当朝,权侔人主,恐异世之后,戚属将疏,乃言国有强敌,宜立长君,遂舍成帝长子丕(哀帝),而立康帝,康帝成帝母弟也。(见《晋书》卷七《康帝纪》)
穆帝以后	桓温	征西大将军、开府仪同三府、都督荆梁四州诸军事、荆州刺史,假节,镇江陵。既又进位丞相,都督中外诸军事,假黄钺,录尚书事,领扬州牧,镇姑孰。	政自桓氏,祭则寡人。(见《晋书》卷九《孝武帝纪》史臣曰)
孝武帝时代	谢安	中书监、骠骑将军、录尚书事,领扬州刺史,假节,进拜太保,都督扬江荆益十五州诸军事,加黄钺。	兼相将于内外,系存亡于社稷。(见《晋书》卷七十九《谢安传》史臣曰)
安帝初年	桓玄	后将军、都督荆江司雍秦梁宁益八州诸军事、荆州刺史,假节,镇江陵。既又进位丞相,都督中外诸军事,假黄钺,录尚书事、扬州牧,领徐州刺史,镇姑孰。	自谓三分有二,知势运所归,屡上祯祥,以为己瑞。(见《晋书》卷九十九《桓玄传》)

政出私门,权去公家,而累经变乱,东晋政权尚未颠覆者,乃是因为世族之中有许多冲突,过江世族与东吴世族冲突,而在过江世族之中,早过江的又与晚过江的冲突。晋起北方,平吴之后,中原世族每以征服者的资格,蔑视南方人士,嘲之为亡国之余。

华谭,广陵人也,太康中,举秀才。谭至洛阳,博士王济于众中嘲之曰:"五府初开,群公辟命,采英奇于仄陋,拔贤俊于岩穴。君吴楚之人,亡国之余,有何秀异,而应斯举?"(《晋书》卷五十二《华谭传》)

鄙之为吴无君子。

> 初吴之未平也……吴将蔡敏守于沔中,其兄珪为将在秣陵,与敏书曰:"古者兵交,使在其间,军国固当举信义以相高,而闻疆场之上往往有袭夺互市,甚不可行,弟慎无为小利而忘大备也。"候者得珪书以呈周浚,浚曰:"君子也。"及渡江求珪得之,问其本,曰:"汝南人也。"浚戏之曰:"吾固疑吴无君子,而卿果吾乡人。"(《晋书》卷六十一《周浚传》)

而蜀中人士亦受北人蔑视。

> 何攀,蜀郡郫人也,除廷尉平,时廷尉卿诸葛冲以攀蜀士轻之,及共断疑狱,冲始叹服。(《晋书》卷四十五《何攀传》)

当时任官多系北人,"陈留号称多士"(《晋书》卷七十七《蔡谟传》),"豫州人士常半天下"(《晋书》卷七十一《陈颙传》),而扬州无郎,荆州江南竟没有一人在京师任职。陆机说:

> 荆扬二州户各数十万,今扬州无郎,而荆州江南乃无一人为京师职者。(《晋书》卷六十八《贺循传》)

元帝渡江,要笼络三吴豪族,固然对于顾荣、贺循,极备优礼。

> (元帝徙镇建康,王导进计曰)顾荣(吴郡人)、贺循(会稽人)此土之望,未若引之,以结人心,二子既至,则无不来矣。帝乃使导躬造循、荣,二人皆应命而至,由是吴会风靡,百姓归心焉。(《晋书》卷六十五《王导传》)

又以侍中都是北人,而用南人陆晔。

> 元帝以侍中皆北士,宜兼用南人。陆晔(吴郡人)以清贞著称,遂拜侍中。(《晋书》卷七十七《陆晔传》)

但是北士与南士之间尚有隔离。

> 周玘三定江南（玘平石冰、陈敏、钱璯三人之乱），开复王略……宗族强盛，人情所归，帝疑惮之。于时中州人士佐佑王业，而玘自以为不得调，内怀怨望，复为刁协轻之，耻恚愈甚……阴谋诛诸执政……谋泄，遂忧愤发背而卒……玘将卒……谓子勰曰，杀我者诸伧子，能复之，乃吾子也。吴人谓中州人曰伧，故云耳……勰常缄父言。时中国亡官失守之士避乱来者多居显位，驾御吴人，吴人颇怨，勰因之欲起兵……以讨王导、刁协为名……元帝以周氏奕世豪望，吴人所宗，故不穷治，抚之如旧。
>（《晋书》卷五十八《周玘传》）

而过江稍晚的亦受北士排抑，杨佺期与桓玄的倾轧可以视为一例。

> 杨佺期，弘农华阴人，汉太尉震之后也。自云门户承籍，江表莫比，有以其门地比王珣者，犹恚恨。而时人以其晚过江，婚宦失类，每排抑之。（《晋书》卷八十四《杨佺期传》）

> 王恭、庾楷、桓玄、殷仲堪、杨佺期起兵讨江州刺史王愉及谯王尚之兄弟。恭既死，庾楷战败，乃西还屯于寻阳，共相结约，推玄为盟主。玄逾自矜重，佺期为人骄悍，常自谓承籍华胄，江表莫比。而玄每以寒士裁之，佺期甚憾，即欲于坛所袭玄，仲堪苦禁之，于是各奉诏还镇。玄亦知佺期有异谋，潜有吞并之计。朝廷亦欲成其衅隙，故分佺期所督四郡与玄。佺期甚忿惧，欲与仲堪共袭玄。玄乘其虚而伐之，佺期死，仲堪亦为玄所害。（《晋书》卷九十九《桓玄传》）

豪族互相冲突，于是皇帝就利用他们势力的均衡，而得保持自己的政权。比方元帝时代，一方"周氏奕世豪望，吴人所宗"（《晋书》卷五十八《周勰传》），他方"王氏强盛，有专天下之心"（《晋书》卷六十五《王导传》）。周玘父子均谋举兵犯阙，元帝皆不穷治，就是因为"周氏宗强"，而为王敦所忌（《晋书》卷五十八《周札传》）。

王敦作乱之后，王导仍握政权，且受遗诏辅政，也是因为王氏强盛，可以牵制三吴豪杰。豪族自相牵制，而最后夺取晋之天下者乃是寒人的刘裕。自古以来，人臣欲用禅让之法，夺取帝位，必须建立武功。苟能树奇功于异域，则人望已归，篡夺之事更见容易。司马昭必于平蜀之后，才敢接受九锡。桓温兵屈灞上，战衄枋头，而回国之后，竟然欲移晋鼎，其不能成功，理之当然。因为政治不过力而已，最能表示政治之力者莫如军事。军事失败，人们当然怀疑其力。这个时候，不知思愆免退，而乃觊觎帝位，其失败自当十人而九。苻坚曾批评桓温说：

> 苻坚闻桓温废海西公也，谓群公曰，温前败灞上，后败枋头，十五年间再倾国师，六十岁公举动如此，不能思愆免退，以谢百姓，方废君以自悦，将如四海何？谚云，怒其室而作色于父者，其桓温之谓乎？（《晋书》卷一百十三《苻坚载记上》）

刘裕与桓温不同，伐燕，平定齐地。伐蜀，谯纵授首。伐秦，观兵函渭。三次进兵，未曾一次失败。其武功大略不但可以震主，抑亦可以威民，故能坐移天历，而成移鼎之业。沈约云：

> 高祖（刘裕）崛起布衣，非藉民誉……一旦驱乌合，不崇朝而制国命，功虽有余，而德未足也……若非树奇功于难立，震大威于四海，则不能成配天之业，一异同之心。（《宋书》卷四十五王镇恶等传史臣曰）①

又云：

> 桓温一世英人，志移晋鼎，自非兵屈西湖，战衄枋头，则光宅之运中

---

① 李延寿亦谓："宋武帝崛起布衣，非藉人誉，一旦驱率乌合，奋兴霸绪，功虽有余，而德犹未洽，非树奇功于难立，震大威于四海，则不能成配天之业，一异同之心，故外积武功，以收人望。"见《南史》卷十六王镇恶等传论。

年允集。高祖无周世累仁之基,欲力征以君四海,实须外积武功,以收天下人望……然后可以变国情,慁民志,抚归运而膺宝策。(《宋书》卷四十八朱龄石等传史臣曰)

南方政情如斯,北方如何呢?五胡乱华,世族之残留北方者,均筑坞堡以自卫。坞堡发明于西汉末年,东汉之世,最初由政府设置,以御羌人的剽略;其次由世族建筑,以防黄巾的寇掠。永嘉大乱,盗贼纵横,各地豪宗大族皆筑坞壁堡垒,藉以保卫自己的生命和财产。这个时候,一部分饥民固然乘机暴动,大多数人民则投靠于坞堡之中,变成世族的领户,而受世族的保护。例如:

> 永嘉之乱,百姓流亡,所在屯聚。苏峻纠合得数千家,结垒于本县。于时豪杰所在屯聚,而峻最强,遣长沙徐玮宣檄诸屯,示以王化,又收枯骨而葬之,远近感其恩义,推峻为主。(《晋书》卷一百《苏峻传》)

据《晋书》所载,北方之地有不少坞壁堡垒,王弥攻陷魏郡、汲郡、顿丘五十余壁(《晋书》卷一百《王弥传》)。刘聪陷梁陈汝颍之间百余壁、齐鲁之间四十余壁(《晋书》卷一百二《刘聪载记》)。石勒陷冀州百余壁、黎阳三十余壁、襄阳三十余壁(《晋书》卷一百四《石勒载记上》)、河内十余壁(《晋书》卷一百五《石勒载记下》)。新兴、雁门、西河、太原、上党、上郡之地有垒壁三百余(《晋书》卷一百十《慕容俊载记》)。关中最多,有三千余壁(《晋书》卷一百十四《苻坚载记下》)。而三蜀百姓也均保险结坞,而至于城邑皆空(《晋书》卷一百二十《李流载记》),此不过略举数例而已。这种坞堡有三种作用,一是经济团体,永嘉丧乱,百姓流亡,中京萧条,千里无烟,社会经济完全破坏。坞堡则保存魏晋以来的生产组织,人民投靠于坞堡,既受坞主的保护,自应服从坞主的指挥,在坞堡所能防御的土地之上,从事生产,而以其剩余劳动力贡献于坞主。这样,坞堡便成为一种庄园,而投靠于坞堡的人就变成佃客,一方坞主有保护佃客的责任,他方佃客有服从坞主的义务,其关系无异于欧洲中世领主与领民的关系。二是政治团体,坞主在其坞壁之内有许多行政权，庾衮所主持的坞堡可以视为一例。

> 庾衮……明穆皇后伯父也……齐王冏之唱义也，张泓等肆掠于阳翟，衮乃率其同族及庶姓保于禹山……乃誓之曰："无恃险，无怙乱，无暴邻，无抽屋，无樵采人所植，无谋非德，无犯非义，戮力一心，同恤危难。"众咸从之。于是峻险厄，杜蹊径，修壁坞，树藩障，考功庸，计丈尺，均劳逸，通有无，缮完器备，量力任能，物应其宜。使邑推其长，里推其贤，而身率之。分数既明，号令不二，上下有礼，少长有仪，将顺其美，匡救其恶。及贼至，衮乃勒部曲，整行伍，皆持满而勿发。贼挑战，晏然不动，且辞焉。贼服其慎，而畏其整，是以皆退。（《晋书》卷八十八《庾衮传》）

当时天下大乱，刺史、守令往往弃官而逃，郡县无宰，于是坞主就成为地方官，而坞堡也代替了郡县组织，多数户口均分属于坞堡之中。坞主或自称刺史、太守，如蓬陂坞主陈川自号陈留太守（《晋书》卷六十二《祖逖传》），铚县坞主张平自称豫州刺史（《晋书》卷八十一《桓宣传》）。或其官名由于晋伪遥授，如李矩为乡人所爱，推为坞主，东海王越以为汝阴太守（《晋书》卷六十三《李矩传》）。魏浚与流人数百家，东保河阴之硖石，怀帝以为平阳太守（《晋书》卷六十三《魏浚传》）。而"琅邪内史孙默以琅邪叛，降于石勒，徐兖间壁垒多送任请降，皆就拜守宰"（《晋书》卷一百五《石勒载记下》），均其例也。三是军事团体，坞堡之内既有许多领民，于坞主的保护和指挥之下，从事生产，则当寇警发生之时，坞主不难将领民武装起来，改编为军队，而领民的生命和财产既然寄托于坞堡，亦必愿意接受坞主的要求，尽其全力，保护坞堡。

> 永嘉末，魏浚与流人数百家东保河阴之硖石……及洛阳陷，屯于洛北石梁坞，抚养遗众，渐修军器……归之者甚众。其有恃远不从命者，遣将讨之，服从而已，不加侵暴，于是远近感悦，襁负至者渐众。（《晋书》卷六十三《魏浚传》）

领民受了军事训练,往往成为精锐的兵士,所以当时坞堡乃是一个军事团体,祖逖与石勒相拒于雍州,坞主阴助祖逖,祖逖就每战辄胜。

河上堡固先有任子在胡者,祖逖皆听两属,时遣游军伪抄之,明其未附。诸坞主感戴,胡中有异谋,辄密以闻,前后克获,亦由此也。《晋书》卷六十二《祖逖传》)

关中之地,因受蛮族蹂躏最甚,坞堡最多,而坞堡的军事价值亦最大。石赵与东晋、苻坚与慕容冲相拒于长安之际,坞堡均曾发挥军事上的作用。

石遵僭即尊位……以石苞(非八公之一的石苞)为大司马……镇长安,谋率关中之众攻邺……雍州豪右知其无成,并遣使告晋梁州刺史司马勋。勋于是率众赴之,壁于悬钩,去长安二百余里……攻京兆太守……斩之。三辅豪右多杀其令长,拥三十余壁,有众五万,以应勋。《晋书》卷一百七《石季龙载记下》)

苻坚与慕容冲战,各有胜负……关中堡壁三千余所,推平远将军冯翊、赵敏为统主,相率结盟,遣兵粮助坚。(《晋书》卷一百十四《苻坚载记下》)

坞内的人民就是坞主的部曲,所以坞主死时,常由其家人子弟继承为坞主。例如魏浚死,由"族子该领其众",该死,又由"从子雄统其众"《晋书》卷六十三《魏浚传》)。坞堡既由坞主代代继承,于是坞主除对其坞内的人民外,又常对于坞堡的土地有了所有权,而成为封建领主。

坞主对其土地及领民部曲,既有所有权,所以坞主虽任命为地方官,一旦死亡,朝廷所任用者若非其家人子弟,常常引起叛乱。例如:

刘遐为坞主,元帝以为平原内史……咸和元年,卒……子肇年幼,成帝以徐州授郗鉴,以郭默为北中郎将,领遐部曲。遐妹夫田防及遐故将史迭等不乐他属,共立肇袭遐故位以叛。(《晋书》卷八十一《刘遐传》)

五胡乱华,他们所认为最大阻碍,往往是民间的坞堡,击破敌人军队,譬如破竹,数节之后,皆迎刃而解。坞堡乃各为独立单位,必须一一攻陷,方能占领全土。坞堡既可以妨害五胡军事的发展,所以五胡不能不与坞主妥协,或假以将军都尉的名号,或任命为郡守县宰。

> 刘元海命石勒率众三万,寇魏郡、顿丘诸垒壁,多陷之,假垒主将军都尉,简强壮五万为军士,老弱安堵如故,军无私掠,百姓怀之。(《晋书》卷一百四《石勒载记上》)

> 石季龙攻陷徐龛……晋兖州刺史刘遐惧,自邹山退屯于下邳。琅邪内史孙默以琅邪叛,降于石勒。徐兖间垒壁多送任请降,皆就拜守宰。(《晋书》卷一百五《石勒载记下》)

何况五胡都是没有文化的种族?晋的国家虽然贫弱,而其生产方法亦甚幼稚,但是比之五胡的经济组织和政治制度还是进步很多。五胡经济以牧畜为主,而其政治则为部落,一旦建国于中原,当然不能再以部落统治中原的遗民,再以牧畜经营中原的产业,只有学习晋人的生产方法,并组织与这个生产方法相适应的国家。换言之,五胡一旦移住于中原,便须接受华夏的文物制度,而在大乱之时,保存华夏文化者又是豪宗大族所建筑的坞堡。于是坞主便成为五胡的宗师,坞堡也成为五胡建国的模范。中原愈纷乱,坞堡愈繁荣,这是必然之理。但是坞主既是豪宗大族,则五胡要和他们妥协,便不能不承认魏晋以来豪宗大族既得的权利,所以五胡又恢复魏晋以来的士族。例如胡羯的石勒"清定五品,复续定九品,典定士族,副选举之任"(《晋书》卷一百五《石勒载记下》),氐族的苻坚"复魏晋士籍"(《晋书》卷一百十三《苻坚载记上》),鲜卑的慕容宝"定士族旧籍,明其官仪"(《晋书》卷一百二十四《慕容宝载记》)。纵以石虎那样的犷残,也下书曰,"吏部选举可依晋氏九班选制,永为揆法",又诏雍秦二州望族,既衣冠华胄,宜蒙优免,蠲其兵贯(《晋书》卷一百六《石季龙载记上》)。这样一来,贵族政治便于五胡更兴迭仆之下,渐次埋下根蒂,到了拓拔魏统一北方,又发扬光大,而与南朝争辉竞美,经隋唐而至五代,豪宗大族的势力才完全消灭。

第五节
晋的政治制度

第一项　中央官制

武帝平吴之后,还是定都洛阳,其中央官制多沿汉魏之旧,举其要者,可列表如次:

晋中央官制表

种类	官名	官品①	备　考
特任公	丞相		丞相、相国并秦官也,晋受魏禅,并不置。自惠帝之后,省置无恒,为之者赵王伦、梁王肜、成都王颖、南阳王保、王敦、王导之徒,皆非寻常人臣之职。(《晋书》卷二十四《职官志》)
	相国		
八公	太宰		太宰、太傅、太保周之三公也。魏初唯置太傅,以钟繇为之,末年又置太保,以郑冲为之。晋初,以景帝讳,故又采周官官名,置太宰以代太师之任,秩增三司,与太傅、太保皆为上公,论道经邦,燮理阴阳,无其人则阙。(同上)
	太傅		
	太保		
	大司马	第一品	魏有太尉,而大司马、大将军各自为官,位在三司上,晋受魏禅,因其制。(同上)
	大将军	第一品	
	太尉	第一品	太尉、司徒、司空并古官也。自汉历魏,置以为三公,及晋受命,迄江左,其官相承不替。(同上)
	司徒	第一品	
	司空	第一品	

---

① 官品据《通典》卷三十七《晋官品》。

续表

种类	官名	官品	备考
将军	骠骑将军	第二品	开府者皆为位从公。（同上）
	车骑将军	第二品	
	卫将军	第二品	
	抚军将军		
	镇军将军		
	中军将军		
列卿	太常	第三品	
	光禄勋	第三品	哀帝兴宁二年，省光禄勋，并司徒。孝武帝宁康元年，复置。（同上）
	卫尉	第三品	渡江省卫尉。（同上）
	太仆	第三品	自元帝渡江之后或省或置。（同上）
	廷尉	第三品	
	大鸿胪	第三品	江左有事则权置，无事则省。（同上）
	宗正	第三品	及渡江，哀帝省并太常。（同上）
	大司农	第三品	及渡江，哀帝省并都水，孝武复置。（同上）
	少府	第三品	及渡江，哀帝省并丹阳尹，孝武复置。（同上）
	将作大匠		有事则置，无事则罢。（同上）
群官	御史中丞	第四品	晋以中丞为御史台主，与司隶分督百僚，自皇太子以下无所不纠。初不得纠尚书，后亦纠之。中丞专纠行马内，司隶专纠行马外，虽制如此，然亦更奏众官，实无其限。（《通典》卷二十四《中丞》，参阅《晋书》卷四十七《傅咸传》）
	都水使者	第四品	
	司隶校尉	第三品	及渡江，乃罢司隶校尉，其职乃扬州刺史也。（《晋书》卷二十四《职官志》）

东汉政归尚书，魏世政归中书，晋承其制，虽有丞相、相国，然非寻常人臣之职。

> 丞相、相国皆非复寻常人臣之职。(《晋书》卷二十四《职官志》)

八公也只是尊荣之位,而非使命之官。

> 武帝即位,八公并置,盖皆台司之职,然特假以名号,不必尽知国政。(《历代职官表》卷二《内阁上》)

九卿之权又渐次归于尚书各曹。所以武帝时荀勖曾言:

> 九寺可并于尚书。(《晋书》卷三十九《荀勖传》)

尚书之职愈益华贵,魏世尚书郎可以出为太守,晋代亦然,王廙由尚书郎出为濮阳太守(《晋书》卷七十六《王廙传》),诸葛恢由尚书郎调为会稽太守(《晋书》卷七十七《诸葛恢传》),即其例也。晋代尚书郎尚得参加论政,例如:

> 杜轸,蜀郡成都人也……除池阳令,为雍州十一郡最……累迁尚书郎,轸博闻广涉,奏议驳论,多见施用。时涪人李骧亦为尚书郎,与轸齐名,每有论议,朝廷莫能逾之,号蜀有二郎。(《晋书》卷九十《杜轸传》)

魏时太守往往入为尚书,晋代太守入为尚书者亦有其例。李胤由河南尹,拜尚书(《晋书》卷四十四《李胤传》),河南尹之职与汉之京兆尹相同,而竟入为尚书,可知尚书之贵。有时以九卿之尊,亦常迁为尚书,高光由廷尉迁尚书(《晋书》卷四十一《高光传》),卢钦由大司农迁吏部尚书(《晋书》卷四十一《卢钦传》),刘毅由太仆拜尚书(《晋书》卷四十五《刘毅传》),均其例也。

而尚书令遂成为国之宰辅。《陈书》(卷二十七)《江聪传》云:"昔晋武帝策荀公曾(荀勖)曰,周之冢宰今之尚书令也。"所以人士均欲置身台阁,而不愿出拥旄节,专制一方。

贾充为尚书令……无公方之操，不能正身率下，专以谄媚取容。侍中任恺、中书令庾纯等刚直守正，咸共疾之……及氐羌反叛时，帝深以为虑，恺因进说请充镇关中，乃……以充为使持节都督秦凉二州诸军事……充既外出，自以为失职，深衔任恺，计无所出……荀勖曰，公，国之宰辅，而为一夫所制，不亦鄙乎……会京师大雪，平地二尺，军不得发。既而皇储当婚，遂不西行，诏充居本职。(《晋书》卷四十《贾充传》)

于是录尚书一职也同魏世一样，以公卿权重者为之(《晋书》卷二十四《职官志》)。当时录尚书所掌者似曾列举若干条，总录是录其全部，分录则置录尚书数人，各录数条。权臣秉政，例如王敦、桓温必为总录，倘若志在退让，或受有牵制，则为分录。

晋康帝世，何充让录表曰，咸康中分置三录，王导录其一，荀崧、陆晔各录六条事，然则似有二十四条。若止有十二条，则荀、陆各录六条，导又何所司乎？若导总录，荀、陆分录，则不得复云导录其一也。其后每置二录，辄云各掌六条事，又是止有十二条也。十二条者不知悉何条。晋江右有四录，则四人参录也。江右张华、江左庾亮并经关尚书七条，则亦不知皆何事也。(《宋书》卷三十九《百官志上》)

同时中书之权亦见增大，晋时中书监已有宰相之称。武帝诏以荀勖为中书监侍中，毗赞朝政(《晋书》卷三十九《荀勖传》)，是则晋代中书监已与魏世不同，不是因为出纳王命，而成为机衡之任，而是直接参加政事，而成为宰相之职。张华为中书监，刘卞谓华曰："君居阿衡之任。"及被害，张林又诘之曰："卿为宰相，任天下事，太子之废，不能死节，何也？"(《晋书》卷三十六《张华传》)东晋"更重其职，多以诸公领之"(《唐六典》卷九《中书令》)。庾亮、庾冰相继为中书监，"先是王导辅政，以宽和得众，亮任法裁物，颇以此失人心"(《晋书》卷七十三《庾亮传》)，至冰，"经纶时务，不舍昼夜，宾礼朝贤，升擢后进，由是朝野注心，咸曰贤相"(《晋书》卷七十三《庾冰传》)，是直以中书监为宰相了。是以《通典》(卷二十一《宰相》)云:"中书监令常管机要,多为宰相之任。"中书监与尚书令固然都是宰辅之职,但中书监地在枢近,多承恩宠,所以人们由中书监出为尚书令,往往怅惘失意,以为夺其凤凰池。

> 武帝受禅,荀勖拜中书监……性慎密,每有诏令,大事虽已宣布,然终不言,不欲使人知已预闻也……久之,以勖守尚书令,勖久在中书,专管机事,及失之,甚惘惘怅怅。或有贺之者,勖曰,夺我凤凰池,诸君贺我耶?(《晋书》卷三十九《荀勖传》)

中书监令岂但是宰相之一员而已?东晋时,政治中心已由尚书移于中书,中书令权力之大乃在录尚书事及尚书令之上。

> 明帝崩,太子即皇帝位,生五年矣。秋九月癸卯,太后(庾氏)临朝称制,以司徒王导录尚书事,与中书令庾亮、尚书令卞壸参辅朝政,然事之大要皆决于亮。(《资治通鉴·晋纪》明帝太宁三年)

固然庾亮乃太后之兄,其有权势有恃于内廷之助者甚多。但中书令若非要职,太后亦不会使亮为之。中书令既有权势,因之,中书侍郎之职亦见提高,刘颂由尚书郎,累迁中书侍郎(《晋书》卷四十六《刘颂传》),尚书郎累迁之后,才为中书侍郎,可知中书郎乃比尚书郎为贵。盖在官品上,尚书郎品第六①,而中书侍郎品则第四(《唐六典》卷九《中书侍郎》)之故。二千石的郡守常徙为中书侍郎,范宁由临淮太守,征拜中书侍郎,在职多所献替,有益政道(《晋书》卷七十五《范宁传》),是则中书侍郎亦能参与国政,而与魏世之"掌诏草"(《通典》卷二十一《中书侍郎》)未尽相同。

到了东晋,侍中的职权,大见增大,几成为国之枢机。侍中之职始于秦世,秦属丞相府,西汉为加官,东汉属少府。

---

① 吏部郎品第五,见《唐六典》卷二《吏部郎中》。

>秦为侍中,本丞相史也,使五人往来殿内东厢奏事,故谓之侍中。汉侍中为加官……多至数十人……直侍左右,分掌乘舆服物下至亵器虎子之属。武帝时,孔安国为侍中,以其儒者,特听掌御唾壶,朝廷荣之。本有仆射一人,后汉光武改仆射为祭酒,或置或否,而又属少府,掌赞导众事,顾问应对,法驾出,则多识者一人负国玺,操斩白蛇剑,参乘,余皆骑在乘舆后。(《通典》卷二十一《侍中》)

侍中在两汉,虽然入侍天子,而得与闻机密的事,然其地位乃在"尚书仆射下,尚书上",后"更在尚书下"(蔡质《汉官典职仪式选用》)。及至魏世,权势渐大,有"综理万机"(《魏志》卷十四《程昱传》)之称,然尚不为世人所重视。

>苏则征拜侍中,旧仪侍中亲省起居,故俗谓之执虎子。始则同郡吉茂者,是时仕甫历县令,迁为冗散,茂见则,嘲之曰,仕进不止,执虎子。(《魏志》卷十六《苏则传》注引《魏略》)

到了晋代,渐次华贵。武帝时,万机大小,多由侍中管综,其职已有似于宰相。

>任恺为侍中,恺有经国之干,万机大小多管综之……帝器而昵之,政事多咨焉……恺恶贾充之为人也,不欲令久执朝政,每裁抑焉……或为充谋曰,恺总门下枢要,得与上亲接,宜启令典选,便得渐疏,此一都令史事耳……充因称恺才能,宜在官人之职,帝不之疑,即日以恺为吏部尚书……然侍觐转希。(《晋书》卷四十五《任恺传》)

于是又成立了一个新机关,这个机关以侍中为其构成分子,而称为门下省。

>初秦汉置侍中曹,无台省之名,自晋始有门下省。(《唐六典》卷八《侍中》注)

但是吾人观司马迁《报任安书》，有"仆与李陵俱居门下"之语，关此，沈钦韩说：

> 按陵侍中，则迁亦以太史令侍中也。《唐六典》云……自晋始有门下省，今此云门下，则其名肇端于汉。(《汉书》卷六十二《司马迁传》补注)

东晋以后，门下省的权限日益增大。侍中居人主左右，切问近对，拾遗补缺，既处腹心之地，遂总枢机之任，于是参断帷幄之权又由中书渐次归于门下。司马光说：

> 谨按西汉以丞相总百官，而九卿分治天下之事。光武中兴，身亲庶务，事归台阁，尚书始重，而西汉公卿稍以失职矣。及魏武佐汉，初建魏国，置秘书令，典尚书奏事。文帝受禅，改秘书为中书，有监有令，而亦不废尚书。然中书亲近，而尚书疏外矣。东晋以后，天子以侍中常在左右，多与之议政事，不专任中书，于是又有门下，而中书权始分矣。降至南北朝，大体皆循此制。(《文献通考》卷五十《门下省》)

从而黄门侍郎之职亦同尚书郎、中书侍郎一样，颇见华贵，可以出为太守或为刺史，如谢尚由黄门侍郎出为历阳太守(《晋书》卷七十九《谢尚传》)，孙旗由黄门侍郎出为荆州刺史(《晋书》卷六十《孙旗传》)，即其例也。

政治枢机由丞相移于尚书，由尚书移于中书，由尚书移于门下，既然设置新机关，而又不肯裁撤旧机关，职权不专，责任不明。惠帝时，张华曾说："威柄不一，而可以安乎？"(《晋书》卷三十六《张华传》)兼以兼官之风太甚，而如干宝所说："秉钧当轴之士，身兼官以十数，大极其尊，小录其要。"(干宝《晋纪总论》)穆帝即位，何充为中书监，录尚书事，"充自陈，既录尚书，不宜复监中书，许之"(《晋书》卷七十七《何充传》)，盖尚书与中书分立，乃以收牵制之效，若使事归一人，则分立似无必要。三省组织如次。

晋三省组织表

省名	官名	员数	官品①	备考
尚书省	录尚书事			录尚书事犹古冢宰总己之义，自魏晋以后，亦公卿权重者为之。(《晋书》卷二十四《职官志》)
	尚书令	1	第三	初秦变周法，天下之事皆决丞相府，置尚书于禁中，有令丞，掌通章奏而已。汉初因之，武宣之后稍以委任。及光武亲总吏职，天下事皆上尚书，与人主参决，乃下三府。尚书令为端揆之官，魏晋以来，其任尤重。(《唐六典》卷一《尚书令》)
	仆射	1 或 2	第三	自魏晋以来，置二则为左右仆射，或不两置，但曰尚书仆射。令阙，则左仆射为省主，若左右仆射并阙，则置尚书仆射，以主左事。(《唐六典》卷一《尚书左仆射》)
	列曹尚书	5 或 6	第三	晋置吏部、三公、客曹、驾部、屯田、度支六曹。咸宁二年，省驾部尚书。四年，省一仆射，又置驾部尚书。太康中，有吏部、殿中及五兵、田曹、度支、左民为六曹尚书，又无驾部、三公、客曹。惠帝世又有右民尚书，止于六曹，不知此时省何曹也。及渡江，有吏部、祠部、五兵、左民、度支五尚书，祠部尚书常与右仆射通职不恒置，以右仆射摄之。若右仆射阙，则以祠部尚书摄知右事。(《晋书》卷二十四《职官志》)
	左右丞	各一	第六	光武置左右丞，自此至晋不改。(同上)
	尚书郎	23	第六	晋受命，武帝置直事、殿中、祠部、仪曹、吏部、三公、比部、金部、仓部、度支、都官、二千石、左民、右民、虞曹、屯田、起部、水部、左右主客、驾部、车部、库部、左右中兵、左右外兵、别兵、都兵、骑兵、左右士、北主客、南主客为三十四曹郎，后又置运曹，凡三十五曹，置郎二十三人，更相统摄。及江左，无直事、右民、屯田、车部、别兵、都兵、骑兵、左右士、运曹十曹郎。康穆以后，又无虞曹、二千石二郎，但有殿中、祠部、吏部、仪曹、三公、比部、金部、仓部、度支、都官、左民、起部、水部、主客、驾部、库部、中兵、外兵十八曹郎。后又省主客、起部、水部，余十五曹云。(同上) 晋吏部郎品第五，诸曹郎第六。(《唐六典》卷二《郎中》)

① 官品据《唐六典》。

续表

省名	官名	员数	官品	备考
中书省	中书监	1	第三	监令掌赞诏命，记会时事，典作文书。旧尚书并掌诏奏，既有中书官，而诏悉由中书官出。东晋朝更重其职，多以诸公领之。(《唐六典》卷九《中书令》)
	中书令	1	第三	
	中书侍郎	4	第四	晋中书侍郎员四人，及江左，改中书侍郎曰通事郎，寻复为中书侍郎。(《晋书》卷二十四《职官志》)
	中书舍人		第七	晋初，初置舍人、通事各十人，江左合舍人、通事谓之通事舍人，掌呈奏案，后省，而以中书侍郎一人，直西省，又掌诏命。(同上)
门下省	侍中	4	第三	侍中魏晋以来置四人，别加官者则非数，备切问近对，拾遗补缺。及江左，哀帝兴宁四年，桓温奏省二人，后复旧。(同上)
	给事黄门侍郎	4	第五	给事黄门侍郎秦官也，汉已后并因之，无员，及晋置员四人。(同上)

关于晋代之御史台，似亦有稍加说明之必要。御史制度由秦至魏，本书已略述其变迁和作用。晋承魏制，其组织如次。

晋御史台组织表①

官名	员数	官品	备考
御史中丞	1人	第四品	汉哀帝元寿二年，御史大夫为大司空，而中丞出外为御史台主。历汉东京至晋，因其制，以中丞为台主。
治书侍御史	2人	第六品	魏置治书执法，又置治书侍御史。及晋，唯置治书侍御史，员四人。及太康中，省二员。掌诏狱及廷尉不当者皆治之。
侍御史	9人	第六品	二汉所掌，凡有五曹。魏置八人，及晋置员九人而有十三曹(曹名即表示其所掌，从略)。
殿中侍御史	4人		魏置御史二人，居殿中，伺察非法。及晋置四人，江左置二人。

观晋御史台之组织，可知台中三院之制将次形成，所差者尚无院名而已。

① 此表据《晋书》卷二十四《职官志》，官品据《通典》。

晋亦置司隶校尉,察司州,即察京辅所部。"及渡江,罢司隶校尉官,其职乃扬州刺史也。"(《晋书》卷二十四《职官志》)西晋时,御史台在首都洛阳,司隶校尉的治所亦在洛阳,二者均监察百僚,彼此权限不能说毫无关系。所以晋代初年,御史中丞与司隶校尉的分职如次:

> 晋中丞与司隶分督百僚,自皇太子以下,无所不纠,初不得纠尚书,后亦纠之。中丞专纠行马内,司隶专纠行马外,虽制如是,然亦更奏众官,实无其限。(《通典》卷二十四《中丞》)

何谓"行马内""行马外"?行马以木交叉为之,用以遮拦行人,一说是放在官署门前,另一说是放在贵品门前。第一说是以官署尤其朝廷内外为标准,引申为内官与外官之别,中丞所纠者为内官之违法宪,司隶所纠者为外官之违法宪。第二说是以官品高低为标准,中丞所纠者为巨宦之违法宪,司隶所纠者为普通官吏之违法宪。《通典》所述不甚明了,据晋初傅咸之言:

> 按令,御史中丞督司百僚,皇太子以下,其在行马内有违法宪者弹纠之;虽在行马外,而监司不纠,亦得奏之……既云中丞督司百僚矣,何复说行马之内乎?既云百僚,而不得复说行马之内者,内外众官谓之百僚,则通内外矣。司隶所以不复说行马内外者,禁防之事已于中丞说之故也。中丞、司隶俱纠皇太子以下,则共对司内外矣,不为中丞专司内百僚,司隶专司外百僚。自有中丞、司隶以来,更互奏内外众官,惟所纠,得无内外之限也……司隶与中丞俱共纠皇太子以下,则从皇太子以下无所不纠也。得纠皇太子,而不得纠尚书,臣之暗塞既所未譬,皇太子为在行马之内邪?皇太子在行马之内而得纠之,尚书在行马之内而不以纠,无有此理。(《晋书》卷四十七《傅咸传》)

制虽如斯严格,皇太子以下无所不纠。但政治若已腐化,司宪之官往往束手无策,甚且供为权贵之工具。例如傅咸为司隶校尉,曾奏劾仆射兼吏部王戎,而御史中丞解结以咸劾为违典制,越局侵官,干非其分(《晋书》卷四十七《傅咸传》)。傅咸"疾恶如仇",王戎则"苟媚取容,无謇谔之节"(《晋书》卷四十三《王戎传》)。解结不言王戎是否应受弹击,而止谓傅咸越局侵官。戎果有违法宪,司隶校尉不宜越俎纠举,御史中丞的解结何又噤口不弹[1]?观此事实,可知晋代御史已不能实行风霜之任。

第二项　地方官制

地方制度则和西汉初年一样,既置郡县,又建藩国。关于藩国已述于前,南渡以后,禄去公室,政归豪门。诸王有立国之名,而无襟带之实。反之,权臣常兼将相于内外(《晋书》卷七十九《谢安传》史臣曰),虽居外镇,而执朝廷之权(《晋书》卷六十五《王导传》)。现在只述州郡县。

地方制度乃承汉魏刺史职权发展的趋势,仍为州郡县三级制度。西汉有州十三、郡国一百有三、县一千五百八十七。东汉有州十三、郡国一百有五、县一千一百八十。三国有州二十、郡国一百五十六。至晋有州十九(惠帝置江州,怀帝置湘州,共二十一州)、郡国一百七十二、县一千二百三十二。

西晋疆域表[2]

州名	治所	郡国数	县数	户数	备考
司州	洛阳	12	99	475700	《晋书》卷十四《地理志》谓司州统郡一十二、县一百,然计算其所载县数只有九十九。
兖州	廪邱	8	56	83300	
豫州	项	10	86	116796	《晋书》卷十四《地理志》谓豫州统郡国十、县八十五。然计算其所统县数,应为八十六。
冀州	房子	13	83	316000	

---

[1] 《晋书》卷六十有《解结传》,未载此事。
[2] 此表据《晋书·地理志》。

续表

州名	治所	郡国数	县数	户数	备考
幽州	涿	7	34	59200	
平州	昌黎	5	26	18100	武帝咸宁二年,分幽州之昌黎、辽东、玄菟、带方、乐浪等五郡,置平州。(《晋书》卷十四《地理志》)
并州	晋阳	6	45	59200	
雍州	京兆	7	39	99500	
凉州	武威	8	46	30700	
秦州	冀城	6	24	32100	后治上邽。
梁州	南郑	8	44	76300	
益州	成都	8	44	149300	
宁州	云南	4	45	82400	宁州于汉魏为益州之地,泰始七年,武帝以益州地广,分益州之建宁、兴古、云南,交州之永昌,合四郡为宁州。(《晋书》卷十四《地理志》)
青州	临淄	6	37	53000	
徐州	彭城	7	61	81021	
荆州	襄阳	22	169	357548	后治江陵。
扬州	寿春	18	173	311400	后治秣陵。
交州	龙编	7	53	25600	
广州	番禺	10	68	43140	
江州					惠帝元康元年,割扬州七郡、荆州三郡,合十郡,置江州。(《晋书》卷十五《地理志》)
湘州					怀帝分荆州六郡、广州三郡,合九郡,置湘州。(《晋书》卷十五《地理志》)
合计		172	1232	2781705	

州置刺史,郡置太守,县置令长。此外尚有乡里组织,乡置啬夫,里置里正。

晋地方官制表

地区	官名		官品①	备考
州	刺史	领兵者	第四	
		不领兵者		
郡	太守		第五	郡皆置太守,河南郡京师所在,则曰尹(品第三),诸王国以内史(品第五)掌太守之任。(《晋书》卷二十四《职官志》)
县	令	秩千石者	第六	县大者置令,小者置长。(同上)
		秩六百石者	第七	
	长		第八	
乡	啬夫			县户五百以上皆置乡,三千以上置二乡,五千以上置三乡,万以上置四乡,乡置啬夫一人。(同上)是则五百户以上三千户以下,只置一乡。这样,乡与县之区别不知何在。
里	里吏			县率百户置里吏一人,其土广人稀,听随宜置里吏,限不得减五十户。(同上)

　　其应特别提出讨论者则为州之制度。兹先说明州郡县之数,两汉州均十三,西汉郡一百三、县一千五百八十七;东汉郡一百五、县一千一百八十。魏取北方之地,置州十三、郡九十有一。晋武既并天下,置州十九(惠帝置江州,怀帝置湘州,合计二十一州)、郡一百七十有二、县一千二百三十二,即州郡之数虽比两汉为多,而县数则比西汉少,比东汉多。武帝时傅咸上言,"夏禹敷土,分为九州岛,今之刺史几向一倍,户口比汉十分之一,而置郡县更多"(《晋书》卷四十七《傅咸传》)。夏代领土偏于北方,两汉之时,南方土地虽广,户口实稀,其置州十三,固有理由。晋武增为十九,并不算多。傅咸所谓"户口比汉十分之一",据胡三省计算,平吴以前(傅咸之言在咸宁五年),"口犹及汉十分之一,而户则未几及也"(《资治通鉴》卷八十晋武帝咸宁五年胡三省注)。吾人以为晋代地方制度成为问题者是州。汉世之州是监察区,魏世之州为行政区,刺史

---

① 官品据《通典》卷三十七《晋官品》。

之权甚大，往往夺取太守的职权。案国家法令无不经由令长，而施于人民，汉惧令长之不修，立太守以董之，畏督导之容曲，设刺史以纠之，故直接负治民之责者乃是令长。太守虽云"主治民"，其实不过督导令长执行中央颁布的法令，或决定一郡政策，使令长兴利除害。刺史虽云"省察治状"，其实只能在六条范围之内，监察太守有无枉法失职之事，至于一般行政，刺史本来无权过问。令长司执行，太守司督导，刺史司监察非法，虽有三种机关，而三者职权并不重复。汉魏之际，刺史渐由监察官变成行政官，魏文受禅，仍承其绪，莫能匡救。既有太守，又置刺史，两者所司，大体相同。如是，刺史势将夺取太守的职权，而使太守无政可理，变成尸位素餐的机关。

晋兴，武帝平吴之后，固曾下诏恢复汉氏故事，刺史专司监察，治民之任委于郡守。但是积重难返，一道诏令，何能更改？晋武帝"虽有其言，不卒其事"（《后汉书》卷三十八《百官志五》刘昭注）。元帝渡江，晋之领土限于南方，而为招诱北人，乃侨置许多州郡，如侨置司州于徐，侨立弘农郡于寻阳，即其例也①。所以孝武帝时范宁主张：

> 今荒小郡县皆宜并合，不满五千户，不得为郡；不满千户，不得为县。

（《晋书》卷七十五《范宁传》）

但是外重之势已成，中央政府何能自由整理地方制度？地方制度之缺点最多者，乃是各级长官互相领帖，而如范宁所说：

> 郡守长吏牵置无常，或兼台职，或带府官。夫府以统州，州以监郡，郡以莅县，如令互相领帖，则是下官反为上司。（《晋书》卷七十五《范宁传》）

同时魏世都督之制又不撤销。

---

① 侨立州郡之多，可参阅《晋书·地理志》。

魏文帝黄初三年，始置都督诸州军事，或领刺史……及晋受禅。都督诸军为上，监诸军次之，督诸军为下。使持节为上，持节次之，假节为下。使持节得杀二千石以下，持节杀无官位人，若军事，得与使持节同。假节唯军事得杀犯军令者。江左以来，都督中外尤重，唯王导等权重者乃居之。(《晋书》卷二十四《职官志》)

太康中，"都督知军事，刺史理人"(《通典》卷三十二《都督》)，犹有军民分治之意。但刺史多以都督兼之，否者号为单车刺史。单车之名似始于东汉。顺帝汉安年间，张纲为广陵太守，"前遣郡守，率多求兵马，纲独请单车之职"(《后汉书》卷五十六《张纲传》)。《后汉书》为南朝刘宋时范晔所著，晔因魏晋之后有单车刺史之名，追述往事，乃用此名称乎，抑东汉本来就有此名？《通典》(卷三十二《州牧刺史》)云："自魏以来，庶姓为州，而无将军者，谓之单车刺史"，是则单车刺史之称乃始于曹魏，其应如何解释，待考。凡刺史兼都督之职者，均得当方面，总兵权，而有州将之称。州将名称见于历史者是在南齐之末(《资治通鉴》卷一百四十三齐东昏侯永元二年胡三省注)。二者相兼，固然一方有州官如别驾、治中之类，他方有府官如长史、司马之类，"州官理民，府官理戎"(《通典》卷三十二《总论州佐》)。但是一人既兼文武两职，则军民分治之制，无形中必至破坏。南渡以后单车益鲜，刺史内亲民事，外领兵马，太康元年之诏已经成为具文，政局不安，即此之由。

都督监军督军治军事，刺史治民事。西都之盛，军事为客，民事为主，然刺史多都督兼之，否者号为单车刺史。南渡以后单车益鲜。义熙中，刘毅有憾于庾悦，罢其军府，悦以愤卒，风尚可知也。州牧者东汉旧官，尊于都督，故不常置。司州本无都督刺史之名，治民则司隶校尉，治军则邺城守诸军事，或曰河北诸军事。冀州无都督，邺河北兼之，所以重京畿镇四方也。惠帝元康末，刘寔始以光禄大夫领冀州都督。怀帝永嘉初，东海王越始以兖州牧兼司州都督。冀有都督自寔始，司以州名系都督自越始，异乎开建之义矣。(《晋略·方镇表》)

但是西晋初年，州不皆督，督唯一州，八王作乱，始有兼督诸州之事。南渡以后，其例更多。

泰始时，州不皆督，督唯一州……其有一督而兼二州，则皆边远新造之区①。太康元年，琅邪王伷始以徐都兼青，是后下邳王晃亦以青都兼徐，乃是偃武修文休息之象……非如后来，本州既有都督，旁州又来兼之，权势相压，使民命不堪者也。永兴中，惠帝西狩，山东大乱，东海王越倡为戎首，越弟虓先夺刘乔豫州，及败奔河北，又夺温羡冀州，遂以豫州刺史，自兼河北都督。怀帝初立，越挟嫌出镇，遂以兖州牧兼督兖司冀豫并幽六州。帝厌越横，崇长青督苟晞，欲以制之，晞遂兼督青兖豫徐扬荆六州，而民力军储不可复问矣。南渡以后，豫徐江三州皆为重镇，纷纷兼督，多是侨州，或只一郡，或只一县，唯荆兼梁益宁交广，乃为实土，是以上流偏重，卒成王桓之变。(《晋略·方镇表》)

统一的局面已经破坏，割据的局面已经形成，而元帝之即帝位，又由地方官一百八十人劝进(《晋书》卷六《元帝纪》建武元年)，地方官既有劝进之功，而在大乱之际，皇帝更应优容，不敢绳之以法，于是牧镇愈重，委之邦宰之命，授之斧钺之重，假之都督之威，开之征讨之路。西晋初年，"内官重，外官轻"(《晋书》卷四十六《李重传》)，而如傅咸所说"中间选用，惟内是隆，外举既颓，复多节目，竞内薄外，遂成风俗"(《晋书》卷四十七《傅咸传》)。现在竟然一变而为内轻外重，武帝时，贾充不愿由尚书令出为都督；南渡之后，秉朝政者喜兼一州刺史。而各州的势力又不平衡，东晋偏安江左，江左大镇莫过荆扬。南渡之初，两州富庶相等，东晋定都建康，扬州无异于汉之司隶，而三吴(丹阳、会稽、吴郡)则为建康的府藏。元帝肇造，命诸葛恢守会稽，至比之汉的关中。前已举过：

元帝调诸葛恢为会稽太守，临行，帝为置酒，谓曰，今之会稽，昔之关

---

① 原注，雍凉梁益皆为边远。宁州始置，则梁益兼督；平州始置，幽州兼督。

中，足食足兵，在于良守，以君有莅任之方，是以相屈。(《晋书》卷七十七《诸葛恢传》)

中央的甲兵由三吴补充，中央的财赋由三吴供给，三吴义务独多，三吴物力渐次枯竭。

> 朝廷赋役繁重，吴会尤甚。(《晋书》卷八十《王羲之传》)

秦汉两代常移天下租税，徙郡县豪杰，以实京师。因为财用之在京师，与贮于府藏无异；豪杰之在京师，与籍于营卫不殊。三吴贫弱，就是中央贫弱。荆州之地，户口百万，而荆州刺史又常兼督梁益宁交广五州军事，五州均是实土，而与其他侨州"或只一郡，或只一县"者不同(见上引《晋略·方镇表》)。上流偏重，政局常受荆州的影响，这是南朝的共同现象。

外重内轻，尾大不掉，当然"藩帅强盛，宰相权弱"(《晋书》卷八十四《王恭传》)。不但八公无权，九卿失职，就是三省也成为藩帅弄权的工具。而藩帅又须兼将相于内外，而后他的权力方能统制各方。但是外重之势已成，藩帅虽秉朝政，亦必不肯驻留中央。王敦既进位丞相都督中外诸军事、录尚书事了(《晋书》卷六《元帝纪》永昌元年)，而又领江州牧(以其兄含为荆州刺史)，屯武昌(《晋书》卷九十八《王敦传》)。桓温既进位大司马，都督中外诸军事、录尚书事了，而又以荆州刺史，遥领扬州牧，镇姑孰(《晋书》卷九十八《桓温传》)。扬州为王畿之地，荆州居建康上流，两州都督对于中央政权有举足轻重之势①。在外重内轻的局面之下，权臣往往不欲放弃两州。庾亮为征西将军，都督江荆豫益梁雍六州诸军事，领江荆豫三州刺史，镇武昌(《晋书》卷七十三《庾亮传》)，"亮虽居外镇，而

---

① 《历代职官表》(卷五十《总督巡抚·晋》)云："谨案，晋氏南迁，以扬州为京畿，谷帛所资皆出焉。以荆州为重镇，甲兵所聚尽在焉。二州户口居江南之半，自非亲贤重望，不居是职。故荆州亦称陕西，而襄阳、江夏、彭城、广陵、历阳、京口各置名州(似指侨州)，为藩镇重寄。当时所谓要州，盖谓此也。太康时，分厘治军治民之职，不旋踵而仍并为一。盖有不治军之刺史，而无不治民之都督。江左尤重其任，惟权位最隆者乃始居之，亦时会使然也。"

执朝廷之权,既据上流,拥强兵,趣向者多归之",竟令王导"内不能平,尝遇西风尘起,举扇自蔽,徐曰,元规(庾亮字)尘污人"(《晋书》卷六十五《王导传》)。时王敦已死,王导辅政,因无外援,故乃受制于庾亮。宰辅无权,方镇跋扈,这是东晋政制的实际情形。

附录 晋建元表

武帝司马炎　泰始十　咸宁六　太康十　太熙一（即惠帝永熙元年）
惠帝衷　　　永熙一　永平三月　元康九　永康二　永宁二　太安二
　　　　　　永安六月　建武五月　永兴三　光熙一
怀帝炽　　　永嘉七
愍帝邺　　　建兴五

　　上西晋四帝五十三年。

元帝睿　　　建武二　大兴四　永昌二
明帝绍　　　太宁四
成帝衍　　　咸和九　咸康八
康帝岳　　　建元二
穆帝聃　　　永和十二　升平五
哀帝丕　　　隆和二　兴宁三
海西公奕　　太和六
简文帝昱　　咸安二
孝武帝曜　　宁康三　太元二十一
安帝德宗　　隆安五　元兴三　义熙十四
恭帝德文　　元熙二

　　上东晋十一帝一百四年。通计两晋，共一百五十六年。

第三章 南北朝

第一节
南北的对立

自晋退保江东之后,北方之地均为蛮族所盘据,他们更兴迭仆,互相攻战,到了刘裕代晋,国号曰宋,鲜卑种族的拓拔魏也复统一北方,于是就成为南北对峙之局。

南北分立有一百五十年之久,南方易朝四次,曰宋曰齐曰梁曰陈;北方由魏统治,后又分为东西,东魏禅于齐,西魏禅于周,周又灭齐,隋篡取周的帝位,南下灭陈,结束了南北朝对峙之局。南北分立所以能够维持一百五十年之久,实有各种原因。

就人种说,晋室退保江东之后,北人南徙,侨居江左者为数不少。而政府又侨立州郡,以招徕北方人口。最初南渡的北人和土著的南人颇有隔阂。但迁居既久,人安其业,遂能渐次融和,于是就令北人侨居江南者,所在以土著为断,不得挟注本籍。土断于东晋时曾实行三次。

第一次在成帝咸康七年,当时政在庾氏兄弟,庾亮"有开复中原之谋",庾翼则"以灭胡平蜀为己任"(参阅《晋书》卷七十三《庾亮庾翼传》)。

咸康七年三月,诏实王公以下至庶人,皆正土断白籍。胡三省注曰,时王公庶人多自北来,侨寓江左,今皆以土著为断,著之白籍也。白籍者,户口版籍也。

宋齐以下有黄籍。(《资治通鉴》卷九十六《晋成帝纪》)

第二次在哀帝兴宁二年,当时政在桓温。桓温曾率师平蜀,又曾进兵关中,因食尽,不得不归(参阅《晋书》卷九十八《桓温传》)。

兴宁二年三月庚戌朔,大阅户口,令所在土断,严其法制,谓之庚戌制。胡三省注曰,令西北士民侨寓东南者,所在以土著为断也。(《资治通鉴》卷一百一《晋哀帝纪》)

孝武帝时,范宁曾上疏请求土断。帝虽善之,而未实行。

昔中原丧乱,流寓江左,庶有旋反之期,故许其挟注本郡。自尔渐久,人安其业,丘垄坟柏皆已成行,虽无本邦之名,而有安土之实。今宜正其封疆,以土断人户,明考课之科,修闾伍之法。帝善之。(《晋书》卷七十五《范宁传》)

第三次在安帝义熙九年,是时刘裕秉政,且欲大举西伐,平定关中。

义熙九年三月,太尉刘裕上表曰,大司马温(桓温)以民无定本,伤治为深。庚戌土断,以一其业。于时财阜国丰实由于此。自兹迄今,渐用颓弛,请申前制。于是依界土断,唯徐兖青三州居晋陵者,不在断例①。诸流寓郡县多所并省。(《资治通鉴》卷一百十六《晋安帝纪》)

庾亮、桓温、刘裕均有志于恢复,而均实行土断。土断之目的何在,由此亦可推测出来。自是以后,南朝均有土断之事。然其目的多在于增加赋税。

---

① 胡三省注,徐青兖三州都督,率治晋陵,故难以土断。

南朝土断表

朝代	土　　断
宋	宋孝武帝大明元年七月辛未,土断雍州诸侨郡县。(见《宋书》卷六《孝武帝纪》)
齐	齐武帝永明元年,南兖州刺史柳世隆奏,尚书符下土断条格,并省侨郡县。(见《南齐书》卷十四《州郡志上》)
梁	梁武帝天监元年四月辛未,土断南徐州诸侨郡县。(见《梁书》卷二《武帝纪中》) 梁武帝天监十七年三月丁巳朔,诏曰,编户未滋,迁徙尚有,轻去故乡,岂其本志……凡天下之民有流移他境,在天监十七年正月一日以前,可开恩半岁,悉听还本,蠲课三年。其流寓过远者,量加程日。若有不乐还者,即使著土籍为民,准旧课输。(见《梁书》卷二《武帝纪》)
陈	陈文帝天嘉元年七月乙卯,诏曰,自顷丧乱,编户播迁,言念余黎,良可哀悼。其亡乡失土,逐食流移者,今年内随其适乐。来岁不问侨旧,悉令著籍,同土断之例。(见《陈书》卷三《世祖纪》)

土断有两种意义,一是财政意义。前曾说过,晋自渡江以后,北人之自拔南奔者往往散居,没有土著,租税皆随意乐输,而比正课为少。

> 晋自中原丧乱,元帝寓居江左,百姓之自拔南奔者,并谓之侨人,皆取旧壤之名,侨立郡县,往往散居,无有土著……其无贯之人不乐州县编户者,谓之浮浪人,乐输亦无定数,任量准所输,终优于正课焉。(《隋书》卷二十四《食货志》)

而自朝廷实行土断之后,凡寄居某地者均视为落籍于某地,其所纳的租税乃和土著人民相同,这是可以增加国家财政的收入。所以桓温的庚戌土断,刘裕称之为"财阜国丰,实由于此"。但是侨居某地,既可逃逃租税,所以人民多不愿落籍。

> 雍土多侨寓,玄谟(时为雍州刺史)请土断流民,当时百姓不愿属籍,罢之。(《宋书》卷七十六《王玄谟传》)

二是社会的意义。当中原士庶流寓江左之时，人人均怀反旋之望，所以政府许其挟注本籍。时移岁易，过江者已经殂没，童幼者已经成年，班荆辍音，积习成俗，既绝望于本邦，宴安于所托，若再认为寄籍，则一地之人必因籍贯不同，彼此不易融和；若再加以纳税义务之殊，则主客偏见将永久不能泯灭。土断之后，客籍与本籍既无差别，则北人不但事实上，便是法律上也成为南人。这种变迁，由东晋的努力，到了南北朝，固然不能谓为完全成功，而南人和北人互相排斥之风，确实已经减少。

同时五胡乱华之际，各种蛮族固然都有民族意识，但是他们没有文化，既然建国于中华版图之上，就不能不适应中华的环境，采用中华的文物制度，所以他们政治上虽然支配了中国，而文化上却不能不同化于中国。拓拔魏接受中国文化较晚，在其未入中原以前，尚是游牧民族，"统幽都之北，广漠之野，畜牧迁徙，射猎为业"(《魏书》卷一《序纪》)。晋氏崩离，戎羯乘衅，中原大乱，边境空虚，拓拔种族便由漠北移到边疆，入云中，至雁门，下中山，而定都于平城，营宫室，建宗庙，立社稷，自称曰魏(《魏书》卷二《太祖道武帝纪》)。"招纳晋人，晋人降者稍众"(《魏书》卷二十三《卫操传》)，乃计口授田，给以耕牛，遂由行国变为城郭国家，由游牧民族变为农耕民族。而既与晋人相处，又为调和汉胡感情，自称为轩辕之苗裔(参阅《魏书》卷二十三《卫操传》)，渐次夺取五胡占据之土地，而于太武帝之世，奠定北方。太武帝之母杜氏，魏郡邺人(《魏书》卷十三《明元密皇后传》，参阅卷八十三《杜超传》)，是帝乃汉胡杂种。但幼受鲜卑教育，而其前后三后又是胡人①，故自居为胡，民族意识甚见强烈，吾人观太武帝与臧质之书，即可知之。

> 焘（魏太武帝）与臧质书曰，吾今所遣斗兵尽非我国人，城东北是丁零与胡，南是三秦氐羌。设使丁零死者，正可减常山赵郡贼。胡死，正减并州贼。氐羌死，正减关中贼。卿若杀丁零胡，无不利。《宋书》卷七十四《臧质传》）

---

① 一是赫连氏。二是贺氏，贺氏代人，其先世为君长，四方附国者数十部。三是郁久闾氏，本蠕蠕人。参阅《魏书》卷十三各列传、卷八十三上《贺讷贺迷传》《闾毗传》。

太武帝之后,由文成帝、献文帝而至孝文帝,渐次汉化。文成帝为太武帝后闾氏之子。其后冯氏,长乐信都人,北燕冯跋之后(《魏书》卷十三《文成文明皇后冯氏传》,参阅卷八十三上《冯熙传》)。冯后无子,妃李氏,兴国蒙县人(《魏书》卷十三《文成元皇后李氏传》,参阅卷八十三上《李峻传》),生献文帝,即位时,年方十一。依"魏故事,后宫产子,将为储贰,其母皆赐死"(《魏书》卷十三《道武宣穆皇后刘氏传》),故冯太后得以母氏秉政。献文帝后李氏,中山安喜人(《魏书》卷十三《献文思皇后李氏传》,参阅卷八十三《李惠传》),生孝文帝。孝文帝即位,年方五岁,冯太后仍听政。即孝文帝之血统属于汉族者多,其前后四后均是汉人①。孝文帝的教育受汉人冯太后之熏陶者甚深。太和十四年,冯太后崩,帝始亲政,越四年即太和十八年,就借南征之名,由平城迁于洛阳,而实行各种汉化政策。一是改衣冠。

> 太和十有八年十有二月壬寅,革衣服之制。(《魏书》卷七下《高祖孝文帝纪》)
> 高祖引见王公卿士,责留京之官曰,昨望见妇女之服仍为夹领小袖……卿等何为而违前诏?(《魏书》卷二十一上《咸阳王禧传》)

二是断北语②。

> 太和十有九年六月己亥,诏不得以北俗之语,言于朝廷,若有违者,免所居官。(《魏书》卷七下《高祖孝文帝纪》)
> 高祖引见朝臣,诏之曰,今欲断诸北语,一从正音,年三十以上,习性已久,容或不可卒改。三十以下,见在朝廷之人,语音不听仍旧。若有故为,当降爵黜官,各宜深戒。(《魏书》卷二十一上《咸阳王禧传》)

---

① 一是贞皇后林氏,平原人。二是废皇后冯氏。三是幽皇后冯氏,二冯皆冯太后之内侄。四是昭皇后高氏,为高肇之妹。高肇,渤海蓨人,似与高欢同族。高欢六世祖隐,晋玄菟太守,即汉人也。《魏书》卷十三各列传,参阅卷八十三下《高肇传》,高氏生宣武帝。
② 当时反对断北语的乃是汉人李冲。"冲言四方之语竟知谁是,帝者言之,即为正矣,何必改旧从新?"(《魏书》卷二十一《咸阳王禧传》)

三是改姓氏。

> 太和二十年正月丁卯，诏改姓为元氏。(《魏书》卷七下《高祖孝文帝纪》)
> 太和十九年，诏曰，代人诸胄先无姓族，比欲制定姓族，事多未就……令司空公穆亮……等，详定北人姓，务令平均，随所了者，三月一列簿帐，送门下以闻。(《魏书》卷一百十三《官氏志》)

四是通婚姻。

> 诏曰，诸王拟匹卑滥，前者所纳可为妾媵，将以此年为六弟娉室。长弟咸阳王禧可娉故颍川太守陇西李辅女，次弟河南王干可娉故中散代郡穆明乐女，次弟广陵王羽可娉骠骑咨议参军荥阳郑平城女，次弟颍川王雍可娉故中书博士范阳卢神宝女，次弟始平王勰可娉廷尉卿陇西李冲女，季弟北海王详可娉吏部郎中荥阳郑懿女。(《魏书》卷二十一上《咸阳王禧传》)

最初北人均不愿南迁，"在位旧贵皆难于移徙，时欲和合众情，遂许冬则居南，夏便居北"(《魏书》卷十五《元晖传》)，一般平民"资产罄于迁移，牛畜毙于辇运……富者犹损太半，贫者可以意知"(《魏书》卷六十五《李平传》)，"人怀恋本，细累相携，始就洛邑，居无一椽之室，家阙儋石之粮"(《魏书》卷十九中《任城王云传》)。贵贱俱怨，而孝文帝为贯彻汉化政策，又实行土断之法。

> 太和十九年六月丙辰，诏迁洛之民，死葬河南，不得还北，于是代人南迁者悉为河南洛阳人。(《魏书》卷七下《高祖孝文帝纪》)

这种汉化政策固然可以提高拓拔种族的文化，唯由另一方面观之，却是极大的失策。拓拔魏不过鲜卑种族之一支，趁着北方蛮族更兴迭仆、南方军阀忙于内战之际，侵服汉胡，统一北方。其能累战累胜，实如燕凤所说："北人壮悍……驱驰若飞……军无辎重樵爨之苦,轻行速捷,因敌取资,此南方所以疲敝,而北方之所常胜也。"(《魏书》卷二十四《燕凤传》)现在鲜卑种族乃弃其雄武之气,袭晋繁缛之文,文治未兴,武事已弛,国势之衰实由于此。何况拓拔种人本来不多,南迁之后,以有限之人,必不满诸州之地,参居郡县,纵不同化,亦必见轻于人?明元帝欲由平城迁都于邺,崔浩已力陈其弊。

神瑞二年秋,谷不登。太史令王亮、苏坦劝太宗(明元帝)迁都。崔浩言于太宗曰:"今国家迁都于邺,可救今年之饥,非长久之策也。东州之人常谓国家居广漠之地,民畜无算,号称牛毛之众。今留守旧都,分家南徙,恐不满诸州之地,参居郡县,处榛林之间,不便水土,疾疫死伤,情见事露,则百姓意沮,四方闻之,有轻侮之意。屈丐、蠕蠕必提挈而来,云中、平城则有危殆之忧,阻隔恒代,千里之险,虽欲救援,赴之甚难,如此则声实俱损矣。今居北方,假令山东有变,轻骑南出,耀威桑梓之中,谁知多少,百姓见之,望尘震服,此是国家威制诸夏之长策也。"太宗深然之。(《魏书》卷三十五《崔浩传》)

而孝文竟然力排众议,实行南迁。南迁之后,就同五胡一样,接受中华的文物制度。只唯缘边六镇尚保存鲜卑的风俗习惯,所以尔朱荣入秉朝政之后,北方人民又发生了汉儿胡人的歧见。

高欢每号令军士,常令丞相属代郡张华原宣旨。其语鲜卑,则曰汉民是汝奴,夫为汝耕,妇为汝织,输汝粟帛,令汝温饱,汝何为陵之?其语华人,则曰鲜卑是汝作客,得汝一斛粟,一匹绢,为汝击贼,令汝安宁,汝何为疾之?时鲜卑共轻华人,唯惮高敖曹,欢号令将士,常鲜卑语,敖曹在列,则为之华言。(《资治通鉴》卷一百五十七梁武帝大同三年)

其实,这个时候汉胡之别已经离开血统关系,而以文化为标准。鲁爽扶风人,"幼染殊俗,无复华风"(《宋书》卷七十四《鲁爽传》)。高欢为晋玄菟太守高隐之后，只因"累世北边，故习其俗，遂同鲜卑"（《北齐书》卷一《神武纪上》）。欢字贺六浑，完全是胡人的名，其子高澄、高洋更同化于鲜卑，忘记自己是汉人。

> 侯景素轻世子（高澄），尝谓司马子如曰，王在，吾不敢有异；王无，吾不能与鲜卑小儿共事。（《北齐书》卷二《神武纪下》）
> 文宣（高洋）每言太子得汉家性质，不似我，欲废之。（《北齐书》卷五《废帝纪》）
> 显祖（高洋）谓群臣曰，高德政常言宜用汉人，除鲜卑，此即合死。（《北齐书》卷三十《高德政传》）

诸源为秃发乌孤之裔，明明白白是鲜卑人种，而时人乃斥之为汉儿，因为他们习知典礼，已经汉化。

> 源贺，西平乐都人，私署河西王秃发傉檀之子也。傉檀为乞伏炽盘所灭，贺自乐都奔魏，太武谓贺曰："卿与朕同源，因事分姓，今可为源氏。"贺玄孙师仕齐为尚书左外兵郎中，又摄祠部。后属孟夏，以龙见请雩。时高阿那肱为录尚书事，谓为真龙出见，大惊喜，问龙所在，云作何颜色？师整容云，此是龙星，初见依礼当雩祭郊坛，非谓真龙别有所降。高阿那肱忿然作色曰，汉儿多事，强知星宿，祭事不行。师出窃叹曰："国家大事在祀与戎，礼既废也，其能久乎？齐亡无日矣。"（《北史》卷二十八《源贺及师传》）

汉儿视为胡人，胡人视为汉儿，可知当时北方人种已经胡汉相杂。到了周齐分据，宇文泰用胡变夏，汉人常自动地改为胡姓。例如：

> 梁御，其先安定人也，后因官于北边，遂家武川，改姓为纥豆陵氏。（《周书》卷十七《梁御传》）

而胡人改为汉姓①,汉人赐以胡姓,其例之多更不胜枚举。

> 魏孝文自代迁洛,欲大革胡俗,既自改拓拔为元氏,而诸功臣旧族自代来者,以姓或重复,皆改之。于是拔拔氏为长孙氏,达奚氏为奚氏,乙旃氏为叔孙氏,邱穆陵氏为穆氏,步六孤氏为陆氏,贺赖氏为贺氏,独孤氏为刘氏,贺楼氏为楼氏,勿忸于氏为于氏,尉迟氏为尉氏,其用夏变夷之意如此。(《容斋三笔》卷三《元魏改功臣姓氏》)

所以南北分立之际,北方人民已非纯粹汉族,而是汉胡的杂种。南北人种互不相同,实如刘知几所说:

> 中野江左,南北混淆,华壤边民,虏汉相杂。(《史通》卷三《书志》)

南北界限颇见显明,南谓北为索虏,北指南为岛夷。

> 汉室颠覆,三国鼎峙,晋氏失驭,五胡云扰,宋魏以降,南北分立,各有国史,互相排黜,南谓北为索虏,北谓南为岛夷。(《资治通鉴》卷六十九《魏纪》文帝黄初二年司马光曰)

南北政府均不信任对方的人,因之北人晚渡者,南朝不敢委以重任。

> 晚渡北人,朝廷常以伧燕遇之,虽复人才可施,每为清涂所隔。(《宋书》卷六十五《杜骥传》)②

---

① 胡人改汉姓,可参阅《魏书》卷一百十三《官氏志》。汉人改为胡姓,可参阅《周书》各列传。
② 杜骥为杜预子孙,其兄坦谓宋文帝曰,臣本中华高族,直以南渡不早,便以荒伧赐隔(《宋书》卷六十五《杜骥传》)。又羊侃父祉,事魏为侍中金紫光禄大夫,常谓诸子曰,人生安可久淹异域?汝等可归奉东朝。侃生于大通三年归梁。中大通四年,侃谓武帝曰,"臣拔迹归朝,常思效命。北人虽谓臣为吴,南人已呼臣为虏"。(《梁书》卷三十九《羊侃传》)

而南人北投者，北朝亦不愿予以兵马之权①。

> 王慧龙……渡江……归国（魏），请效力南讨……后拜洛阳镇将，配兵三千人，镇金墉，既拜十余日，太宗崩。太祖初即位，咸谓南人不宜委以师旅之任，遂停前授。（《魏书》卷三十八《王慧龙传》）

当时北方遗黎大率忘记自己与南方人士同是汉族，吾人观下列之例，即可知之。

> 车骑将军张景仁……会稽山阴人也。景明年初，从萧保夤归化，拜羽林监……永安二年，萧衍遣主书陈庆之……入洛阳……景仁在南之日，与庆之有旧，遂设酒引邀庆之过宅，司农卿萧彪、尚书右丞张嵩并在其座，彪亦是南人。唯有中大夫杨元慎、给事中大夫王晌是中原士族。庆之因醉谓萧张等曰："魏朝甚盛，犹曰五胡，正朔相承，当在江左，秦皇玉玺，今在梁朝。"元慎正色曰："江左假息，僻居一隅，地多湿垫，攒育虫蚁，疆土瘴疠，蛙黾共穴，人鸟同群。短发之君无杅首之貌，文身之民禀蔑陋之质。浮于三江，棹于五湖，礼乐所不沾，宪章弗能革。虽复秦余汉罪，杂以华音，复闽楚难言，不可变改。虽立君臣，上慢下暴，是以刘劭杀父于前，休龙淫母于后，背逆人伦，禽兽不异。加以山阴请婿卖夫，朋淫于家，不顾讥笑。卿沐其遗风，未沾礼化，所谓阳翟之民不知瘿之为丑。我魏膺箓受图，定鼎嵩洛，五山为镇，四海为家，移风易俗之典，与五帝而并迹，礼乐宪章之盛，凌百王而独高。岂卿鱼鳖之徒，慕义来朝，饮我池水，啄我稻梁，何为不逊，以至于此？"庆之等见元慎清辞雅句，纵横奔发，

---

① 但是南朝人士并不和睦，而有南北的歧见。中原大乱，北人南渡者掌握政权。他们对于江左人士，到了齐世，尚有轻视之心。例如张绪，吴郡人，齐高帝"欲引绪为右仆射，以问王俭。俭曰，南士由来少居此职。褚渊在座，启上曰，俭年少，或不尽忆，江左用陆玩、顾和，皆南人也。俭曰，晋氏衰政，不可以为准则。上乃止"（《南齐书》卷三十三《张绪传》）。同时南人亦深恨北士，丘灵鞠，吴兴人，"不乐武位，谓人曰，我应还东掘顾荣冢，江南地方数千里，士子风流皆出北中，顾荣忽引诸伧渡，妨我辈涂辙，死有余罪"（《南齐书》卷五十二《丘灵鞠传》）。

杜口流汗,合声不言。于后数日,庆之遇病,心上急痛,访人解治。元慎自云能解,庆之遂凭元慎。元慎即口含水噀庆之曰,吴人之鬼,住居建康,小作冠帽,短制衣裳,自呼阿侬,语则阿傍,菰稗为饭,茗饮为浆,呷啜莼羹,唼嗍蟹黄,手把豆蔻,口嚼槟榔,乍至中土,思忆本乡,急手速去,还尔丹阳。若其寒门之鬼,□①头犹修,网鱼漉鳖,在河之洲,咀嚼菱藕,捃拾鸡头,蛙羹蚌臛,以为膳羞,布袍芒履,倒骑水牛,沅湘江汉,鼓棹遨游,随波溯浪,唫喎沉浮,白苎起舞,扬波发讴,急手速去,还尔扬州。庆之伏枕曰:"杨君见辱深矣。"自此后,吴儿更不敢解语……元慎,弘农人,晋冀州刺史峤六世孙。(《洛阳伽蓝记》卷二)

南北双方人种不同,互相鄙视,而不融和,这是南北分立的第一原因。南北朝初期,刘裕平定关中,崔浩知其不能久守,就是因为南北人情不同,风俗亦异。崔浩说:

秦地戎夷混并,虎狼之国,裕亦不能守之,风俗不同,人情难变,欲行荆扬之化于三秦之地,譬无翼而欲飞,无足而欲走,不可得也。(《魏书》卷三十五《崔浩传》)

就经济说,永嘉丧乱,百姓流亡,中原萧条,千里无烟。因为社会丧乱,引起人口流亡,因为人口流亡,增加土地荒芜,促成经济崩溃,而致货币不能流通。北方于石勒时代,钱币已经不行于世。

石勒令公私行钱,而人情不乐,乃出公绢市钱,限中绢匹一千二百,下绢八百。然百姓私买中绢四千,下绢二千。巧利者贱买私钱,贵卖于官,坐死者十数人,而钱终不行。(《晋书》卷一百五《石勒载记下》)

---

① 原书缺损一字。

南方自晋渡江南之后,货币已不普用。沈演之说:

> 晋迁江南,疆境未廓,或士习其风,钱不普用。(《宋书》卷六十六《何尚之传》)

所以安帝时代有废除钱币之议。

> 安帝元兴中,桓玄辅政,议欲废钱,用谷帛,孔琳之……谓救弊之术无取于废钱,朝议多同琳之,故玄议不行。(《晋书》卷二十六《食货志》)

到了拓拔魏统一北方,南北双方的钱币完全不同。

南北朝官铸钱币表

朝代		名称	备考
南朝	宋代	四铢钱	文帝元嘉七年十月,立钱署,铸四铢钱。(见《宋书》卷五《文帝纪》)
		大钱	文帝元嘉二十四年六月,以货贵,制大钱,一当两。二十五年五月,罢大钱当两。(见《宋书》卷五《文帝纪》)
		孝武四铢	孝武帝孝建元年正月,更铸四铢钱。(见《宋书》卷六《孝武帝纪》)
		二铢钱	前废帝永光元年二月,铸二铢钱。(见《宋书》卷七《前废帝纪》)
	梁代	五铢钱	梁武帝乃铸钱,肉好,周郭文曰五铢,重如其文。而又别铸,除其肉郭,谓之女钱,二品并行。至普通中,乃议尽罢铜钱,更铸铁钱。(见《隋书》卷二十四《食货志》)
		女钱	
		铁钱	
		四柱钱	敬帝太平二年四月己卯,铸四柱钱,一准二十。壬辰,改四柱钱一准十。丙申,复闭细钱。(见《梁书》卷六《敬帝纪》)
	陈代	五铢钱	文帝天嘉五年,改铸五铢。宣帝大建十一年,又铸大货六铢,以一当五铢之十,与五铢并行,后还当一,人皆不便,遂废六铢。(见《隋书》卷二十四《食货志》)
		大货六铢	
北朝	后魏	太和五珠	魏初,至于太和,钱货无所周流,高祖(孝文)始诏天下用钱焉。十九年,冶铸粗备,文曰太和五铢,诏京师及诸州镇皆通行之……自后民多私铸,稍就小薄,价用弥贱……至永安二年秋,诏更改铸,文曰永安五铢。(见《魏书》卷一百十《食货志》)
		永安五铢	

续表

朝代		名称	备考
	北齐	常平五珠	齐神武霸政之初,承魏犹用永安五铢……百姓私铸,渐复细薄,奸伪竞起。文宣受禅,除永安之钱,改铸常平五铢,重如其文。(见《隋书·食货志》)
	北周	布泉钱	后周之初尚用魏钱,及武帝保定元年七月乃更铸布泉之钱,以一当五,与五铢并行。建德三年六月,更铸五行大布钱,以一当十,与布泉钱并行。齐平以后,宣帝大象元年十一月,又铸永通万国钱,以一当十,与五行大布及五铢,凡三品并行。(见《隋书》卷二十四《食货志》)
		五行大布钱	
		永通万国钱	

而盗铸之风又盛,南北政府均无确定的币制,时时销毁旧币,改铸新币,新旧的钱轻重不一,比价不同,于是劣币便驱逐了良币,而使钱币日益滥恶,官钱每出,奸民就乘机盗铸。

南北朝奸民盗铸钱币表

朝代		盗铸情况
南朝	宋代	元嘉中,铸四铢钱,轮郭形制与五铢同,用费损无利,故百姓不盗铸。及世祖(孝武帝)即位,又铸孝建四铢,铸钱形或薄小,轮郭不成,于是民间盗铸者云起,杂以铅锡,并不牢固。又剪凿古钱,以取其铜,钱转薄小,稍违官式,虽重制严刑,民吏官长坐死免者相系,而盗铸弥甚,百物踊贵,民人患苦之……前废帝即位,铸二铢钱,形式转细,官钱每出,民间即模效之,而大小厚薄皆不及也,无轮郭,不磨鑢,如今之剪凿者,谓之耒子。景和元年,沈庆之启通私铸,由是钱货乱改,一千钱长不盈三寸,大小称此,谓之鹅眼钱,劣于此者谓之綖环钱,入水不沉,随手破碎,市井不复料数,十万钱不盈一掬,斗米一万,商货不行。(见《宋书》卷七十五《颜竣传》)但据卷六十六《何尚之传》,先是患钱轻,铸四铢钱,民间颇盗铸,多翦凿古钱以取铜。上患之,二十四年,录尚书江夏王义恭建议,以一大钱当两,以防翦凿,上遂以一钱当两行之。经时,公私非便,乃罢。是则元嘉四铢亦有盗铸之事。
	齐代	民间钱多剪凿,鲜复完者,公家所受,必须员大,以两代一,困于所贸。(见《南齐书》卷二十六《王敬则传》) 泉铸岁远,类多翦凿,江东大钱,十不一在,公家所受,必须轮郭,遂买本一千,加子七百。(见《南齐书》卷四十《竟陵王子良传》)

续 表

朝代		盗铸情况
北朝	梁代	普通中,更铸铁钱,人以铁钱易得,并皆私铸。及大同已后,所在铁钱遂如丘山,物价腾贵,交易者以车载钱,不复计数,而唯论贯。商旅奸诈,因之以求利。自破岭以东八十为百,名曰东钱。江郢已上,七十为百,名曰西钱。京师以九十为百,名曰长钱。中大同元年,天子乃诏通用足陌,诏下,而人不从。钱陌益少,至于末年,遂以三十五为百云。(见《隋书》卷二十四《食货志》) 梁末,又有两柱钱及鹅眼钱,于时人杂用,其价同,但两柱重,而鹅眼轻。私家多镕钱,又间以锡铁,兼以粟帛为货。(见《隋书》卷二十四《食货志》)
	后魏	时所用钱(太和五铢),人多私铸,稍就薄小,乃至风飘水浮,米斗几值一千,乃铸五铢钱(永安五铢)。(见《魏书》卷五十八《杨侃传》) 当时用钱(太和五铢)稍薄,在市铜价八十一文,得铜一斤,私造薄钱,斤余二百。今钱徒有五铢(太和五铢)之文,而无二铢之实,薄甚榆荚,上贯便破,置之水上,殆欲不沉,后遂铸永安五铢钱。(见《魏书》卷七十七《高恭之传》) 百姓私铸永安五铢,体制渐别,遂各以为名,有雍州青赤、梁州生厚紧钱吉钱、河阳生涩天柱赤牵之称。(见《隋书》卷二十四《食货志》)
	北齐	乾明、皇建之间,往往私铸。邺中用钱,有赤熟、青熟、细眉、赤生之异,河南所用,有青薄铅锡之别,青齐徐兖梁豫州辈类各殊。武平已后,私铸转盛,或以生铁和铜,至于齐亡,尚不能禁。(见《隋书》卷二十四《食货志》)

钱币变易无常,而每次易变之际,民间又乘机盗铸,益贬其质,南朝有鹅眼䌷环之名(《宋书》卷七十五《颜竣传》),北朝有鸡眼镮凿之号(《魏书》卷一百十《食货志》),乃至风飘水浮,随手破碎。当时人士已经知道劣币之可扰乱金融,政府所以还铸劣币者,无非是惜铜爱工。南齐时,刘悛曾言:

> 铸钱之弊在轻重屡变。重钱患难用,而难用为累轻。轻钱弊盗铸,而盗铸为祸深。民所盗铸,严法不禁者,由上铸钱惜铜爱工也。惜铜爱工者,谓钱无用之器,以通交易,务欲令轻而数多,使省工而易成,不详虑其为患也。(《南齐书》卷三十七《刘悛传》)

而"巧伪既多,轻重非一,四方州镇,用各不同"(《魏书》卷一百十《食货志》),遂致甲地的钱币,不能在乙地通用。

> 太和五铢虽利于京邑之肆,而不入徐扬之市。土货既殊,贸鬻亦异,便于荆郢之邦者,则碍于兖豫之域。(《魏书》卷一百十《食货志》)

纵是同一钱币,甲地的市价也和乙地不同。

> 大同已后,所在铁钱遂如丘山……自破岭以东,八十为百,名曰东钱。江郢已上,七十为百,名曰西钱。京师以九十为百,名曰长钱。(《隋书》卷二十四《食货志》)

钱币不过通交易的工具,其本身并无价值,而当时的人竟然异想天开,以为以一当两,不但国家,就是个人,也赢一倍之利。宋文帝时,沈演之说:

> 愚谓若以大钱当两,则国传难朽之宝,家赢一倍之利,不俟加宪,巧源自绝,施一令而众美兼,无兴造之费,莫盛于兹矣。(《宋书》卷六十六《何尚之传》)

文帝"从演之议,遂以一钱当两,行之经时,公私非便,乃罢"(《宋书》卷六十六《何尚之传》)。钱币如斯滥恶,所以人们均轻钱币而重实物,钱币不能流通,于是市场交易遂以谷帛为媒介。

> 梁初,唯京师及三吴、荆、郢、江、湘、梁、益用钱,其余州郡则杂以谷帛交易,交、广之域全以金银为货……岭南诸州多以盐米交易,俱不用钱云……冀州之北,钱皆不行,交易者皆绢布。(《隋书》卷二十四《食货志》)

> 河北诸州,旧少钱货,犹以他货交易,钱略不入市也。(《魏书》卷一百十《食货志》)

废钱不用,积钱之家皆破产了。孔琳之说:

钱之不用,由于兵乱,积久自至于废,有由而然,汉末是也。今既用而废之,则百姓顿亡其财……是有钱无粮之民皆坐而饥困,此断钱之立弊也。(《宋书》卷五十六《孔琳之传》)

　　何况"布帛不可尺寸而裂,五谷则有负担之难"(《魏书》卷一百十《食货志》)?其有害于商品流通者甚大,所以南朝则"商货不行"(《宋书》卷七十五《颜竣传》),北朝则"贸迁颇隔"(《魏书》卷一百十《食货志》)。而自南北分立之后,南北交战,商路已经断绝,而双方又恐南奸北入,北奸南叛,复禁南北通商。如在南朝,凡遇北朝要求互市,朝中大臣多拒绝之。

　　时索虏求通互市,上诏群臣博议。谢庄议曰:"臣愚以为獯狁弃义,唯利是视,关市之请,或以觇国,顺之示弱,无明柔远,距而观衅,有足表强。且汉文和亲,岂止彭阳之寇;武帝修约,不废马邑之谋。故有余则经略,不足则闭关,何为屈冠带之邦,通引弓之俗,树无益之轨,招尘点之风?交易爽议既应深杜,和约诡论尤宜固绝。臣庸管多蔽,岂识国仪,恩诱降逮,敢不披尽?"(《宋书》卷八十五《谢庄传》)

北朝亦禁止商贩渡淮。

　　旧制以淮禁,不听商贩辄渡淮南。(《北齐书》卷四十六《苏琼传》)

所以当时南北通商只限于聘使私自互市。

　　魏梁通和,要贵皆遣人随聘使交易。(《北史》卷三十二《崔逞传》)

及边郡官吏偷运私货。袁翻说:

　　自此缘边州郡……皆无防寇御贼之心,唯有通商聚敛之意……贩贸

往还,相望道路。(《魏书》卷六十九《袁翻传》)

然而难免为御史所劾。

崔季舒出为齐州刺史,坐遣人渡淮互市……为御史所劾。(《北齐书》卷三十九《崔季舒传》)

除此之外,纵在"烟火相接"的地方,双方政府亦希望"人迹不过","老死不相往来"。

二十五年,虏宁南将军豫州刺史北井侯若库辰树兰移书豫州(宋右将军豫州刺史南平王铄)曰:"仆以不德,荷国荣宠,受任边州,经理民物……此之界局与彼通连,两民之居,烟火相接,来往不绝,情伪繁兴,是以南奸北入,北奸南叛……自今以后,魏、宋二境宜使人迹不过,自非聘使行人,无得南北。边境之民,烟火相望,鸡狗之声相闻,至老死不相往来,不亦善乎?又能此亡彼归,彼亡此致,则自我国家所望于仁者之邦也。"(《宋书》卷九十五《索虏传》)

在这种情形之下,自由通商当然不会存在。通商可以调和两地的习惯,统一两地的言语,南北通商不能自由,那么南北偏见当然愈益隔阂,这是南北分立的第二原因。

最初刘宋也想恢复中原。隋末,文中子王通著《元经》,始于晋惠帝即位之时,即太熙元年,而止于宋亡之时,齐梁以下,均不著经。盖"晋宋之王未忘中国,齐梁陈之德斥之于四夷也"(《中说·问易篇》)。案"宋有复中国之志"(《中说·述史篇》),武帝刘裕固曾北伐,师至关中。文帝元嘉年间,亦曾"再略河南",而师旅又复倾覆。降至齐梁,人民南迁既久,均无北归之计,而朝廷亦放弃北伐之议,虽有战事,目的只求保境。

晋世迁宅江表,人无北归之计……元嘉再略河南,师旅倾覆,自此以来,攻伐寝议,虽有战争,事在保境。(《南齐书》卷四十七王融等传史臣曰)

元嘉年间累次北伐,其所以失败者,盖文帝"每出军行师,常悬授兵略"(《宋书》卷九十四《徐爰传》),此实患兵家之大忌。《六韬》(第二十一篇《主将》)云:"军中之事,不闻君命,皆由将出。"《三略》(《中略》)云:"出军行师,将在自专,进退内御,则功难成。"沈庆之之留碻磝也,曾说:"阃外之事,将所得专,诏从远来,事势已异。"(《宋书》卷七十七《沈庆之传》)史臣曾批评云:文帝"授将遣帅,乖分阃之命。才谢光武,而遥制兵略。至于攻日战时,莫不仰听成旨,虽覆师丧旅,将非韩白,而延寇蹙境,抑此之由"(《宋书》卷五《文帝纪》史臣曰)。

尤有进者,刘宋北伐,师旅所以累遭倾覆,尚有其他原因。东晋丧乱,垂一百余年,南朝承其凋弊,国力已经疲惫。宋文、梁武励精图治,号称中兴,元嘉、天监乃是南朝最繁盛的时代,但是当时政府已经感觉财政困难与军队缺乏。而财政所以困难,军队所以缺乏,又以户口减耗为其主要原因。东晋"户口凋寡,不当汉之一郡"(《晋书》卷九十八《桓温传》),而赋役繁重,"百姓不能堪命,各事流移,或依于大姓,或聚于屯封"(《梁书》卷三十八《贺琛传》),卒致"田野百县,路无行人,耕田载租,皆驱女弱"(《宋书》卷七十四《沈攸之传》,参阅《南齐书》卷二十四《柳世隆传》),竟令朝廷不能不下诏禁止役使女丁。

大同七年十一月丙子,诏停在所役使女丁。(《梁书》卷三《武帝纪》)

户口减少对于国家的财力和兵力,均有很大的影响。就财力说,当时租税以田税和户调为主,户口逃亡,国家的收入当然减少,所以财政困难可以说是南朝的普遍现象。宋元嘉时代已经感觉"一时水旱,便有罄匮"(《宋书》卷五《文帝纪》元嘉八年二月戊申诏),梁天监时代也复感觉"帑藏空虚,日不暇给"(《梁书》卷三十八《贺琛传》),其他时代更不必说。在宋,每遇北狄来侵,就发生军需不给的现象,或使王公献金,或向富民借债。

> 元嘉二十七年，是时军旅大起，王公妃主及朝士牧守，下至富民，各献金帛杂物，以助国用……有司又奏军用不充，扬南徐兖江四州富民家资满五千万、僧尼满二千万者，并四分借一，事息即还。(《资治通鉴》卷一百二十五宋文帝元嘉二十七年)

在梁，纵在大穰之年，而欲兴师北伐，也使王公捐租输谷，以助军资。

> 武帝天监四年，是岁以兴师费用，王公以下各上国租及田谷，以助军资……是岁大穰，米斛三十。(《梁书》卷二《武帝纪》)

这种情况足以证明南朝财政的困难。

就兵力言，南朝"恃寇不来，遂无其备"(《宋书》卷六十四郑鲜之等传史臣曰)，"江东忘战日久，士不习兵"(《宋书》卷一百《自序》)，而"人士竞谈玄理，不习武事"(《梁书》卷五十六《侯景传》)，而户口减耗，社会没有剩余劳动力，国家当然不能利用工资，雇用职业的军队，而力役入于私门，国家又不能征调豪族的领户，加以训练，一旦战事发生，只有临时拉夫以作应付。宋元嘉时代、梁天监时代无不如此。

> 元嘉二十七年，是时军旅大起……以兵力不足，悉发青、冀、徐、豫、二兖六州三五民丁，倩使暂行，符到十日装束，缘江五郡集广陵，缘淮三郡集盱眙。(《资治通鉴》卷一百二十五宋文帝元嘉二十七年)

> 天监十三年，魏降人王足陈计：求堰淮水以灌寿阳……上以为然……发徐扬人，率二十户取五丁，以筑之。(《资治通鉴》卷一百四十七梁武帝天监十三年)

其实役男过少，不但因为户口减耗，抑亦因为免役之人太多。梁时，虞玩之说：

今户口多少，不减元嘉，而板籍顿阙，弊亦有以。自孝建已来，入勋者众，其中操干戈卫社稷者，三分殆无一焉。（《南齐书》卷三十四《虞玩之传》）

兼以逐鹿中原，马队颇见重要，北朝"所恃唯马"（《宋书》卷七十七《沈庆之传》），而南方却缺乏马匹。文帝欲谋北伐，沈庆之即以马少为言。

太祖（文帝）将北讨，庆之谏曰，马步不敌，为日已久矣。（《宋书》卷七十七《沈庆之传》）

孝武帝时，周朗亦谓：

今人知不以羊追狼，蟹捕鼠，而令重车弱卒，与肥马悍胡相逐，其不能济固宜矣。汉之中年能事胡者，以马多也。胡之后服汉者亦以马少也。既兵不可去，车骑应蓄。（《宋书》卷八十二《周朗传》）

孝武帝似感其言，孝建年间曾奖励民间养马。

孝建三年五月辛酉制，荆徐兖豫雍青冀七州统内，家有马一匹者，蠲复一丁。（《宋书》卷六《孝武帝纪》）

然而无补于事。何况卒不素练，将非其才，建平王宏说：

卒不素练，兵非夙习，且戎卫之职多非其才，或以资厚素加，或以禄薄带帖，或宠由权门，恩自私假，既无将领，虚尸荣禄，至于边城举燧，羽驿交驰，而望其擐甲摧锋，立功阃外，譬缘木求鱼，不可得矣。（《宋书》卷七十二《建平王宏传》）

征夫戍边。"瓜时不代"，"长淮戍卒历年怨思"（《宋书》卷七十九《桂阳王休范传》)。而财政困难,士卒欲求一饱而不可得。

> 江左以来,不暇远策,王旅外出,未尝宿饱。(《南齐书》卷四十四《沈文季传》史臣曰)

以如斯之军队,不为抄暴,已经不易,何能望其擐甲推锋,立功阃外?

> 诸军并无斗心,皆谋退缩,岂是欲立功名,直聚为抄暴耳。(《梁书》卷三十二《陈庆之传》)

故在宋代,有识之士均知中原不易恢复,纵令胡人灭亡,而收复中原者必不是南朝。请看周朗之言。

> 议者必以胡衰不足避,而不知我之病甚于胡矣……设使胡灭,则中州必有兴者,决不能有奉土地、率民人,以归国家矣。(《宋书》卷八十二《周朗传》)

到了侯景作乱,加之以师旅,因之以饥馑,南朝糜烂之惨无异于东汉董卓时代。

> 时江南连年旱蝗,江扬尤甚,百姓流亡,相与入山谷江湖,采草根、木叶、菱芡而食之,所在皆尽,死者蔽野。富室无食,皆鸟面鹄形,衣罗绮,怀珠玉,俯伏床帷,待命听终,千里绝烟,人迹罕见,白骨成聚,如丘陇焉。侯景性残酷……常戒诸将曰:"破栅平城,当净杀之,使天下知吾威名。"故诸将每战胜,专以掠焚为事,斩刈人如草芥,以资戏笑。(《资治通鉴》卷一百六十三梁简文帝大宝元年)

我们只看百济使者见城邑丘墟,号泣于建康端门之外,就可以知道当时邑屋焚毁、生灵涂炭如何严重了。

百济使至,见城邑丘墟,于端门外号泣,行人见者莫不洒泪。(《梁书》卷五十六《侯景传》)

国家如斯残破,更不能出师北伐,这是南朝不能统一北朝的原因。

其在北朝,拓拔魏所以不能并吞南朝,也有其特殊的原因,当其由游牧民族入据中原,变成农耕民族之际,另一个游牧民族的蠕蠕乃接踵而至,时时寇边,南征则北寇进击,救北则南军追袭。明元帝时崔浩曾说:

　　蠕蠕内寇,民食又乏,不可发军,发军赴南,则北寇进击,若其救北,则东州复危。(《魏书》卷三十五《崔浩传》)

太武帝时崔浩又说:

　　自太宗(明元帝)之世,迄于今日,无岁不警,岂不汲汲乎哉?(《魏书》卷三十五《崔浩传》)

自太武帝而至献文帝,蠕蠕仍是魏之外患。

　　每岁秋冬,遣军三道并出,以备北寇,至春中,乃班师。(《魏书》卷四十一《贺源传》)

在这种环境之下,当然不能大举南寇,何况"晋末天下大乱,生民道尽,或死于干戈,或毙于饥馑,其幸而自存者,盖十五焉"(《魏书》卷一百十《食货志》),也造成户口减耗与土地荒芜的现象。这种现象一直到后魏中期仍然存在。孝文锐意图治,魏于此时最称兴盛,但是即位初年要想南侵,就须强迫人民抽丁输粮。

延兴三年十月,太上皇帝亲将南讨,诏州郡之民,十丁取一,以充行,户收租五十石,以备军粮。(《魏书》卷七上《高祖纪》)

到了迁都之后,经营洛邑,费用甚广。

自迁都之后,经略四方,又营洛邑,费用甚广。(《魏书》卷六十六《崔亮传》)

当时财政如何困难,只看减少官俸,就可知道。

太和中,军国多事,高祖(孝文帝)以用度不足,百官之禄四分减一。(《魏书》卷三十一《于栗䃅传》)

孝明时代,"租征六年之粟,调折来岁之资"(《魏书》卷二十五《长孙稚传》),财政更见穷匮,于是北朝遂和南朝不能北伐一样,不能南侵。何况孝文宗文鄙武,最初只是边防废弛。

自定鼎伊洛,边任益轻,唯底滞凡才,出为镇将,转相模习,专事聚敛。(《魏书》卷十八《广阳王深传》)

其后各方军备无不毁坏。路思令说:

比年以来,将相多是宠贵子孙……贵戚子弟未经戎役……乃令羸弱在前以当锐,强壮居后以安身。兼复器械不精,进止不集,任羊质之将,驱不练之兵……是以兵知必败,始集而先逃;将又怖敌,迁延而不进。(《魏书》卷七十二《路思令传》)

高谦之亦说:

> 诸守帅或非其才，多遣亲者妄称入募，别倩他人引弓格，虚受征官。身不赴陈，惟遣奴客充数而已。对寇临敌，曾不弯弓。(《魏书》卷七十七《高谦之传》)

不但只此而已，早在文成帝时代，征夫及瓜不代，粮饷又不足以供一饱。皮豹子说：

> 长安之兵，役过期月，未有代期，衣粮俱尽，形颜枯悴，窘切恋家，逃亡不已，既临寇难，不任攻战。(《魏书》卷五十一《皮豹子传》)

及至正光(孝明帝)之末，六镇叛变，引起尔朱之乱，政移臣下，分为东西，权臣擅命，战争不息，北朝糜烂之惨比之南朝侯景之祸，似有过而无不及。

> 正光已前，时唯全盛，户口之数比夫晋之太康，倍而已矣。孝昌之际，乱离尤甚，恒代而北，尽为丘墟，崤潼已西，烟火断绝，齐方全赵，死如乱麻，于是生民耗减，且将大半。(《魏书》卷一百六上《地形志》)

洛阳为繁华之地，其残破不堪之状亦不劣于侯景乱后的建康。

> 武定五年，岁在丁卯，余(杨衒之)因行役，重览洛阳。城郭崩毁，宫室倾覆，寺观灰烬，庙塔丘墟。墙被蒿艾，巷罗荆棘，野兽穴于荒阶，山鸟巢于庭树，游儿牧竖，踯躅于九逵，农夫耕老，艺黍于双阙。始知麦秀之感，非独殷墟；黍离之悲，信哉周室。(《洛阳伽蓝记序》)

在这种情况之下，哪里更有余力经略南方？这是北朝不能统一南朝的原因。南不能北伐，北不能南侵，于是中国就依地理形势，发生了南北朝的对立。

第二节
世族政治的完成

财产是权力的基础,而在农业社会,土地又是财产的基础。秦汉两代听人买卖田宅,不加限制,升平既久,土地渐次集中。由东汉而至三国,"大族田地有余,而小民无立锥之地"(《魏志》卷十六《仓慈传》)。晋初虽行占田之制,而土地分配乃依贵贱而殊。"中兴以来,治纲大弛,权门兼并,强弱相陵,百姓流离,不能保其产业。"(《宋书》卷二《武帝纪》义熙七年)土地集中已经根深蒂固,不易破坏,所以南朝四代均不能遵行占田之制,而只有承认土地的私有,田宅买卖任民自由,国家且从而税之。

> 晋自过江,凡货卖奴婢马牛田宅,有文券,率钱一万,输估四百入官,卖者三百,买者一百。无文券者,随物所堪,亦百分收四,名为散估,历宋齐梁陈如此以为常。(《隋书》卷二十四《食货志》)

但是法律既然承认土地的私有,则世族要兼并土地,必须利用买卖方式,提供相当的代价,所以他们又另取别一个方式——封固山泽的方式,即横领那些没有所有主的山泽。

> 山湖川泽皆为豪强所夺,小民薪采渔钓,皆责税直。(《宋书》卷二《武帝纪中》)

政府对于世族之封固山泽,在东晋时代,已有很严厉的制裁,凡占山护泽超过一丈者,皆弃市。

> 壬辰诏书(晋成帝咸康二年),占山护泽,强盗律论,赃一丈以上,皆弃市。(《宋书》卷五十四《羊玄保传》)

但是法令不行,"富强者兼岭而占,贫弱者薪苏无托,至渔采之地亦又如兹"(《宋书》卷五十四《羊玄保传》)。所以宋孝武帝时代又将占田制应用于山泽之上,已占而加工者不追,新占多寡,则以官品高低为差。

> 凡是山泽,先常爌燧,种养竹木杂果为林,及陂湖江海鱼梁鳅鲨场,常加工修作者,听不追夺。官品第一第二听占山三顷,第三第四品二顷五十亩,第五第六品二顷,第七第八品一顷五十亩,第九品及百姓一顷,皆依定格,条上赀簿。若先已占山,不得更占。先占阙少,依限占足。若非前条旧业,一不得禁。有犯者,水上一尺以上,并计赃,依常盗律论。(《宋书》卷五十四《羊玄保传》)

这种制度可以说是对于世族的让步,而仍无补于事,我们只看江左各朝均曾禁止封固,可知封固并未完全消灭①。

> 宋孝武帝大明七年七月丙申,诏曰,前诏江海田池与民共利,历岁未久,浸以弛替,名山大川往往占固,有司严加检纠,申明旧制。(《宋书》卷六《孝武帝纪》)
>
> 齐高帝建元元年四月己亥,诏曰,二宫诸王悉不得营立屯邸,封略山湖。(《南齐书》卷二《高帝纪》)
>
> 梁武帝天监七年九月丁亥,诏曰,刍牧必往,姬文垂则。雉兔有刑,

---

① 司徒竟陵王于宣城、临成、定陵三县,界立屯封山泽数百里,禁人樵采。(《南史》卷三十五《顾觊之传》)

姜宣致贬。薮泽山林,毓材是出,斧斤之用,比屋所资。而项世相承,并加封固,岂所谓与民同利,惠兹黔首?凡公家诸屯戍见封熂者,可悉开常禁。(《梁书》卷二《武帝纪中》)

世族不但封固无主的山泽,甚至占取公田,以高价租与贫民,而令国家不能不下诏禁止。

大同七年十一月丁丑,诏曰,顷者豪家富室多占取公田,贵价僦税,以与贫民,伤时害政,为蠹已甚。自今公田悉不能假与豪家,已假者特听不追。(《梁书》卷三《武帝纪下》)

北朝情形稍和南朝不同,永嘉丧乱,百姓流亡,中原萧条,千里无烟,土地无主,或由政府没收,或由世族霸占。其由政府没收者如何处理,已经成为问题,而由世族霸占者,一旦业主返乡,不免发生争讼,事涉数世,取证无凭,争讼迁延,不能判决,良畴委而不开,柔桑枯而不采,这当然有害国民经济的发达。

时民困饥流散,豪右多有占夺。李安世乃上疏曰:"窃见州郡之民,或因年俭流移,弃卖田宅,漂居异乡,事涉数世,三长既立,始返旧墟。庐井荒毁,桑榆改植,事已历远,易生假冒。强宗豪族肆其侵凌,远认魏晋之家,近引亲旧之验。又年载稍久,乡老所惑,群证虽多,莫可取据,各附亲知,互有长短,两证徒具,听者犹疑,争讼迁延,连纪不判。良畴委而不开,柔桑枯而不采,侥幸之徒兴,繁多之狱作。欲令家丰岁储,人给资用,其可得乎?愚谓今虽桑井难复,宜更均量,审其径术,令分艺有准,力业相称,细民获资生之利,豪右靡余地之盈,则无私之泽乃播均于兆庶,如阜如山可有积于比户矣。又所争之田,宜限年断,事久难明,悉属今主,然后虚妄之民绝望于觊觎,守分之士永免于凌夺矣。"高祖深纳之,后均田之制起于此矣。(《魏书》卷五十三《李安世传》)

于是遂于太和九年颁布均田之制。

太和九年十月丁未,诏曰:"朕承乾在位十有五年,每览先王之典,经纶百氏,储畜既积,黎元永安,爰暨季叶,斯道陵替。富强者并兼山泽,贫弱者望绝一廛,致令地有遗利,民无余财,或争亩畔以亡身,或因饥馑以弃业,而欲天下太平,百姓丰足,安可得哉?今遣使者循行州郡,与牧守均给天下之田,还受以生死为断,劝课农桑,兴富民之本。"(《魏书》卷七上《高祖纪》)

其制如次:

太和九年,下诏均给天下民田。诸男夫十五以上,受露田四十亩,妇人二十亩,奴婢依良。丁牛一头受田三十亩,限四牛。所授之田率倍之,三易之田再倍之,以供耕作及还受之盈缩。诸民年及课则受田,老免及身没则还田,奴婢牛随有无以还受。诸桑田不在还受之限,但通入倍田分,于分虽盈,没则还田,不得以充露田之数,不足者以露田充倍。诸初受田者,男夫一人给田二十亩,课莳余,种桑五十树、枣五株、榆三根,非桑之土,夫给一亩,依法课莳榆枣。奴各依良。限三年种毕,不毕,夺其不毕之地。于桑榆地分杂莳余果及多种桑榆者,不禁。诸应还之田,不得种桑榆枣果,种者以违令论,地入还分。诸桑田皆为世业,身终不还,恒从见口。有盈者无受无还,不足者受种如法,盈者得卖其盈,不足者得买所不足。不得卖其分,亦不得买过所足。诸麻布之土,男夫及课,别给麻田十亩,妇人五亩,奴婢依良,皆从还受之法。诸有举户老小癃残无授田者,年十一以上及癃者各授以半夫田,年逾七十者不还所受,寡妇守志者虽免课,亦授妇田。诸还受民田恒以正月,若始受田而身亡及卖买奴婢牛者,皆至明年正月乃得还受。诸土广民稀之处,随力所及,官借民种莳。役有土居者,依法封授。诸地狭之处,有进丁受田而不乐迁者,则以其家桑田为正田分,又不足,不给倍田,又不足,家内人别减分。无桑之乡准此为法。乐迁者听逐空荒,不限异州他郡,唯不听避劳就逸。其地足之处,不得无故而移。诸民有新居者,三口给地一亩,以为居室,奴婢五口给一亩。男女十五以上,因其地分,口课种菜五分亩之一。诸一人之分,正从正,倍从倍,不得隔越他畔。进丁受田者恒从所近,若同时俱受,先贫后富。再倍之田,放此为法。诸远流配谪无子孙及户绝者,墟宅桑榆尽为公田,以供授受。授受之次,给其所亲,未给之间,亦借其所亲。诸宰民之官,各随地给公田,刺史十五顷,太守十顷,治中、别驾各八顷,县令、郡丞六顷,更代相付,卖者坐如律……其民调,一夫一妇帛一匹、粟二石。民年十五以上未娶者,四人出一夫一妇之调;奴任耕、婢任绩者,八口当未娶者四;耕牛二十头当奴婢八。其麻布之乡,一夫一妇布一匹,下至牛,以此为降。大率十匹为工调,二匹为调外费,三匹为内外百官俸,此外杂调。民年八十以上,听一子不从役。孤独癃老笃疾贫穷不能自存者,三长内迭养食之。(《魏书》卷一百十《食货志》)

到了后魏分为周、齐,北齐、北周也施行均田制度,大同小异,而根本不殊。

河清三年,(北齐武成帝)定令……男子十八已上、六十五已下为丁,十六已上、十七已下为中,六十六已上为老,十五已下为小,率以十八受田,输租调,二十充兵,六十免力役,六十六退田,免租调。京城四面诸坊之外,三十里内为公田。受公田者,三县代迁内执事官一品已下,逮于羽林、武贲各有差。其外畿郡,华人官第一品已下,羽林、武贲以上各有差。职事及百姓请垦田者名为永业田。奴婢受田者,亲王止三百人,嗣王止二百人,第二品嗣王已下及庶姓王止一百五十人,正三品已上及王宗止一百人,七品已上限止八十人,八品已下至庶人限止六十人。奴婢限外不给田者,皆不输。其方百里外及州人,一夫受露田八十亩,妇四十亩,奴婢依良人,限数与在京百官同。丁牛一头受田六十亩,限止四牛。又每丁给永业二十亩为桑田,其中种桑五十根、榆三根、枣五根,不在还受之限。非此田者,悉入还受之分。土不宜桑者给麻田,如桑田法。率人一床,调绢一匹、绵八两,凡十斤绵中折一斤作丝,垦租二石、义租五斗,奴婢各准良人之半。牛调二尺、垦租一斗、义租五升。垦租送台,义租纳郡,以备水旱。垦租皆依贫富为三枭。其赋税常调,则少者直出上户,中者及中户,多者及下户,上枭输远处,中枭输次远,下枭输当州仓,三年一校焉。租入台者五百里内输粟,五百里外输米,入州镇者输粟,人欲输钱者准上绢收钱。(《隋书》卷二十四《食货志》)

后周太祖作相,创制六官……司均掌田里之政令,凡人口十已上宅五亩,口九已上宅四亩,五口已下宅三亩。有室者田百四十亩,丁者田百亩,司赋掌功赋之政令,凡人自十八以至六十有四,与轻癃者皆赋之。其赋之法,有室者岁不过绢一匹、绵八两、粟五斛,丁者半之。其非桑土,有室者,布一匹、麻十斤,丁者又半之,丰年则全赋,中年半之,下年一之,皆以时征焉。若艰凶札则不征其赋。司役掌力役之政令,凡人自十八以至五十有九,皆任于役,丰年不过三旬,中年则二旬,下年则一旬。凡起徒役,无过家一人,其人有年八十者一子不从役,百年者家不从役,废疾非人不养者一人不从役。若凶札,又无力征。(《隋书》卷二十四《食货志》)

兹将北朝的均田制,分析说明如次。

(一) 丁中之法

田之还受乃依人民年龄,所以丁中之法甚见重要。后魏虽无明文规定,但《魏书》既说:

诸男十五以上……则受田,老免及身死,则还田……诸有举户老小癃残无受田者,年十一以上及癃者各授以半夫田,年逾七十者不还所受。

则十五以上七十以下为丁,十一以上十四以下为中,七十一以上为老,十岁以下为小,可以推知出来。北齐明文规定:男子年十八以上六十五以下为丁,十六以上十七以下为中,六十六以上为老,十五以下为小。北周丁法也无明文规定。《隋书》只说:

> 凡人自十八以至六十有四……皆赋之。

则北周大约分丁老小三级,十八以上六十四以下为丁,六十五以上为老,十七以下为小。

北朝丁法表

种类	后魏	北齐	北周
小	十岁以下	十五以下	十七以下
中	十一以上十四以下	十六以上十七以下	
丁	十五以上七十以下	十八以上六十五以下	十八以上六十四以下
老	七十一以上	六十六以上	六十五以上

(二) 田之种类

除北周外,后魏、北齐均分田为露田、桑田两种,露田种谷,谷是一年生的植物,年年播种,年年收获,收获之后,土地转授别人,新旧双方均无损失,所以诸民身老或死,须还露田。后魏明令规定,田之还受皆在每岁正月,北齐则在十月(《通典》卷一《田制上》及卷二《田制下》),这个时候,旧谷已收,新谷未种,还田既无特殊损失,受田也无特殊利益。桑田种树,后魏、北齐均明令规定,至少应种桑五十株、枣五株、榆三株。后魏又明令规定,三年种毕,不毕,夺其不毕之地。凡土不宜种桑者,则给麻田。树是多年生的植物,由栽培而至于收获,须经过相当岁月,而既有收获之后,一旦转授别人,原主必感损失,所以桑田不必退还政府,而可以传给子孙,北齐特称之为永业田。桑田可以传给子孙,那么,经过数代之后,不是愈积愈多么?关此,后魏明令规定,多者无受无还,少者补其不足;多者得卖其盈,惟不得卖过其分,少者得买其亏,惟不得买过所足。①

---

① 后魏、北周除颁田外,尚给宅地。魏制,诸民有新居者,三口给宅地一亩,奴婢三口也给一亩。周制,凡人口十以上给宅地五亩,九以下给四亩,五以下给三亩。

(三) 田之还受

有受田之资格者共计三种,一是良民,魏制,诸男年十五以上,受露田四十亩,妇人二十亩。但是人田多寡,不能相副,田多人少,若不加授,则荒弃可惜。地狭人众,若不减授,则供不应求。魏制对此,颇有调剂之法。露田率倍常额,谓之倍田,地狭人众,方不倍授。所以实际上,一夫可得露田八十亩,一妇可得露田四十亩,而男夫又另受桑田二十亩,即一家夫妇受田共一百四十亩。北齐没有倍田之制,民年十八以上,一夫受露田八十亩,妇四十亩,而男丁又另受桑田二十亩,合计亦共一百四十亩(无妇者只受百亩)。周制,民之有室者,受田一百四十亩,单丁受田百亩。二是奴婢,除北周没有明文规定之外,奴婢均依良丁受田,他们只受露田,不受桑田。魏制,受田的奴婢人数没有限制,有多少奴婢,就可受多少田。北齐限制如次。

北齐奴婢受田表

奴主种类	奴婢受田人数
亲王	300
嗣王	200
第二品嗣王以下及庶姓王	150
正三品以上及王族	100
七品以上	80
八品以下至庶人	60

奴婢可以受田,所以北朝世族均设法购买奴婢,以冀领取较多的田。三是牛,后魏牛一头受田三十亩,连同倍田,共六十亩。北齐一牛受田六十亩。受田的牛均限四头。北周没有明文规定。[①]

良民年老或死,须还露田。后魏以七十一,北齐以六十六,北周以六十五

---

① 有受田之资格者原则上限于上述三种。后魏尚有例外规定,举户皆老小残疾,无人受田者,年十一以上及癃者,各受半夫田。寡妇守志不嫁,虽免课,亦受妇田。

为老。奴婢及牛均于卖出后,退还所受的田。桑田、宅地都是有受无还,但是诸民因罪流于远方,或无子绝嗣者,其桑田、墟宅悉没收为公田。

(四) 赋役

人民受田之后,怎样报偿政府,一是纳税,二是服役。后魏关于租税,沿用晋制,立户调之法。民年十五受田,输户调,一夫一妇帛一匹、粟二石,未娶者输四分之一,奴婢输八分之一,耕牛输二十分之一。关于力役,史阙其文,我们只能知道民年八十以上,听一子不从役。

齐制,关于租税,似已分别户调与田租,民年十八受田,输租调,六十六退田,免租调。其调,绢一匹、绵八两;其租,垦租二石、义租五斗。奴婢各准良人之半,牛调二尺、垦租一斗、义租五升。垦租送台,义租纳郡,以备水旱。关于力役,我们只能知道二十充兵,六十免力役。

周制,民年十八至六十四,为纳税年龄,有室者绢一匹、绵八两、粟五斛,丁者半之。其非桑土,输布一匹、麻十斤,丁者半之。丰年全赋,中年半之,下年一之,凶年全免。民年八十以上,一子不从役;百年者家不从役;废疾非人不养者,一不从役。由此可知均田实和占田一样,目的在于处分公田,以增加国家的税收,名义上号为均田,事实上田之分配并不平均。奴婢可以受田,耕牛也可以受田;资产愈丰,则奴婢愈多,耕牛也愈多。奴婢愈多,耕牛愈多,则其受田也愈广。受田愈厚,获利愈厚,其奴婢与耕牛又复因之加多,所以均田制度自始就有利于世族。何况均田只将公田分配给人民耕种,至于世族霸占的土地,例如后魏,则因"事久难明,悉属今主",因此之故仅仅数年之后,京师就无田可分。

> 今京师民庶不田者多,游食之口,三分居二。(《魏书》卷六十《韩麒麟传》)

地方细民所得者又只是瘠土荒畴。源怀说:

> 景明以来,北蕃连年灾旱,高原陆野不任营殖,唯有水田,少可菑亩。然主将参僚专擅腴美,瘠土荒畴给百姓,因此困敝,日月滋甚。(《魏书》卷

四十一《源怀传》)

北齐分配田地,亦不平均。

  时(东魏孝静帝天平年间)初给民田,贵势皆占良美,贫弱咸受瘠薄。
(《北齐书》卷十八《高隆之传》)

而在东魏,且有封固山泽之事。

  东魏孝静帝武定五年九月己亥,文襄(高澄)请……豪贵之家不得占护山泽。(《北史》卷六《齐本纪上》)

没有耕耘的人,土地是没有用处的。当时南北两朝均感觉户口减耗,世族要利用土地,不能不取得户口。恰好世族有免役的权①,而平民投靠世族者,也有这个权利。

  晋自中原丧乱,元帝寓居江左……历宋齐梁陈……都下人多为诸王公贵人左右、佃客、典计、衣食客之类,皆无课役。(《隋书》卷二十四《食货志》)
  魏初不立三长,故民多荫附,荫附者皆无官役。(《魏书》卷一百十《食货志》)

因然世族对其领户,也有征敛之事,而在北朝且比公赋为多。

  豪强征敛,倍于公赋。(《魏书》卷一百十《食货志》)

但是人民惮役尤其兵役乃有甚于惮税,魏在明元帝时,永兴五年正月,"大阅畿内男子,十二以上悉集"(《魏书》卷三《太宗纪》),是则男年十二以上均有服役的义务。宣武帝时,"兵革屡动……汝颍之地率户从戎,河冀之境连丁转运……死丧离旷,十室而九,细役烦徭,日月滋甚……至使通原遥畛,田芜罕耘,连村

---

① 士族不必纳税,今只举顾宪之之言以为证。他说:"山阴一县,课户二万……凡有资者多是士人,复除。"(《南齐书》卷四十六《顾宪之传》)

接闹,蚕饥莫食"(《魏书》卷四十七《卢昶传》)。所以人民皆竞弃本土,逃窜他方,或投仗强豪,寄命衣食。

兵士役苦,心不忘乱,故有竞弃本生,飘藏他土,或诡名托养,散在人间,或亡命山薮,渔猎为命,或投仗强豪,寄命衣食。(《魏书》卷七十八《孙绍传》)

南朝民庶对于国家,要负担繁重的赋税,"年满十六,便课米六十斛,十五以下至十三皆课米三十斛,一户内随丁多少,悉皆输米"(《宋书》卷九十二《徐豁传》)。徭役更繁,"旧制民年十三半役,十六全役"(《宋书》卷四十二《王弘传》),这已经苛酷了,而事实比此更见苛酷。沈亮曾言:"伏见西府兵士,或年几八十而犹伏隶,或年始七岁而已从役。"(《宋书》卷一百《自序》)虽然宋文帝时,王弘上言:"十五至十六宜为半丁,十七为全,从之"(《宋书》卷四十二《王弘传》),而元嘉十七年之诏尚谓"役召之品遂及稚弱"(《宋书》卷五《文帝纪》)。课役如此,于是人民有弃其本土、逃亡他乡者,又有断截支体、以避徭役者。

年及应输,便自逃逸……或乃断截支体,产儿不养。(《宋书》卷九十二《徐豁传》)

蛮民顺附者,一户输谷数斛,其余无杂调。而宋民赋役严苦,贫者不复堪命,多逃亡入蛮,蛮无徭役,强者又不供官税。(《宋书》卷九十七《荆豫州蛮传》)

东郡使民,年无常限……乃有畏失严期,自戕躯命,亦有斩绝手足,以避徭役,生育弗起,殆为恒事。(《南齐书》卷四十《竟陵王子良传》)

而大多数的人则均投靠于世族。

南兖州镇广陵,时百姓遭难,流民多庇大姓以为客。(《南齐书》卷十四《州郡志上》)

> 郡不堪州之控总,县不堪郡之哀削,更相呼扰,莫得治其政术,惟以应赴征敛为事。百姓不能堪命,各事流散,或依于大姓,或聚于屯封,盖不获已而窜亡,非乐之也。(《梁书》卷三十八《贺琛传》)

此盖如前所言,魏晋以来,小民惮役多依附世族,受其荫庇,而为客户。客户不必缴纳租税于国家,也不必负担国家的徭役,所以荫庇可以减少国家的财力,又可以减少国家的兵力。"编户之命竭于豪门,王府之蓄变为私藏",当然"主威不树,臣道专行","荡荡然王道不绝者若缒"(《宋书》卷四十二《王弘传赞》),于是国家与世族之间就发生了夺取户口的斗争。当时国家所采的政策,积极方面是惩罚逃亡,南朝惩罚逃亡,颇见苛酷,一人不擒,罪及比伍①。宋文帝时,羊玄保以为牵挽逃窜,必致繁滋,固然此制暂行停止。

> 先是刘式之为宣城,立吏民亡叛制,一人不禽,符伍里吏送州作部……玄保以为非宜,陈之曰……今一人不测,坐者甚多,既惮重负,各为身计,牵挽逃窜,必致繁滋……由此此制得停。(《宋书》卷五十四《羊玄保传》)

若据柳世隆之言,宋代末年还是"一人逃亡,阖宗捕逮"(《南齐书》卷二十四《柳世隆传》)。由齐至梁,仍然如故。郭祖深说:

> 梁兴以来,发人征役,号为三五(三丁取二,五丁取三)……或有身殒战场,而名在叛目,监符下讨,称为逋叛。录质家丁,合家又叛,则取同籍。同籍又叛,则取比伍。比伍又叛,则望村而取。一人有犯,则合村皆空。(《南史》卷七十《郭祖深传》)

---

① 明帝时,沈攸之为郢州刺史,"为政刻暴……将吏一人亡叛,同籍符伍充代者十余人"(见《宋书》卷七十四《沈攸之传》)。《南齐书》卷二十四《柳世隆传》,亦云:沈攸之为郢州刺史时,"一人叛,遣十人追,并去不反"。沈攸之禁止境内人民逃亡出界,固然如斯严厉,同时又保护他境人民窜叛入境。观柳世隆之罪沈攸之曰:"窜叛入境,辄加拥护;逋亡出界,必遣穷追"(《南齐书》卷二十四《柳世隆传》),即可知之。

岂但南朝,北朝对于隐口漏丁,亦用严刑制裁。

> 太和十四年十有二月壬午诏……隐口漏丁,即听附实,若朋附豪势,陵抑孤弱,罪有常刑。(《魏书》卷七下《高祖纪》)
> 建德六年十一月己亥诏,正长隐五户及十丁以上……者至死。(《周书》卷六《武帝纪》)

然皆无补于事,照顾宪之说:"民之多伪,实由宋季军旅繁兴,役赋殷重,不堪勤剧,倚巧祈优,积习生常,遂迷忘反。"(《南齐书》卷四十六《顾宪之传》)南朝如此,北朝大约相同。于是不能不于积极方面搜括户口,如在南朝:

> 元徽三年四月,遣尚书郎到诸州检括民户。(《宋书》卷九《后废帝纪》)
> 齐别置板籍官,置令史,限人一日得数巧①,以防懈怠。(《南齐书》卷三十四《虞玩之传》)
> 褚玠除山阴令……全丁大户类多隐没……高宗……遣使助玠搜括,所出军民八百余户。(《陈书》卷三十四《褚玠传》)

又如北朝:

> 延兴三年九月辛丑,诏遣使者十人循行州郡,检括户口,其有仍隐不出者,州郡县户主并论如律。(《魏书》卷七上《高祖纪》)
> 武定二年十月丁巳,太保孙腾、大司马高隆之各为括户大使,凡获逃户六十余万。(《魏书》卷十二《孝静帝纪》)
> 宋世良诣河北括户,大获浮惰……孝庄劳之曰,知卿所括得丁,倍于

---

① 所谓"巧",据《南齐书·虞玩之传》,是"窃注爵位,盗易年月,增损三状,贸袭万端,或户存而文书已绝,或人在而反托死版,停私而云隶役,身强而称六疾"。"又有改注籍状,诈入仕流,昔为人役者今反役人。又生不长发,便谓为道,填街溢巷,是处皆然。或抱子并居,竟不编户,迁徙去来,公违土断。"

本帐,若官人皆如此用心,便是更出一天下也。(《北齐书》卷四十六《宋世良传》)

其根本解决方法则为整理户籍。永嘉大乱,北人南渡者为数不少,而南朝政府又侨立州郡,招徕北方人口,而如周朗所说:"吴邦而有徐邑,扬境而宅兖民。"(《宋书》卷八十二《周朗传》)这种南迁的人口是不著户籍的,史称之为浮浪人。当时户籍混乱的情形如次。

> 魏晋以来,迁徙百计,一郡分为四五,一县割成两三,或昨属荆、豫,今隶司、兖,朝为零、桂之士,夕为庐、九之民。去来纷扰,无暂止息,版籍为之浑淆,职方所以不能记。自戎狄内侮,有晋东迁,中土遗氓,播徙江外。幽、并、冀、雍、兖、豫、青、徐之境,幽沦寇逆。自扶莫而裹足奉首,免身于荆、越者,百郡千城,流寓比室。人伫鸿雁之歌,士蓄怀本之念,莫不各树邦邑,思复旧井。既而民单户约,不可独建,故魏邦而有韩邑,齐县而有赵民。且省置交加,日回月徙,寄寓迁流,迄无定托,邦名邑号,难或详书。(《宋书》卷十一《志序》)

浮浪人的租税乃如前所言:"乐输亦无定数,任量准所输,终优于正课焉。"(《隋书》卷二十四《食货志》)于是南朝政府就实行土断之法,使无籍之人得到户籍。但是编制户籍之时,胥吏往往上下其手,"吏贪其赂,民肆其奸"(《南齐书》卷三十四《虞玩之传》),所以结果也无补于事①。虞玩之说:

> 自泰始(宋明帝)三年至元徽(宋后废帝)四年,扬州等九郡四号黄籍,共却七万一千余户,于今十一年矣,而所正者犹未四万。神州奥区尚或如此,江湘诸部倍不可念。(《南齐书》卷三十四《虞玩之传》)

---

① 《宋书》卷六《孝武帝纪》:"大明二年五月丙申,诏曰,往因师旅,多有逋亡……虽约法从简……而逃伏犹多。"卷八《明帝纪》:"泰始三年八月癸卯,诏曰,军民因战散亡,托惧逃役……虽经累宥,逋窜之党犹为实繁。"

其在北朝魏初，有所谓杂营户者，他们缴纳的租税亦甚轻微，所以人们均逃为杂营户。太武帝始光三年，诏罢一切杂营户，而以之属郡县。

先是禁网疏阔，民多逃隐。天兴（道武帝）中，诏采诸漏户令输纶绵，自后诸逃户占为细茧罗縠者甚众，于是杂营户帅遍于天下，不隶守宰，赋役不周，户口错乱。始光（太武帝）三年，诏一切罢之，以属郡县。《魏书》卷一百十《食货志》）

但是人民逃亡，实如顾宪之所说："军旅繁兴，役赋殷重，不堪勤剧"，"死且不惮，矧伊刑罚？身且不爱，何况妻子？是以前检未穷，后巧复滋，网辟徒峻，犹不能悛。"（《南齐书》卷四十六《顾宪之传》）甚者，整理户籍，尚引起白籍的纷乱。

永明三年，初太祖命黄门郎虞玩之等检定黄籍。上即位，别立校籍官，置令史，限一人一日得数巧，既连年不已，民愁怨不安……多逃亡避罪。富阳民唐寓之因以妖术惑众作乱，攻陷富阳，三吴却籍者奔之，众至三万……四年，唐寓之攻陷钱塘……称帝……立太子，置百官……上发禁兵数千人，马数百匹，东击寓之……寓之一战而溃，擒斩寓之。（《资治通鉴》卷一百三十六《齐武帝纪》）

世族兼并土地，而又有荫附的人为其领户，领户对于世族，既须提供力役，又须缴纳佃租，于是世族就具备了封建领主的资格。当时九品中正还是朝廷取士之法，而充任州郡大小中正者又悉是世族。他们既无人伦之鉴，又有徇私之念，选举不辨贤愚，只别贵贱，凡是衣冠，莫非上品。刘毅所谓下品无高门，上品无贱族，经东晋而至南北朝，愈益显明。

于是世族在政治上就有各种特权。兹先就南朝言之，凡是世族，其释褐入仕，地位已比寒门为高。

> 秘书郎有四员,宋齐以来,为甲族起家之选,待次入补,其居职,例数十百日,便迁。(《梁书》卷三十四《张缵传》)
>
> 秘书郎与著作郎,江左以来,多为贵游起家之选,故当时谚曰,上车不落为著作,体中何如则秘书。(徐坚《初学记》卷十三)

而任官年龄又比寒门为低。

> 中间立格,甲族以二十登仕,后门以过立试吏。(《梁书》卷一《武帝纪》)

所谓"过立"是谓三十岁之后,出于《论语》(第二篇《为政》)"三十而立"。梁武帝曾谓"北方高凉,四十强仕;南方卑湿,三十已衰"(《南史》卷六十二《顾协传》)。三十已衰本不足信。其所以有此言者,不过为甲族登仕皆早辩护而已。何况三十已衰若是事实,则寒人年过三十,方得试吏,他们在官年数必定有限,那又有什么前途?

世族入仕,不但地位高,年龄轻,又得"平流进取,坐至公卿"(《南齐书》卷二十三《褚渊王俭传论》)。尤以王谢二家为然。齐初王志告其弟寂曰:"汝膏梁年少,何患不达?"(《南齐书》卷三十三《王僧虔传》)"于时王家门中,优者则龙凤,劣者犹虎豹"(《南齐书》卷三十三《王僧虔传》),世族如何把持政权,观此可以知道。

唯在世族之中又有高低之别,例如江南世家,王谢比较朱张为高。

> 侯景请婚于王谢。上曰,王谢门高非偶,可于朱张以下求之。(《南史》卷八十《侯景传》)

而同是一姓,又有上下之别,南朝王氏均出琅邪,而住于乌衣者,地位稍逊于他房。

> 王僧虔为御史中丞……甲族由来多不居宪台,王氏分枝居乌衣者,位宦微减,僧虔为此官,乃曰:"此是乌衣诸郎坐处,我亦可试为耳。"(《南

史》卷二十二《王僧虔传》）

世族政治上既有许多特权,所以他们往往耻居下位,台郎之职在晋除吏部郎外,他们是不愿就的。
例如:

> 王国宝除尚书郎。国宝以中兴膏腴之族,惟作吏部,不为余曹郎,甚怨望,固辞不拜。（《晋书》卷七十五《王国宝传》）

降至南朝,不但中兴膏腴之族,就是普通士人也不就台郎之职。

> 江智渊元嘉末除尚书库部郎,时高流序官,不为台郎,智渊门孤寡援,独有此选,意甚不悦,乃固辞不拜。（《宋书》卷五十九《江智渊传》）

其肯屈就的,就视为难能可贵。

> 王筠除尚书殿中郎,王氏过江以来,未有居郎署者,或劝筠不就,筠……欣然就职。（《梁书》卷三十三《王筠传》）

又如员外散骑侍郎,晋世为甲族起家之选。

> 晋世名家身有国封者,起家多拜员外散骑侍郎。（《宋书》卷五十八《谢弘征传》）

到了齐代,清华竟不屑为。

> 国常侍,转员外散骑郎,此二职清华所不为。（《南史》卷二十五《到扐传》）

而出身寒微、门孤援寡者只能屈身于低位。

> 军府舍人,此职本用寒人。(《宋书》卷六十二《羊欣传》)

纵以帝王之尊亦不能破坏这个原则。

> 蔡凝年位未高,而才地为时所重……高祖尝谓凝曰:"我欲用义兴主婿钱肃为黄门郎,卿意何如?"凝正色对曰:"帝乡旧戚,恩由圣旨,则无所复问。若格以佥议,黄散之职,固须人地兼美,惟陛下裁之。"(《陈书》卷三十四《蔡凝传》)

其或受到人主知遇,特别任命为高级官吏者,必下诏说明原因。

> 建元三年,敕曰,江谧寒士,诚当不得竞等华侪,然甚有才干,堪为委遇,可迁掌吏部。(《南齐书》卷三十一《江谧传》)

否则受人轻视,

> (到溉)掌吏部尚书,时何敬容以令(尚书令)参选,事有不允,溉辄相执。敬容谓人曰:"到溉尚有余臭,遂学作贵人。"……溉祖彦之初以担粪自给,故世以为讥云。(《南史》卷二十五《到溉传》)

或竟被排诋而去。

> 章华家世农夫……欧阳頠为广州刺史,署为南海太守……朝臣以华素无阀阅,竞排诋之,乃除大市令,既雅非所好,乃辞以疾,郁郁不得志。(《陈书》卷三十《章华传》)

这种风俗行之既久,又影响于人们的心理,世族既以门第自矜。

> 荀伯子常自矜荫籍之美,谓王弘曰:"天下膏粱惟使君与下官耳,宣明之徒不足数也。"(《宋书》卷六十《荀伯子传》)

且认宰相之职乃分所应得。

> 孝武即位,王僧达为尚书右仆射。僧达自负才地,三年间便望宰相,尝答诏曰,亡父(司空王弘)、亡祖(司徒王珣),司徒、司空。其自负如此。(《南史》卷二十一《王僧达传》)

而寒人也失去自信之力,纵以天子之尊,也不敢存有"王侯将相宁有种耶"的思想。

> 高祖(宋武帝刘裕)因宴集,谓群公曰,我布衣,始望不至此。(《宋书》卷四十二《王弘传》)
>
> 高帝(齐高帝萧道成)诏曰,吾本布衣素族,念不到此,因藉时来,遂隆大业。(《南齐书》卷二《高祖纪》建元四年)

人主如此,至于普通人士,固然奋立功名,官高位尊,然自视犹不敢与世族较。

> 陈显达自以人微位重,每迁官,常有愧惧之色。有子十数人,诫之曰,我本志不及此,汝等勿以富贵陵人。家既豪富……显达谓其子曰,麈尾扇是王谢家物,汝不须捉此自随。(《南齐书》卷二十六《陈显达传》)

贵贱阶级经济上和政治上既有差别,于是社会上又发生了"士庶之际实自天隔"及"士庶缅绝,不相参知"(《宋书》卷四十二《王弘传》)的现象,简单言之,贵贱阶级虽然不是绝对的不得通婚,而出身寒门的人要与世家之女结婚,确不容易。吾人视梁武帝对侯景说："王谢门高非偶"（《南史》卷八十《侯景传》），即可知当时风俗。

最显著的，是贵贱阶级不相交际。

> 蔡兴宗为荆州刺史，被征还都时，右军将军王道隆任参内政，权重一时，蹑履到前，不敢就席，良久方去，竟不呼坐。元嘉初，中书舍人狄当诣太子詹事王昙首，不敢坐。其后中书舍人王弘①为太祖所爱遇，上谓曰："卿欲作士人，得就王球坐，乃当判耳。殷刘并杂，无所知也，若往诣球，可称旨就席。"球举扇曰："若不得尔。"弘还，依事启闻。帝曰："我便无如此何。"五十年中有此三事。（《宋书》卷五十七《蔡兴宗传》）

甚者同僚也不能同坐。

> 张敷迁正员中书郎……中书舍人狄当、周赳并管要务，以敷同省名家，欲诣之。赳曰："彼恐不相容接，不如勿往。"当曰："吾等并已员外郎矣，何忧不得共坐？"敷先设二床，去壁三四尺，二客就席，敷呼左右曰："移我远客。"赳等失色而去，其自标遇如此。（《宋书》卷四十六《张邵传》）

这种贵贱有别的情况，南朝比较北朝为甚。因为南朝的土地集中开始于三国时代。南方草莱初辟，除三吴外，无主之地尚多。永嘉大乱，南渡的豪族就乘大乱之际，利用部曲之力，横领了广大的土地。他们势力根深蒂固，不易推翻。宋齐以降，势力更大，纵是天子，亦莫如之何②。

> 中书舍人徐爰有宠于上（宋文帝），上尝命王球与殷景仁与之相知。

---

① 《南史》作弘兴宗，此王弘非《宋书》卷四十二之王弘。
② 路太后（宋孝武帝母）弟子琼之，宅与太常王僧达并门，尝盛车服卫从，造僧达，僧达不为之礼。琼之以诉太后，太后大怒，欲罪僧达。上曰，琼之年少，自不宜轻造诣。王僧达贵公子，岂可以此事加罪？（《宋书》卷四十一《文帝路淑媛传》）

球辞曰:"士庶区别,国之章也,臣不敢奉诏。"上改容谢焉。(《南史》卷二十三《王球传》)

中书舍人纪僧真,幸于武帝(齐武帝)……谓帝曰:"臣小人,出自本县武吏,邀逢圣时,阶荣至此……无复所须,唯就陛下乞作士大夫。"帝曰:"由江斅、谢瀹,我不得措此意,可自诣之。"僧真承旨诣斅,登榻坐定。斅便命左右曰:"移吾床让客。"僧真丧气而退,告武帝曰:"士大夫故非天子所命。"(《南史》卷三十六《江斅传》)

甚者旧门华胄且有轻视皇室之事。

王峻子琮为国子生,尚始兴王女繁昌县主,不慧,为学生所嗤,遂离婚。峻谢王,王曰:"此自上意,仆极不愿如此。"峻曰:"臣太祖是谢仁祖外孙,亦不藉殿下姻媾为门户。"(《梁书》卷二十一《王峻传》)

贵贱有别,人们便以谱牒自夸。其实,据挚虞说,"汉末多乱,谱传多亡失,虽其子孙,不能言其先祖"(《晋书》卷五十一《挚虞传》)。因之,伪造谱牒势所难免。齐末,梁武帝言:"谱牒讹误,诈伪多绪……冒袭良家,即成冠族。"(《梁书》卷一《武帝纪》)观梁武之言,可知南朝到了齐季,除王谢数家之外,谱牒亦不足为凭。

其在北朝,后魏起自阴山,本来没有姓族。

代人诸胄先无姓族,虽功贤之胤,混然未分,故官达者位极公卿,其功衰之亲,任居猥任。(《魏书》卷一百十三《官氏志》)

到了入主中原,欲把游牧经济改变为农业经济,即部落组织改造为国家组织,不能不采用中华的文物制度,于是遂同五胡一样,从当时强宗大族所建筑的坞堡之中,学习了中华的生产方法,又组织了与这个生产方法相适应的国家。当时北方豪族之受重任者,在太祖道武帝时代,有清河崔玄伯,拓拔氏改国号曰魏,即从玄伯之议。而"制官爵,撰朝仪,协音乐,定律令,申科禁,玄伯总而裁之,以为永式"(《魏书》卷二十四《崔玄伯传》)。太宗明元帝、世祖太武帝时代,崔玄伯之子浩亦秉朝政,凡"朝廷礼仪、优文策诏、军国书记,尽关于浩"。世祖尝"敕诸尚书曰,凡军国大计,卿等所不能决,皆先咨浩,然后施行"(《魏书》卷三十五《崔浩传》)。其后,浩因修史不慎,而遭灭族之祸①。而范阳卢玄则以儒雅著闻,首应旌命,子孙继迹,为世盛门(《魏书》卷四十七《卢玄传》)。赵郡李孝伯亦受知于世祖,"恭宗曾启世祖,广征俊秀。世祖曰,朕有一孝伯,足治天下,何用多为……自崔浩诛后,军国之谋咸出孝伯"(《魏书》卷五十三《李孝伯传》)。此外如京兆韦阆、京兆杜诠、河东裴骏均被征辟(《魏书》卷四十五各本传)。到了高祖孝文帝时代,陇西李冲创三长之制,终佐孝文,成就太和之治,"任当端揆,身任梁栋,德洽家门,功著王室"(《魏书》卷五十三《李冲传》史臣曰)。而华阴杨播一家,"高祖以下,乃有七郡太守、三十二州刺史"(《魏书》卷五十八《杨椿传》),所以史臣才说,"荣赫累朝,所谓门生故吏遍于天下"(《魏书》卷五十八《杨播传》史臣曰)。此不过略举数姓言之②。强宗大族因是后魏的宗师,后魏不能不任用他们而尊重其门第,甚至把自己的种族也向士族门第转化。而如唐代柳冲所说:"代北则为虏姓,元、长孙、宇文、于、陆、源、窦首之。"(《新唐书》卷一百九十九《柳冲传》)于是北朝遂同南朝一样,用法令规定贵贱之间,职业有别。

太武帝太平真君五年正月庚戌,诏曰,今制自王公已下至于卿士,其子息皆诣太学。其百工伎巧、驺卒子息当习其父兄所业,不听私立学校,

---

① 崔浩遭灭门之祸,除因撰著国史,不知忌讳之外,尚有二说:一说谓浩分别姓族高低,太过急进。当时后魏国基未固,一方虽欲拉拢汉魏华胄,同时亦欲汉人尊重代北武人。《魏书》卷四十七《卢玄传》云:"浩大欲齐整人伦,分明姓族。玄劝之曰,夫创制立事,固有其时,乐为此者讵几人也,宜其三思。浩当时虽无异言,竟不纳。浩败,颇亦由此。"另一说谓浩虽身在北朝,而心在华夏。《宋书》卷七十七《柳元景传》云:"元景,河东解人也。曾祖卓自本郡迁于襄阳。从祖弟光世先留乡里,索虏以为河北太守。光世姊夫伪司徒崔浩,虏之相也。元嘉二十七年,虏主拓拔焘(太武帝)南寇汝颍,浩密有异图,光世要河北义士为浩应。浩谋泄被诛,河东大姓坐连谋夷灭者甚众。"
② 《资治通鉴》(卷一百四十齐明帝建武三年),谓"时赵郡诸李,人物尤多,各盛家风。故世之言高华者以五族为首"。胡三省注:"卢崔郑王并李为五姓。赵郡诸李北人谓之赵李,李灵、李顺、李孝伯群从子侄皆赵李也。"

违者师身死，主人门诛。(《魏书》卷四下《世祖纪》)

不得杂居，

  太祖道武皇帝分别士庶，不令杂居，伎作屠沽，各有攸处。(《魏书》卷六十《韩显宗传》)

不得通婚，

  文成帝和平四年十有二月壬寅，诏曰，今制皇族、师傅、王公侯伯及士民之家，不得与百工、伎巧、卑姓为婚，犯者加罪。(《魏书》卷五《高宗纪》)①

寒士若蒙秉权的人赐以华胄之女以为妻，便视为无上的光荣。

  孙搴世寒贱……神武……大见赏重，赐妻韦氏，既士人子女，又兼色貌，时人荣之。(《北史》卷五十五《孙搴传》)
  左卫将军郭琼以罪死，子妇范阳卢道虔女也，没官。神武启以赐陈元康为妻，元康地寒，时以为殊赏。(《北史》卷五十五《陈元康传》)

至于第宅车服，自百官以至庶人也有等别。

  李彪又表曰："臣愚以为第宅车服，自百官至于庶人，宜为其等制，使贵不逼贱，卑不僭高，不可以称其侈意，用违经典。"……高祖览而善之，

---

① 孝文帝太和二年五月，又下诏禁止士族与卑姓为婚。十七年九月，又诏厮养之户不得与士族婚。(《魏书》卷七《高祖孝文帝纪》)当时豪族如何拒绝与寒门结婚，观崔巨伦之姊之事，即可知之。"初崔巨伦有姊，明惠有才行，因患眇一目，内外亲类莫有求者。其家议欲下嫁之，巨伦姑赵国李叔胤之妻，高明慈笃，闻而悲感曰，吾兄盛德，不幸早世，岂令此女屈事卑族？乃为子翼纳之，时人叹其义。"(《魏书》卷五十六《崔巨伦传》)

寻皆施行。(《魏书》卷六十二《李彪传》)

各郡虽置学校,亦先取高门子弟,次及中第。

> 高允请制大郡立博士二人、助教四人、学生一百人。次郡立博士二人、助教二人、学生八十人。中郡立博士一人、助教二人、学生六十人。下郡立博士一人、助教一人、学生四十人……学生取郡中清望,人行修谨,堪循名教者。先尽高门,次及中第,显祖从之,郡国立学自此始也。(《魏书》卷四十八《高允传》)

在这种制度之下,北朝世族也同南朝一样,以门第自夸。而在士族之中,崔、卢似比赵、李为高。而同是崔姓,清河崔氏的地位高于博陵崔氏①。盖如前所言,北朝建国有恃清河崔玄伯及其子浩之协助者甚大,犹如南朝建国而不至灭亡,有恃于王谢二家甚大者相同。清河崔氏分为两支,一是魏司空崔林之后,崔玄伯及其子浩即其苗裔。另一支为崔林族兄,魏中尉崔琰之后,如崔逞、崔亮等是。所以崔浩一族虽被诛夷,而清河崔琰子孙仍是北朝第一望族。吾人观崔㥄之轻视博崔,即可知之。

> 崔㥄每以籍地自矜,谓卢元明曰,天下盛门惟我与尔,博崔赵李何事者哉?(《北齐书》卷二十三《崔㥄传》)

兼以北朝也采用九品官人之制,以选举人才。道武帝时,王宪为冀州中正(《魏书》卷三十三《王宪传》),李先为定州大中正(《魏书》卷三十三《李先传》);太武帝时,崔浩为冀州中正,长孙嵩为司州中正(《魏书》卷二十七《穆亮传》),即其明证。而"中正所铨,但存门第,吏部彝伦,仍不才举"(《魏书》卷八《世宗宣武帝纪》正始二

---

① 高阳王雍元妃卢氏薨,后更纳博陵崔显妹,甚有色宠,欲以为妃。世宗初以崔氏世号东崔,地寒望劣,难之,久乃听许。(《魏书》卷二十一上《高阳王雍传》)

年四月乙丑诏），即如韩显宗所说："今之州郡贡察，徒有秀孝之名，而无秀孝之实，而朝廷但检其门望，不复弹坐。"（《魏书》卷六十《韩显宗传》）及至孝文迁都洛邑，更明显地主张以贵承贵、以贱承贱的政治。

> 高祖曾诏诸官曰："自近代已来，高卑出身，恒有常分，朕意一以为可，复以为不可，宣相与量之。"李冲对曰："未审上古已来，置官列位，为欲为膏粱儿地，为欲益治赞时。"高祖曰："俱欲为治。"冲曰："若欲为治，陛下今日何为专崇门品，不有拔才之诏？"高祖曰："苟有殊人之伎，不患不知，然君子之门假使无当世之用者，要自德行纯笃，朕是以用之。"冲曰："傅说、吕望岂可以门第见举？"高祖曰："如此济世者希，旷代有一两人耳。"冲谓诸卿士曰："适欲请诸贤救之。"秘书令李彪曰："师旅寡少，未应为援，意有所怀，敢不尽言于圣日。陛下若专以门地，不审鲁之三卿孰若四科？"高祖曰："犹如向解。"韩显宗进曰："陛下光宅洛邑，百礼唯新，国之兴否，指此一选。臣既学识浮浅，不能援引古今，以证此义。且以国事论之，不审中、秘书监令之子必为秘书郎，顷来为监、令者，子皆可为不？"高祖曰："卿何不论当世膏腴为监、令者？"显宗曰："陛下以物不可类，不应以贵承贵，以贱袭贱。"高祖曰："若有高明卓尔，才具隽出者，朕亦不拘此例。"（《魏书》卷六十《韩显宗传》）

其定为制度者，高门之官分九品，寒人之官，别有七等①。这是魏孝文帝明告刘昶的。

> 帝谓昶曰，我今八族以上，士人品等有九，九品之外，小人之官复有七等。胡三省注云，后之流内铨、流外铨，盖分于此。（《资治通鉴》卷一百四十齐明帝建武三年）

---

① 南朝陈代虽"遵梁制为十八班，而官有清浊，又流外有七班，此是寒微士人为之"。见《隋书》卷二十六《百官志上》。

寒人虽有才智,见知于权贵,而被推荐为比较高级之官吏,亦常受到属僚的排挤。

> 任城王澄嘉赏张普惠,临薨,启为尚书右丞,灵太后览启,从之……后尚书诸郎以普惠地寒,不应便居管辖,相与为约,并欲不放上省,纷纭多日,乃息。(《魏书》卷七十八《张普惠传》)

而此属僚也许亦是出身于寒素之门。在贵贱有别之世,寒人常有自卑之感,强烈的自卑感又可发生自大狂,对其同类,往往自视甚高,与其为同类之部属,宁为世族的奴客。吾人观古今官场现状,即可知之。寒人轻视寒人,至于膏粱华胄,则更耻居寒人之下。

> 贾思伯弟思同,初为青州别驾。清河崔光韶先为中从事,自恃资地,耻居其下,闻思同还乡,遂便去职。州里人物为思同恨之。(《北史》卷四十七《贾思伯传》)

于是北朝遂和南朝一样,世族在经济上、政治上和社会上都成为特权阶级。"朝廷每选举人士,则校其一婚一宦,以为升降。"(《魏书》卷六十《韩显宗传》)到了最后,纵令皇家也有畏敬之心。

> 崔㥄一门婚姻皆是衣冠之美,吉凶仪范为当时所称。娄太后为博陵王纳㥄妹为妃,敕中使曰:"好作法用,勿使崔家笑人。"(《北齐书》卷二十三《崔㥄传》)

这样,酝酿于东汉末年的贵族政治,经魏晋至南北朝,更发扬光大,成为一代制度。沈约云:

> 汉末丧乱,魏武始基,军中仓卒,权立九品,盖以论人才优劣,非为世

族高卑,因此相沿,遂为成法。自魏至晋,莫之能改。州都郡正以才品人,而举世人才升降盖寡,徒以冯藉世资,用相陵驾……刘毅所云下品无高门,上品无贱族者也。岁月迁讹,斯风渐笃,凡厥衣冠莫非二品。自此以还,遂成卑庶。周汉之道,以智役愚,台隶参差,用成等级。魏晋以来,以贵役贱,士庶之科,较然有别。(《宋书》卷九十四《恩幸传序》)

兹宜知道的,南北朝的士族与魏晋的士族有些不同。魏晋世族多有部曲,而为领兵之将;南朝世族虽承东晋之旧,然已不乐武职(参阅《南齐书》卷四十四《沈文季传》、卷五十二《丘灵鞠传》、卷五十一《张欣泰传》)。北朝政府为鲜卑种族所组织,对于中国世族,未必信任,所以原则上均不许他们领兵。总而言之,魏晋世族多数领兵,南北朝世族以不领兵为原则。关于南北朝世族①,唐柳冲云:

魏氏立九品,置中正,尊世胄,卑寒士,权归右姓已。其州大中正主簿、郡中正功曹,皆取著姓士族为之,以定门胄,品藻人物。晋宋因之,始尚姓已。然其别贵贱,分士庶,不可易也。于时有司选举,必稽谱籍,而考其真伪,故官有世胄,谱有世官,贾氏、王氏谱学出焉。由是有谱局,令史职皆具。过江则为侨姓,王、谢、袁、萧为大。东南则为吴姓,朱、张、顾、陆为大。山东则为郡姓,王、崔、卢、李、郑为大。关中亦号郡姓,韦、裴、柳、薛、杨、杜首之。代北则为虏姓,元、长孙、宇文、于、陆、源、窦首之。虏姓者魏孝文帝迁洛,有八氏十姓、三十六族九十二姓。八氏十姓出自帝宗属或诸国从魏者。三十六族九十二姓世为部落大人,并号河南洛阳人。郡姓者以中国士人差第阀阅为之。制:凡三世有三公者曰膏梁,有令仆者曰华腴,尚书领护而上者为甲姓,九卿若方伯者为乙姓,散骑常侍、大中大夫者为丙姓,吏部正员郎为丁姓,凡得入者谓之四姓。又诏代人诸胄初无族姓,其穆、陆、奚、于下,吏部勿充猥官,得视四姓。北齐因

---

① 自昔,凡世族专擅朝政之时,天子常欲引用寒人,以与之抗。远者不谈,晋惠帝时贾后弄权。"贾谧(后侄)与后共谋,以张华庶族,儒雅有筹略,进无逼上之嫌,退为众望所依,欲倚以朝纲,访以政事。"《晋书》卷三十六《张华传》)到了南北朝,因为门第之见深入人心,此法已不可行。

仍举秀才、州主簿、郡功曹,非四姓不在选。(《新唐书》卷一百九十九《柳冲传》)

兹将柳冲所举各姓之来源,简单述之如次。

(一) 过江侨姓

1. 王

琅邪临沂,汉谏议大夫王吉(《汉书》卷七十二《王吉传》)之后,王氏在两汉并无特出人才,魏晋易代之际,有王祥者,祖仁青州刺史,父融公府辟不就。祥在魏,官至太尉。晋武受禅,拜太保。其弟览,咸宁初,为宗正卿。(《晋书》卷三十三《王祥王览传》)览孙导辅佐元帝,建立南方的政权,官至中书监、骠骑大将军、录尚书事,假节,扬州刺史,进拜丞相(《晋书》卷六十五《王导传》)。王敦则为导之从兄(《晋书》卷九十八《王敦传》)。至于王戎、王衍、王澄亦琅邪临沂人(《晋书》卷四十三《王戎王衍王澄传》),但非王祥、王览之后,不过其同宗而已。南朝卿相王氏最多,举其要者,如《宋书》卷四十二之王弘、《南齐书》卷二十三之王俭、《梁书》卷二十一之王志、《陈书》卷十七之王通皆是也。

2. 谢

陈郡阳夏,魏典农中郎将谢缵之后,缵子衡,魏国子祭酒;衡子鲲,王敦引为大将军长史,寻出为豫章太守,鲲好老易,不屑政事,无砥砺行,居身于可否之间(《晋书》卷四十九《谢鲲传》)。鲲子尚,晋尚书仆射,进号镇西将军,都督豫州、扬州之五郡军事(《晋书》卷七十九《谢尚传》)。衡次子裒,晋太常卿,裒子安与其弟谢石、侄谢玄(裒长子奕之子)大败苻坚于淝水,使南方政权得以稳定。安官至中书监、骠骑将军、录尚书事,领扬州刺史,假节,进拜太保,加黄钺。(《晋书》卷七十九《谢安谢石谢玄传》)南代四代谢家势力稍逊于王。但《宋书》卷四十四之谢晦、《南齐书》卷四十三之谢瀹、《梁书》卷十五之谢朏、《陈书》卷二十一之谢哲,他们在政治上的地位亦不可侮。

3. 袁

陈郡阳夏,后汉司徒袁滂之后,滂子涣,魏郎中令(《魏志》卷十一《袁涣传》);其曾孙袁瑰因中原大乱,南渡,元帝以为丹阳尹,除庐江太守,后徙大司农,寻除国子祭酒,加散骑常侍(《晋书》卷八十三《袁瓌传》)。宋有尚书右仆射袁湛、吏部尚书袁粲。梁有司空侍中尚书令袁昂。昂子敬仕陈,官至太常卿金紫光禄大夫,加特进(《宋书》卷五十三《袁湛传》、卷八十九《袁粲传》、《梁书》卷三十一《袁昂传》、《陈书》卷十七《袁敬传》)。

4. 萧

南兰陵,汉相国萧何之后,宋有中书令、丹阳尹萧思话,出为使持节,都督徐兖青冀幽五州诸军事,复都督郢湘二州诸军事,镇西将军,及卒,追赠征西将军,开府仪同三司(《宋书》卷七十八《萧思话传》)。子惠开,官至持节都督益宁二州诸军事、平西将军(《宋书》卷八十七《萧惠开传》)。《南齐书》卷三十八之萧景先、萧赤斧,《梁书》卷十之萧颖达,《陈书》卷三十之萧济、卷三十一之萧摩诃皆兰陵人。齐梁二代天子亦其同宗(参阅《新唐书》卷七十一下《宰相世系表》),而隋炀帝之后萧氏则为后梁明帝岿之女(《隋书》卷三十六《炀帝萧皇后传》)。

(二) 东南吴姓

《吴志》(卷十一《朱治传》)有"吴四姓,多出仕郡,郡吏常以千数"之语。所谓吴四姓,大约也是指朱、张、顾、陆。梁武帝对侯景说:"王谢门高非偶,可于朱张以下求之"(《南史》卷八十《侯景传》),即东南吴姓之社会地位乃在过江侨姓的王谢之下,盖王谢对于南方政权有很大贡献,而朱张二氏的功勋似还不及顾陆。

1. 朱

吴郡吴县或丹扬故鄣,三国时代,吴之朱姓有丹扬与吴郡二族。丹扬朱氏为后汉大司马朱浮之后,子孙徙丹扬。吴有九真太守朱治、左大司马右军师朱然(《吴志》卷十一《朱治朱然传》,参阅《新唐书》卷七十四下《宰相世系表》),而吴郡朱氏则有朱桓,前将军,领青州牧,假节(《吴志》卷十一《朱桓传》),又有骠骑将军朱据(《吴志》卷十二《朱据传》)。《晋书》(卷八十一)之朱伺(安陆人)、朱序(义阳人)均非丹扬吴郡人。《新唐书》(卷七十四下)《宰相世系表》,虽载有宋之朱龄石,但龄石乃沛郡人(《宋书》卷四十八《朱龄石传》)。由晋而至南朝四代,朱家无传。《梁书》(卷三十八)之朱异乃吴郡钱塘人。

2. 张

吴郡吴县,汉留侯张良之后,良七世孙为长沙太守,始迁于吴。晋时,张嘉及其子澄皆官至光禄大夫。澄子彭祖广州刺史,彭祖子敞侍中尚书、吴国内史。敞子裕(字茂度),宋义兴太守,加秩中二千石,因疾,拜光禄大夫,加金章紫绶。裕弟邵(字茂宗),宋征虏将军,领宁蛮校尉,雍州刺史,加都督。家世如斯,难怪在贵贱有别之时,邵子敷不与中书舍人狄当、周赳共坐。① 三国时,吴之张昭乃彭城人(《吴志》卷七《张昭传》)。《新唐书》(卷七十二下)《宰相世系表》所载之吴郡张氏,颇有问题。

3. 顾

吴郡吴县,吴丞相顾雍之后,吴平,雍孙荣与陆机、陆云同入洛,时人号为三俊。元帝镇江东,以荣为军司,加散骑常侍,凡所谋划,皆以咨焉。及卒,赠侍中、骠骑将军,开府仪同三司。②

4. 陆

吴郡吴县,后汉尚书令陆闳之后,汉末,陆康为庐江太守;三国分立,吴有陆绩,郁林太守,从孙逊,吴丞相,逊子抗,吴大司马、荆州牧,抗子机、云皆有名当世③。《南齐书》卷三十九之陆澄、卷四十六之陆慧晓、《梁书》卷二十六之陆杲、《陈书》卷二十二之陆子隆、卷三十之陆琼均吴郡吴县人。

(三) 山东郡姓

1. 王

太原晋阳,东汉司徒王允之后,魏有司空王昶、太尉王凌。昶子浑晋司徒,有平吴之功。至于晋之王浚则为弘农人,后魏有王慧龙。④

---

① 《宋书》卷四十六《张邵传》、卷五十三《张茂度传》、卷六十二《张敷传》,《南齐书》卷二十四《张瑰传》、卷三十三《张绪传》,《梁书》卷三十三《张率传》,《陈书》卷二十一《张种传》。
② 《吴志》卷七《顾雍传》,《晋书》卷六十八《顾荣传》、卷七十六《顾众传》、卷八十三《顾况传》,《宋书》卷八十一《顾琛顾觊之传》,《南齐书》卷四十六《顾宪之传》,梁陈以后无闻。
③ 《后汉书》卷三十一《陆康传》、卷八十一《陆续传》,《吴志》卷十二《陆绩传》、卷十三《陆逊陆抗传》,《晋书》卷五十四《陆机陆云传》。
④ 《后汉书》卷六十六《王允传》,《魏志》卷二十七《王昶传》、卷二十八《王凌传》,《晋书》卷四十二《王浑王浚传》,《魏书》卷三十八之王慧龙自云太原晋阳人,《周书》卷十九之王雄太原人。《魏书》卷六十三之王肃则为琅邪王氏,因宋亡齐兴,而北奔者。反之《梁书》卷三十九之王神念及卷四十五之王僧辩(神念子)则为太原祁人。

2. 崔

清河东武城、博陵安平，清河崔氏为魏司空崔林之后，后魏有崔玄伯及其子浩，浩因修史不慎，族诛。但清河崔氏另一支，即崔林族兄琰，魏中尉之后，仍有地位。后魏有崔逞、崔亮等乃崔琰之后。① 博陵崔氏为东汉崔骃之后，骃以典籍为业，未遑仕进之事。孙尚书崔实著有《政论》一书。其从兄烈，官至司徒。魏有尚书仆射崔赞，晋有吏部尚书崔洪，后魏有崔鉴、崔辩、崔挺，北齐有崔逞、崔昂、崔季舒等，北周有崔谦、崔猷、崔彦穆等。②

3. 卢

范阳涿县，魏司空卢毓之后，毓子钦晋尚书仆射。后魏有卢玄、卢同等，北周卢辩曾继苏绰之后，依周礼，建六官，革汉魏之制，稍有功业可言。③

4. 李

赵郡平棘，后汉河南尹李膺之后。后魏有李孝伯，深得太武帝信任。④ 又有陇西李氏，为西凉王李暠之后，后魏有沙川牧、敦煌公李宝及其子陇西公李冲。后周柱国太尉李虎亦暠之七世孙。虎子渊即唐高祖。⑤

5. 郑

荥阳开封，魏将作大匠郑浑之后，晋有太傅郑冲，后魏有中书监郑羲。⑥

---

① 《魏志》卷十二《崔琰传》、卷二十四《崔林传》，《魏书》卷二十四《崔玄伯传》、卷三十二《崔逞传》、卷三十五《崔浩传》、卷六十六《崔亮传》、卷六十七《崔光传》、卷六十九《崔休传》，《北齐书》卷二十三《崔㥄传》，《周书》卷三十六《崔彦穆传》。

② 《后汉书》卷五十二《崔骃传》，《晋书》卷四十五《崔洪传》，《魏书》卷四十九《崔鉴传》、卷五十六《崔辩传》、卷五十七《崔挺传》，《北齐书》卷三十《崔逞崔昂传》、卷三十九《崔季舒传》，《周书》卷三十五《崔谦崔猷传》、卷三十六《崔彦穆传》。

③ 《魏志》卷二十二《卢毓传》，《晋书》卷四十三《卢钦传》，《魏书》卷四十七《卢玄传》、卷七十六《卢同传》，《北齐书》卷二十二《卢文伟传》、卷四十二卢潜及卢叔武传，《周书》卷二十四《卢辩传》。

④ 《后汉书》卷六十七《李膺传》，《魏书》卷三十六《李顺传》、卷五十三《李孝伯李安世传》，安世建均田之议。《北史》卷三十三有《李灵传》，北齐有李玙，为西凉王李暠五世孙。《北齐书》卷二十九《李浑传》，浑乃赵郡柏人。

⑤ 《魏书》卷三十九《李宝传》、卷五十三《李冲传》，《北齐书》卷二十九《李玙传》，《周书》卷二十五《李贤传》，《新唐书》卷一《高祖纪》。

⑥ 《后汉书》卷三十六《郑兴传》，《魏志》卷十六《郑浑传》，《晋书》卷三十三《郑冲传》，《魏书》卷五十六《郑羲传》，《北齐书》卷二十九《郑述祖传》，述祖为羲之孙，父道昭魏秘书监。《周书》卷三十五郑孝穆，孝穆亦羲之后，祖敬叔魏颍川太守，父琼范阳郡守。

（四）关中郡姓

1. 韦

京兆杜陵，前汉丞相韦贤之后，贤子玄成亦官至丞相，后汉韦彪以大鸿胪行司徒事，亦韦贤之后。后魏有武都太守韦阆。韦氏世为三辅著姓，但无杰出人才。只唯后周韦孝宽以定策平齐之功，进位上柱国。①

2. 裴

河东闻喜，后汉尚书令裴茂之后，茂长子潜，魏尚书令，次子徽，魏冀州刺史。潜子秀，晋尚书令；秀子楷，晋中书令。后魏有给事中散骑常侍裴骏、吏部尚书裴延俊，后周裴宽以军功为骠骑大将军，开府仪同三司。②

3. 柳

河东解县，后汉光禄勋柳丰之后，六世孙轨晋吏部尚书。后魏有河北太守柳崇、征西将军右光禄大夫柳援。③

4. 薛

河东汾阴，汉末，薛永从刘备入蜀，为蜀郡太守，永子齐巴蜀二郡太守，蜀亡，降魏，徙河东。齐子懿，北地太守；懿子恢，河东太守。后魏有平西将军、雍州刺史薛辩，镇南大将军、徐州刺史薛安都亦其后也。④

5. 杨

弘农华阴，后汉太尉杨震之后，自震至彪（震子秉、秉子赐、赐子彪），四世

---

① 《汉书》卷七十三《韦贤传》、《后汉书》卷二十六《韦彪传》、《魏书》卷四十五《韦阆传》、《北齐书》卷二十七《韦子粲》，子粲即阆之曾孙；《周书》卷三十一《韦孝宽传》，祖直善魏冯翊扶风郡守，父旭武威郡守。
② 《魏志》卷二十三《裴潜传》、《晋书》卷三十五《裴秀传》、《魏书》卷四十五《裴骏传》、卷六十九《裴延俊传》、《周书》卷三十四《裴宽传》、卷二十六《裴果传》、卷三十七《裴文举传》。
③ 《宋书》卷七十七《柳元景传》、《南齐书·柳世隆传》，世隆为元景之侄，此一支于元景曾祖卓时，自本郡迁于襄阳，其后裔仕于南朝。及后梁元帝为西魏军所逼，世隆之曾孙柳裘又仕于周。《魏书》卷四十五《柳崇传》及《柳援传》、《周书》卷二十二《柳庆柳机传》、卷三十二《柳敏传》，敏父懿魏车骑大将军，仪同三司，汾州刺史；卷三十八《柳虬传》，虬为庆兄。参阅《新唐书》卷七十三上《宰相世系表》。
④ 《魏书》卷四十二《薛辩传》、卷六十一《薛安都传》、《北齐书》卷二十《薛循义传》、《周书》卷三十五《薛端薛善传》、卷三十八《薛憕薛寘传》。参阅《新唐书》卷七十三下《宰相世系表》。

三公,为汉名族。彪子修虽为曹操所杀,而杨氏名望尚存。五胡乱华,南渡一支,如杨佺期者自云"门户承籍,江表莫如"。而后魏之杨播,高祖以下,有七郡太守、三十二州刺史,所谓门生故吏遍于天下。后周之柱国大将军、大司空之杨忠亦震之后,忠子坚即隋文帝。①

6. 杜

京兆杜陵,前汉御史大夫杜延年之后,九世孙畿,魏尚书仆射。畿子恕,魏幽州刺史;恕子预,晋镇南将军,都督荆州诸军事,平吴有功。后魏有杜铨等。②

(五) 代北虏姓

后魏孝文帝迁洛,将虏姓改为汉姓,徙之洛阳,并号河南洛阳人。

1. 元

出自后魏皇室,后魏为鲜卑种族,本无姓氏,道武帝珪时才定姓为拓拔,建国号曰魏,至孝文帝太和二十年又改姓为元氏。③

2. 长孙

魏之宗族,本拓拔氏,孝文帝时改姓为长孙。④

3. 宇文

鲜卑种族,有普回者因狩得玉玺三纽,有文曰皇帝玺,普回心异之,以为天授,其俗谓天曰宇,谓君曰文,因号宇文国,并以为氏焉。宇文一族分为两支,一支留在代郡,一支随孝文帝徙居洛阳。⑤

---

① 《后汉书》卷五十四《杨震传》、《晋书》卷八十四《杨佺期传》、《魏书》卷五十八《杨播传》、《北齐书》卷三十四《杨愔传》、《周书》卷三十四《杨敷传》,隋之杨素即敷子。卷十九之杨忠亦弘农华阴人,忠子坚即隋文帝,《隋书》卷一《高祖纪》。

② 《汉书》卷六十《杜周传》、《魏志》卷十六《杜畿传》、《晋书》卷三十四《杜预传》、《魏书》卷四十五《杜铨传》、《周书》卷三十九《杜杲传》。

③ 《魏书》卷二《太祖道武帝纪》、卷七下《高祖孝文帝纪》、《北齐书》卷二十八元坦等传、卷三十八《元文遥传》、《周书》卷三十八《元伟传》、《魏书》卷一百十三《官氏志》。

④ 《魏书》卷二十五《长孙嵩长孙道生传》、卷二十六《长孙肥传》。《周书》卷二十六之长孙俭为长孙嵩五世孙,长孙绍远为长孙道生之曾孙。唐太宗后长孙氏即长孙道生之后。参阅《魏书》卷一百十三《官氏志》。

⑤ 《魏书》卷四十四之宇文福、卷八十一之宇文忠之均河南洛阳人,其先南军于之远属,后入居代郡。宇文泰之一支仍居代郡。《周书》卷一《太祖宇文泰传》、卷十九字《文贵传》、卷二十七《宇文测传》、卷二十九《宇文虬宇文盛传》、卷四十《宇文神举宇文孝伯传》。

4. 于

本为勿忸于氏,后改为于氏。①

5. 陆

本为步六孤氏,后改为陆氏。(《魏书》卷三十《陆真传》,参阅卷一百十三《官氏志》)

6. 源

鲜卑人秃发乌孤之后,弟傉檀为乞伏炽盘所灭,子贺奔魏。太武帝谓贺曰,卿与朕同源,因事分姓,今可为源氏。(《魏书》卷四十一《源贺传》、《北齐书》卷四十三《源彪传》,参阅《北史》卷三十八《源贺传》)

7. 窦

窦氏扶风平陵人。北周有窦炽及其兄子毅,窦炽乃汉大鸿胪章十一世孙。章子统,灵帝时为雁门太守,避窦武之难,亡奔匈奴,遂为部落大人。后魏南徙,子孙因家于代,赐姓纥豆陵氏,唐高祖后窦氏即毅之女(《周书》卷三十《窦炽传》,参阅《魏书》卷一百十三《官氏志》)

现在试问山东郡姓及关中郡姓经五胡之乱,何以尚不式微?前已说过,五胡既建国于中原,不能不采用中华的文物制度。而在大乱之时,保存中华文化者则为豪宗大族的坞堡。于是坞主便成为五胡的宗师,坞堡亦成为五胡建国的模范,从而五胡不能不承认汉魏以来豪宗大族既得的权利。而且豪宗大族之残留北方者,如山东郡姓及关中郡姓多仕于五胡,且借五胡之政治势力以提高他们的社会地位。今试列表如次。

山东郡姓及关中郡姓与五胡之关系表(拓拔魏除外)

地域	姓氏	与五胡关系表	备考
山东郡姓	太原王	王慧龙祖愉尝轻侮刘裕,心不自安,谋作乱,事泄被诛,子孙十余口皆伏法。慧龙时年十四,为沙门僧彬所匿,后奔于姚兴(后秦)。后秦灭,慧龙于魏明元帝时奔魏。	王愉为晋司徒王浑之后,浑太原晋阳人。(《魏书》卷三十八《王慧龙传》,参阅《晋书》卷四十二《王浑传》、卷七十五《王湛传附愉传》)

---

① 《魏书》卷三十一《于栗䃅传附于忠传》,《周书》卷十五《于谨传于寔传》、卷三十《于翼传》,于寔及于翼均于谨之子,参阅《魏书》卷一百十三《官氏志》。

续表

地域	姓氏	与五胡关系表	备考
	清河及博陵崔	清河崔氏分为二支,一支为崔林之后,另一支为崔琰之后。崔玄伯系崔林之后,祖悦仕石虎,官至司徒左长史;父潜仕慕容暐(前燕),为黄门侍郎;玄伯仕苻坚(前秦),为著作佐郎。坚败,仕慕容垂(后燕),为尚书左丞。燕亡,降于魏道武帝拓拔珪。崔逞系崔琰之后。祖遇仕石虎,父愉黄门郎,逞仕于慕容暐(前燕),为黄门侍郎。前燕亡,又仕苻坚(前秦),为齐郡太守。坚败,仕晋为清河、平原二郡太守。为翟辽所房,授以中书令。慕容垂(后燕)灭翟钊,以为秘书监。后燕亡,降于魏道武帝拓拔珪。博陵崔氏,其先世有否仕于五胡,《魏书》及《北史》无考。	《魏书》卷二十四《崔玄伯传》。《魏书》卷三十二《崔逞传》。《晋书》卷一百八《慕容廆传》有崔恋者自以为南州士望,不知何崔。
	范阳卢	卢玄祖偃、父邈,并仕慕容氏(后燕)。燕亡,玄于魏太武帝焘时,辟为中书博士。	《魏书》卷四十七《卢玄传》。
	赵郡李	李顺父系慕容垂(后燕)散骑侍郎、东武城令,魏道武帝拓拔珪定中原,以系为平棘令。李孝伯为顺之从父弟。陇西李宝为西凉王李暠之后,西凉亡,宝北奔伊吾,臣于蠕蠕。魏太武帝焘时,宝降于后魏。李冲即宝之少子。	《魏书》卷三十六《李顺传》、卷五十三《李孝伯传》。《魏书》卷三十九《李宝传》、卷五十三《李冲传》。
	荥阳郑	郑羲曾祖豁慕容垂(后燕)太常卿,父晔不仕。魏文成帝时,拜羲为中书博士。	《魏书》卷五十六《郑羲传》。

续 表

地域	姓氏	与五胡关系表	备考
关中郡姓	京兆韦	姚兴时,京兆韦华为中书令。韦阆祖楷晋建威将军,长乐、清河二郡太守。父达慕容垂(后燕)吏部郎,大长秋卿,慕容氏亡,魏太武帝焘以阆为咸阳太守,转武都太守。	《晋书》卷一百十七《姚兴载记上》。《魏书》卷四十五《韦阆传》。
	河东裴	慕容廆以河东裴嶷等为谋主,裴开等为股肱。	《晋书》卷一百八《慕容廆载记》。
	河东柳	五胡乱华时,河东解县柳氏,《魏书》及《北史》均无闻。	
	河东薛	薛辩祖陶与薛祖、薛落等分统部众,故世号三薛。父强总摄三部,仕姚兴(后秦),为镇东将军,入为尚书。强卒,辩复袭统其众,为姚兴建威将军、河北太守。刘裕平姚泓(兴子),辩举众降裕,宋以之为宁朔将军、平阳太守。及裕失长安,辩降于后魏明元帝。	《魏书》卷四十二《薛辩传》。
	恒农杨	杨播高祖结仕慕容氏(后燕),卒于中山相。曾祖珍于道武帝珪时降于魏。	《魏书》卷五十八《杨播传》。
	京兆杜	杜铨祖胄苻坚太尉长史。父嶷慕容垂(后燕)秘书监。铨于魏太武帝焘时,与卢玄、高允等同时征为中书博士。	《魏书》卷四十五《杜铨传》。《晋书》卷一百六《石季龙载记上》曾免雍秦二州望族十七姓的兵役,韦杜在内。

第三节
政制的败坏

魏晋以来，高门华胄以土地集中为基础，造成其社会的地位；又以九品中正为工具，巩固其政治的势力。降至南北朝，他们已经成为特权阶级，可以平流进取，坐至公卿，无须竭智尽力，以邀恩宠，故皆风流相尚，不以物务关怀。自汉武表彰六经之后，经学成为士人进身的工具，又供士人以治国平天下的参考。而自魏晋以来，一般士人罕通经业。

魏晋浮荡，儒教沦歇，公卿士庶罕通经业矣。（《陈书》卷三十三《儒林传序》）

膏腴子弟咸以文学相尚。

时膏腴贵游咸以文学相尚，罕以经术为业。（《梁书》卷四十一《王承传》）

其实，自东汉以来，士人之通经学者亦未必兼通政术。

前世通六艺之士莫不兼通政术……近代守一经之儒多暗于时务。（《周书》卷四十五《儒林传》史臣曰）

还不如胥吏久在朝省者之闲于职事①,吾人观齐明帝批评刘系宗之言,可以知道其一斑。

> 刘系宗久在朝省,闲于职事。明帝曰,学士不堪治国,唯大读书耳。——刘系宗足持如此辈五百人。(《南齐书》卷五十六《刘系宗传》)

所以柳庄才说:

> 江南人有学业者多不习世务,习世务者又无学业。(《梁书》卷六十六《柳庄传》)

而魏晋清谈之风,到了江表,余韵尚存。

> 永嘉时,贵黄老,尚虚谈……爰及江表,微波尚传。(《梁书》卷四十九《钟嵘传》)

在这种环境之下,一般大臣便放诞浮华,不涉世务,一切文案均归小吏办理。姚思廉说:

> 魏正始及晋之中朝,时俗尚于玄虚,贵为放诞,尚书丞郎以上,簿领文案,不复经怀,皆成于令史。逮乎江左,此道弥扇……宋世王敬弘身居端右,未尝省牒,风流相尚,其流遂远。望白署空,是称清贵,恪勤匪懈,终归鄙俗。是以朝经废于上,职事隳于下,小人道长,抑此之由。(《梁书》卷三十七《何敬容传论》)

---

① 膏粱世家亦有勤于职事者,例如王淮之琅邪临沂人,高祖彬尚书仆射,曾祖彪之尚书令,祖临之、父纳之并御史中丞。淮之历任地方官之职,有能名,绥怀得理,军民便之。时大将军彭城王义康录尚书事,每叹曰,何须高论玄虚,正得如王淮之两三人,天下便治矣。(《宋书》卷六十《王淮之传》)

又说：

> 自魏正始、晋中朝以来，贵臣虽有识治者，皆以文学相处，罕关庶务，朝章大典方参议焉，文案簿领咸委小吏，浸以成俗，迄至于陈，后主因循，未遑改革。（《陈书》卷六《后主纪》史臣曰）

宰相虽总百官而揆百事，而"自晋宋以来，皆文义自逸"（《梁书》卷三十七《何敬容传》）。柳世隆为尚书令，"在朝不干世务，垂帘鼓琴，风韵清远"（《南齐书》卷二十四《柳世隆传》）。谢举"虽居端揆，未尝肯预时务"（《梁书》卷三十七《谢举传》），"何敬容独勤庶务，为世所嗤鄙"（《梁书》卷三十七《何敬容传》）。当时政风如何颓敝，观此可以知道。于是国家大权便由公卿而归于令史，地方权归典签，中央权归中书舍人。舍人之事待后再说，现在只谈典签。

典签弄权开始于宋，至齐弥甚。东晋以来，中央政权不甚巩固，常受地方的胁制。而南北交战，沿边各地又不能不设屯戍，既防北敌之来侵，又防地方之叛变，于是遂以皇子宰州临郡。皇子甫离襁褓，即司方岳，固然尚有佐僚行事，而府官显要之职，依当时习惯，必授之膏粱世家。他们之居显位，以为分所应得，人主既不信任，又虑其叛上作乱，于是遂用寒人，授以典签之职，寄以腹心之任。人寒无迫主之势，位卑不致尾大不掉。然而城狐社鼠，卒至威行州郡，权重藩君。李延寿云：

> 故事，府州部内论事，皆签前直叙所论之事，后云谨签，日月下又云某官某签，故府州置典签以典之，本五品吏，宋初改为七职。宋氏晚运，多以幼少皇子为方镇，时主皆以亲近左右领典签，典签之权稍重。大明泰始，长王临藩，素族出镇，莫不皆出内教命，刺史不得专其任也……自此以后，权寄弥隆，典签递互还都，一岁数反，时主辄与间言，访以方事。刺史行事之美恶，系于典签之口，莫不折节推奉，恒虑不及，于是威行州郡，权重藩君。（《南史》卷七十七《吕文显传》）

虽以皇子之亲,亦常受典签节制。例如:

> 长沙王晃为豫州刺史,太祖(高帝)践祚,晃欲陈政事,辄为典签所裁。(《南齐书》卷三十五《长沙王晃传》)
> 武陵王晔出为江州刺史,至镇百余日,典签赵渥之启晔得失,于是征还为左民尚书。(《南齐书》卷三十五《武陵王晔传》)
> 宜都王铿为南豫州刺史……举动多为签帅所制,立意多不得行。(《南史》卷四十三《宜都王铿传》)

甚至私人行动都不自由。

> 南海王子罕戍琅邪,欲暂游东堂,典签姜秀不许而止,还泣谓母曰,儿欲移五步亦不得,与囚何异……邵陵王子贞尝求熊白,厨人答典签不在,不敢与。西阳王子明欲送书参侍读鲍僎病,典签吴修之不许,曰应咨行事,乃止。言行举动不得自专,征衣求食,必须咨访。(《南史》卷四十四《巴陵王子伦传》)

所以戴僧静才对齐武帝说:

> 诸王……被囚,取一挺藕、一杯浆,皆咨签帅,不在,则竟日忍渴。诸州唯闻有签帅,不闻有刺史。(《南史》卷四十四《巴陵王子伦传》)

而一般士大夫之求仕进者,亦多奔走于典签之门。

> 竟陵王子良尝问众曰,士大夫何意诣签帅?参军范云答曰,诣长史以下,皆无益,诣签帅,便有倍本之价,不诣谓何?(《南史》卷四十四《巴陵王子伦传》)

府中长史虽欲裁抑典签,亦常受其谤讼而去。

> 王僧孺出为南康王长史,行府、州、国事。王典签汤道愍昵于王,用事府内,僧孺每裁抑之,道愍遂谤讼僧孺……僧孺坐免官,久之不调。
> (《梁书》卷三十三《王僧孺传》)

到了最后,素族出镇,亦有典签监视,刺史不得专其任。

> 宗悫为豫州,吴喜公为典签。悫刑政所施,喜公每多违执。悫大怒曰,宗悫年将六十,为国竭命,政得一州如斗大,不能复与典签共临。喜公稽颡流血乃止,自此以后,权寄弥隆。①

同时高门华胄均以文学相尚,本来不服兵役,既与戎旅隔绝,又复不乐武位,耻称将门。

> 褚渊曰:"陈显达、沈文季当今将略,足委以边事。"文季讳称将门,因是发怒,启世祖曰:"褚渊自谓是忠臣,未知身死之日,何面目见宋明帝?"世祖笑曰:"沈卒醉也。"(《南齐书》卷四十四《沈文季传》)
> 丘灵鞠,吴兴人。永明二年,领骁骑将军,灵鞠不乐武位,谓人曰:"我应还东掘顾荣冢,江南地数千里,士子风流皆出此中,顾荣忽引诸伧渡,妨我辈涂辙,死有余罪。"(《南齐书》卷五十二《丘灵鞠传》)

甚至将门子弟稍有地位,亦自命风雅,不乐武职。

> 张欣泰……父兴世,宋左卫将军。欣泰不以武业自居……年十余,诣吏部尚书褚渊。渊问之曰:"张郎弓马多少?"欣泰答曰:"性怯畏马,无

---

① 《南史》卷七十七《吕文显传》,权寄弥隆是谓典签非谓宗悫。

力挽弓。"渊甚异之。……世祖（齐武帝）与欣泰早经款遇，及即位，以为……直阁步兵校尉，领羽林监。欣泰……下直，辄游园池，着鹿皮冠，衲衣锡杖，挟素琴。有以启世祖者，世祖曰，将家儿何敢作此举止？后从车驾出新林，敕欣泰甲仗廉察。欣泰停仗于松树下，饮酒赋诗……世祖……曰，卿不乐为武职驱使，当除卿以清贯，除正员郎。（《南齐书》卷五十一《张欣泰传》）

其实，政治上最重要者为"力"，而最能表示政治上之力者莫如军权。谁有军权，谁便有政权。膏粱世家不乐武职，于是戎旅之事便委于寒人，刘裕、萧道成、萧衍、陈霸先均出身寒贱，又均藉军府起家。世族轻侮军人，军人当然仇视世族，两个势力本来冲突，到了军阀既有权势之时，一方世族要保全自己的门户，他方军阀欲利用世族的名望，以夺取中央的政权，两者之间又不惜妥协起来。于是篡位者军阀，授玺者王谢，遂成为南朝禅代的固定形式。宋武帝受禅之时，授玺者太保谢澹、太尉刘宣范。齐高帝受禅之时，授玺者太保褚渊、太尉王僧虔。梁武帝受禅之时，授玺者太保王亮、太尉王志。陈武帝受禅之时，授玺者太保王通、太尉王玚。（《南史》卷一《宋武帝纪》、卷四《齐高帝纪》、卷六《梁武帝纪》、卷九《陈武帝纪》）即在南朝四代，授玺者以琅邪王氏为多。

高门华胄鄙吏事而贱军戎，他们虽居显位，其实，政权归属于下吏，军权归属于武夫，他们不过雍容令仆，裙屐相高，朝代更易，他们的地位不会发生动摇，且可乘机取得更高的地位。这个现象开始于魏晋易代之际，降至南北朝，却成为一种风俗。萧子显说：

自金、张世族，袁、杨鼎贵，委质服义，皆由汉氏，膏腴见重，事起于斯。魏氏君临，年祚短促，服褐前代，宦成后朝。晋氏登庸，与之从事，名虽魏臣，实为晋有。故主位虽改，臣任如初。自是世禄之盛，习为旧准，羽仪所隆，人怀羡慕，君臣之节，徒致虚名。贵仕素资，皆由门庆，平流进取，坐至公卿，则知殉国之感无因，保家之念宜切。市朝亟革，宠贵方来，

陵阙虽殊,顾眄如一。(《南齐书》卷二十三《褚渊王俭传论》)

他们之中,有野心者常怂恿篡逆,没有野心者也响应奉接,例如褚渊、王俭均是宋之外戚。

褚渊母宋始安公主、继母吴郡公主,又尚巴西公主。王俭母武康公主,又尚阳羡公主。(《资治通鉴》卷一百三十五齐太祖建元元年)

而王俭为了自己前途打算,竟劝齐高篡宋。

齐高帝为相,王俭素知帝雄异,后请间言于帝曰:"功高不赏,古来非一,以公今日位地,欲北面居人臣可乎……人情浇薄,不能持久,公若小复推迁,则人望去矣,岂唯大业永沦,七尺岂可得保?"帝笑曰:"卿言不无理。"(《南史》卷二十二《王俭传》)

褚渊亦为保持门户起见,不能不赞成逆谋。

高帝辅政,王俭议加黄钺。任遐曰:"此大事,应报褚公。"帝曰:"褚脱不与,卿将何计?"遐曰:"彦回(褚渊字)保妻子,爱性命,非有奇才异节,遐能制之?"果无违异。(《南史》卷二十八《褚彦回传》)

他们对于朝代更易,实如褚照所说,无异于将一家物与一家。

褚照常非彦回身事二代。彦回子贲往问讯照,照问曰:"司空今日何在?"贲曰:"奉玺绂在齐大司马门。"照正色曰:"不知汝家司空,将一家物与一家,亦复何谓?"(《南史》卷二十八《褚照传》)

这种风气不独南朝为然。于翼乃太师于谨之子,尚太祖(宇文泰)女平原公主,隋文执政,翼遣子通表劝进《《周书》卷三十《于翼传》》。李穆深受太祖(宇文泰)恩盼,"处腹心之任,出入卧内,当时莫能与比",而"乃遣使谒隋文帝,并上十二环金带,盖天子之服也,以微申其意"(《周书》卷三十《李穆传》)。令狐棻德说:

> 翼既功臣之子,地即姻亲,穆乃早著勋庸,深寄肺腑……乃宴安宠禄,曾无释位之心,报使献诚,但务随时之谊。(《周书》卷三十《于翼李穆传》史臣曰)

而当时所谓忠臣,亦如马仙琕所说一样,"如失主犬,后主饲之,便复为用"(《梁书》卷十七《马仙琕传》)。赵翼曾举六朝忠臣无殉节之事如次。

> 魏晋以来,易代之际,能不忘旧君者称司马孚、徐广……按《晋书·司马孚传》,晋武受禅,陈留王出就金墉城,孚拜辞流涕曰,臣死之日,固大魏之纯臣也。《宋书·徐广传》,广在晋为大司农,宋武受禅,恭帝逊位,广哀感流涕。谢晦曰,徐公将无小过。广曰,君是兴朝佐命,身是晋室遗老,悲欢之致固是不同。是二人者可谓知君臣大义矣。然孚入晋,仍受封安平王,邑四万户,进拜太宰,都督中外诸军事。广入宋,亦除中散大夫,抑何其恋旧君而仍拜新朝封爵也?盖自汉魏易姓以来,胜国之臣既为兴朝佐命,久已习为固然,其视国家禅代一若无与于己,且转藉为迁官受赏之资,故偶有一二者旧不忍遽背故君者,即已啧啧人口,不必其以身殉也。又如谢朏,当齐受禅时,朏为侍中,当解玺,朏佯不知,传诏催令解玺。朏曰,齐自应有侍中。遂不赴。然齐受禅后,朏仍以家贫乞郡,为义兴太守。王琨之于宋顺帝逊位也,攀车恸泣曰:"人以寿为欢,老臣以寿为戚,既不能先驱蝼蚁,频见此事。"呜咽不自胜。然齐高帝即位后,琨仍加侍中。高帝崩,琨又不待车而步行入宫。袁昂当梁武起兵时,独拒守,闻东昏死,举哀恸哭。马仙琕初亦与梁武相抗,谓其下曰,我受人寄任,义不容降,君等各自有亲,我为忠臣,君为孝子。乃悉遣其下,独与

壮士数十人拒守。后俱执送建康,昂仍仕梁为侍中,仙琕亦为梁将,且曰,小人如失主犬,后主饲之,便复为用。《北史》,裴让之当魏静帝逊位,执手流涕,入齐仍为清河太守。北齐傅伏守东雍州,周武既破并州,令其子世宽来招,伏不受曰,此不忠不孝,愿即斩之。及闻后主被获,乃降,入周仍为岷州刺史。窦炽当隋文帝受禅,自以世受周恩,不肯署笺劝进,然入隋仍拜太傅,加殊礼。柳机当隋文作相时,周代旧臣咸劝禅让,机独义形于色,无所陈请,然入朝仍拜卫州刺史,封建安郡公。颜之仪当周宣帝崩,郑泽矫诏以隋文帝辅政,之仪不肯署诏,文帝索符玺,之仪又拒之,然文帝登极,仍拜集州刺史。文帝将受禅,谓荣建绪曰,且共取富贵。建绪曰,明公此旨非仆所闻。遂辞官去。及开皇中来朝,文帝曰,卿亦悔否?建绪曰,臣位非徐广,情类杨彪。上笑曰,朕虽不解书语,亦知卿此言不逊也。建绪仍历始洪二州刺史。陈许善心聘隋,会隋灭陈,礼成而不得返。善心衰服哭于阶下,藉草东向三日,敕书唁焉。明日有诏拜散骑常侍,善心哭尽哀,入房改服而出,垂涕再拜受诏,入朝伏地泣不能起。文帝曰,我平陈,惟获此人,既得怀旧君,即是我纯臣也。之数人者史策已载其行义,以为人之所难,曾莫有人议其先守义而后失节者。即当时人主亦以为甚难希有,而未尝以必死为完人,如梁武于仙琕之被执,使待袁昂至俱入,曰使天下见二烈士。周武帝于傅伏,亦亲执其手曰,朕平齐,惟见此一人。后俱宠之以官,倚任特至,初不以其再任新朝而薄其为人,则知习俗相沿,已非一夕一朝之故矣。(《陔余丛考》卷十七《六朝忠臣无殉节者》)

公卿大臣皆无殉国之情,只有保家之念,军阀当然毫无忌惮,先用兵力,扩充地盘,次用兵力,威胁中央。所以在南北朝一百五十年之间,竟然祸乱相继,篡夺不已。政治已经不能步上轨道,而又值南北交战,经济方面,生产减少,消费增加;财政方面,收入减少,支出增加。在这个政局紊乱、经济衰颓、财政穷匮之际,政界纪律完全破坏,尤其学校、选举、监察、考课四种制度之破坏更加甚了政风的腐化。

就学校说,五胡乱华,清谈之风随中原士大夫而南渡,因之,南朝仍承魏晋之弊,崇尚玄虚。而古代学校自汉以后,均以讲经为主。"江左草创,日不暇给,以迄于宋齐,国学时或开置,而劝课未博……乡里莫或开馆,公卿罕通经术。朝廷大儒独学而弗肯养众。后生孤陋,拥经而无所讲习。三德六艺,其废久矣。"(《梁书》卷四十八《儒林传序》)由梁至陈,"寇贼未宁,既日不暇给,弗遑劝课……生徒成业盖寡"(《陈书》卷三十三《儒林传序》)。反之北朝与南朝不同,国学虽然未必鼎盛,而私塾颇见繁荣。北魏由孝文而至宣武,"经术弥显,学业大盛,故燕齐赵魏之间,横经著录不可胜数,大者千余人,少者犹数百"(《魏书》卷八十四《儒林传序》)。北齐虽在乱离之中,而"横经受业之侣遍于乡邑,负笈从官之徒不远千里,伏膺无怠,善诱不倦。入闾里之内,乞食为资;憩桑梓之阴,动逾千数"(《北齐书》卷四十四《儒林传序》)。北周亦"开黉舍、延学徒者比肩,辞亲戚、甘勤苦者成市"(《周书》卷四十五《儒林传序》)。这虽然是言过其实,而南北风气之不同于此可见。唐代经学派多属于北方世族,固有原因①。

就选举说,九品中正之法,徒有利于膏粱世家,而贪录奔竞之风又炽。陈末梁武帝曾谓:"其有勇退忘进、怀质抱真者,选部或以未经朝谒,难于进用。或有晦善藏声,自埋衡荜,又以名不素著,绝其阶绪。必须画刺投状,然后弹冠,则是驱迫廉抁,奖成浇竞。"(《梁书》卷一《武帝纪》)何况朝廷铨选,有如儿戏?

> 刘德愿性粗率,为世祖所狎侮。上宠姬殷贵妃薨,葬毕,帝与群臣至殷墓,谓德愿曰,卿哭贵妃若悲,当加厚赏。德愿应声,便号恸抚膺擗踊,涕泗交流。上甚悦,以为豫州刺史。(《宋书》卷四十五《刘怀慎传》)

甚至牧民之职,且以弈棋胜负决定授予。

---

① 北魏有太学、国子学、四门学。(《魏书》卷八十四《儒林传序》)北齐亦然。(《隋书》卷二十七《百官志中·国子监》)北周有太学(《周书》卷五《武帝纪上》保定三年夏五月戊午幸太学),明帝又置麟趾学(见《周书》卷三十《于翼传》),武帝复立露门学(见《周书》卷五《武帝纪上》天和二年秋七月甲辰立露门学)。

> 羊玄保善弈棋，品第三。文帝亦好弈，与赌郡。玄保戏胜，以补宣城太守。(《南史》卷三十六《羊玄保传》)

兼以财政困难，政府常常出卖官职，以救一时之穷。例如南朝：

> 时军旅大起，国用不足，募民上米二百斛、钱五万、杂谷五百斛，同赐荒县除。上米三百斛、钱八万、杂谷千斛，同赐五品正令史，满报，若欲署四品在家，亦听。上米四百斛、钱十二万、杂谷一千三百斛，同赐四品令史，满报，若欲署三品在家，亦听。上米五百斛、钱十五万、杂谷一千五百斛，同赐三品令史，满报，若欲署内监在家，亦听。上米七百斛、钱二十万、杂谷二千斛，同赐荒郡除，若欲署诸王国三令在家，亦听。(《宋书》卷八十四《邓琬传》)

又如北朝：

> 庄帝初，承丧乱之后，仓廪虚罄，遂班入粟之制。输粟八千石，赏散侯，六千石散伯，四千石散子，三千石散男。职人输七百石，赏一大阶，授以实官。白民输五百石，听依第出身，一千石加一大阶。无第者输五百石，听正九品出身，一千石加一大阶。诸沙门有输粟四千石入京仓者，授本州统，若无本州者授大州都；若不入京仓，入外州郡仓者，三千石畿郡都统，依州格。若输五百石入京仓者，授本郡维那，其无本郡者授以外郡。粟入外州郡仓七百石者，京仓三百石者，授县维那。(《魏书》一百十《食货志》)

南齐永元(东昏侯宝卷)年间，"官以贿成，挥一金而取九列"(《梁书》卷四十九《钟嵘传》)。北齐承光(幼主恒)时代，"赐诸佞幸卖官，或得郡两三，或得县六七……于是州县职司多出富商大贾，竞为贪纵，人不聊生"(《北齐书》卷八《幼主纪》)。朝廷卖官，大臣群起效尤。魏晋以来，吏部之权颇大，百官黜陟，由吏部

尚书掌之。贤者固不欲居其位,盖黜陟由己,同僚之间易生间隙。马端临说:

> 按自魏晋以来,州郡无上计之事,公府无辟召之举。士之入仕者,始则中正别其贤否,次则吏部司其升沉而已。所以尚书之权最重,而其于人恩怨亦深。故贾充与任恺争权,则启令其典选,俾之易生间隙。蔡廓以主暗时艰,不欲居通塞之地。盖非精于裁鉴者不能称其任,而恬于权势者多不乐居其位也。(《文献通考》卷三十六《举官》)

而不肖者为之,又常利用职权,贩卖官职,兹只举两事为证。

> 庾炳之迁吏部尚书,领选既不缉众论,又颇通货贿。(《宋书》卷五十三《庾炳之传》)①

> 元晖迁吏部尚书,纳货用官皆有定价,大郡二千匹,次郡一千匹,下郡五百匹,其余受职各有差,天下号曰市曹。(《魏书》卷十五《常山王遵孙晖传》)②

职官变成商品,商品须大量生产,而后才得大量贩卖,于是冗官闲职遂充斥朝野。魏在太和年中,号称全盛,而官吏之冗散无事者,竟有万余。

> 魏自公侯以下迄于选臣,动有万余,冗散无事。(《魏书》卷十九中《任城王云子澄传》)

及其末季,地方又空立州郡,擅置牧守。

> 魏自孝昌之季,禄去公室,政出多门……豪宗大族鸠率乡部,托迹勤

---

① 甚至吏部郎亦得肆意受纳。《梁书》卷四十一《刘览传》,览从兄吏部郎孝绰,在职颇通赃货。
② 《北齐书》卷四十《冯子琮传》,子琮授吏部尚书,其妻悖亲放纵,请谒公行,贿货填积,守宰除授,先定钱帛多少,然后奏闻。其所通致,事无不允,子琮亦不禁制。

王,规自署置,或外家公主女谒内成,昧利纳财,启立州郡……牧守令长虚增其数……百室之邑便立州名,三户之民空张郡目。(《北齐书》卷四《文宣纪》天保七年十一月壬子诏)

南朝自东晋之末,"地在无军,而军府犹置,文武将佐,资费非一"(《宋书》卷五十二《庾悦传》)①。宋武受命,仍不厘革。例如荆州有吏万人,他州亦有五千人。

宋武帝永初二年三月乙丑,初限荆州府置将不得过二千人,吏不得过一万人;州置将不得过五百人,吏不得过五千人,兵士不在此限。(《宋书》卷三《武帝纪下》)

梁陈两代,国土狭蹙。梁时,"骑都塞市,郎将填街"(《梁书》卷四十九《钟嵘传》)。陈时,"员外常骑路上比肩,咨议参军市中无数"(《陈书》卷二十六《徐陵传》)。人物的猥杂助长了政界的卑鄙风气,北朝士大夫教其子弟学鲜卑语及弹琵琶,以服事公卿。

齐朝有一士大夫尝谓吾曰,我有一儿年已十七,颇晓书疏,教其鲜卑语及弹琵琶,稍欲通解,以此伏事公卿,无不宠爱,亦要事也。(《颜氏家训》第二篇《教子》)

士风颓敝,无异媵妾,凡遇权贵,无不望尘拜谒。

时仆射高肇以外戚之贵,势倾一时,朝士见者咸望尘拜谒。裴粲候肇,惟长揖而已,及还,家人尤责之。粲曰,何可自同凡俗也?(《魏书》卷七十一《裴粲传》)

---

① 齐初,崔祖思启陈政事曰,今无员之官空受禄力……国储以之虚匮,民力为之凋散。见《南齐书》卷二十八《崔祖思传》。

甚至愿为假子，而与市井小人同在昆弟之列。

> 和士开河清、天统以后，威权转盛，富商大贾朝夕填门，朝士不知廉耻者，多相附会，甚者为其假子，与市道小人同在昆季行列。又有一人士曾参士开，值疾，医人云，王伤寒极重，进药无效，应服黄龙汤。士开有难色，是人云，此物甚易与，王不须疑惑，请为王先尝之。一举便尽。士开深感此心，为之强服，遂得汗，疾愈。（《北齐书》卷五十《和士开传》）

南朝士大夫多出身于膏粱世家，他们养尊处优，大率洁白华丽，他们崇拜何晏，晏"美姿仪，面至白"（《世说新语》卷下之上第十四篇《容止》），"晏性自喜，动静粉白不去手，行步顾影"（《魏志》卷九《曹爽传》注引《魏略》）。自是而后，士大夫遂醉心于唯美主义，他们之所谓"美"，乃是病态的美，不是刚强的美。王衍善玄言，每捉玉柄麈尾，与手同色（《晋书》卷四十三《王衍传》）。卫玠风神秀异，"乘羊车入市，见者皆以为玉人，观之者倾都"，然"多病体羸"，卒时年仅二十七，"时人谓玠被看杀"（《晋书》卷三十六《卫玠传》）。降至南朝，朝廷取士，常以品貌是一个条件。褚渊美仪貌，善容止，齐明帝谓其可得宰相之位。

> 褚渊美仪貌，善容止，俯仰进退咸有风则，每朝会，百僚远国使莫不延首目送之。宋明帝尝叹曰，褚渊能迟行缓步，便持此得宰相矣。（《南齐书》卷二十三《褚渊传》）

王茂洁白美容貌，齐武帝见之，即认为公辅之器。

> 王茂身长八尺，洁白美容观。齐武帝布衣时，见之叹曰，王茂年少，堂堂如此，必为公辅之器。（《梁书》卷九《王茂传》）

最初所求者不过神彩嶷然而已，其后风貌昳丽竟然见重于世，而侍中之选乃后才先貌。

> 内侍枢近,世为华选,金珰焜耀,朝之丽服,久忘儒艺,专授名家。加以简择少姿,簪貂冠冕,基荫所通,后才先貌,事同谒者,以形骸为官,斯违旧矣。(《南齐书》卷三十二王琨等传论)

由是敷粉施朱就成为官场的习气。

> 梁朝全盛之时,贵游子弟多无学术。至于谚云,上车不落则著作,体中何如则秘书。无不熏衣剃面,傅粉施朱,驾长檐车,跟高齿屐,坐棋子方褥,凭班丝隐囊,列器玩于左右,从容出入,望若神仙。(《颜氏家训》第八篇《勉学》)

以如斯之人物出来治理国政,偾国败事自是意料中的事。

就监察言,监察乃监察官吏之失职枉法,而以贪邪为其最重要的目标。按官吏贪邪最初只因禄俸微薄,用贪污以救贫,到了贪邪成为普遍的现象之后,官僚便藉贪邪以致富。魏晋以来,兵乱相承,帑藏空竭,百官之禄往往不能代耕。宋武帝受禅之初,虽然稍增官禄,

> 武帝永初元年六月戊寅,诏曰,百官事殷俸薄,禄不代耕……官寮本俸素少者,亦畴量增之。(《宋书》卷三《武帝纪下》)

而地方官之禄尚无一定标准。

> 宋氏以来,州郡秩俸及杂供给,多随土所出,无有定准。(《南齐书》卷二十二《豫章王嶷传》)

大明(孝武帝)五年,复减少百官的禄三分之一。

> 大明五年八月庚寅,诏除食禄三分之一不给。(《宋书》卷六《孝武帝纪》)

固然翌年即复百官之禄，

> 大明六年二月乙卯，复百官禄。(《宋书》卷六《孝武帝纪》)

明帝即位，又以军旅不息，百官禄俸以日给与。

> 时经略淮泗，军旅不息……府藏空竭，内外百官并日料禄奉。(《宋书》卷八《明帝纪》泰豫元年)

降至齐代，百官之禄尚因财政困难，无法改善。吾人观武帝永明七年及八年之诏，即可知之。

> 诸大夫年秩隆重，禄力殊薄。(《南齐书》卷三《武帝纪》永明七年正月戊辰诏)
> 尚书丞郎职事繁剧，恤俸未优。(《南齐书》卷三《武帝纪》永明八年十二月戊寅诏)

到了梁代，武帝虽然厘定官禄，不许逋缓，

> 大通元年正月乙丑，诏曰，百官俸禄本有定数，前代以来，皆多评准，顷者因循，未遑改革，自今而后，可长给见钱，依时即出，勿令逋缓。(《梁书》卷三《武帝纪》)

但是侯景乱后，国用不给，中央政府财政困难，而地方长吏可以随意搜括，所以又许京官遥带外官，而取其禄秩。

> 及侯景之乱，国用常褊，京官文武，月惟别得廪食，多遥带一郡县官，而取其禄秩焉。(《通典》卷三十五《禄秩》)

后魏百官本来无禄,廉者贫苦,至采樵自给。

> 高允家贫……惟草屋数间、布被缊袍、厨中盐菜而已……时百官无禄,允常使诸子樵采自给。(《魏书》卷四十八《高允传》)

而贪者乃勾结盗魁,为受纳之地。

> 崔宽性滑稽……宿盗魁帅与相交结……时官无禄力,唯取给于民。宽善抚纳,招致礼遗,大有受取,而与之者无恨。(《魏书》卷二十四《崔宽传》)

孝文帝太和八年,始班官禄①。

> 太和八年六月丁卯,诏曰,置官班禄,行之尚矣……自中原丧乱,兹制中绝,先朝因循,未遑厘改。朕永鉴四方,求民之瘼,夙兴昧旦,至于忧勤,故宪章旧典,始班俸禄……户增调二匹、谷二斛九斗,以为官司之禄……禄行之后,赃满一匹者死。(《魏书》卷七上《高祖纪》)

其后又因军国多事,减少官禄。明帝时,于忠当国,才复所减之数。

> 太和中,军国多事,高祖以用度不足,百官之禄四分减一。于忠既擅权,欲以惠泽自固,乃悉归所减之数。(《魏书》卷三十一《于忠传》)

但是孝庄以后,财用穷匮,百官又复绝禄。

> 自魏孝庄以后,百官绝禄。(《北史》卷七《齐本纪中》)

---

① 太和初年,高闾表曰:"下者禄足以代耕,上者禄足以行义,国用不充,俸禄遂废。"(《魏书》卷五十四《高闾传》)可知太和初年,百官无禄。八年,始班官禄,其经费来源,据《魏书》卷一百十《食货志》,"户增帛三匹、粟二石九斗,以为官司之禄"。

魏亡之后,分为周、齐,北齐①、北周②均曾厘定官禄,然北齐在武成帝时代,已减百官之俸。

>武成帝河清四年二月己卯,诏减各官食禀各有差。(《北齐书》卷七《武成帝纪》)

北周在武帝时代,"兴造无度,征发不已,加以频岁师旅,农亩废业"(《北史》卷十《周本纪下》武帝建德元年)。财政如斯困难,官禄能否如法发给,似有问题。何况"无年为凶荒,不颁禄"(《隋书》卷二十七《百官志中》)?凶荒之年,百物腾贵,而不颁禄,官吏枵腹从公,何能不侵渔百姓?

古人制禄,虽下士犹食上农,外足以奉公忘私,内足以养亲施惠。南北朝禄不代耕,所以官吏无不经商营利。当时兵乱屡起,商路断绝,运贩远方货物,获利甚厚,官僚可藉政治势力,避免关津盘查,所以南北官僚莫不收市井之利,纵以皇子之尊也不能免。兹举南北之例各一以为证。

---

① 官一品每岁禄八百匹,二百匹为一秩。从一品七百匹,一百七十四匹为一秩。二品六百匹,一百五十匹为一秩。从二品五百匹,一百二十五匹为一秩。三品四百匹,一百匹为一秩。从三品三百匹,七十五匹为一秩。四品二百四十匹,六十匹为一秩。从四品二百匹,五十匹为一秩。五品一百六十匹,四十匹为一秩。从五品一百二十匹,三十匹为一秩。六品一百匹,二十五匹为一秩。从六品八十匹,二十匹为一秩。七品六十匹,十五匹为一秩。从七品四十匹,十匹为一秩。八品三十六匹,九匹为一秩。从八品三十二匹,八匹为一秩。九品二十八匹,七匹为一秩。从九品二十四匹,六匹为一秩。禄率一分以帛,一分以粟,一分以钱。事繁者优一秩,平者守本秩,闲者降一秩,长兼试守者亦降一秩,官非执事不朝拜者皆不给禄……州郡县制禄之法,刺史、守令下车各前取一时之秩,上上州刺史岁禄八百匹,与司州牧同。上中、上下各以五十匹为差。中上降上下一百匹,中中及中下亦以五十匹为差。下上降中下一百匹,下中、下下亦各以五十匹为差。上郡太守岁秩五百匹,降清都尹五十匹,上中、上下各以五十匹为差。中上降上下四十匹,中中及中下各以三十匹为差。下上降中下四十匹,下中、下下各以二十匹为差。上上县岁秩一百五十匹,与鄴、临漳、成安三县同。上中、上下各以十匹为差,中上降上下三十匹,中中及中下各以五匹为差。下上降中下二十匹,下中、下下各以十匹为差。州自长史已下,逮于史吏,郡县自丞已下,逮于掾佐,亦皆以帛为秩,郡有尉者,尉减丞之半,皆以其所出常调课之。(《隋书》卷二十七《百官志中》)

② 其制禄秩,下士一百二十五石,中士已上至于上大夫各倍之,上大夫是为四千石。卿二分,孤三分,公四分,各益其一,公因盈数为一万石。其九秩一百二十石,八秩至于七秩,每二秩六分,而下各去其一,二秩俱为四十石。凡颁禄视年之上下,亩至四釜为上年,上年颁其正。三釜为中年,中年颁其半。二釜为下年,下年颁其一。无年为凶荒,不颁禄。(《隋书》卷二十七《百官志中》)

子尚诸皇子皆置邸舍,逐什一之利,为患遍天下。(《宋书》卷八十二《沈怀文传》)

恭宗(太武帝之太子)季年颇亲近左右,营立田园,以取其利。高允谏曰,今殿下国之储贰,四海属心,言行举动,万方所则。而营立私田,畜养鸡犬,乃至贩酤市廛,与民争利,议声流布,不可追掩。夫天下者殿下之天下,富有四海,何求而不获,何欲而弗从,而与贩夫贩妇竞此尺寸……愿殿下少察愚言,斥出佞邪,亲近忠良,所在田园分给贫下,畜产贩卖以时收散,如此,则休声日至,谤议可除。恭宗不纳。(《魏书》卷四十八《高允传》)

或用政治手段,聚敛无厌,如在北朝,内而公卿,外而牧守,无不贪惏。

自正光已后,天下多事,在任群官廉洁者寡。(《北史》卷六《齐本纪上》)

胡太后临朝,朝政疏缓,维恩不立,天下牧守所在贪惏。(《北史》卷十三《宣武灵皇后传》)

到了周、齐分据,各方均欲招诱人士,以张声势,由是对于贪官污吏,益不敢有所惩治。

杜弼以文武在位,罕有廉洁,言之于高祖(高欢)。高祖曰:"弼来,我语尔,天下浊乱,习俗已久,今督将家属多在关西,黑獭(宇文泰)常相招诱,人情去留未定。江东复有一吴儿老翁萧衍者,专事衣冠礼乐,中原士大夫望之,以为正朔所在。我若急作法网,不相饶借,恐督将尽投黑獭,士子悉奔萧衍,则人物流散,何以为国?尔宜少待,吾不忘之。"及将有沙苑之役,弼又请先除内贼,却讨外寇。高祖曰,内贼是谁?弼曰:"诸勋贵掠夺万民者皆是。"高祖不答。因令军人皆张弓挟矢、举刀按槊以夹道,使弼冒出其间,曰必无伤也。弼战栗汗流。高祖然后喻之曰:"箭虽注不射,刀虽举不击,槊虽按不刺,尔犹顿丧魂胆。诸勋人身触锋刃,百死一生,纵其贪鄙,所取处大,不可同之循常例也。"弼于是大恐,因顿颡谢曰:"愚痴无智,不识至理,今蒙开晓,始见圣达之心。"(《北齐书》卷二十四《杜弼传》)

南朝承东晋之弊,地方官最易聚敛,轮流搜括几成为一种制度。齐时,王秀之为晋平太守,至郡期年,谓人曰,此郡丰壤,禄俸常充,吾山资已足,岂可久留,以防贤路?上表请代。时人谓王晋平恐富求归。(《南齐书》卷四十六《王秀之传》)在许多地方官之中,致富最易者莫如梁益广三州刺史①。

梁益二州土境丰富,前后刺史莫不营聚,蓄多者致万金,所携宾寮并京邑贫民,出为郡县,皆以苟得自资。(《宋书》卷八十一《刘秀之传》)

南土沃实,在任者常致巨富。世云广州刺史但经城门一过,便得三千万也。(《南齐书》卷三十二《王琨传》)

朝廷对于刺史之贪惏,并不是视若无睹,听其坐享民膏,而是于刺史罢职之时,令其献纳,其自动献纳者固然最佳,

崔慧景每罢州,辄倾资献奉,动数百万,世祖以此嘉之。(《南齐书》卷五十一《崔慧景传》)

否则或以蒲戏取之,

孝武末年贪欲,刺史二千石罢任还都,必限使献奉,又以蒲戏取之,要令罄尽乃止。(《南史》卷二十五《垣阆传》)

---

① 萧惠开乃宋之名臣,"虽贵戚而居服简素",当其为御史中丞之时,"奉法直绳,不阿权戚","百僚畏惮之"。及拜为益州刺史,"自蜀还,资财二千余万",虽云悉散施道路,一无所留(《宋书》卷八十七《萧惠开传》),而益土丰富,刺史便于营聚,亦可知道。

或以刑杀取之，

> 曹虎晚节好货贿……在雍州，得见钱五千万……帝……利其财，新除，未及拜，见杀。(《南齐书》卷三十《曹虎传》)

天子如斯，何怪皇族胆敢公然劫掠？

> 元徽中，张兴世在家，拥雍州还资见钱三千万。苍梧王自领人劫之，一夜垂尽。(《南齐书》卷五十一《张欣泰传》)

当时官吏似非贪墨不可。他们要保全地位，不能不承奉要人，而要承奉要人，就不得不剥削民膏。清廉之官不但不能保其地位，甚至锁系尚方。

> 丹徒县令沈巑之以清廉抵罪。巑之吴兴武康人，性疏直，在县自以清廉不事左右，浸润日至，遂锁系尚方。叹曰："一见天子足矣。"上召问曰："复欲何陈？"答曰："臣坐清，所以获罪。"上曰："清复何以获罪？"曰："无以承奉要人。"上曰："要人为谁？"巑之以手板四面指曰，此赤衣诸贤皆是。(《南史》卷七十《傅琰传》)

官纪荡然，监察制度遂不能发挥效力。御史台自魏晋以后，成为独立机关，以中丞为台主。然而膏粱之士多不乐居此。

> 江左中丞虽亦一时髦彦，然膏粱名士犹不乐。宋颜延之为御史中丞，何尚之与延之书曰，绛骖清路，白简深劾，取之，仲容或有亏耶？王球甚矜曹地，遇从弟僧朗除御史中丞，球谓曰，汝为此官，不复成膏粱矣。齐王僧虔迁御史中丞，甲族由来多不居宪职，王氏分枝居乌衣者，为官微减。僧虔为此官，乃曰，此是乌衣诸郎坐处，我亦可试为耳。(《通典》卷二十四《中丞》)

而居此职者多系援寡门寒之士,因之他们便不敢肃正纲纪。齐明帝曾对江淹说:

宋世以来,不复有严明中丞。(《梁书》卷十四《江淹传》)

按甲族所以不居宪台,不是因为中丞位卑,而是因为御史为风霜之任,容易招怨于人。

中丞案裁之职,被宪者多结怨。(《南齐书》卷三十四《沈冲传》)

朝廷为提高监察权的效果,固曾讲求各种方法。

晋亦因汉,以中丞为台主,与司隶分督百僚,自皇太子以下,无所不纠。初不得纠尚书,后亦纠之。中丞专纠行马内,司隶专纠行马外,虽制如是,然亦更奏众官,实无其限。宋中丞一人,每月二十五日绕行宫垣白壁……孝武帝孝建二年制,中丞与尚书令分道,虽丞郎下朝相值,亦得断之,余内外众官皆受停驻。齐中丞职无不察,专道而行,驺辐禁呵,加以声色,武将相逢,辄致侵犯,若有卤簿,至相殴击。梁中丞一人,掌督司百僚。皇太子以下,其在官门行马内违法者,皆纠弹之,虽在行马外,而监司不纠,亦得奏之。专道而行,逢尚书丞郎,亦得停驻……陈因梁制。后魏为御史中尉,督司百僚,其出入千步清道,与皇太子分路,王公百辟咸使逊避,其余百僚下马驰车止路傍。其违缓者,以棒棒之。其后洛阳令得与分道。自东魏徙邺,无复此制。北齐武成以其子琅琊王俨兼为御史中丞,欲雄宠之,复兴旧制。俨出北宫,凡京畿之步骑、领军之官属、中丞之威仪、司徒之卤簿,莫不毕备(时俨总领四职)。武成观之,遣中使驰马趣仗不得入,自言奉敕,赤棒应声碎其鞍,马腾人颠,观者倾京邑。(《通典》卷二十四《中丞》)

然而无补于事。监察机关本来不能纠正行政官之腐化,而只能帮助行政权肃正官邪。行政权既已腐化,御史虽然弹击官邪,亦必无补于事。为什么呢?军权属于行政机关,财权属于行政机关,御史欲用白简,肃清官纪,势所难能。何况富有四海的天子,尚不惜营私舞弊,则中丞以四品之官何能挽回狂澜?且看何尚之之言:

> 历观古今,未有众过藉藉,受货数百万,更得高官厚禄如今者也。
> (《宋书》卷五十三《庾炳之传》)

就考课言,考课有两个目的,消极目的在惩戒官吏失职,积极目的在奖励官吏尽力。魏晋以降,虽然未曾撤废考课制度,而在事实上乃等于具文。盖在九品官人之制之下,凡厥衣冠莫非上品。南朝风气,"望白署空,是称清贵;恪勤匪懈,终归鄙俗"。颜之推说:

> 晋室南渡,优借士族……文义之士多迂诞浮华,不涉世务。(《颜氏家训》第十一篇《涉务》)

在这种政风之下,考课制度当然不会存在。所以谢豹才说:

> 徒有考课之名,而无毫分之益。(《宋书》卷五十二《谢景仁传》)

魏于孝文时代,因高佑陈言:"今之选举,不采职治之优劣,专简年劳之多少,斯非尽才之谓"(《魏书》卷五十七《高佑传》),遂作考格,以为黜陟。

> 太和十有八年九月壬申朔,诏曰,三载考绩,三考黜陟,朕今三载一考,考即黜陟……欲令愚滞无妨于贤者,才能不壅于下位。各令当曹,考其优劣为三等,六品以下,尚书重问,五品以上,朕将亲与公卿论其善恶,

上上者迁之,下下者黜之,中中者守其本任。(《魏书》卷七下《高祖纪》)①

宣武以后,其制又复破坏。延昌二年,崔鸿已经说过:

延昌二年,将大考百僚,崔鸿建议曰:"景明以来考格,三年成一考,一考转一阶,贵贱内外万有余人,自非犯罪,不问贤愚,莫不上中。才与不肖,比肩同转,虽有善政如黄龚,儒学如王郑,史才如班马,文章如张蔡,得一分一寸,必为常流所攀。选曹亦抑为一概,不曾甄别,琴瑟不调,改而更张,虽明旨已行,犹宜消息。"世宗不从。(《魏书》卷六十七《崔鸿传》)

孝明帝正光四年,萧宝夤亦说:

正光四年,萧宝夤上表曰,自比以来,官罔高卑,人无贵贱,皆饰辞假说,用相褒举,求者不能量其多少,与者不能核其是非,遂使冠履相贸,名实皆爽。谓之考功,事同泛陟,纷纷漫漫,焉可胜言?又在京之官,积年十考,其中或所事之主,迁移数四,成所奉之君,身亡废绝。虽当时文簿记其殿最,日久月遥,散落都尽,累年之后,方求追访,无不苟相悦附,共为唇齿,饰垢掩疵,妄加丹素,趣令得阶而已,无所顾惜。贤达君子未免斯患,中庸已降,夫复何论?官以求成,身以请立,上下相蒙,莫斯为盛。(《北史》卷二十九《萧宝夤传》)

及至崔亮为吏部尚书,奏立停年格之后,不问士之贤愚,专以停解日月为断。

崔亮迁吏部尚书……乃奏为格制,不问士之贤愚,专以停解日月为断,虽复官须此人,停日后者,终于不得。庸才下品年月久者,灼然先用,

---

① 孝文又说:"朕昔许三年考绩,必行赏罚,既经今考,若无黜陟,恐正直者莫肯用心,邪曲者无以改肃。"(《魏书》卷二十一《广陵王羽传》)

沉滞者皆称其能。(《魏书》卷六十六《崔亮传》)

所以辛雄方说：

> 自神龟末来，专以停年为选，士无善恶，岁久先叙，职无剧易，名到授官。执按之吏以差次日月为功能，铨衡之人以简用老旧为平直。(《魏书》卷七十七《辛雄传》)

薛淑亦说：

> 若使选曹唯取年劳，不简贤否，便义均行雁，次若贯鱼，执簿呼名，一吏足矣，数人而用，何谓铨衡？(《北齐书》卷二十六《薛淑传》)

崔亮的停年格是依资格用人。即晋代刘毅所谓："案官次而举之"，"因资次而进。"(《晋书》卷四十一《刘毅传》)南朝虽无其制，亦有其事。举一例说：

> 王泰掌吏部郎事……自过江，吏部郎不复典大选，令史以下，小人求竞者辐凑，前后少能称职。泰为之，不通关求，吏先至者即补，不为贵贱请嘱易意，天下称平。(《梁书》卷二十一《王泰传》)

由此可知纯依资格，虽不能得到俊才，而雁行有序，尚可息奔竞之风。而且崔亮之作停年格，尚有不得已的苦衷，"时羽林新害张彝之后[①]，灵太后令武官得依资入选，官员既少，应选者多"。倘仍"循常擢人"，必致引起士人嗟怨，故乃奏为格制(《魏书》卷六十六《崔亮传》)。且看下列所引文句：

[①] 领军将军张彝第二子仲瑀上封事，求铨别选格，排抑武人，不使预在清品，由是众口喧喧，谤谣盈路。神龟二年二月，羽林、武贲将几千人，焚张彝屋宇，捶挞张彝几毙，生投其长子始均于烟火中。朝廷惧其乱而不问。见《张彝传》。

崔亮外甥刘景安书规亮曰："殷周以乡塾贡士，两汉由州郡荐才，魏晋因循，又置中正，谛观在昔，莫不审举，虽未尽美，足应十收六七。而朝廷贡秀才，止求其文，不取其理。察孝廉，唯论章句，不及治道。立中正，不考人才行业，空辨氏姓高下。至于取士之途不溥，沙汰之理未精，而舅属当铨衡，宜须改张易调，如之何反为停年格以限之，天下士子谁复修厉名行哉？"亮答书曰："汝所言乃有深致，吾乘时邀幸，得为吏部尚书……常思同升举直，以报明主之恩……昨为此格，有由而然。今已为汝所怪，千载之后，谁知我哉……古今不同，时宜须异，何者？昔有中正，品其才第，上之尚书，尚书据状，量人授职，此乃与天下群贤共爵人也。吾谓当尔之时，无遗才，无滥举矣，而汝犹云十收六七，况今日之选专归尚书，以一人之鉴，照察天下，刘毅所云一吏部两郎中，而欲究竟人物，何异以管窥天，而求其博哉？今勋人甚多，又羽林入选，武夫崛起，不解书计，唯可弪弩前驱，指踪捕噬而已。忽令垂组乘轩，求其烹鲜之效，未曾操刀，而使专割。又武人至多，官员至少，不可周溥。设令十人共一官，犹无官可授，况一人望一官，何由可不怨哉？吾近面执，不宜使武人入选，请赐其爵，厚其禄，既不见从，是以权立此格，限以停年耳……后甄琛、元修义、城阳王徽相继为吏部尚书，利其便己，踵而行之。自是贤愚同贡，泾渭无别，魏之失才，从亮始也。(《魏书》卷六十六《崔亮传》)

选用不得贤能，监察徒成具文，考课等于虚设，于是贵族政治又由"以贵役贱"变成"以贵凌贱"，引起知识分子的反对，而渐次归于崩溃。

第四节
佛教的流行及其与吾国固有思想的论争

南北朝的社会有贵贱两个阶级,"贵里豪家,金铺玉舄"(《陈书》卷五《宣帝纪》太建十一年),可以平流进取,坐至公卿。生活既然安适,仕进又有保障,他们没有劳动的必要,只消磨光阴于娱乐之中。南朝士大夫多蓄嫔媵。

沈勃奢淫过度,妓女数十,声酣放纵,无复剂限。(《宋书》卷六十三《沈演之传》)南郡王义宣多蓄嫔媵,后房千余,尼媪数百。(《宋书》卷六十八《南郡王义宣传》)颜师伯伎妾声乐,尽天下之选。(《宋书》卷七十七《颜师伯传》)沈庆之妓妾数十人,并美容工艺。(《宋书》卷七十七《沈庆之传》)阮佃夫妓女数十,艺貌冠绝当时。(《宋书》卷九十四《阮佃夫传》)张瑰妓妾盈房。(《南齐书》卷二十四《张瑰传》)到㧑妓妾姿艺皆穷上品。(《南齐书》卷三十七《到㧑传》)曹景宗妓妾至数百,穷极锦绣。(《梁书》卷九《曹景宗传》)夏侯亶有妓妾十数人,其弟夔后房妓妾,曳罗縠、饰金翠者亦有数百。(《梁书》卷二十八《夏侯亶传》)羊侃姬妾侍列,穷极奢靡,有弹筝人陆太喜着鹿角,爪长七寸;舞人张净琬腰围一尺六寸,时人咸推能掌上舞;又有孙荆玉能反腰帖地,衔得席上玉簪。(《梁书》卷三十九《羊侃传》)章昭达每饮会,必盛设女伎杂乐,备尽羌胡之声,音律姿容并一时之妙。(《陈书》卷十一《章昭达传》)

北朝雅士也有蓄妓之风。

> 魏高阳王雍有妓女五百,随珠照日,罗衣从风。(《洛阳伽蓝记》卷三)
> 河间王琛有妓女三百人,尽皆国色。(《洛阳伽蓝记》卷四)
> 卢宗道尝于晋阳置酒,宾游满座。中书舍人马士达目其弹箜篌女妓云,手甚纤素。宗道即以此婢遗士达。(《北齐书》卷二十二《卢文伟传》)

甚至帝王燕会,也以女妓为乐。

> 沈约尝侍燕,有一妓师是齐文惠宫人,帝问识座中客不?曰惟识沈家令。约伏座流涕,帝亦悲焉,为之罢酒。(《梁书》卷十三《沈约传》)

赌风又炽,宋武帝刘裕便是一个豪赌的人。

> 刘毅后在东府聚樗蒲大掷,一判应至数百万。余人并黑犊以还,唯刘裕及毅在后。毅次掷,得雉大喜,褰衣绕床,叫谓同坐曰,非不能卢,不事此耳。裕恶之,因投五木,久之曰,老兄试为卿答。既而四子俱黑,其一子转跃未定,裕厉声喝之,即成卢焉。毅意殊不快。(《晋书》卷八十五《刘毅传》)

人主樗蒲于上,臣庶风靡于下。终则天子赏赉常以樗蒲定之。

> 梁主萧詧曾献玛瑙钟,周文帝执之,顾丞郎曰,能掷樗蒲头得卢者,便与钟。已经数人,不得。顷至薛端,乃执樗蒲头而言曰,非为此钟可贵,但思露其诚耳。便掷之,五子皆黑。文帝大悦,即以赐之。(《北史》卷三十六《薛端传》)

音乐亦多绮艳之曲,宋开其端:

自宋大明以来，声伎所尚，多郑卫淫俗，雅乐正声鲜有好者。(《南齐书》卷四十六《萧惠基传》)

至陈弥甚。

后主嗣位，耽荒于酒，视朝之外，多在宴筵，尤重声乐，遣宫女习北方箫鼓，谓之代北，酒酣则奏之。又于清乐中造黄鹂留及玉树后庭花、金钗两臂垂等曲，与幸臣等制其歌词，绮艳相高，极于轻薄。男女唱和，其音甚哀。(《隋书》卷十三《音乐志上》)

北朝也尚淫靡之音。

杂乐有西凉鼙舞、清乐、龟兹等，然吹笛、弹琵琶、五弦及歌舞之伎，自文襄以来，皆所爱好，至河清以后，传习尤盛。后主唯赏胡戎乐，耽爱无已，于是繁手淫声，争新哀怨。故曹妙达、安未弱、安马驹之徒，至有封王开府者，遂服簪缨，而为伶人之事。后主亦自能度曲，亲执乐器，悦玩无倦，倚弦而歌，别采新声为《无愁曲》，音韵窈窕，极为哀思，使胡儿阉官之辈，齐唱和之，曲终乐阕，莫不陨涕。虽行幸道路，或时马上奏之，乐往哀来，竟以亡国。(《隋书》卷十四《音乐志中》)

光阴完全消耗于娱乐之中，奢侈便成为一时风尚，南朝承西晋之弊，自始就相竞夸豪。"犬马余菽粟，土木衣绨绣。"(《宋书》卷九十二《良吏传序》)"宴醑所费既破数家之产，歌谣之具必俟千金之资。"(《梁书》卷三十八《贺琛传》)。宫廷的浮侈，最后乃传于庶民，有如周朗所说：

尚方今造一物，小民明已睥睨；宫中朝制一衣，庶家晚已裁学，侈丽之原实先宫闱。(《宋书》卷八十二《周朗传》)

北魏本来"淳朴为俗"（《魏书》卷一《序纪》），而自迁都洛阳之后，也开始了奢靡之风。

> 魏都洛阳，一时殷盛，贵势之家各营第宅，车服器玩皆尚奢靡，世逐浮竞，人习浇薄。（《周书》卷四十五《熊安生传》）

卒至"竞相矜夸，遂成侈俗。车服第宅，奢僭无限。丧葬婚娶，为费实多"（《魏书》卷六十《韩麒麟传》）。"土木被绮罗，仆妾厌粱肉"（《魏书》卷六十《韩显宗传》），"家有吉凶，务求胜异，始以创出为奇，后以过前为丽。"（《北齐书》卷四《文宣纪》天保元年六月辛巳诏）由奢生贪，理之必然，于是遂如贺琛所说："为吏牧民者，竞为剥削，虽致赀巨亿，罢归之日，不支数年，便已消散……乃更追恨向所取之少，今所费之多。"

> 今天下宰守所以皆尚贪残，罕有廉白者，良由风俗侈靡，使之然也。淫奢之弊，其事多端，粗举二条，言其尤者。夫食方丈于前，所甘一味，今之燕喜相竞夸豪，积果如山岳，列肴同绮绣，露台之产不周一燕之资，而宾主之间，裁取满腹，未及下堂，已同臭腐。又歌姬舞女本有品制，二八之锡良待和戎。今畜妓之夫无有等秩，虽复庶贱微人，皆盛姬姜，务在贪污，争饰罗绮。故为吏牧民者，竞为剥削，虽致赀巨亿，罢归之日，不支数年，便已消散。盖由宴醑所费既破数家之产，歌谣之具必俟千金之资，所费事等丘山，为欢止在俄顷，乃更追恨向所取之少，今所费之多，如复傅翼，增其搏噬，一何悖哉？其余淫侈，著之凡百，习以成俗，日见滋甚，欲使人守廉隅，吏尚清白，安可得邪？（《梁书》卷三十八《贺琛传》）

但是任何娱乐若没有劳动以为调剂，俄顷之后，就不能引起神经的反应，而致失去滋味。这个时候他们要刺激疲倦的神经，非用新娱乐不可。南北朝君主多昏狂淫乱，大约是神经衰弱所致。

宋少帝义符居帝王之位,好皂隶之役,处万乘之尊,悦厮养之事,亲执鞭扑,殴击无辜,以为笑乐。于华林园为列肆,亲自酤卖,又开渎聚土,以象破冈埭,与左右引船唱呼,以为欢乐。(《宋书》卷四《少帝纪》)前废帝子业尝于木槽盛饭,纳诸杂食,搅令和合,掘土为坑阱,实之以泥水,裸太宗(明帝彧)纳坑中,和槽食置前,令太宗以口就槽中食,用之为欢笑。常于始安王休仁前,使左右淫逼休仁所生杨太妃,左右并不得已顺命,以至右卫将军刘道隆,道隆欢以奉旨,尽诸丑状。(《宋书》卷七十二《始安王休仁传》)后废帝昱穷凶极悖,屠裂肝肠,以为戏谑,投骸江流,以为欢笑。常着小袴褶,未尝服衣冠,或有忤意,辄加以虐刑,有白棓数十枚,各有名号,针椎凿锯之徒,不离左右,尝以铁椎椎人阴破。左右人见之,有敛眉者,昱大怒,令此人袒胛正立,以矛刺胛洞过。天性好杀,以此为欢,一日无事,辄惨惨不乐。(《宋书》卷九《后废帝纪》)齐废帝郁林王昭业取诸宝器以相剖击,破碎之以为笑乐。居尝裸袒,着红縠裈杂采袒服,好斗鸡,密买鸡至数千价。(《南齐书》卷四《郁林王纪》)废帝东昏侯宝卷于壁上画男女私亵之像。又于苑中立市,太官每旦进酒肉杂肴,使宫人屠酤,潘氏为市令,帝为市魁执罚,争者就潘氏决判。自制杂色锦伎衣,缀以金花玉镜众宝。(《南齐书》卷七《东昏侯纪》)北齐文宣帝留情耽湎,肆行淫暴,或躬自鼓舞,歌讴不悉,从旦通宵,以夜继昼。或袒露形体,涂傅粉黛,散发胡服,杂衣锦彩,执刃张弓,游行市肆,或盛暑炎赫,日中暴身,隆冬酷寒,去衣驰走。征集淫妪,悉去衣裳,分付从官,朝夕临视,或聚棘为马,纽草为索,逼遣乘骑,牵引来去,流血洒地,以为娱乐。凡诸杀害,多令支解,或焚之于火,或投之于河。沉酗既久,弥以狂惑。(《北史》卷七《齐本纪中》)后主纬于华林园立贫穷村舍,帝自弊衣为乞食儿,又为穷儿之市,躬自交易。(《北齐书》卷八《后主纪》)曾问南阳王绰何者最乐?曰多取蝎将蛆混看极乐。后主即夜索蝎一斗,比晓得三二升,置诸浴斛,使人裸卧斛中,号叫宛转。帝与绰临观,喜噱不已,谓绰曰,如此乐事,何不早驰驿奏闻?(《北齐书》卷十二《南阳王绰传》)北周宣帝自比上帝,不欲令人同己,尝自带绶及冠通天冠,加金附蝉,顾见侍臣武弁上有金蝉及王公有绶者,并令去之。又不听人有高大之称,诸姓高者改为姜,九族称高祖者为长祖,曾祖为次长祖,官名凡称上及大者改为长,有天者亦改之……好令京城少年为妇人服饰,入殿歌舞,与后宫观之,以为喜乐。(《周书》卷七《宣帝纪》)

然而不论什么东西都有一定限度,他们的神经受了新娱乐的刺激,固然暂时可以发生反应,然而不久神经又复疲钝,而使新娱乐又失去滋味。到了最后,一切娱乐都不能引起他们的兴趣,由是他们便变成厌世的人,人世的事物,他们都视为虚幻,所以极端的快乐主义者常是极端的厌世主义者。

  南平王伟子恭性尚华侈……酣燕终辰……每从容谓人曰,下官历观世人,多有不好欢乐,乃仰眠床上,看屋梁而著书,千秋万岁,谁传此者,劳神苦思,竟不成名,岂如临清风对朗月,登山泛水,肆意酣歌也?(《梁书》卷二十二《南平王伟传》)

  鱼弘常语人曰,丈夫生世,如轻尘栖弱草,白驹之过隙,平生但欢乐,富贵几何时?于是恣意酣赏,侍妾百余人,不胜金翠,服玩车马皆穷一时之绝。(《梁书》卷二十八《鱼弘传》)

  萧方尝著论曰,人生处世,如白驹过隙耳,一壶之酒足以养性,一箪之食足以怡形,生在蓬蒿,死在沟壑,瓦棺石椁,何以异兹?(《梁书》卷四十四《忠壮世子方传》)

其结果,他们遂要求一种新的人生观,可以转变他们生活的方法。反之贱民阶级"贫居陋巷,龁食牛衣"(《陈书》卷五《宣帝纪》太建十一年),而又受了豪强的压迫、旱灾的压迫、税役的压迫和兵祸的压迫。

南北朝庶民受难表

朝代		庶民受难情况
南朝	宋代	取税之法乃令桑长一尺,围以为价;田进一亩,度以为钱;屋不得瓦,皆责货实。民以此,树不敢种,土畏妄垦,栋焚榱露,不敢加泥……自华夷争杀,戎夏竞威,破国则积尸竟邑,屠将则覆军满野,海内遗生,盖不余半。重以急政严刑,天灾岁疫,贫者但供吏,死者弗望埋。鳏居有不愿娶,生子每不敢举。

续 表

朝代	庶民受难情况
	（《宋书》卷八十二《周朗传》） 虏纵归师，歼累邦邑……强者为转尸，弱者为系虏。自江淮至于清济，户口数十万，自免湖泽者，百不一焉。村井空荒，无复鸣鸡吠犬。时岁唯暮春，桑麻始茂，故老遗氓，还号旧落，桓山之响未足称哀，六州荡然，无复余蔓残构。至于乳燕赴时，衔泥靡托，一枝之间连窠十数，春雨载至，增巢已倾，虽事奔吴宫，而歼亡匪异，甚矣哉覆败之至于此也！（《宋书》卷九十五《索虏传》史臣曰）
齐代	建元初，狡虏游魂，军用殷广，浙东五郡丁税一千，乃有质卖妻子，以充此数，道路愁穷，不可闻见。（《南齐书》卷二十六《王敬则传》） 台使（宋孝武帝遣台使赴郡县促民缴纳租税，至齐未革）朝辞禁门，情态即异，暮宿村县，威福便行……或尺布之逋，曲以当匹，百钱余税且增为千……三吴奥区，地惟河辅，百度所资，罕不自出，而守宰相继，务在衷克，围桑品屋，以准赀课，致令斩树发瓦，以充重赋……东郡使民，年无常限，乃有畏失严期，自残躯命，亦有斩绝手足，以避徭役，生育弗起，殆为恒事。（《南齐书》卷四十《竟陵王子良传》） 齐末昏乱，政移群小，赋调云起，徭役无度，守宰多倚附权门，互长贪虐，掊克聚敛，侵愁细民，天下摇动，无所措其手足。（《梁书》卷五十三《良吏传序》）
梁代	州牧多非良才，守宰虎而傅翼。至于民间诛求万端，或供厨帐，或供厩库，或遣使命，或待宾客，皆无自费，取给于民。又复多遣游军，称为遏防，奸盗不止，暴掠繁多。或求供设，或责脚步，又行劫纵，更相枉逼。良人命尽，富室财殚，此为怨酷，非止一事。（《梁书》卷三《武帝纪》大同七年十二月壬寅诏） 郡不堪州之控总，县不堪郡之裒削，更相呼школ，莫得治其政术，唯以应赴征敛为事。百姓不能堪命，各事流移，或依于大姓，或聚于屯封，盖不获已而窜亡，非乐之也。（《梁书》卷三十八《贺琛传》） 时承凋弊之后，百姓凶荒，所在谷贵，米至数千，人多流散。（《梁书》卷五十三《庾荜传》） 侯景之乱，东境饥馑，会稽尤甚，死者十七八，平民男女并皆自卖。（《陈书》卷三十五《陈宝应传》）
陈代	频年军旅，生民多毙。（《陈书》卷三《世祖纪》天康元年） 承梁季乱离，加以戎车屡出，千金日损，府帑未充，民疲征赋。（《陈书》卷五《宣帝纪》太建十年四月庚戌诏） 后宫曳绮绣，厩马余菽粟，百姓流离，僵尸蔽野，货赂公行，帑藏损耗。（《陈书》卷三十《傅縡传》）

续表

朝代		庶民受难情况
北朝	后魏	比年以来,兵革屡动,汝颍之地,率户从戎;河冀之境,连丁转运。又战不必胜,加之退负,死丧离旷,十室而九。细役烦苛,日月滋甚,苛吏酷吏,因逞威福。至使通原遥畛,田芜罕耘,连村接闾,蚕饥莫食。而监司因公以贪求,豪强恃私而迫掠,遂令鬻短褐以益千金之资,制口腹而充一朝之急。(《魏书》卷四十七《卢昶传》) 兵士役苦,心不忘乱,故有竞弃本生,飘藏他土,或诡名托养,散没人间,或亡命山薮,渔猎为命,或投仗强豪,寄命衣食。(《北史》卷四十六《孙绍传》) 频年以来,多有征发,人不堪命,动致流离,苟保妻子,竞逃王役,不复顾其桑井。(《北史》卷五十《高谦之传》) 魏自永安之后,政道陵夷,寇乱实繁,农商失业,官有征代,皆权调于人,犹不足以相资奉。乃令所在迭相纠发,百姓愁怨,无复聊生。(《隋书》卷二十四《食货志》)
	北齐	赋敛日重,徭役日繁,人力既殚,帑藏空竭。(《北齐书》卷八《幼主纪》)
	北周	兴造无度,征发不已,加以频岁师旅,农亩废业。(《北史》卷十《周本纪下》武帝建德元年) 时关中大饥,征税人间谷食,以供军费,或隐匿者,令递相告,多被箠搒,以是人有逃散。(《北史》卷六十二《王轨传》)

他们天天受了生活的压迫,而又目击那些豪族享受过分的娱乐,他们不但不能分润豪族的娱乐,而且还成为豪族娱乐的牺牲品,他们悲观了,他们绝望了,他们也要求一种新的人生观,以安慰他们贫苦的生活。

人类在悲观绝望之时,常常发生神秘心理,而倾向于宗教思想,文化幼稚的民族尤见其然。中世纪的欧洲、南北朝的中国,宗教都乘着蛮族移动之际,大见流行,其理由是一样的。最初有儒道佛三种宗教,各用特殊的人生哲学,指导民众,教以新生活的方法。而最后得到胜利者,则为佛教。案一切宗教不外地上权力反映于人类的脑中,由幻想作用而创造出来的东西。南北朝时代,人民陷于水深火热之中,然而国家不能拯救他们,皇帝不能拯救他们,官吏不能拯救他们,名士不能拯救他们,总而言之,他们固有的地上权力对于他们都没有办法,由是他们固有的天上权力神,也不能得到他们的崇拜。他们不禁怀疑自己的神,他们很欢迎那个为外国崇拜而未为本国拜过的神。于是在宗教斗争之中,佛教就得到最后胜利。

佛教于汉明帝之世，传入中国，"魏黄初中，中国人始依佛戒，剃发为僧"（《隋书》卷三十五《经籍志》）；五胡乱华，蛮族首长见其"化金销玉，行符敕水，奇方妙术，万等千条"（《魏书》卷一百十四《释老志》），认为神异，莫不皈依。例如：

> 石勒专行杀戮，沙门遇害者甚众……佛图澄智术非常，勒召澄，试以道术。澄即取钵盛水，烧香咒之，须臾，钵中生青莲花，光色曜日，勒由此信之……及季龙僭位，迁都于邺，倾心事澄，有重于勒。下书衣澄以绫锦，乘以雕辇，朝会之日，引之升殿，常侍以下，悉助举舆，太子诸公扶翼而上，主者唱大和尚，众坐皆起，以彰其尊。又使司空李农旦夕亲问，其太子诸公五日一朝，尊敬莫与为比。百姓因澄，故多奉佛，皆营造寺庙，相竞出家。（《晋书》卷九十五《佛图澄传》）

> 吕光伐龟兹，获鸠摩罗什，光还，中路置军于山下，将士已休。罗什曰："在此必狼狈，宜徙军陇上。"光不纳，至夜果大雨，洪潦暴起，水深数丈，死者数千人，光密异之。光还至凉州，窃号河右，属姑藏大风。罗什曰："不祥之风，当有奸叛，然不劳自定也。"俄而有叛者，寻皆殄灭。姚兴西伐，破吕隆，乃迎罗什，待以国师之礼。罗什聚针盈钵，因举匕进针，与常食不别。（《晋书》卷九十五《鸠摩罗什传》）

经东晋而至南北朝，佛教思想已经深入人心，吾人观当时人士因"佛教自杀者，不得复人身"，而不敢自杀，就可以知道。

> 晋恭帝逊位，居秣陵宫，常惧见祸，与褚后共止一室，虑有酖毒，自煮食于床前。高祖将杀，不欲遣人入内，令褚淡之兄弟视褚后，褚后出别室相见，兵人乃逾垣而入，进药于恭帝。帝不肯饮，曰佛教自杀者，不得复人身。乃以被掩杀之。（《宋书》卷五十二《褚叔度传》）

> 索虏来寇瓜步，天下扰动，上虑异志者或奉彭城王义康为乱。二十八年正月，遣中书舍人严龙赍药赐死，义康不肯服药，曰佛教自杀，不复得人身，便随宜见处分。乃以被掩杀之。（《宋书》卷六十八《彭城王义康传》）

尤其甚者,朝廷大事,天子且与沙门商谈。

> 慧琳者,秦郡秦县人,姓刘氏,少出家,住冶城寺,有才章,兼外内之学,尝著《均善论》……太祖见论赏之。元嘉中,遂参权要,朝廷大事皆与议焉,宾客辐凑,门车常有数十两,四方赠赂相系,势倾一时。(《宋书》卷九十七《天竺迦毗黎国传》)

现在试来研究佛教何以流行。南北朝是中国最纷乱的时代,军阀互相火并,一旦得到帝位,便屠杀前朝子孙,"宋受晋终,马氏遂为废姓;齐受宋禅,刘宗尽见诛夷"(《南史》卷四十三《齐高帝诸子传论》)。北齐文宣践极,也屠杀魏的子孙。

> 文宣谓元韶曰:"汉光武何故中兴?"韶曰:"为诛诸刘不尽。"于是乃诛诸元以厌之,遂以五月诛元世哲、景武等二十五家。余十九家并禁止之。韶幽于京畿地牢,绝食,啖衣袖而死。及七月,大诛元氏,自韶成已下并无遗焉。或父祖为王,或身常贵显,或兄弟强壮,皆斩东市,其婴儿投于空中,承之以矟,前后死者凡七百二十一人,悉投尸漳水,剖鱼多得爪甲,都下为之久不食鱼。(《北齐书》卷二十八《元韶传》)

其尤甚者,一家骨肉自相诛夷,宋孝武帝残杀文帝的子孙,明帝又残杀孝武帝的子孙。齐明帝残杀高帝及武帝的子孙,凶忍惨毒,惟恐不尽,致令皇族有不愿复生王家之言。

> 帝(宋废帝子业)素疾子鸾有宠……遣使赐死,时年十岁。子鸾临死,谓左右曰,愿身不复生王家。(《宋书》卷八十《始平王子鸾传》)

他们稍有天良,何能不因悔而疑,因疑而惧,因惧而思忏悔之法?高允曾言:"天人诚远,而报速如响,甚可惧也。"(《魏书》卷四十八《高允传》)恰好佛教专讲因果报应,他们听了之后,怕自己堕入地狱,怕子孙食其恶果,于是遂向慈悲的佛,求其怜愍,这便是佛教流行于上层阶级的原因。吾人只看南齐巴陵王子伦之言,可知因果报应之说已经深入人心。

> 延兴元年,明帝遣中书舍人茹法亮杀子伦。子伦正衣冠,出受诏曰,鸟之将死,其鸣也哀;人之将死,其言也善。先朝昔灭刘氏,今日之事,理数固然。(《南齐书》卷四十《巴陵王子伦传》)

我们再看齐明帝残杀骨肉,往往先烧香火,又可知道当时的人必以果报之权操之于佛。

> 延兴建武中,凡三诛诸王,每一行事,高宗辄先烧香火,呜咽涕泣,众以此辄知其夜当相杀戮也。(《南齐书》卷四十《临贺王子岳传》)

所以人们一旦想到果报,惨毒之事亦常为之小止。

> 明帝所为惨毒之事,周颙不敢显谏,辄诵经中因缘罪福事,帝亦为之小止。(《南齐书》卷四十一《周颙传》)

上层阶级既然信奉佛教,所以常将财产捐于佛寺,南朝的齐高帝、梁武帝、陈武帝,北朝的魏孝文、齐文宣、周文帝均曾舍其宫苑,以造佛寺。其中最可令人注意者,南齐的明帝残杀高武子孙,忍心害理,自古未有,而乃用百姓卖儿贴妇钱,以起佛寺。

> 帝以故宅起湘宫寺,费极奢侈,以孝武庄严刹七层,帝欲起十层,不可立,分为两刹,各五层。新安太守巢尚之罢郡还见,帝曰:"卿至湘宫寺未?我起此寺,是大功德。"虞愿在侧曰:"陛下起此寺,皆是百姓卖儿贴妇钱,佛若有知,当悲哭哀愍,罪高佛图,有何功德?"(《南齐书》卷五十三《虞愿传》)

北朝的胡太后,恣行淫秽,鸩杀孝明,而亦喜建浮图。

> 灵太后锐于缮兴,在京师则起永宁太上公等佛寺,功费不少。外州各造五级佛图。又数为一切斋会,施物动至万计。百姓疲于土木之功,金银之价为之踊上。(《魏书》卷十九中《任城王澄传》)

其造永宁佛寺之时,不惜减少百官的禄。

> 灵太后临朝,减食禄官十分之一,造永宁佛寺。(《北史》卷二十七《寇俊传》)

人主笃好佛理,天下便从风而化。

> 高祖方锐意释氏,天下咸从风而化。(《梁书》卷十二《韦睿传》)
> 世宗笃好佛理……上既崇之,下弥企尚,至延昌中,天下州郡僧尼等积有一万三千七百二十七所,徒侣逾众。(《魏书》卷一百十四《释老传》)

北朝朝士死者,其家多舍居宅,以施僧尼。

> 朝士死者,其家多舍居宅,以施僧尼,京邑第舍略为寺矣。(《魏书》卷一百十四《释老志》)

南朝豪贵亦常舍其邸宅,以起佛寺。

> 萧惠开丁父艰,居丧有孝性,家素事佛,凡为父起四寺,南岸南冈下名曰禅冈寺,曲阿旧乡宅名曰禅乡寺,京口墓亭名曰禅亭寺,所封封阳县名曰禅封寺。(《宋书》卷八十七《萧惠开传》)
> 何氏自晋司空充、宋司空尚之,世奉佛法,并建立塔寺。至敬容又舍宅东为伽蓝,趋势者因助财造构,敬容并不拒。故此寺堂宇校饰,颇为宏

丽,时轻薄者因呼为"众造寺"焉。(《梁书》卷三十七《何敬容传》)

至于以金钱、货宝、田地捐给佛寺者为数尤多,梁武帝三次舍身同泰寺,公卿大臣以钱一亿万奉赎,这是读史者共知的事①。

佛寺财产年年增加,在北朝,魏孝文迁都洛阳之后,二十年中,洛中土地三分之一属于佛寺。

> 自迁都以来,年逾二纪,寺夺民居,三分且一……非但京邑如此,天下州镇僧寺亦侵夺细民,广占田宅。(《魏书》卷一百十四《释老志》)

在南朝,例如"长沙寺僧业富沃,铸黄金为龙数千两,埋土中"(《南齐书》卷三十八《萧颖胄传》),所以政府每于财政困难之际,向僧尼借债,只此一端,可知佛寺财产之多。

> 有司又奏军用不充,扬、南徐、兖、江四州,富有之民家资满五千万、僧尼家资满二千万者,并四分换一,过此率讨事息即还。(《宋书》卷九十五《索虏传》)

下层阶级何以也欢迎佛教？现世的苦痛,他们是经验过的。他们受了苦难的压迫,当然想到苦难的来源及解脱苦难的方法。恰好佛教提倡三世因果,即"有过去、当今、未来,人为善恶,必有报应"(《魏书》卷一百十四《释老志》)。案因果报应乃神道设教之意,"惩暴之戒,莫苦乎地狱；诱善之劝,莫美乎天

---

① 第一次,大通元年三月辛未,舆驾幸同泰寺舍身；甲戌,还宫,赦天下改元。第二次,中大通元年九月癸巳,舆驾幸同泰寺,设四部无遮大会,因舍身,公卿以下以钱一亿万奉赎；十月己酉,舆驾还宫,大赦改元。第三次,太清元年三月庚子,高祖幸同泰寺,设无遮大会,舍身,公卿等以钱一亿万奉赎；四月丁亥,舆驾还宫,大赦天下改元。(《梁书》卷三《武帝纪》)此三次外,尚有中大同元年一次,但《梁书》及《通鉴》均不言其舍身,唯《南史》(卷七《梁武帝纪下》),中大同元年三月庚戌,上幸同泰寺舍身；夏四月丙戌,皇太子以下奉赎。韩愈《论佛骨表》:"梁武帝前后三度舍身施佛",亦只言三次。若并中大同一次则为四次。

堂"(《弘明集》卷三《宋何承天答宗居士书》)。虽系迷信,亦足以劝善惩恶。一般贫民由于报应之说,遂谓今生的苦难由于前生作孽,那么,要使来生不受苦难,只有皈依三宝,修练今生,这是佛教能够得到下层阶级信仰的原因。兼以南北朝时代,内乱外战造成了无数贫民,贫民的赈恤不失为一个重要的问题。当时政府对于这个问题,竟然毫无措置。反之,佛教是以慈悲为本,佛寺财产不少,而僧尼的生活又不可太过奢侈。他们的收入既然超过于他们的消费,他们就把剩余物资充为救济贫民之用。佛寺既然负担了这个责任,结果,个人或政府的慈善事业也委托佛寺办理。

> 太子与竟陵王子良俱好释氏,立六疾馆,以养穷民。(《南齐书》卷二十一《文惠太子传》)
>
> 灵太后数为一切斋会,施物动至万计。(《魏书》卷十九中《任城王云传》)
>
> 后主武平七年春正月壬辰诏,去秋已来,水潦人饥,不自立者,所在付大寺及诸富民济其性命。(《北齐书》卷八《后主纪》)

而北朝且许人民输粟于佛寺。输者,户为僧祇户,粟为僧祇粟。又许犯人及官奴投靠于佛寺,称之为佛图户,以供诸寺扫洒,兼营田输粟。

> 昙曜奏平齐户及诸民有能岁输六十斛入僧曹者,即为僧祇户,粟为僧祇粟,至于俭岁,赈给饥民。又请民犯重罪及官奴以为佛图户,以供诸寺扫洒,岁兼营田输粟。高宗并许之,于是僧祇户粟及寺户遍于州镇矣。(《魏书》卷一百十四《释老志》)

于是佛寺更有财产,藉以控制贫民,到了大部分贫民沦为无产者之时,佛寺在民间愈有势力。但是佛寺又不是专讲布施,而不谋自己利益的。佛寺既有财产,所以常常利用财产,开当铺以取息。如在南朝:

> 甄彬尝以一束苎就州长沙寺库卖钱。后赎苎还,于苎中得五两金,

以手巾裹之。彬得,送还寺库。道人惊云,近有人以此金质钱,时有事,不得举而失,檀越乃能见还。辄以金半仰酬,往复十余,彬坚然不受。
(《南史》卷七十《甄法崇传》)

褚渊弟澄,渊薨,澄以钱万一千,就招提寺赎太祖(齐高帝)所赐渊白貂坐褥。(《南齐书》卷二十三《褚澄传》)

北朝情形更坏,佛寺有僧祇粟,本于凶年出贷贫民,民有窘敝,亦即赈之。顾沙门乃用粟取息,偿利过本,侵渔贫民①。

永平(宣武帝)四年夏,诏曰,僧祇之粟本期济施,俭年出贷,丰则收入,山林僧尼随以给施。民有窘敝,亦即赈之。但主司冒利,规取赢息。及其征责,不计水旱,或偿利过本,或翻改券契,侵蠹贫下,莫知纪极,细民嗟毒,岁月滋深,非所以矜此穷乏、宗尚慈拯之本意也。自今已后,不得传委维那都尉,可令刺史共加监括……后有出贷,先尽贫穷……富有之家,不听辄贷。脱仍冒滥,依法治罪。(《魏书》卷一百十四《释老志》)

岂但僧祇粟供沙门放债取息,而僧祇户亦常受沙门虐待。

尚书令高肇奏言:谨案故沙门统昙曜,昔于永明元年,奏凉州军户赵苟子等二百家为僧祇户,立课积粟,拟济饥年,不限道俗,皆以振施……而都维那僧暹、僧频等……肆意任情,奏求逼召。致使吁嗟之怨,盈于行道,弃子伤生,自缢溺死,五十余人。遂令此等行号巷哭,叫诉无所,至乃白羽贯耳,列讼宫阙。请听苟子等还乡课输,俭乏之年,周给贫寡……其暹等违旨背律,谬奏之愆,请付照玄,依僧律推处。诏曰,暹等特可原之,余如奏。(《魏书》卷一百十四《释老志》)

---

① 北齐时,道人道研为济州沙门统,资产巨万,在郡多有出息,常得郡县为征。(《北齐书》卷四十六《苏琼传》)

但是我们须知沙门所虐待的乃是僧祇户。自晋以来，佛徒可分两种，一是出家，二是不出家，即如释慧远所说："佛经所明，凡有二科，一者处俗弘教，二者出家修道。"(《弘明集》卷十二释慧远《答桓太尉书》)处俗者生活自由，不受佛寺的控制，出家者亦未必都受沙门的虐待。而当时徭役繁重，而佛教又大开方便之门，凡人出俗入佛，均有免役的权利，如在北朝：

愚民侥幸，假称入道，以避输课。(《魏书》卷一百十四《释老志》)

正光已后，天下多虞，工役尤甚，于是所在编民相与入道，假慕沙门，实避调役。(《魏书》卷一百十四《释老志》)

南朝固然没有明文可稽，但是宋孝武帝大明二年的诏既说：

佛法讹替，沙门混杂，未足扶济鸿教，而专成逋薮。(《宋书》卷九十七《天竺迦毗黎国传》)

而齐虞玩之又以"生不长发，便谓为道，填街溢巷，是处皆然"(《南齐书》卷三十四《虞玩之传》)，为人民弄巧逃役的现象，是则南朝人民亦多寄身佛寺，以避徭役了。人民惮役甚于惮税，供役于佛寺者不过扫洒耕种，供役于国家者，乃至"老穉服戎，空户从役"(《宋书》卷二《武帝纪》)，所以人民逃匿于佛寺，犹如投靠于豪族一样，日益增加。北朝"民多绝户，而为沙门"(《魏书》卷五十三《李瑒传》)，"正光以后，所在编民相与入道，略而计之，僧尼大众二百万矣，其寺三万有余"(《魏书》卷一百十四《释老志》)。南朝呢？杜牧诗，"南朝四百八十寺，多少楼台烟雨中"，此只指东吴一带之地。至于全土，则"形像塔寺，所在千数"(《宋书》卷九十七《天竺迦毗黎国传》)，而真伪混居，往来纷杂，"生不长发，便谓为道，填街溢巷，是处皆然"(《南齐书》卷三十四《虞玩之传》)。佛教势力之大于此可见一斑。

但是佛教思想与吾国伦理观念，似有冲突。它教人出家，内不能尽孝于父母，外不能尽忠于君国，于是攻佛者遂有三破之论。梁时刘勰曾集合起来，而加以反驳，所以吾人叙述三破论之正反意见，不能单引刘勰之言。所谓三

破论,照刘勰说:

第一破曰,入国而破国者,诳言说伪,兴造无费,苦克百姓,使国空民穷,不助国用,生人减损。况人不蚕而衣,不田而食,国灭人绝,由此为失。日用损费,无纤毫之益,五灾之害,不复过此。

第二破曰,入家而破家,使父子殊事,兄弟异法,遗弃二亲,孝道顿绝。忧娱各异,歌哭不同,骨血生仇,服属永弃,悖化犯顺,无昊天之报,五逆不孝,不复过此。

第三破曰,入身而破身,人生之体,一有毁伤之疾,二有髡头之苦,三有不孝之逆,四有绝种之罪,五有亡体从诫,唯学不孝,何故言哉?诚令不跪父母,便竟从之,儿先作沙弥,其母后作阿尼,则跪其儿。不礼之教,中国绝之,何可得从?(《弘明集》卷八梁刘勰《灭惑论》)

关于第一破,可分析为两点,一是建造寺庙,用费巨亿,使国空民穷。护佛者以为"天曰神,祭天于圆丘;地曰祇,祭地于方泽;人曰鬼,祭之于宗庙。龙鬼降雨之劳,牛畜挽犁之效,犹或立形村邑,树像城门。岂况天上天下三界大师,此方他方四生慈父,威德为百亿所尊,风化为万灵之范"(《广弘明集》卷十《叙王明广请兴佛法事》),岂可不"铭列图像","增崇灵庙"(《弘明集》卷一《正诬论》,未详作者)? 至于国空民穷不能归责于寺庙之建造。"景武之世,积粟红腐","赤眉兵乱,千里无烟",此时佛教尚未传入中国,一盛一衰,与沙门哪有关系(参阅《弘明集》卷八刘勰《灭惑论》)? 二是沙门不耕不织,游食四方,逃避徭赋,国家财富为之减少。护佛者对此,不作正面的答复。然自春秋之末,而至战国,社会上产生不少士人,他们多寄食于王公大臣之门下。魏晋以后,不但世族,就是世族所荫庇的宾客亦得免役。难怪护佛者以为"避役之谈是何言欤"(《弘明集》卷八释僧顺《释三破论》),何况《涅槃经》又有"避役出家,无心志道,我当罢令还俗,为王策使"(《广弘明集》卷七《辩惑篇》第二之三)之言?

关于第二破,遗弃两亲,孝道顿绝,乃有背吾国伦常观念。"子之事亲,生则致其养,没则奉其祀,而沙门之道,生废色养,终绝血食,背理伤情,莫此之甚。"(《弘明集》卷三《晋孙绰喻道论》)护佛者以为:"佛经所明,凡有二科,一者处俗弘教,二者出家修道。"(《弘明集》卷十二晋释慧远《答桓太尉书》)处俗者上养下畜无异于普通人民,哪有废色养而绝血食之事?出家者才隐居以求其志,变俗以达其道。纵令出家,而"佛亦听僧冬夏随缘修道,春秋归家侍养,故目连乞食饷母,如来担棺临葬"(《广弘明集》卷十《叙释慧远抗周武帝废教事》)。兼以"忠孝名不并立,传曰,子之能仕,父教之忠。然则结缨公朝者子道废矣。何则?见危授命,誓不顾亲,皆名注史笔,事标教首,记注者岂复以不孝为罪?故谚曰,求忠臣必于孝子之门,明其虽小违于此而大顺于彼矣"(《弘明集》卷三晋孙绰《喻道论》)。而"释氏之训,父慈子孝,兄爱弟敬,夫和妻柔,备有六睦之美,有何不善而能破家"(《弘明集》卷八释僧顺《释三破论》)。

关于第三破,内容甚见杂乱,举其要者,可分三点:一是毁伤身体,"乐正伤足,终身含愧,而沙门之道,刋剔须发,残其天貌,背理伤情,莫如之甚"(见《弘明集》卷三晋孙绰《喻道论》)。护佛者以为:"泰伯短发文身,自从吴越之俗,违于身体发肤之义,然孔子称之,其可谓至德矣。仲尼不以其短发毁之也。由是而观,苟有大德,不拘于小。"(《弘明集》卷一汉牟融《理惑论》)而且"凡言不敢毁伤者,正是防其非僻,触犯宪司,五刑所加,致有残缺耳。今沙门者服膺圣师,远求十地,剃除须发,被服法衣,立身不乖,扬名得道,还度天属,有何不可"(《弘明集》卷八释僧顺《释三破论》)。二是绝种之罪,"三千之罪莫大于不孝,不孝之大无过于绝嗣。然则绝嗣之罪,大莫甚焉"(《广弘明集》卷六《叙列代王臣滞惑解上》)。意者,"胡人粗犷,欲断其恶种,故令男不娶妻,女不嫁夫,一国伏法,自然灭尽"(《弘明集》卷八刘勰《灭惑论》)。此言虽可动听,但是前已说过,佛徒除"出家修道"之外,尚有"处俗弘教"。何况"入道居俗,事系因果……未闻世界普同出家"(《弘明集》卷八刘勰《灭惑论》),则绝种之说实难成立。三是母拜其子,"子先出家,母后为尼,则敬其子,失礼之甚"(《弘明集》卷八释僧顺《释三破论》)。护佛者以为"礼,新冠见母,其母拜之(见《礼记注疏》卷六十一《冠义》),喜其备德,故屈尊礼卑也。介胄之士见君不拜(见《礼记注疏》卷三《曲礼上》、卷三十五《少仪》),重其秉武,故尊不加也。缁弁、轻冠本无神道,介胄、凶器非有至德,然事应加恭,则以母拜子;势宜停敬,则臣不跪君。礼典世教周孔所制,论其变通不由一轨。况佛道之尊标出三界,神教妙本群致玄宗,以此加人,实尊冠冕。冠冕及礼,古今不疑;佛道加敬,将欲何怪"(《弘明集》卷八刘勰《灭惑论》)。

三破论及其反驳之辞,约略如上所言。此外尚有三种儒佛不同的论调。

一是沙门上不臣天子,而破坏君臣的政治制度,此说开始于东晋成帝、庾冰辅政之时。庾冰以为沙门应致礼敬于天子(参阅《弘明集》卷十二庾冰《代晋成帝沙门不应尽敬诏》)。其后,安帝元兴中,太尉桓玄又申其意(参阅《弘明集》卷十二桓玄《与八座论沙门敬事书》)。即庾冰、桓玄等人均依"率土之民莫非王臣,而以向化法服,便抗礼万乘之主",认为有反于礼教(《弘明集》卷十二晋卞嗣之、袁恪之《答桓玄诏》),于是就引起了一番争论。护佛者以为"出家弃亲,不以色养为孝,土木形骸绝欲止竟,不期一生,要福万劫,世之所贵,已皆落之,礼教所重,意悉绝之。资父事君天属之至,犹离其亲爱,岂得致礼万乘"(《弘明集》卷十二晋桓谦等《答桓玄论沙门敬事书》)。"是以外国之君,莫不降礼,良以道在则贵,不以人为轻重也。"(《弘明集》卷十二晋王谧《答桓太尉》)"孔子云,儒有上不臣天子,下不事公侯。儒者俗中之一物,尚能若此,况沙门者,方外之士乎?"(《弘明集》卷八释僧顺《释三破论》)总之,他们均谓"今沙门既不臣王侯,故敬与之废耳"(《弘明集》卷十二王谧《答桓太尉》)。

二是佛教乃夷狄之教,中华民族不应崇奉,此说发端于东晋之蔡谟。谟谓"佛者夷人,唯闻变夷从夏,不闻变夏从夷"(《广弘明集》卷六《辩惑篇》第二之二)。南齐时,道士顾欢又著《夷夏论》,以明其旨,欢以为"五帝三皇莫不有师,国师道士无过老庄。儒林之宗孰出周孔……今以中夏之性,效西戎之法……舍华效夷,义将安取"(《南齐书》卷五十四《顾欢传》)。于是又发生了夷夏之辩。护佛者以为:"人参二仪是谓三才,三才所统岂分夷夏?"(《弘明集》卷六谢镇之《与顾道士书》)"夫大教无私,至德弗偏,圣人宁复分地殊教,隔宇异风,岂有夷邪,宁有夏邪?"(《弘明集》卷七宋释慧通《驳顾道士夷夏论》)"若疑教在戎方,化非华夏者,则是前圣执地以定教,非设教以移俗也……夫禹出西羌,舜生东夷,孰云地贱,而弃其圣?丘欲居夷,聘适西戎,道之所在,宁选于地?"(《弘明集》卷十四《弘明集后序》)这种言论甚似前清末叶变法时,正反双方之意见,故余稍加说明。

三是由于夷夏之别,又发生了中国与天竺孰居中央之言论。吾国古人皆谓中国之地在于中央,中国之外没有开化的国家,故称异族,东曰胡,西曰戎,南曰蛮，北曰狄。中国立国于胡、戎、蛮、狄之中，故曰中华。中华者中央之花也，胡、戎、蛮、狄之外，则为四海，故曰四海之内皆兄弟也。最初说明中国不过地理上之一部分，则为邹衍。他谓"儒者所谓中国者，于天下乃八十一分居其一分耳，中国名曰赤县神州，赤县神州内自有九州，禹之序九州是也……中国外，如赤县神州者九，乃所谓九州也，于是有裨海环之……中者乃为一州，如此者九，乃有大瀛海环其外，天地之际焉"（《史记》卷七十四《孟子传》）。邹衍为战国的人，虽知中国在地理上不过蕞尔之地，然猜其意，"中者乃为一州"似指中国。最初提出汉地不在中央者乃是汉之牟融，意谓"传曰，北辰之星，在天之中，在人之北。以此观之，汉地未必为天中也"（《弘明集》卷一汉牟融《理惑论》）。但他还不敢主张天竺居天地之中，其主张天竺乃是中土者为谢镇之等辈。他们以为"故知天竺者，居娑婆之正域，处淳善之嘉会，故能感通于至圣，土中于三千"（《弘明集》卷六谢镇之《重与顾道士书》），"天竺天地之中，佛教所出者也"（《弘明集》卷七宋释慧通《驳顾道士夷夏论》）。"佛据天地之中，而清导十方，故知天竺之土是中国也"（《弘明集》卷七宋释僧愍《戎华论折顾道士夷夏论》），"且夫厚载无疆，寰域异统，北辰西北，故知天竺居中"（《弘明集》卷十四《弘明集后序》）。这种争辩实在毫无意义，作者不过略举数人之言，藉以证明当时的人已经失去了民族自尊之心。

理论上的斗争往往没有效果。而人民出家，财政上减少了国家的税收，军事上减少了国家的兵役，这才是政府决意压迫佛教的根本原因。当时国家所采取的政策可以大别为四种：

一是逼令僧尼还俗。例如南朝，宋孝武帝大明二年固曾"设诸条禁"，僧尼"自非戒行精苦，并使还俗"，然而诸尼"出入宫掖，交关妃后，此制竟不能行"（《宋书》卷九十七《天竺迦毗黎国传》），只唯地方刺史尚有强迫沙门还俗而已。

> 刘粹领雍州刺史，襄阳、新野二郡太守，在任简役爱民，罢诸沙门二千余人，以补府史。（《宋书》卷四十五《刘粹传》）

其在北朝，魏孝文帝时，虽有遣僧尼还俗之事，然其所遣者乃无籍僧尼，而全国人数不过一千三百二十七人。

太和十年,有司又奏,无籍僧尼罢遣还俗……其诸州还俗者,僧尼合一千三百二十七人。(《魏》书卷一百十四《释老志》)

二是限制州郡度僧人数,然所度人数乃逐渐增加,可知限制并不容易。

高宗(文成帝)践极,下诏曰……其好乐道法,欲为沙门……听其出家,率大州五十、小州四十人,其郡遥远台者十人……高祖(孝文帝)践祚……十六年,诏四月八日、七月十五日,听大州度一百人为僧尼,中州五十人、下州二十人,以为常准,著于令……熙平二年(孝明帝),春灵太后令曰,年常度僧,依限大州应百人者,州郡于前十日,解送三百人,其中州二百人、小州一百人,州统维那与官及精练简取充数,若无精行,不得滥采,若取非人,刺史为首,以违旨论,太守、县令纲寮节级连坐,统及维那移五百里外异州为僧。(《魏书》卷一百十四《释老志》)

三是禁止私度,佛教既成为政治问题,所以北齐于九寺之外,又置昭玄寺,掌诸佛教(《隋书》卷二十七《百官志中》)。后魏虽无昭玄寺的机构,然诸寺度僧,须得国家许可。顾法禁宽弛,不能改肃。

二年(魏孝明帝熙平二年),春灵太后令曰:"私度之僧,皆由三长罪不及己,容多隐滥,自今有一人私度,皆以违旨论。邻长为首,里党各相降一等。县满十五人,郡满三十人,州镇满三十人,免官,寮吏节级连坐,私度之身配当州下役。"时法禁宽褫,不能改肃也。(《魏书》卷一百十四《释老志》)

四是灭佛,北朝曾发生两次,一次在魏太武帝时代。

太平真君五年正月戊申,诏曰,自王公以下至于庶人,有私养沙门……在其家者,皆遣诣官曹,不得容匿,限今年二月十五日,过期不

出……沙门身死,主人门诛。(《魏书》卷四下《世祖太武帝纪》)

太平真君七年三月,诏诸州,坑沙门,毁诸佛像。(《魏书》卷四下《世祖太武帝纪》)

末年,"禁稍宽弛,笃信之家得密奉事沙门,专至者犹窃法服诵习焉,唯不得显行于京都矣"(《魏书》卷一百十四《释老志》)。高宗践极下诏:

今制诸州郡县,于众居之所,各听建佛图一区……其好乐道法,欲为沙门,不问长幼,出于良家,性行素笃,无诸嫌秽,乡里所明者,听其出家。(《魏书》卷一百十四《释老志》)

于是"天下承风,朝不及夕,往时所毁图寺仍还修矣。佛像经论皆复得显"(《魏书》卷一百十四《释老志》),灭佛之举宣告失败。

另一次是在周武帝时代。

周武帝建德三年四月丙子,断佛道二教,经像悉毁,罢沙门道士,并令还民。并禁诸淫祀,礼典所不载者,尽除之。(《周书》卷五《武帝纪》)

而宣帝即位,又"复佛像及天尊像",且"与二像俱南面而坐,大陈杂戏,令京城士民纵观"(《周书》卷七《宣帝纪》大象元年),灭佛运动也失败了。

灭佛运动不在信仰之不同,而在利害的冲突,即如颜之推所说:"罄井田而起塔庙,穷编户以为僧尼……非法之寺妨民稼穑,无业之僧空国赋算。"(《颜氏家训》第十六篇《归心》)郭祖深说:

时帝(梁武帝)大弘释典,将以易俗,故祖深尤言其事,条以为都下佛寺五百余所,穷极宏丽,僧尼十余万,资产丰沃,所在郡县不可胜言。道人又有白徒,尼则皆畜养女,皆不贯人籍,天下户口几亡其半。而僧尼多非法,养女皆服罗纨,其蠹俗伤法,抑由于此。请精加检括,若无道行,四十已下皆使还俗附农,罢白徒养女,听畜奴婢,婢唯着青布衣,僧尼皆令蔬食,如此则法兴俗盛,国富人殷。不然,恐方来处处成寺,家家剃落,尺土一人非复国有……帝虽不能悉用,然嘉其正直。(《南史》卷七十《郭祖深传》)

人民出家入佛乃有其社会的原因。朝廷灭佛的财政政策与人民信佛的经济动机(求免课役),本来不能兼容。朝廷不务其本,而谋其末,所以灭佛运动无不失败。到了人民厌弃佛教,而新的神之观念尚未发生之时,世上又传布一种消息:"将来有弥勒佛方继释迦佛而降世。"(《魏书》卷一百十四《释老志》)这种传说到了隋炀帝时代又表现为"释迦佛衰谢,弥勒佛出世"(《资治通鉴》卷一百八十一隋炀帝大业六年及九年)之言。天上权威已经变更,地上皇朝也应更换,于是李唐代兴,而有贞观开元之治。

第五节
南北的逐渐统一

南北分立有一百五十年之久，若比较双方的国力，北朝似比南朝为强。为什么呢？南北朝固然都感觉户口耗减，但是北朝户口乃比较南朝为多。南朝版图宋初最大，然其户口比之西晋时代的南方，相差尚巨。

> 文帝励精临人，江左数代帝王莫比，所以称元嘉之理比前汉之文景焉……今按本史，孝武大明八年，户九十万六千八百七十、口四百六十八万五千五百一。（《通典》卷七《历代盛衰户口》）

比方扬荆二州，西晋尚视为边陲，南渡之后，才为重镇，而晋代两州户数却比较宋时为多。

晋宋扬荆二州户数比较表[①]

晋代		宋代		备考
州名	户数	州名	户数	
扬州	311400	扬州	143296	
		南徐州	72472	宋元嘉八年，割扬州立南徐州。
荆州	357548	荆州	65604	

[①] 此表据《晋书》卷十五《地理志下》，《宋书》卷三十五《州郡志一》、卷三十六《州郡志二》、卷三十七《州郡志三》。

续 表

晋代		宋代		备考
州名	户数	州名	户数	
湘州	户数包括于荆扬二州之中	湘州	45089	
江州	户数包括于荆扬二州之中	江州	52033	
		雍州	38975	宋元嘉二十六年,分荆州为雍州。
		郢州	29469	宋孝建元年,分荆湘江豫立郢州。
合计	668948	合计	436938	

北朝呢？魏尽有中原之地，明帝正光以前，时唯全盛，户口之数比之西晋初年全国户口，竟然增加一倍。

> 后魏起自阴山，尽有中夏……明帝正光以前，时惟全盛，户口之数，比夫晋太康倍而余矣。按晋武帝太康元年平吴后，大凡户二百四十五万九千八百、口千六百一十六万三千八百六十三。今云倍而余者，是其盛时，则户有至五百余万矣。(《通典》卷七《历代盛衰户口》)

北朝户口多于南朝，北强南弱，已经明如观火。而南朝户口又集中于荆扬二州，沈约说：

> 江南之为国盛矣，虽南包象浦，西括邛山，至于外奉贡赋，内充府实，止于荆扬二州。(《宋书》卷五十四孔季恭等传史臣曰)

荆州自东晋以后，常为军阀割据，百度所资，唯仰三吴。而三吴久受剥克，民力渐次殚竭。齐时，竟陵王子良说：

> 三吴内地，国之关辅，百度所资。民庶雕流，日有困殆。蚕农罕获，

饥寒尤甚。富者稍增其饶,贫者转钟其弊,可为痛心,难以辞尽。(《南齐书》卷二十六《王敬则传》)

又说:

> 三吴奥区,地惟河辅,百度所资,罕不自出,宜在蠲优,使其全富。而守宰相继务在哀克,围桑品屋,以准赀课。致令斩树发瓦,以充重赋。破民财产,要利一时。(《南齐书》卷四十《竟陵王子良传》)

固然如此,而扬荆二州户口还是半天下,政局常受二州的影响,宋恶其大,乃分置扬荆二州。即扬州分置南徐、南兖,荆州分置郢雍二州。

> 荆扬二州,户口半天下,江左以来,扬州根本,委荆州以阃外。至是并分,欲以削臣下之权,而荆扬并因此虚耗。(《宋书》卷六十六《何尚之传》)

荆扬分置之后,对内未必能够制止藩臣反抗中央的气焰,对外却减少了地方抵御强敌的实力。晋自南渡之后,国势至弱,而能享国百年,实因寄大权于方伯。方伯之任莫重荆州,荆州为国西门,刺史常都督七八州,势力雄强,西方有警,荆州可以独立抵抗,而使敌人不敢南下。宋既分荆为雍,襄阳重镇,划归雍州,而雍州户口又少,自难独立御侮。故凡有事之时,不能不将江湘的资力悉给雍州。

> 上(宋文帝)欲大举北伐,以襄阳外接关河,欲广其资力,乃罢江州军府,文武悉配雍州,湘州入台租税杂物,悉给襄阳。(《宋书》卷七十九《竟陵王诞传》)

而襄阳又是兵马重镇,齐高入秉朝政,必以太子为雍州刺史,盖恐襄阳失守,长江下流必受威胁。

> 太祖(齐高帝)将受禅,世祖(齐武帝)已还京师,以襄阳兵马重镇,不欲处他族,出太子为持节都督雍梁二州军事、雍州刺史。(《南齐书》卷二十一《文惠太子传》)

宋代分荆建雍,无异剖弱自己的藩城。沈约有言:

> 江左以来,树根本于扬越,任推毂于荆楚。扬土自庐蠡以北,临海而极大江;荆部则包括湘沅,跨巫山而掩邓塞。民户境域过半于天下。晋世幼主在位,政归辅臣,荆扬司牧,事同二陕。宋室受命,权不能移,二州之重咸归密戚……而建郢(孝武帝时又分荆建郢)分扬,矫枉过直。藩城既剖,盗实人单,闱外之寄,于斯而尽。(《宋书》卷六十六《何尚之传》史臣曰)

有了这个原因,所以南朝自宋以后,就处于败北的地位。南朝疆域,宋初最大,齐梁稍蹙,陈则极小,这是可以证明南朝领土为北朝蚕食者甚广。

> 宋武北平广固,西定梁益,又克长安,尽得河南之地。长安寻为赫连勃勃所陷,至废帝荥阳王景平中,虎牢以西复陷于后魏……明帝时,后魏又南侵淮北,青、冀、徐、兖四州及荆、河州西境悉陷没……其后十余年,而宋亡。然初强盛也,南郑、襄阳、悬瓠、彭城、历城、东阳皆为宋氏藩捍。齐氏……频为后魏所侵,至东昏永元初,沔北诸郡相继败没……又失寿春,后三年齐亡。始全盛也,南郑、樊城、襄阳、义阳、寿春、淮阳、角城、涟口、朐山为重镇。梁氏自侯景逆乱……江北之地悉陷高齐,汉中、蜀川没于西魏,大抵雍州、下溠戍、夏口、白苟堆、硖石城、合州、钟离、淮阴、朐山为重镇。陈氏比于梁代,土宇弥蹙,西不得蜀汉,北失淮肥,以长江为境……及隋军来伐……巴陵以下并风靡败退,隋军自采石、京口渡江而平之。(《通典》卷一百七十一《州郡序上》)

宋失洛阳，洛阳处天下之中，为四战之地，河山控戴，形胜甲于天下，古来欲取天下者，洛阳在所必争；欲守天下者，洛阳也须控制。周定都镐京，而经营洛邑，镐邑、洛邑同为王畿之地。汉定都长安，而以三河为司隶，洛阳亦受中央的直接统治。洛阳陷没，不但不能经略河北，而虎牢以东亦有受胁之处。王仲德说：

洛阳既陷，则虎牢不能独全，势使然也。(《宋书》卷四十六《王懿传》)

少帝景平元年，洛阳失守，虎牢旋即沦陷，不久，滑台、碻磝亦相继沦亡，自是而后，南朝便不能与北朝争雄于中原之地，而南阳、汝南二郡亦汲汲不可安卧。

又失悬瓠，悬瓠北望汴洛，南蔽淮泗，介荆豫之间，自古为襟要之地。魏孝文帝说：

悬瓠要藩，密迩嵩颍，南疆之重，所寄不轻。(《魏书》卷六十一《田益宗传》)

宋文帝元嘉二十六年，魏主焘自率步兵十万寇汝南，围悬瓠城，城内战士不满千人，汝南太守陈宪婴城固守，焘尽锐以攻之，十余日魏人积尸与城齐，不拔而退。二十九年，魏主焘死，宋遣萧思话率众北伐，一军由历城向碻磝，一军由悬瓠出许洛，一军由南阳趋潼关，由此可知悬瓠险要，且为行军要地。泰始三年，悬瓠丧败，淮北之地遂成荒外，中原声闻日以隔远，历齐梁陈之际，南国之势往往折而入于北者，完全因为悬瓠沦亡。

又失彭城，彭城北走齐鲁，西通梁宋，北得之，可以瞰淮泗；南得之，可以略山东、河南。不特捍蔽南国，为北朝必争之地，而自昔东南用兵，亦必由此以临诸夏。薛虎子说：

今江东未宾……自不委粟彭城，将何以拓定江关，扫一衡霍……徐州左右，水陆壤沃，清汴通流，足盈激灌，其中良田十余万顷，若以兵绢市

牛,分减戍卒……兴力公田,必当大获粟稻……匪直戍卒有丰饱之资,于国有吞敌之势。(《魏书》卷四十四《薛虎子传》)

尉元亦说:

彭城贼之要藩,不有积粟强守,不可以固。若资粮广戍,虽刘彧师徒悉动,不敢窥觎淮北之地,此自然之势也。(《魏书》卷五十《尉元传》)

尉元又说:

彭城水陆之要,江南用兵,莫不因之威陵诸夏。(《魏书》卷五十《尉元传》)

宋元嘉二十七年,魏主焘率众南侵,攻彭城不下,逾淮而至瓜步,"闻彭城断其后路,乃解围遁走"(《宋书》卷七十四《臧质传》)。所以王玄谟上表,以彭城要兼水陆,请简皇子抚临州事(《宋书》卷七十四《王玄谟传》)。泰始中,宋失彭城,淮北四州(徐、兖、青、冀)悉没于魏,不但淮泗日以多事,而自此而后,南朝遂不敢再窥淮北。

齐失南阳,南阳北连中原,南控荆湘,东通江淮,西邻关陕,乃洛都之南藩、荆襄之北户。南北纷争,南阳常为要道。沛公由南阳入武关,光武由南阳取洛邑,桓温、刘裕皆由此以问关洛。宋元嘉中,亦遣兵出此,直抵潼关。齐建德五年,南阳沦陷,于是关洛之途塞,而襄樊之势危,南风不竞,这也是一个关键。

又失寿春,寿春为淮南重镇,"北拒淮水,《禹贡》云淮海惟扬州也"(《南齐书》卷十四《州郡志上》)。屏蔽三吴,捍卫江表。割据时代,北方欲与南方争雄长,未尝不争寿春。寿春未陷,敌东不能犯盱眙,南不得犯合肥。寿春失守,则敌可出盱眙犯广陵,出合肥扰历阳,而使建康不能安枕。伏滔说:

寿阳(晋孝武帝时,避讳,寿春改称寿阳)南引荆汝之利,东连三吴之富,北接梁宋,平涂不过七日,西援陈许,水陆不出千里。外有江湖之阻,内保淮肥之固。龙泉之陂,良畴万顷,舒六之贡,利尽蛮越,金石皮革之具萃焉,苞木箭竹之族生焉。山湖薮泽之隈,水旱之所不害,土产草滋之实,荒年之所取给,此则系乎地利者也。(《晋书》卷九十二《伏滔传》)

南北朝时,寿春乃兵家必争之地,源怀说:

> 寿春之去建邺,七百里而已。藉水凭舟,倏忽而至,寿春容不自保,江南将若之何?(《魏书》卷四十一《源怀传》)

魏收说:

> 寿春形胜,乃建邺之肩髀。(《魏书》卷七十一《李苗传》史臣曰)

陈宣帝亦说:

> 寿春者古之都会,襟带淮汝,控引河洛,得之者安,是称要害。(《陈书》卷九《欧阳纥传》)

齐永元二年,寿春沦陷,自是而后,南北交战,常以寿春为目标,疆场之间,南朝虽然时得时失,而终不能久保。此后隋欲并陈,也屯重兵于此,而后出合肥,渡横江,而至采石,而陈祚随之而亡。

梁失义阳。义阳南可以制全楚,北可以争许洛,西可以出宛邓,东可以障淮西,自古南北争衡,义阳常为重镇。胡氏说:

> 义阳淮西屏蔽也,义阳不守,则寿春、合肥不得安枕而卧。(引自《读史方舆纪要》卷五十《信阳州》)

此时寿春已没于魏,魏欲增兵寿春,须从义阳之北。所以魏东豫州刺史田益宗以为义阳"居我喉要,在虑弥深"(《魏书》卷六十一《田益宗传》)。梁天监三年,魏取义阳三关(平靖关、黄岘关及武阳关,均在义阳东南)。迨侯景之乱,义阳遂入于东魏,陈氏力争淮西,而义阳不复,卒至灭亡。

侯景乱后,南朝失地更多,既失合肥,又失广陵。凡定都于建康者,"采石、京口俱是要地"(《陈书》卷三十一《樊毅传》)。建康之西以采石为遮蔽,根本在合肥,合肥不保,则采石受胁,采石沦没,则建康必亡。金陵之东以京口为遮蔽,而根本在广陵。"广陵与京口对岸"(《宋书》卷七十八《刘延孙传》),广陵之备不固,京口之势危殆,京口之防或疏,建康之危立至。合肥、广陵均于梁末,没于高齐,此后隋欲图陈,以韩擒虎为庐州(合肥)总管,以贺若弼为吴州(广陵)总管。开皇九年,韩擒虎自历阳渡江,袭采石,贺若弼自广陵济江,拔京口,而建康遂随之而亡。

又失汉中,汉中北瞰关中,南蔽巴蜀。萧子显说:

> 汉中为巴蜀扞蔽,故刘备得汉中云,曹公虽来,无能为也。(《南齐书》卷十五《州郡志》)

汉中失守,南朝不但不能进窥雍凉,而欲退保梁益,亦恐不易。益州天府之国,从来欲取天下者,莫不切切于用蜀,秦欲兼天下,必先取蜀,蜀既属秦,秦以益强,富厚轻诸侯。汉欲灭项羽,必先收用巴蜀,蜀汉之粟,方舟而下,汉之军粮遂无缺乏之忧。晋欲灭吴,亦先灭蜀,蜀亡之后,王浚楼舡不三日而至建业。桓温、刘裕有问中原之志,必先从事于蜀。苻坚有图晋之心,亦先兼并梁益。由此可知单单割据四川,固不能逐鹿中原,而欲逐鹿中原者,却不能不收用巴蜀。蜀乃吴楚喉吭,凡欲保全江南,亦宜保全巴蜀,而欲保全巴蜀,又须保全汉中。梁既放弃汉中,旋就失去巴蜀,于是隋人复以巴蜀之资为平陈之策,南朝汲汲不可终日了。

襄阳又为西魏所得,江陵复为萧詧所据。当侯景作乱之际,荆州刺史萧绎(武帝子)即位于江陵,是为元帝,而与雍州刺史萧詧(亦武帝子)不和。詧降于西魏,西魏攻陷江陵,立萧詧为帝,是为后梁宣帝。而陈霸先亦迎立敬帝(元帝子)于建康。后梁既得江陵之地,就以襄阳割属西魏,而江陵也有西魏军队驻防。

> 魏恭帝元年,太祖令柱国于谨伐江陵,詧以兵会之,及江陵平,太祖

立察为梁主，居江陵东城，资以江陵一州之地，其襄阳所统尽归于我，察乃称皇帝于其国……唯上疏则称臣……太祖乃置江陵防主，统兵居于西城，名曰助防，外示助察备御，内实兼防察也。(《周书》卷四十八《萧察传》)

襄阳北通宛洛，西接梁益，南遮湖广，东瞰吴越，三国以来，常为天下重地，曹操兵败赤壁，而襄阳置戍，所以吴蜀之兵不能渡长江，直捣中原。东晋偏安江南，而襄阳未曾失守，所以桓温、刘裕仍能恢复洛阳，进窥关中。凡欲由江南进窥中原，与欲由江北平定江南者，襄阳均为兵家必争之地。庾翼说：

> 襄阳荆楚之旧，西接益梁，与关陇咫尺，北去河洛，不盈千里，土沃田良，方城险峻，水路流通，转运无滞，进可以扫荡秦赵，退可以保据上流。

(《晋书》卷七十三《庾翼传》)

兼以襄阳近接江陵，萧子显说：

> 江陵去襄阳，步道五百，势同唇齿①，无襄阳，则江陵受敌不立。(《南齐书》卷十五《州郡志》)

襄阳失守，江陵必不能保，魏宣武帝时，元英曾经表请：

> 臣乞躬率步骑三万……据襄阳之城……我居上流，威震遐迩，长驱南出，进拔江陵，其路既近，不盈五百，则三楚之地一朝可收，岷蜀之路自成断绝。(《魏书》卷十九下《南安王桢子英传》)

江陵自三国以来，又为荆州重镇，不守江陵，无以图巴蜀；不守江陵，无以

---

① 《梁书》卷一《武帝纪》："高祖谓诸将曰，荆州本畏襄阳人，如唇亡齿寒，自有伤弦之急，宁不暗同邪？"

保武昌。三国之际,先主假之;夺取梁益,关羽用之;威震襄樊,孙氏有之,保全江左。何充说:

> 荆楚国之西门,户口百万,北带强胡,西邻劲蜀,经略险阻,周旋万里,得贤则中原可定,势弱则社稷同忧。(《晋书》卷七十七《何充传》)

梁既失去襄阳,而江陵又为北朝的附庸,长江下流已经受胁,欲保残喘,尚觉不易,何能出师中原,恢复河山?

南朝重镇渐次沦亡,到了陈代,只能以长江为限。自古倚长江之险者,屯兵据要虽在江南,而挫敌取胜多在江北。然欲保江,必先固淮。长江固以限南北,而淮又所以蔽长江。南得淮,足以拒北;北得淮,则南不可复保。南宋时王德说:

> 淮者江之蔽也,弃淮不守,是谓唇亡齿寒也。(《宋史》卷三百六十八《王德传》)

丘崇亦说:

> 弃淮,则与敌共长江之险矣,吾当与淮南俱存亡。(《宋史》卷三百九十八《丘崇传》)

南朝经宋齐梁三代,渐次失去淮北、淮南以及淮西,南朝在军事上已非北朝之敌。魏晋以来,士风颓敝,行身者以放浊为通,而狭节信;进仕者以苟得为贵,而鄙居正;当官者以望空为高,而笑勤恪。南渡以后,这种浮诞风俗遂由中原士大夫带到南方。衣冠之士无不风流相尚,耽于淫乐,既不知稼穑艰难,何能治理国政?这便是南朝政治腐化的一个原因。

> 江南朝士,因晋中兴,南渡江,为羁旅,至今八九世,未有力田,悉资俸禄而食耳。假令有者,皆任僮仆为之,未尝目观起一拨土,耘一株苗,

不知几月当下,几月当收,安识世间余务乎?故治官则不了,营家则不办,生活优闲之过也。(《颜氏家训》第十一篇《涉务》)

且优闲生活又可使体羸气弱,一旦遇到丧乱,生命尚难保存,何能执干戈以卫社稷?这是南朝军备腐化的一个原因。

  梁世士大夫皆尚褒衣博带,大冠高履,出则车舆,入则扶侍,郊郭之内无乘马者……及侯景之乱,肤脆骨柔,不堪行步,体羸气弱,不耐寒暑,坐死仓卒者,往往而然。(《颜氏家训》第十一篇《涉务》)

在南朝士大夫醉生梦死之际,北朝却发生一种革新运动。后魏起自阴山,其所恃以经营中原者乃是兵力,中央有羽林、虎贲,为宿卫之兵,沿边有六镇将卒,为御侮之兵,皆代北部落的苗裔。最初资给优厚,藉以横行中国,到了迁都洛邑,宗文鄙武,六镇兵卒役同厮养,羽林、虎贲亦受排抑①,郁极思变,遂于孝明帝时代,内发生了羽林、虎贲之乱②,外引起了六镇将卒之变③。

六镇叛变,尔朱荣乘机而起,入秉朝政,尔朱荣所领率的部众乃是六镇鲜卑及胡化汉人。在宗文鄙武之世,尚保存其强悍善战的性质。尔朱亡后,部众分化,一半由高欢领率,盘据山东,一半由宇文泰领率,割据关陇,这便是魏分东西的根源。其后,东魏禅于齐,定都于邺;西魏禅于周,定都长安。周齐

---

① 拓拔氏起自云朔,据有中原,兵戎乃其所以为国也。羽林、虎贲则宿卫之兵,六镇将士则御侮之兵,往往皆代北部落之苗裔,其初藉之以横行中国者。自孝文定鼎伊洛,务欲以夏变夷,遂至矫枉过正,宗文鄙武,六镇兵卒多摈斥之,有同奴隶。(《文献通考》卷一百五十一《兵制》)
② 孝明神龟二年,征西将军张彝子仲瑀上封事,求铨削选格,排抑武人,不使预清品。于是喧谤盈路,立榜克期集会屠其家。二月,羽林、虎贲近千人,直造其第,焚杀彝父子,远近震骇。胡太后收羽林、虎贲凶强者八人斩之,其余不复穷治,大赦以安之。高欢时始使至洛,归而散家财以结客,曰宿卫相率焚大臣之第,朝廷惧其乱而不问,为政如此,事可知矣。(《文献通考》卷一百五十一《兵制》)
③ 初魏都平城,于缘边置六镇,曰武川,曰抚冥,曰怀朔,曰怀荒,曰柔元,曰御夷,皆恃为藩卫,资给优厚。迁洛以后,边任益轻,将士失所,互相仇怨。正光四年,柔然入寇,怀朔镇民挟忿,杀其镇将,遂反……诸镇华夷之民往往响应,既而六镇尽叛,秦陇以西,冀并以北,并为盗区。(《读史方舆纪要》卷四《南北朝》)

分据,战争不已,就形势说,关中比之山东,自古就站在有利的地位。

关中上流惟有秦陇,秦陇底定,梁凉自服。于是据四塞之绝险,资陆海之厚实,奋其全力,以争太原、上党,二郡向风,则山东无坚城矣。山东之地,赵魏为重,北资幽平之马足,南虞兖豫之津济,招揖幽平,连缀兖豫,然后可以南窥河洛,西通上党,甚矣其难也。就令得志,使太行之险全归封域,然而东西兵食,声势相隔,进退援引,动须旬日,譬犹骑阋而斗敌,跬步之际,罣阂存焉。自非北收上郡,南通商雒,徒争胜于蒲潼,未见其能立决也。(《晋略·州郡表》)

而北周又有一种革新运动,这个革新运动发生于宇文泰秉政之时,为其佐者则为苏绰。南北朝之弊乃如欧阳修之评唐代一样,"兵冗官滥为之大蠹"(《新唐书》卷五十一《食货志一》)。南朝"卒不素练,兵非夙习,戎卫之职多非其才,既无将领,虚尸荣禄"(《宋书》卷七十二《建平王宏传》)。而征调无度,至有"斩绝手足,以避徭役"(《南齐书》卷四十《竟陵王子良传》),"遂使四野百县,路无男人,耕田载租,皆驱女弱"(《宋书》卷七十四《沈攸之传》),而"王旅外出,未尝宿饱"(《南齐书》卷四十四《沈文季传》史臣曰)。后魏自迁都洛阳之后,军备亦见废弛,"将帅多是宠贵子孙"(《魏书》卷七十二《路思令传》),"身不赴阵,唯遣奴客充数,对寇临阵,曾不弯弓"(《魏书》卷七十七《高谦之传》)。北齐"军人皆无裤袴"(《北史》卷五十四《斛律光传》)。"征召兵役,途多亡叛。"(《北齐书》卷二十四《杜弼传》)这个时候,北周却建立了新的军制。其改革分为前后两个阶段,第一阶段改编军队为鲜卑氏族,以加强其作战能力。北方之地,汉胡相杂,均莫知所出。魏孝文自代迁洛,用夏变夷,改蕃姓为汉姓。宇文泰颛国,又用胡变夏,凡胡人改为汉姓者,均命其恢复蕃姓。而对于中原故家,也易赐蕃姓①。同时复把各姓继承鲜卑三十六国、九十九姓之后,凡蕃姓诸将所统军人亦从其主将的蕃姓。

---

① 汉人改为胡姓,可参阅《周书》各传。

魏氏之初，统国三十六、大姓九十九，后多绝灭，至是以诸将功高者为三十六国后，次功者为九十九姓后，所统军人亦改从其姓。(《周书》卷二《文帝纪》魏恭帝元年)

关此，洪迈曾说：

魏孝文自代迁洛，欲大革胡俗，既自改拓拔为元氏，而诸功臣旧族自代来者，以姓或重复，皆改之……然至于其孙恭帝，翻以中原故家易赐蕃姓，如李弼为徒河氏，赵肃、赵贵为乙弗氏，刘亮为侯莫陈氏，杨忠为普六茹氏，王雄为可频氏，李虎、阎庆为大野氏，辛威为普毛氏，田宏为纥干氏，耿豪为和稽氏，王勇为库汗氏，杨绍为叱利氏，侯植为侯伏侯氏，窦炽为纥豆陵氏，李穆为拓拔氏，陆通为步六孤氏，杨纂为莫胡卢氏，寇俊为若口引氏，段永为尔绵氏，韩褒为侯吕陵氏，裴文举为贺兰氏，王轨为乌丸氏，陈忻为尉迟氏，樊深为万纽于氏，一何其不循乃祖彝宪也！是时盖宇文泰颛国，此事皆出其手，遂复国姓为拓拔，而九十九姓改为单者，皆复其旧。(《容斋三笔》卷三《元魏改功臣姓氏》)

这个改革是把许多姓氏不同的将卒改编为血统相同的氏族，其目的是用原始社会的部落组织，假宗法观念，以加强其作战精神。第二阶段采用府兵之制，以统一全国的军权。魏晋以来，强宗大族均有部曲宾客等各种家兵，宇文泰改革军制，单用氏族组织，不过承认过去的事实，把主从关系改为宗法关系。这最多只能提高兵士的战斗力，并不能统一全国的军令权，所以又施行府兵之制，兵士附着于畎亩，将帅任命于朝廷，民年十八授田，由十八而至五十九皆任于役，每岁至多无过三旬(参阅《隋书》卷二十四《食货志》，本书已有说明)。择魁健材力之士为府兵之首，尽蠲租调，而刺史则于农隙教民战阵。全国分为百府，每府置一郎将；百府分为二十四军，每军置一开府；每二开府由大将军一人领之，每二大将军由柱国一人统之。

周太祖辅西魏时,用苏绰言,始仿周典,置六军,籍六等之民,择魁健材力之士以为之首,尽蠲租调,而刺史以农隙教之,合为百府。每府一郎将主之。分属二十四军,开府各领一军。大将军凡十二人,每一将军统二开府。一柱国主二大将,将复加持节都督以统焉。凡柱国六员,众不满五万人。(《文献通考》卷一百五十一《兵制》)

北周府兵制表

官名	人数	备考
郎将	100	全国百府,每府一郎将主之。
开府	24	百府分属二十四军,开府各领一军。
大将军	12	大将军十二人,每一将军统二开府。
柱国	6	柱国六员,每一柱国主二大将。

　　这可以消灭家兵制度,使军队成为国家的军队。所以其改革有两个意义,寓兵于农,农隙讲武,既可以改良兵士之质,而军队分属各府,柱国所统,众不过五万人,又可以预防将帅之称兵作乱。周经宣帝虐政之后,禅位于隋,中央虽有政变,而全国不致乱离,实因军权统一之故。

　　北周于公田制度之下,实行府兵与租庸调之制。朱熹说:"租庸调、府兵之类皆是苏绰之制。"(《朱子语类》卷一百三十六《历代三》)又说:"苏绰立租庸等法,亦是天下人杀得多了,故行得易。"(同上)盖租庸调与府兵皆以均田制度为前提,而均田制度能够实行,则因地广人少。朱熹之言,不无理由。

　　秦汉官制甚见简单,中央大臣不过公卿十余人,国无闲散之官,官有专司之职。降至东汉,三公无权,事归台阁。到了魏世,公卿人数已经增加,而中书又分尚书之权;晋代既置八公,复有三省。自是以后,官数愈多。苏绰说:

　　善官人者必先省其官,官省则善人易充,善人易充,则事无不理。官烦则必杂不善之人,杂不善之人,则政必有得失。故语曰,官省则事省,事省则民清;官烦则事烦,事烦则民浊。清浊之由在于官之烦省。(《周书》

卷二十三《苏绰传》）

北周有见于此，遂酌周礼之文，建六官之职。

> 初太祖（宇文泰）欲行周官，命苏绰专掌其事，未几而绰卒，乃令卢辩成之。于是依周礼，建六官……天官府领冢宰等众职、地官府领司徒等众职、春官府领宗伯等众职、夏官府领司马等众职、秋官府领司寇等诸职、冬官府领司空等众职……太祖以魏恭帝三年始命行之。（《周书》卷二十四《卢辩传》）

社会进步，官制应随之变更。周礼六官之制是否适合于南北朝社会的需要，固然颇有问题，而其制度简单、责任显明，确实可以救当时官制之弊。西汉之制，丞相总百官，揆百事，单独决定政治问题，单独负政治上的责任。东汉设置三公，而权归于尚书，自是而后，朝廷喜以他官参掌机要，其丞相、相国均为尊崇之位，而非人臣之职，其真为宰相者反不必居此官。权责不专，政治自难步上轨道。周矫其弊，虽置六官，而以天官统五府。

> 五府总于天官。（《周书》卷十一《晋荡公护传》）

此亦周礼之制："《论语》曰，君薨，百官总己以听于冢宰。《尔雅》曰，冢大也，冢宰则太宰，于百官无所不主。"（《通典》卷十九《职官总序》）故《通典》（卷二十一《宰相》）云："宰相秉朝政……后周大冢宰亦其任也。""静帝二年，置左右大丞相。八月，去左右号，以隋公杨坚为大丞相。"（《历代职官表》卷二《内阁上》引孙逢吉《职官分纪》）大丞相兼大冢宰而总五府。

大象二年九月壬子，丞相去左右之号，隋公杨坚为大丞相。十月壬

戌，大丞相、隋国公杨坚加大冢宰，五府总于天官。(《周书》卷八《静帝纪》)①

这与南朝"宰相顿有数人，天下何由得治"(《宋书》卷六十三《王华传》)的情况当然不同。国内虽可发生权臣专横之弊，而政府却能循一定的方针，施行一贯的政策，其于国力的发展是有许多好处的。虽然后来隋文篡位，然此不过中央政权的转移，不是国家权力的分裂，所以内部尚能统一，终而并吞了南朝。

建军建政固为建设新国家的要图，而人事的调整则为先决条件。魏晋以来，选举专尚门第，朝有世及之荣，下无寸进之路，政界人物既无新陈代谢，政治当然不能革新。至周，依苏绰之言，罢门资之制。绰又知治民之本莫重于宰守。他说：

> 百僚卿尹虽各有所司，然其治民之本莫若宰守之最重也……自昔以来，州郡大吏但取门资，多不择贤良。夫门资者乃先世之爵禄，无妨子孙之愚瞽。今之选举者当不限资荫，唯在得人。苟得其人，自可起厮养而为卿相，伊尹、傅说是也，而况州郡之职乎？苟非其人，则丹朱、商均虽帝王之胤，不能守百里之封，而况于公卿之胄乎？(《周书》卷二十三《苏绰传》)

于是世官之制便开始为举贤选能。

> 后周……征魏齐之失，罢门资之制，其所察举，颇加精慎。及武帝平齐，广收遗逸，乃诏山东诸州，举明经干理者，上县六人，中县五人，下县四人。至宣帝大成元年，诏州举高才博学者为秀才，郡举经明行修者为

---

① 宣帝在位只数月，而于大成元年二月传位于皇太子，是为静帝，改元大象，所以大象元年即大成元年。大成初，置四辅官，四辅只是论道之官，与三师、三孤无异。据《历代职官表》(卷二《内阁上》)引孙逢吉《职官分纪》，左右丞相置于静帝大象二年。此时宣帝尚未崩。五月，宣帝崩，隋国公杨坚(即隋文帝)以宣帝后杨氏之父，入总朝政(静帝非杨后子，乃宣帝后朱氏之子)。杨坚自为左大丞相，而以汉王宇文赞为右大丞相。九月，去左右号，杨坚为大丞相，而兼大冢宰之职。翌年(北周大定元年，亦即隋开皇元年)，北周禅位于隋。吾所以要加此注者，盖欲证明宣帝改制，不及三年，即禅位于隋，影响不大。

孝廉,上州、上郡岁一人,其刺史僚佐州吏则自署,府官则命于朝廷。(《通典》卷十四《历代选举制》)

知识分子所希望于朝廷者,在于仕途公开,任谁都能利用自己的才知,以取得才知相等的地位。而如周朗所说:"德厚者位尊,位尊者禄重;能薄者官贱,官贱者秩轻。"(《宋书》卷八十二《周朗传》)魏晋以来,一切铨选均由关系,"为县用恩家之贫,为郡选势族之老"(《宋书》卷八十二《周朗传》)。而膏粱子弟又得平流进取,坐至公卿。他们做了公卿之后,以为分所应得,不屑竭智尽力,而寒门荜户又为门资所限,虽然竭智尽力,而仍不见拔擢。官位之高低与治事之勤惰应该保持密切的关系,高位由勤而得之,则人将为高位而加勤。位高者不必勤,勤者不居高位,试问谁人再肯努力从政?北周罢门资之制,察举贤良,颇加精慎,自是而后,寒素之士若肯努力,不必再嗟白首;膏粱子弟不肯努力,不能坐至公卿。魏晋以来,以贵役贱的贵族政治,经过此番改革,便渐次演变为以智役愚的官僚政治。

上述各种改革,无不深切时弊,所以周能东灭高齐,南取蜀汉,奠定了统一的基础。隋文受禅,遂资益州之富,借上流之势,定下灭陈之策,先作经济进攻,破坏陈的产业。

> 上(隋文帝)尝问高颎取陈之策,颎曰,江北地寒,田收差晚;江南土热,水田早熟。量彼收获之际,微征士马,声言掩袭,彼必屯兵御守,足得废其农时。彼既聚兵,我便解甲,再三若此,贼以为常,后更集兵,彼必不信,犹豫之顷,我乃济师,登陆而战,兵气益倍。又江南土薄,舍多竹茅,所有储积,皆非地窖,密遣行人,因风纵火,待彼修立,复更烧之,不出数年,自可财力俱尽。上行其策,由是陈人益敝。(《隋书》卷四十一《高颎传》)

次作军事进攻,多张声势,而乘其不备,攻其要害。

> 崔仲芳上书论取陈之策曰,今唯须武昌已下,蕲、和、滁、方、吴、海等

州,更帖精兵,密营渡计,益、信、襄、荆、基、郢等州,速造舟楫,多张形势,为水战之具,蜀汉二江是其上流、水路冲要、必争之所。贼虽于流头、荆门、延州、公安、巴陵、隐矶、夏首、蕲口、盆城置船,然终聚汉口、峡口以水战大决。若贼必以上流有军,令精兵赴援者,下流诸将即须择便横渡。如拥众自卫,上江水军鼓行以前,虽恃九江五湖之险,非德无以为固;徒有三吴百越之兵,无恩不能自立。上览而大悦。(《隋书》卷六十《崔仲方传》)

此际陈所恃者乃长江之险,然而"长江万里,扞御为难,若一处得渡,大事去矣"(《周书》卷一《文帝纪上》)。而陈人尚不觉悟,以为"长江天堑,古以为限隔南北,今日北军岂能飞渡耶"(《隋书》卷二十三《五行志下》)。隋开皇八年,文帝命八路进军,晋王广出六合(自寿春出六合),秦王俊出襄阳(自襄阳出汉口),杨素出永安(由永安下三峡),刘仁恩出江陵(出江陵以会杨素之师),王世积出蕲春(出蕲春以临江津),韩擒虎出庐江(自庐江出师,渡横江,以攻姑孰),贺若弼出广陵(自广陵出师,渡扬子江,以攻京口),燕荣出东海(自朐山渡海,以临三吴),东西并进。九年,贺若弼拔京口,韩擒虎渡采石,遂克建康,陈主叔宝出降,于是纷乱三百余年的中国又成为大一统的国家。

第六节
南北朝的政治制度

第一项　中央官制

职官的多寡须以政事的繁简为标准。社会愈进化，政事愈复杂，政事愈复杂，职官愈增加，这是必然的趋势。吾国自魏晋以后，职官无日不在增加之中。而增加的原因却不是政事复杂，而是要安插许多要人。这种要人有两种来源，魏晋之后，朝代更迭，非用讨伐，而用禅让，朝中大臣大率均是"服褐前代，宦成后朝"。例如司马炎受禅之际，一方有许多公卿，如司马孚、郑冲、王祥者，"陵阙虽殊，顾眄如一"，既不能不有所安插，他方又有新朝的佐命功臣，如司马望、何曾、荀𫖮、石苞、陈骞者，"市朝亟革，宠贵方来"，亦不能不给予以优崇之位。于是三公增加为八公，所谓"八公同辰，攀云附翼"者是。这个倾向一到南北朝时代，愈益显著。官位不足以懋庸赏勋，于是复用"加官"之法，提高各种职官的班位，其最常用者则为开府仪同三司。仪同三司始于东汉，开府仪同三司始于魏世。

> 开府仪同三司汉官也。殇帝延平元年，邓骘为车骑将军，仪同三司，仪同之名始自此也。及魏黄权以车骑将军开府仪同三司，开府之名起于此也。（《晋

书》卷二十四《职官志》)

仪同是提高职官地位的形式,"开府者置官属"(《隋书》卷二十六《百官志上》),是提高职官地位的实质。汉魏之世,加者尚寡,到了晋代,渐次猥滥。汉制,大将军、骠骑将军位次丞相,车骑将军、卫将军位次上卿。

> 汉兴,置大将军、骠骑位次丞相,车骑、卫将军左右前后……位次上卿。(《后汉书》卷三十四《百官志一》注引蔡质《汉仪》)

晋代以后,不但骠骑、车骑、卫将军,便是抚军、镇军、中军以至于四征四镇等各种将军,凡加大字,皆得开府仪同三司。《晋志》云:

> 骠骑、车骑、卫将军……抚军……镇军、中军、四征四镇……等大将军……开府者皆为位从公。(《晋书》卷二十四《职官志》)

《宋志》云:

> 江左以来,将军则中、镇、抚、四镇以上或加大……并得仪同三司。(《宋书》卷三十九《百官志上》)

《南齐志》云:

> 骠骑、车骑、卫将军,中军、抚军、四征四镇诸将军,加大字,位从公,开府仪同如公。(《南齐书》卷十六《百官志》)

北朝亦有仪同三司及开府仪同三司之号。

> 后魏亦有仪同三司,普泰初,特以尔朱世隆为仪同三司,位次上公。

北齐亦有仪同三司者，又有开府仪同三司及仪同三司。后周建德四年，改开府仪同三司为开府仪同大将军，仍增设上开府仪同大将军，又改仪同三司为仪同大将军，仍增置上仪同大将军。(《通典》卷三十四《开府仪同三司》)

于是许多将军虽然班位不高，而一旦加有"开府仪同三司"之号，便可上跻"公"位。此不过略以将军为例，说明加官可以增加"公"级职官之数，以便安插许多要人而已。时值丧乱，军权高于一切，将军之职甚多，纵是文官，也欲加号将军。而加号将军者又可以提高原有职官的班位，于是将军也成为一种加官，例如宋代刺史不领兵者不过第五品，而加五威五武以及其他轻号将军而领兵者，则为第四品。若加征镇安平将军之号者，则为第三品。若加持节都督，则为第二品。若四镇加大，尚得仪同三司，而为位从公矣。(参阅《宋书》卷四十百《官志下》)

南北朝除用加官之法，以增加大臣额数之外，又常不顾实际的需要如何，滥把过去的附属机关，改变为独立机关，以便安插要人。三台五省的设置便是其例，宋孝武帝大明中，诏曰，"自今三台五省悉同此例"(《宋书》卷五十一《长沙王道怜传》)。可知三台五省之名始自宋世①。所谓三台是指御史台、都水台与谒者台，五省是指尚书省、中书省、门下省、秘书省与集书省。兹将三台五省之成立经过列表说明如次。

三台五省成立经过表②

职名		成立经过
三台	御史台	详本书第一章第五节第一项。
	都水台	汉武帝元鼎二年，初置水卫都尉，掌上林苑。后汉光武废之，并其职于少府，而置河堤谒者五人，魏因之。晋置都水台，都水使者一人，官品第四。宋孝武帝省都水台。齐氏复置，使者一人。梁天监七年，改为大舟卿，班第九，陈第三品。后魏置使者二人，从五品，北齐同后魏。

---

① 汉时亦有三台之称，《通典》(卷二十四《御史台》)云："汉尚书为中台，御史为宪台，谒者为外台"，然此三台皆非独立机关。
② 此表据《唐六典》，并参考《三国职官表》《晋书·职官志》《宋书·百官志》《南齐书·百官志》《隋书·百官志》及《通典》。

续 表

职名		成立经过
	谒者台	谒者秦官,掌宾赞受事,汉因之,有仆射,后汉谒者仆射为谒者台主,二汉均隶光禄勋。魏亦有仆射,亦隶光禄勋。晋武帝省仆射,以谒者隶御史台。宋孝武帝大明中,复置仆射一人,第五品,而成为独立机关。
五省	尚书省	魏时不隶少府而独立,仍称曰台。《通典》云,宋曰尚书寺,亦曰尚书省,亦谓之内台。是尚书称省,始于宋世。但《南齐书·百官志》又云,录书尚书令总领尚书台二十曹,为内台主,是齐时尚书又称为台。至梁,才确实称省。《隋书·百官志》云,梁尚书省置令、仆射各一人,又置吏部、祠部、度支、左户、都官、五兵等六尚书。《魏书·官氏志》云,道武帝天赐二年,复罢尚书三十六曹,别置武归、修勤二职,分主省务。又云,太武帝神䴥元年,置左右仆射、左右丞、诸曹尚书十余人,各居别寺。是则后魏尚书称省或称寺,尚未确定。《隋书·百官志》关于北齐官制直云,尚书省置令仆。是则尚书省称省大约确定于南北朝中叶以后。
	中书省	详本书第一章第五节第一项。
	门下省	详本书第二章第五节第一项。
	秘书省	汉桓帝延熹二年,始置秘书监,属太常,掌禁中图书秘记。魏武为魏王,置秘书令,典尚书奏事,即中书之任也,兼掌图书秘记。文帝黄初中,分秘书立中书,因置监令。魏初秘书属少府,及王肃为监,不复属焉。至晋武又以秘书并入中书。惠帝时,复别置秘书寺,自是秘书寺始外置焉。宋齐同晋氏,梁改为省,与尚书、中书、门下、集书为五省之数。后魏亦以秘书为五省之数,北齐依后魏。《南齐书·百官志》有"晋秘书阁"之言。《隋书·百官志》云,梁秘书省置监、丞各一人。又云,后齐制官多循后魏。《魏书·伊䫆传》,世祖欲拜䫆为尚书,䫆辞,世祖问所欲。䫆曰,中秘二省多诸文士,若恩矜不已,请参其次。世祖贤之,遂拜秘书监。是则秘书省之名于南朝确定于梁世,于北朝确定于后魏。
	集书省	秦置散骑,又置中常侍。汉因之,并用士人,无常员,皆加官。后汉省散骑,而中常侍改用宦者。魏黄初复置散骑,与中常侍合为一,直曰散骑常侍,复用士人。晋置四人,虽隶门下,别为一省。宋置散骑常侍四人,久次者为祭酒,又置集书省领之。《宋书·范晔传》云,孔熙先博学有纵横才志,文史星算无不兼善,为员外散骑侍郎,后与范晔连结谋逆,事泄,被捕入狱。文帝奇其才,遣人慰劳之曰,以卿之才而滞于集书省,理应有异志,此乃我负卿也。《魏书·广陵王羽传》,高祖谓散骑常侍元景曰,卿等自任集书,合省逋堕,致使王言遗滞,起居不修,如此之咎,责在于卿,今降为中大夫,守常侍,夺禄一周。是集书省之名乃发生于南北朝时代。

职官的增加不但只此而已。九卿本来有九寺之称，南朝九卿自梁而后，增加为十二卿，即增加太府、大匠、大舟三卿。北朝九寺齐增之为十三寺，即增加国子寺、长秋寺、将作寺、昭玄寺，兹将其改制经过列表如次。

诸卿改制表①

官名	职掌	备考
太府卿	掌金帛府藏及关津市肆	梁天监七年，始置太府卿，班第十三，陈因之，品第三。后魏太和中，改少府为太府卿，品第三。北齐曰太府寺，卿一人，品亦第三。
大匠卿 将作寺	掌土木之工掌诸营造	秦有将作少府，掌治宫室。汉景帝中元元年，更名将作大匠，东汉及魏晋因之。江左至宋齐皆有事则置，无事则省。梁天监七年，改为大匠卿，班第十，陈因之，品第三。后魏亦有之，从三品。北齐有将作寺，其官曰大匠，从三品。
大舟卿	主舟航河堤	见上表都水台。
国子寺	掌训教胄子	战国时往往有博士，掌通古今。秦汉博士多至数十人。武帝建元五年，又置五经博士，掌教弟子，而聪明有威望者一人为祭酒。后汉亦然。魏因汉制。晋武帝立国子学，置祭酒一人。自汉至晋均隶太常，南朝、后魏并承晋制。北齐立国子寺，置祭酒一人，从三品。
长秋寺	掌诸宫阁	秦有将行，皇后卿，汉更名大长秋，自此至晋不变。南朝、后魏亦有之。北齐有长秋寺，置卿、中尹各一人，卿从三品，中尹第四品，并用宦者。
昭玄寺	掌诸佛教	置大统一人、统一人、都维那三人。

南北朝虽然增加职官不少，其实，中央官制除北周外，多沿魏晋之旧，改革殊少。杜佑说：

---

① 此表据《隋书·百官志》，并参考《三国职官表》《晋书·职官志》《宋书·百官志》《南齐书·百官志》《唐六典》及《通典》。

秦兼天下，建皇帝之号，立百官之职……太尉主五兵，丞相总百揆，又置御史大夫，以贰丞相。汉初，因循而不革，随时宜也。其后颇有所改……光武中兴……废丞相与御史大夫，而以三司综理众务，洎于叔世，事归台阁，论道之官备员而已。魏与吴蜀亦多依汉制，晋氏继及，大抵略同……爰及宋齐，亦无改作……梁武受终，多遵齐制……陈遵梁制，不失旧物。后魏……孝文太和中，王肃来奔，为制官品，百司位号皆准南朝……北齐创业，亦遵后魏，台省位号多类江东……后周……别立宪章，酌周礼之文，建六官之职，其他官亦兼用秦汉。(《通典》卷十九《历代官制要略》)

只惟品秩略有变更，魏创九品之制，历晋至南北朝均无改作。至梁，又厘定官品，分文官为十八班，武官为二十四班，均以班多者为贵。后魏分九品为正从，自四品以下，每品分为上下阶，凡三十级。北周亦以九命分正从，凡十八级。

魏置九品，晋宋齐并因之，梁因之，更置十八班，多者为贵，陈并因之。后魏置九品，品各置从，凡十八品，自四品以下，每品分为上下阶，凡三十阶。北齐并因之。后周制九命，每命分为二，以正为上，凡十八命。(《通典》卷十九《官品》)

天监初年，定令为九品。七年，又定为十八班，班多者为贵，同班者则以居下者为劣；又置诸将军之号，为二十四班，亦以班多者为贵，而九品之制不废。(《通典》卷三十七《梁官品》)

兹将南北朝中央官制，择其重要者列表如次。

南北朝中央官制表①

（○表示有，⊙表示不常置，□表示有事则权置，事毕即省，△表示以为赠，×表示无）

种类	官名	南朝				北朝		备考
		宋	齐	梁	陈	后魏	北齐	
特任官	相国	⊙	⊙	×	△	⊙	⊙	宋顺帝时齐王萧道成为相国,齐和帝时梁王萧衍为相国。宋孝武帝时南郡王义宣为丞相,梁敬帝时陈霸先为丞相,寻崇为相国。后魏、北齐均有丞相、相国,然皆非寻常人臣之职。
	丞相	⊙	△	⊙	△	⊙	⊙	
诸公	太师	×	×	×	×	○一品	○一品	太师古官,晋初以景帝名师,置太宰以代之,此乃太师之互名,非周冢宰之任。江左太师并仍名为太宰,但不常置。宋大明中,以江夏王义恭为太宰,齐以为赠。梁初亦有,陈又以为赠。后魏孝庄时,以上党王天穆为之,北齐无闻。后魏以太师、太傅、太保谓之三师,大司马、大将军谓之二大,太尉、司徒、司空谓之三公,北齐亦然
	太宰	⊙一品	△	⊙十八班	△	⊙一品	×	
	太傅	○一品	○一品	○十八班	△	○一品	○一品	
	太保	○一品	△	○十八班	△	○一品	○一品	
	大司马	○一品	○一品	○十八班	△	○一品	○一品	
	大将军	○一品	△	○十八班	△	○一品	○一品	
	太尉	○一品	○一品	○十八班	○一品	○一品	○一品	
	司徒	○一品	○一品	○十八班	○一品	○一品	○一品	
	司空	○一品	○一品	○十八班	○一品	○一品	○一品	

① 此表据《宋书·百官志》《南齐书·百官志》《魏书·官氏志》《隋书·百官志》《唐六典》《通典》《通考》。将军之职太多,不列。

续 表

种类	官名	南朝				北朝		备考
		宋	齐	梁	陈	后魏	北齐	
诸卿	太常	○三品	○三品	○十四班	○三品	○三品	○三品	梁以太常卿、宗正卿、司农卿为春卿,太府卿(梁十三班,陈第三品)、少府卿、太仆卿为夏卿,卫尉卿、廷尉卿、大匠卿(即将作大匠,宋齐不常置。梁十班,陈第三品)为秋卿,光禄卿、鸿胪卿、大舟卿(即都水使者,梁九班,陈第三品)为冬卿,凡十二卿。陈因之。北齐置太常、光禄、卫尉、宗正、太仆、大理(即廷尉)、鸿胪、司农、太府(少府改名),是为九寺。九卿称寺久矣,其官寺连称自北齐始也。除九寺外,尚有国子寺(国子祭酒从三品)、长秋寺(长秋卿从三品)、将作寺(将作大匠从三品)以及昭玄寺。后魏太和中,改少府曰太府卿,品第三。北齐曰太府寺,置卿一人,品第三。
	光禄勋	○三品	○三品	○十一班	○三品	○三品	○三品	
	卫尉	○三品	○三品	○十二班	○三品	○三品	○三品	
	太仆	□三品	□三品	○十班	○三品	○三品	○三品	
	廷尉	○三品	○三品	○十一班	○三品	○三品	○三品	
	大鸿胪	□三品	□三品	○九班	○三品	○三品	○三品	
	宗正	×	×	○十三班	○三品	○三品	○三品	
	大司农	○三品	○三品	○十一班	○三品	○三品	○三品	
	少府	○三品	○三品	○十一班	○三品	○太府三品	○太府三品	

续表

种类	官名	南朝				北朝		备考
		宋	齐	梁	陈	后魏	北齐	
三省	尚书省尚书令	○三品	○三品	○十六班	○一品	○二品	○一品	此外尚有秘书省置秘书监等职，集书省置散骑常侍等职，合上列三省，是为五省。北齐除五省外，尚有中侍中省置中侍中等职，并用宦者。
	中书省中书监	○三品	○三品	○十五班	○二品	○从二品	○从二品	
	门下省侍中	○三品	○三品	○十二班	○三品	○三品	○三品	
三台	御史台御史中丞	○四品	○四品	○十一班	○三品	○从三品	○从三品	后魏为御史中尉。
	谒者台谒者仆射	○五品	○五品	○六班	○七品	○六品	○六品	
	都水台都水使者	○四品	○四品	×	×	○从五品	○从五品	梁改都水使者为大舟卿，陈因之。后魏都水台置二使者，北齐亦然。

北周初据关中，犹依魏制，及平江陵之后，别立宪章，酌周礼之文，建六官之职，至于将军、都督、刺史、太守、令长之类，亦兼用汉魏之制。兹将其中央官制列表如次：

北周中央官制表

	官名	官品	备考
三公	太师	正九命	后周改三师官谓之三公，兼置三孤以贰之。宣帝又置四辅官，以宇文盛为大前疑，尉迟回为大右弼，李穆为大左辅，杨坚为大后丞。（《通典》卷二十三《公总序》）四辅亦论道之官，与三公、三孤无别。静帝二年，置左
	太傅	正九命	
	太保	正九命	

续 表

	官名	官品	备考
三孤	少师	正八命	右大丞相。八月,去左右号,以隋公杨坚为丞相。翌大定元年二月。(即隋文帝开皇元年),禅位于隋。
	少傅	正八命	
	少保	正八命	
六卿	天官府大冢宰	正七命	天官大冢宰为宰相之职,《周书·晋荡公护传》:"五府总于天官。"这种制度乃渊源于周制,杜佑云:"六官之职皆总属于冢宰,故《论语》曰君薨,百官总己以听于冢宰。《尔雅》曰,冢,大也。冢宰则太宰于百官,无所不主。"(《通典》卷十九《职官总序》) 其后又置左右丞相。大象二年,置大丞相而罢左右丞相,大丞相兼大冢宰,而总五府。《周书》卷八《静帝纪》:"大象二年九月,丞相去左右之号,隋公杨坚为大丞相。十月,大丞相隋国公杨坚加大冢宰,五府总于天官。"
	地官府大司徒	正七命	
	春官府大宗伯	正七命	
	夏官府大司马	正七命	
	秋官府大司寇	正七命	
	冬官府大司空	正七命	
大夫	上大夫	正六命	小冢宰、小司徒、小宗伯、小司马、小司寇、小司空为上大夫,中大夫、下大夫以下详载于《通典》卷三十九《后周官品中》。
	中大夫	正五命	
	下大夫	正四命	
士	上士	正三命	
	中士	正二命	
	下士	正一命	

王应麟有言:"东汉政归尚书,魏晋政归中书,后魏政归门下"(《困学纪闻》卷十三《汉魏晋政柄所归》),这不是说,宰相之职,东汉为尚书令,魏晋为中书监,后魏为侍中。吾国自东汉以来,法制荡然,宰相之职属于哪一种职官,似无一定标准。司马光说:

> 谨按西汉以丞相总百官,而九卿分治天下之事。光武中兴,身亲庶务,事归台阁,尚书始重,而西汉公卿稍以失职矣。及魏武佐汉,初建魏国,置秘书令,典尚书奏事;文帝受禅,改秘书为中书,有令有监,而亦不废尚书,然中书亲近,而尚书疏外矣。东晋以来,天子以侍中常在左右,多与之议政事,不专任中书,于是又有门下,而中书权始分矣。降至南北

朝,大抵皆循此制。(《文献通考》卷五十《门下省》)

所谓"事归台阁,尚书始重","中书亲近,而尚书疏外","又有门下,而中书权始分矣",这是比较职官权限的大小,而不是指哪一种职官,在哪一个时代,为宰相之职。兹将南北朝的三省分述如次。

一、先就尚书省言之,南北朝时尚书省的组织如次

尚书省组织表

官名	备考
录尚书	自魏晋以来,亦公卿权重者为之。职无不总(《通典》卷二十二《录尚书》),后魏亦有之,世祖太武帝东征和龙,诏恭宗录尚书事(《魏书》卷四下《恭宗纪》),即其例也。北齐录尚书一人,位在令上(《通典》卷二十二《录尚书》)。
尚书令	魏晋以来,任总机衡,事无大小,咸归令仆(《通典》卷二十二《尚书令》);自魏至晋宋齐,品并第三,梁班第十六,陈加品至第一,后魏、北齐品皆第二(《唐六典》卷一《尚书令》)。
仆射	汉献帝时分置左右,经魏至晋,于江左省置无恒,置二则为左右仆射,或不两置,但曰尚书仆射。后魏二仆射,北齐仆射置二,则为左右仆射。(《通典》卷二十二《仆射》)魏晋宋齐,品并第三,梁班第十五,陈品加至第二,后魏、北齐品皆从第二。(《唐六典》卷一《尚书左右丞相》)
尚书	宋有吏部、祠部、度支、左民、都官、五兵六尚书,齐梁与宋同,亦别有起部,不常置也,陈与梁同。后魏初有殿中、乐部、驾部、南部、北部五尚书,其后亦有吏部、兵部、都官、度支、七兵、祠部、民曹等尚书,又有金部、库部、虞曹、仪曹、右民、宰官、都牧、牧曹、右曹、太仓、太官、祈曹、神都、仪同曹等尚书,北齐有吏部、殿中、祠部、五兵、都官、度支六尚书。(《通典》卷二十二《历代尚书》) 吏部尚书历代班序常尊,不与诸曹同也。宋齐列曹尚书皆第三品,至梁吏部尚书班第十四,诸曹尚书班第十三,陈并第三品。(《唐六典》卷二《吏部尚书》)后魏吏部尚书及诸曹尚书,并第三品。(《通典》卷三十八《后魏官》)北齐亦然。(《通典》卷三十八《北齐官品》)
左右丞	自魏至宋齐,品皆第六,梁左丞班第九,右丞班第八。陈并第四品。后魏、北齐,左丞正四品下,右丞从四品上。(《唐六典》卷一《左右丞》)

官　名	备　考
尚书侍郎	梁天监三年,置侍郎,其郎中在职勤能,满二岁者转之(《隋书》卷二十六《百官志上》),尚书侍郎班第六(《通典》卷三十七《梁官品》)。陈亦有之,第四品。(《通典》卷三十八《陈官品》)
尚书郎(中)	宋高祖时有十九曹,元嘉以后有二十曹郎,齐依元嘉制,梁加三曹为二十三曹,陈有二十一曹。后魏三十六曹,北齐有二十八曹。(《通典》卷二十二《历代郎官》)其吏部郎历代品秩皆高于诸曹郎。自魏至宋齐,吏部郎品第五,诸曹郎品第六。梁吏部郎班第十一,诸曹郎班第五(似有错误)。陈吏部郎第四品,诸曹郎第六品。后魏、北齐吏部郎品正第四上,诸曹郎品正第六上。(《唐六典》卷二《吏部郎中》、《隋书》卷二十六《百官志上》)

南北朝均有录尚书之职,固然是"职无不总"(《宋书》卷三十九《百官志上》),而自晋世有分录之制之后,"总录之任,江左罕授"(《南齐书》卷二十三《褚渊传》)。宋孝武帝不欲威权外假,孝建元年,省录尚书事(《宋书》卷六《孝武帝纪》);前废帝即位,又置之(《宋书》卷七《前废帝纪》)。其实,南朝的录尚书未必就有实权,是时公卿均系膏粱世家,风流相尚,不以物务关怀。君权强大,职之闲要乃视时主之意向,军阀横行,则扬荆二州刺史可以决定中央的政策。宋文帝入承大统,元嘉初,彭城王义康录尚书事,"既专总朝权,事决自己,生杀大事,以录命断之,凡所陈奏,入无不可,方伯以下并委义康授用"(《宋书》卷六十八《彭城王义康传》)。反之,永光(前废帝)中,江夏王义恭录尚书事,"任同总己",而乃慑惮中书舍人戴法兴,一切诏敕施为,悉决法兴之手,义恭守空名而已(《宋书》卷九十四《戴法兴传》,参阅卷六十一《江夏王义恭传》)。北朝情况稍与南朝不同,录尚书事多以侍中兼之,"后魏政归门下",因之录尚书事常握大权。显祖(献文帝)即位,侍中乙浑为太尉、录尚书事,俄又迁为丞相,"事无大小皆决于浑"(《魏书》卷六《显祖纪》)。世宗(宣武帝)即位,北海王详为司徒、侍中、录尚书事,"军国大事,总而裁决,每所敷奏,事皆协允"(《魏书》卷二十一上《北海王详传》),均其例也。

令仆之权力如何呢? 东晋之末,桓玄对羊欣说:"尚书政事之本。"(《宋书》卷六十二《羊欣传》)宋国初建,王弘迁尚书仆射,自谓"位副朝端"(《宋书》卷四十二《王弘传》)。孝武帝又下诏,以"尚书百官之本,庶绩之枢机……而顷事无巨细,悉归令仆"(《宋书》卷六《孝武帝纪》孝建元年春正月戊申诏)。齐时王俭亦说:"尚书职居天官,政化之本。"(《南齐书》卷二十三《褚渊传》)故《历代职官表》(卷二《内阁上》)云:"谨案,宋齐而降,惟尚书任总机衡,为宰相之职。故当时称尚书令仆曰朝端,又曰端右。胡三省《通鉴》注,谓位居朝臣之右是也。"而在后魏,孝文帝曾说:"尚书之任,枢机是司,岂惟总括百揆,缉和人务而已"(《魏书》卷二十一上《广陵王羽传》),及崩,"遗诏以肃(王肃)为尚书令,与禧(咸阳王禧,时为太尉,加侍中)等同为宰辅"(《魏书》卷六十三《王肃传》)。世宗(宣武帝)崩,任城王澄为尚书令,总摄百揆(《魏书》卷三十一《于忠传》)。故《历代职官表》(卷二《内阁上》)云:"谨案,考《魏书》任城王澄奏以为尚书政本,而王肃官尚书令为澄所禁止,咸阳王禧奏澄擅禁宰辅,免官,则尚书令亦宰相也。"由此可知"尚书疏外"为时虽久,而在南北朝,尚为宰相之职。盖政令不问由谁决定,而奉行之者必是尚书。所以"尚书疏外"不过谓其不能单独与天子共同决定政策而已。例如后魏,王肃为尚书令,乃与咸阳王禧等六人受遗辅政(《魏书》卷七下《高祖纪》太和二十三年)。任城王澄为尚书令,而秉朝政者却是侍中于忠。南朝承魏晋之敝,衣冠之士多系放诞浮华,尚书虽为政事之本,而居是位者不过雍容令仆,裾屐相高。宋时,王敬弘为尚书仆射,"关署文案,初不省读"(《宋书》卷六十六《王敬弘传》)。何尚之为尚书令,徐湛之为尚书仆射,而有事之时,二人乃互相推诿。

> 徐湛之转尚书仆射,时尚书令何尚之以湛之国戚,任遇隆重,欲以朝政推之,凡诸辞诉,一不料省。湛之亦以职官记及令文,尚书令敷奏出内,事无不总,令缺,则仆射总任,又以事归尚之,互相推委。(《宋书》卷七十一《徐湛之传》)

南齐时,柳世隆为尚书令,"在朝不干世务,垂帘鼓琴,风韵清远"(《南齐书》卷二十四《柳世隆传》)。关此,姚察有言:

> 魏正始及晋之中朝,时俗尚于玄虚,贵为放诞,尚书丞郎以上,簿领文案,不复经怀,皆成于令史。逮乎江左,此道弥扇。惟卞壶以台合之

务,颇欲综理。阮孚谓之曰:"卿常无闲暇,无乃劳乎?"宋世王敬弘身居端右,未尝省牒,风流相尚,其流遂远。望白署空,是称清贵;恪勤匪懈,终归鄙俗。是以朝经废于上,职事隳于下,小人道长,抑此之由。(《梁书》卷三十七《何敬容传论》)

至于各曹尚书渐次确定为六,开隋唐以后的六部尚书之制,而各尚书的地位亦比列卿为高,凡由列卿转为尚书者为迁,例如:

> 裴植除大鸿胪卿,迁度支尚书……植……自言人门不后王肃,怏怏朝廷处之不高。及为尚书,志意颇满,欲以政事为己任。谓人曰:"非我须尚书,尚书亦须我。"辞气激扬,见于言色。(《魏书》卷七十一《裴植传》)

在六部尚书之中,以吏部尚书最为华贵,吏部掌选事,有用人之权,因之世族或寒门一旦任命为吏部尚书,均不免有所偏阿。世族为吏部,往往选任膏粱,而不能留心寒素。

> 王暕为吏部尚书,暕名公子,少致美称,及居选曹,职事修理,然世贵显,与物多隔,不能留心寒素,众颇谓为刻薄。(《梁书》卷二十一《王暕传》)

寒门为吏部,亦必引拔寒素,而不惜抑制膏粱。

> 张缵为吏部尚书,缵居选,其后门寒素,有一介皆见引拔,不为贵要屈意,人士翕然称之。(《梁书》卷三十四《张缵传》)

其实,为吏部者多是膏粱世家,铨选之权归于豪族,君主大权便随之削弱。因此,宋孝武帝就分吏部尚书,置二人,以轻其任。

> 孝武帝不欲威权在下,其后分吏部尚书,置二人,以轻其任。(《宋书》

卷八十四《孔觊传》）

孝武帝常虑权移臣下，以吏部尚书选举所由，欲轻其势力……于是置吏部尚书二人。（《宋书》卷八十五《谢庄传》）

但是一部之内乃置地位平等、职权相同的尚书二人，虽可收牵制之效，而彼此之间不免掣肘，以致政务难于进行。然而铨选之权专委一人，"以一人之耳目，究山川之险情，贤否臆断，万不值一"（《宋书》卷五十五《傅隆传》史臣曰）。谢庄曾言：

九服之旷，九流之艰，提钧悬衡，委之选部。一人之鉴易限，而天下之才难原，以易限之鉴，镜难原之才，使国罔遗授，野无滞器，其可得乎？（《宋书》卷八十五《谢庄传》）

按南朝吏部尚书关于选事，并不能单独决定，须与录尚书共参同异，吾人观宋孝武帝之诏太宰江夏王义恭之言，即可知之，诏曰：

但吏部尚书由来与录共选，良以一人之识不办洽通，兼与夺威权不宜专一故也。（《宋书》卷八十五《谢庄传》）

吾人再观徐羡之对蔡廓之言，更可明了。

蔡廓出为豫章太守，征为吏部尚书，廓因北地傅隆问亮（中书令傅亮），选事若悉以见付，不论，不然，不能拜也。亮以语录尚书徐羡之，羡之曰："黄门郎以下悉以委蔡，吾徒不复厝怀，自此以上，故宜共参同异。"廓曰："我不能为徐干木署纸尾也。"遂不拜。干木，羡之小字也。选案黄纸，录尚书与吏部尚书连名，故廓云"署纸尾"也。（《宋书》卷五十七《蔡廓传》）

既有录尚书事与吏部尚书共参选事，则吏部尚书何必再置二人？所以不久之后,仍置一尚书。此种用录尚书以牵制吏部尚书之铨选,在北朝是没有的。后魏自太和以后,吏部尚书亦为列曹尚书之首,综绾铨选,所以崔亮才说:"况今日之选专归尚书,以一人之鉴,照察天下……而欲究竟人物,何异以管窥天,而求其博哉?"(《魏书》卷六十六《崔亮传》)纵以录尚书之尊,非有别旨,令其参选,亦不能有所干与。

> 元顺除吏部尚书兼右仆射……时三公曹令史朱晖、素事录尚书、高阳王雍,雍欲以为廷尉评,频请托顺,顺不为用,雍遂下命用之,顺投之于地。雍闻之大怒……曰身为丞相、录尚书,如何不得用一人为官?顺曰……未闻别旨,令殿下参选事。(《魏书》卷十九中《元顺传》)

然而后魏到了孝明帝时代,崔亮为吏部尚书,奏立停年格之制,"不问士之贤愚,专以停解日月为断,虽复官须此人,停日后者终于不得,年月久者灼然先用"(《魏书》卷六十六《崔亮传》)。由此可知停年格就是年劳,累日以取贵,积久以致官,而与考课不同。马端临说:

> 考课是以日月验其职业之修废,年劳是以日月计其资格之深浅,后世之所谓考课者皆年劳之法耳。故贤者当陟,或反以资浅而抑之;不肖者当黜,或反以年深而升之。故考课之法行,则庸愚畏之;年劳之法行,则庸愚便之。(《文献通考》卷三十九《考课》)

这样,南北两朝吏部尚书之用人均不能完全自由,南朝受录尚书之牵制,北朝受停年格之限制。其实南北朝乃沿魏晋之旧,采九品官人之法,州设大中正,郡设小中正,由小中正品第人才,以上大中正,大中正核实,以上司徒,司徒再核,然后付吏部选用,所以吏部用人亦不是绝对自由,只能于州郡中正所品第的人才之中,加以选择而已。不过充任州郡中正者率是膏粱世家,而吏部尚书之职亦常归于右姓。他们不免党同伐异,每以门阀高卑,决定人才优劣,"岁月迁讹,斯风渐笃,凡厥衣冠,莫非二品"(《宋书》卷九十四《恩幸传序》),

遂致酿成"中正所铨,但存门第;吏部彝伦,仍不才举"(《魏书》卷八《世宗宣武帝纪》正始二年诏)的现象,自是而后,居吏部者就以明谱牒、别氏族为一个条件。

  王晏为吏部尚书,上(齐武帝)欲高宗(明帝)代晏领选,手敕问之。晏启曰:"鸾(明帝名)清干有余,然不谙百氏,恐不可居此职。"上乃止。(《南齐书》卷四十二《王晏传》)

  陆琼迁吏部尚书,琼详练谱牒,雅鉴人伦,至是居之,号为称职。(《陈书》卷三十《陆琼传》)

  阳休之天统初除吏部尚书,休之多识故事,谙悉氏族,凡所选用,莫不才地俱允。(《北齐书》卷四十二《阳休之传》)

由此可知南北朝吏部尚书铨选人才,乃共同地受了谱牒的限制,这是贵族政治必然的现象。

二、次就中书省言之,中书省的组织如次

南北朝中书省组织表

官名	备考
中书监	魏晋以来,中书监、令,掌赞诏命,记会时事,典作文书。以其地在枢近,多承宠任,是以人固其位,谓之凤凰池焉。(《通典》卷二十一《中书令》)
中书令	自魏以后均置监与令各一人。晋氏监令并第三品,宋齐品秩并同晋氏,梁监班第十五、令班第十四(《隋志》作十三班),陈氏监令均第二品(《隋志》作监第二品、令第三品),后魏监从第二品、令正第三品,北齐依魏。(《唐六典》卷九《中书令》)
中书侍郎	掌诏草,自晋以后均置四员。(《通典》卷二十一《中书侍郎》)晋氏品第四,宋齐并同晋氏,梁班第九,陈品第四(依《隋志》),后魏从第四品上,北齐因之。(《唐六典》卷九《中书侍郎》)
中书通事舍人	本掌呈奏案章,宋置四员,入直阁内,出宣诏命,凡有陈奏,皆舍人持入参决于中,自是则中书侍郎之任轻矣。齐永平初,中书通事舍人四员,各住一省,时谓之四户,权倾天下。梁用人殊重,简以才能,不限资地,多以他官兼领(员数不明),专掌诏诰兼呈奏之事,自是诏诰之任舍人专之。陈置五人,后魏有舍人省,而不言其员,北齐舍人十人。(《通典》

续 表

官名	备 考
	卷二十一《中书舍人》） 宋氏舍人品第七（《唐六典》卷九《中书舍人》），齐不详，梁班第四，陈品第八（《隋书》卷二十六《百官志上》）。后魏从第六品（《通典》卷三十八《后魏官品》），北齐正第六品（《通典》卷三十八《北齐官品》）。

魏晋以来，中书虽为枢机之任，但是中书所掌者为典作诏命，尚书所掌者为奉行诏命，两种职权本来有别。不过中书既掌典作诏命，遂由诏命之典作，进而参决政策，而成为宰相之任。中书自魏晋历南朝四代，权任益重，梁陈弥甚。故《历代职官表》（卷二《内阁上》）云："谨案，中书之职至梁陈而弥重。故大臣之预国论者，必兼中书监令，尤为政本之地。"北朝多以侍中辅政，中书自始就不居重要之位。但据《历代职官表》（卷二《内阁上》）所述，"谨案，后魏中书之职，其清要不及南朝，然如高允、崔光等为之，皆得参与密议，盖其所掌亦宰相之事也"。又"谨案，考《北齐书·祖珽传》，珽欲求宰相，乃疏赵彦深、元文遥、和士开罪状，令刘逖入奏，盖思取其位而代之。时赵彦深为尚书令，和士开为中书监，则尚书、中书实相职矣"。南朝自宋以后，中书省之职权乃渐次归于中书舍人，中书监令反成为清简之职。故陈书云：

中书令清简无事。（《陈书》卷二十九《蔡征传》）

即中书舍人在魏世称为通事，后又改称通事舍人，"掌呈奏案章"；晋江左还是"专掌呈奏"；宋代初年，"入直门内，出宣诏命"（《唐六典》卷九《中书舍人》）；爰及齐代，"建武（明帝）世，诏命殆不关中书，专出舍人"（《南齐书》卷五十六《幸臣传序》），于是中书舍人遂掌诏诰①，而成为枢密之任。此盖南朝公卿尚于玄虚，贵为放诞，不复关怀文案（参阅《梁书》卷三十七《何敬容传》），而中书舍人则久在朝省，闲于职事。齐明帝批评中书舍人刘系宗说：

---

① 参阅《陈书》卷十六《蔡景历传》《刘师知传》、卷二十九《蔡征传》、卷三十《陆琼传》《傅縡传》。

> 学士不堪治国,唯大读书耳,一刘系宗足持此五百人。(《南齐书》卷五十六《刘系宗传》)

案南朝皇子未离襁褓,即宰州临郡,一切政事多由典签理之。一旦入承大统,典签常人为中书舍人。例如宋时孝武帝为雍州刺史,以戴法兴为典签,及即位,用为中书舍人(《宋书》卷九十四《戴法兴传》);明帝为徐州刺史,以王道隆为典签,及即位,亦用为中书舍人(《宋史》卷九十四《王道隆传》);齐武帝为江州刺史,以茹法亮为典签,及即位,也用为中书舍人(《南齐书》卷五十六《茹法亮传》)。人主未践大位,他们已与人主有亲密关系,所以一旦践祚,就寄以腹心之任。"宫省咳唾,义必先知,故能窥盈缩于望景,获骊珠于龙睡。"(《南齐书》卷五十六《幸臣传》史臣曰)而中书舍人便如城狐社鼠,操弄了国家大权。关此,沈约有言:

> 夫人君南面,九重奥绝,陪奉朝夕,义隔卿士,阶闼之任宜有司存。既而恩以幸生,信由恩固,无可惮之姿,有易亲之色。孝建泰始,主威独运,官置百司,权不外假,而刑政纠杂,理难遍通,耳目所寄,事归近习。赏罚之要,是谓国权,出内王命,由其掌握。于是方涂结轨,辐凑同奔。人主谓其身卑位薄,以为权不得重。曾不知鼠凭社贵,狐藉虎威,外无逼主之嫌,内有专用之功,势倾天下,未之或悟,挟朋树党,政以贿成。铁钺创痏构于筵第之曲,服冕乘轩出乎言笑之下。南金北毳,来悉方艚,素缣丹魄,至皆兼两。西京许史盖不足云,晋室王庾未或能比。(《宋书》卷九十四《恩幸传序》)

李延寿亦说:

> 自汉氏以来,年且千祀,而近习用事,无乏于时,莫不官由近亲,情因狎重。至如中书所司,掌在机务,汉元以令仆用事,魏明以监令专权。在晋中朝常为重寄……于时舍人之任,位居九品,江左置通事郎,管司诏诰,其后郎还为侍郎,而舍人亦称通事。元帝用琅邪刘超,以谨慎居职。

宋文世,狄当、周赳并出寒门。孝武以来,士庶杂选,如东海鲍照以才学知名,又用鲁郡巢尚之……及明帝世,胡毋颢、阮佃夫之徒,专为佞幸矣。齐初亦用久劳及以亲信,关谳表启,发署诏敕,颇涉辞翰者,亦为诏文,侍郎之局复见侵矣。建武世,诏命始不关中书,专出舍人。省内舍人四人,所直四省,其下有主书令史,旧用武官,宋改文吏,人数无员,莫非左右要密。天下文簿板籍,入副其省,万机严秘,有如尚书。外司领武官,有制局监、外监,领器杖兵役,亦用寒人。爰及梁陈,斯风未改。(《南史》卷七十七《恩幸传序》)①

兹将南朝中书舍人弄权情况列表如次。

南朝中书舍人弄权表

朝代	舍人弄权
宋世	孝武亲览朝政,不任大臣,而腹心耳目不能无所委寄,戴法兴、戴明宝、巢尚之均兼中书通事舍人,凡选授迁转诛赏大处分,上皆与法兴、尚之参怀,内外杂事多委明宝。法兴、明宝大通人事,多纳货贿,凡所荐达,言无不行,天下辐凑,门外成市,家产累千金。孝武崩,前废帝即位,时太宰江夏王义恭录尚书事,任同总己,而法兴、尚之执权日久,威行内外,义恭积相畏服,至是慑悒尤甚。废帝未亲万机,凡诏敕施为悉决法兴之手,尚书、中书无大小专断之,颜师伯、义恭守空名而已。道路之言,谓法兴为真天子,帝为赝天子。(《宋书》卷九十四《戴法兴传》) 后废帝即位,阮佃夫兼中书通事舍人,欲用张澹为武陵郡,卫将军袁粲以下皆不同,而佃夫称敕施行。又庐江何恢有妓张耀华美而有宠,为广州刺史,将发,要佃夫饮,设乐,见张氏悦之,亟求。恢曰,恢可得,此人不可得也。佃夫拂衣出户曰,惜指失掌耶? 遂讽有司以公事弹恢。凡如此,粲等并不敢抗。(《南史》卷七十七《阮佃夫传》) 王道隆兼舍人如故,道隆为太宗所委,家产丰积,豪丽虽不及佃夫,而精整过之。(《宋书》卷九十四《王道隆传》) 中书舍人阮佃夫之家在会稽,请假东归,客劝僧虔(时为吴兴太守)以佃夫要幸,宜加礼接。僧虔曰,我立身有素,岂能曲意此辈? 佃夫言于宋明帝,使御史中丞孙夐奏,僧虔前莅吴兴多有谬命,僧虔坐免官。(《南齐书》卷三十三《王僧虔传》)

---

① 《南史》此文乃抄自梁萧子显所著《南齐书》卷五十六《幸臣传序》。因《南齐书》无"爰及梁陈,斯风未改"八字,故用《南史》。

续表

朝代	舍人弄权
齐世	刘系宗兼中书通事舍人，久在朝省，闲于职事。明帝曰，学士辈不堪治国，唯大读书耳，经国一刘系宗足持如此辈五百人。(《南齐书》卷五十六《刘系宗传》) 茹法亮为中书通事舍人，势倾天下。太尉王俭常谓人曰，我虽有大位，权寄岂如茹君？东昏即位，出法亮为大司农。中书权利之职，法亮不乐去，固辞不受，既而代人已到，法亮垂涕而出。(《南史》卷七十七《茹法亮传》) 吕文显与茹法亮等迭出入为舍人，并见亲幸，四方饷遗，岁各数百万，并造大宅，聚山开池。(《南齐书》卷五十六《吕文显传》)
梁世	周舍为中书通事舍人，虽居职屡徙，而常留省内，罕得休下。国史诏诰、仪礼法律、军旅谋谟，皆兼掌之。日夜侍上，预机密，二十余年，未尝离左右。(《梁书》卷二十五《周舍传》) 傅昭为中书通事舍人，时居此职者，皆势倾天下，昭独廉静，无所干预。(《梁书》卷二十六《傅昭传》) 朱异为中书通事舍人，自周舍卒后，异代掌机谋，方镇改换、朝仪国典、诏诰敕书，并兼掌之。每四方表疏，当局簿领，咨询详断，填委于前，异属辞落纸，从横敏赡，不暂停笔，顷刻之间，诸事便了。(《梁书》卷三十八《朱异传》)
陈世	后主祯明二年十一月，隋军来伐，数十道俱入，缘江镇戍，相继奏闻。时新除湘州刺史施文庆、中书舍人沈客卿掌机密用事，并抑而不言，故无备御。(《陈书》卷六《后主纪》) 司马申兼中书通事舍人，内掌机密，颇作威福，能候人主颜色，有忤己者，必有微言谮之，附己者因机进之。是以朝廷内外，皆从风靡。(《南史》卷七十七《司马申传》) 毛喜除给事黄门侍郎，兼中书舍人，典军国机密。高宗将议北伐，敕喜撰军制凡十三条，诏颁天下。(《陈书》卷二十九《毛喜传》)

三、再就门下省言之，门下省的组织如次

门下省组织表

官名	备考
侍中	魏晋以来，置四员，别加官者不在数，常侍左右，备切问近对、拾遗补阙。宋、齐皆第三品，梁班第十二，陈亦第三品。后魏侍中六人，加官在数，正第三品，北齐因之。(《唐六典》卷八《侍中》)
给事黄门侍郎	魏晋以来，置四员，掌侍从左右，关通中外。宋、齐皆第五品，梁氏班第十，陈第四品。后魏给事黄门侍郎，史阙其员，正第四品上，北齐置六人，品依魏氏。(《唐六典》卷八《黄门侍郎》)

曹魏侍中有"综理万机"(《魏志》卷十四《程昱传》)之言,至晋,侍中之职愈益华重,到了南北朝,侍中常在天子左右。自汉以来,"为亲近之职"(《南齐书》卷十六《百官志》),地在枢近,多承宠任。察之吾国历史,近臣往往转变为大臣,三公、尚书、中书无不如是。一个转变了,一个就来顶替,自内而外,自近而疏,这是吾国政制演变的形式。在其初次顶替之际,一方虽变成外朝官,同时尚有内朝官的性质,所以权任虽大,而尚侍从天子左右,史称:

> 宋文帝元嘉中,王华、王昙首、殷景仁等并为侍中,情任亲密,与帝接膝共语,貂拂帝手,拔貂置案上,语毕,复手插之。(《南齐书》卷十六《百官志》)

侍中既然常侍天子左右,而其职务又掌切问近对、拾遗补缺,于是就渐次成为枢机之任,可以管理机要,参断帷幄,而为宰相之职。何以故呢?中书起草诏命,在其未曾提交尚书执行以前,必须送呈天子批阅,当此之时,侍从天子左右者既是侍中,天子不免向其咨询,最初侍中是有问才答的,而答又只得消极地匡正政治上的缺失。晋代初年侍中已经有这个职权。

> 晋武帝泰始二年二月庚午,诏曰,古者百官官箴王阙,然保氏特以谏诤为职,今侍中常侍实处此位,择其能正色弼违匡救不逮者,以兼此选。(《晋书》卷三《武帝纪》)

但是侍中不断地匡正,中书自应顾虑侍中的意见,浸以成俗,侍中便得积极地提出自己的主张,到了这个时候,侍中已经成为枢机之任。《历代职官表》(卷二《内阁上》)云:"谨案,又侍中参掌机密,亦为相职。故王华官侍中,谓宰相顿有数人。而南齐竟陵王子良以司徒兼侍中,亲为众僧赋食行水。世以为失宰相体,是也。"所以宋元嘉二十年沈演之迁侍中,文帝对他说:

> (侍中)盖宰相便坐,卿其勉之。(《宋书》卷六十三《沈演之传》)

北朝亦然，"后魏尤重门下官，多以侍中辅政，北齐为宰相秉持朝政者亦多为侍中"(《通典》卷二十一《宰相》)。《历代职官表》(卷二《内阁》上)云："谨案，后魏门下省独膺钧衡之寄，故侍中称为宰相。"又云："谨案，北齐侍中最称近密，故杜佑以为秉政之官。"后魏孝文帝时，彭城王勰为侍中，"长直禁内，参决军国大政，万机之事无不预焉"(《魏书》卷二十一下《彭城王勰传》)。延昌(宣武帝)中，于忠为侍中，孝明帝即位，"忠既居门下，遂秉朝政，权倾一时"(《魏书》卷三十一《于忠传》)。此外如侍中高阳王雍、侍中汝南王悦均入居门下，参决尚书奏事(《魏书》卷九《肃宗孝明帝纪》熙平二年及正光四年)，是则后魏直以侍中为宰相之职，所以高阳王雍才说：

臣初入柏堂，见诏旨之行一由门下。(《魏书》卷二十一《高阳王雍传》)

侍中既成为宰相之职，因之黄门侍郎之地位亦见提高，而有小宰相之称(《魏书》卷三十八《王遵业传》)，所以尔朱荣秉执朝政，恐朝廷事意有所不知，必以亲信朱瑞为黄门侍郎，而寄以腹心之任。

朱瑞为荣(尔朱荣)所亲任，建义(孝庄帝)初，除黄门侍郎……荣恐朝廷事意有所不知，故居之门下，为腹心之寄。(《魏书》卷八十《朱瑞传》)

南朝侍中常以膏粱世家为之，尤以王谢二家居多。而自宋孝武以后，天子选用侍中，乃以风貌为条件。史臣所谓"后才先貌"是也(参阅《南齐书》卷三十二《阮韬传》史臣曰)。侍中均出身于世族，天子对于侍中颇有畏敬之意：

宋孝武时，侍中何偃南郊陪乘，銮辂过白门阙，偃将匍。帝乃按之曰，朕乃陪卿。(《南齐书》卷十六《百官志》)

侍中掌机要，又未必就有行使宰相之权。扬荆二州刺史常有迫主之势，故在平时，谁肯关心庶务(例如中书舍人)；在乱时，谁能控制扬荆二州，谁便是实际上的宰辅。中枢无一定之主脑,所以谢晦常叹"宰相顿有数人"(《宋书》卷四十四《谢晦传》),而王华亦说:"宰相顿有数人,天下何由得治?"(《宋书》卷六十三《王华传》)少帝即位,徐羡之以扬州刺史,进位司空、录尚书事,与中书令谢晦,共辅朝政。少帝既废,司空徐羡之以晦为荆州刺史,"欲令居外为援",而晦又"深结侍中王华,冀以免祸"(《宋书》卷四十四《谢晦传》)。此盖可以证明南朝政情乃如魏晋一样,中央无确定之宰相,而为宰相者非有外援,亦不能久居其位。

兹再略述御史台的组织,南北朝承魏晋之旧,设御史台,以御史中丞为之长。各书关于御史台的组织,或详此而略彼,或详彼而略此,纵合各书如《宋书》(卷四十《百官志下》)、《南齐书》(卷十六《百官志》、《魏书》(卷一百十三《官氏志》)、《隋书》(卷二十六《百官志上》、卷二十七《百官志中》)及《通典》(卷二十四《御史台》、卷三十七至卷三十八《官品》)、《通考》(卷五十三《御史台》、卷六十六至卷六十八《官品》))观之,亦不能得到全豹,故只举出各书所述者,作表如次:

朝代	御史中丞	治书侍御史	侍御史	殿中侍御史	备考
宋	宋御史中丞一人,第四品,掌奏劾不法。(《宋志》《通典》)	宋治书侍御史二人,第六品,掌举劾官品第六已上,魏晋以来,分掌侍御史所掌诸曹,若尚书二丞也。(《宋志》《通典》)	侍御史二汉所掌凡有五曹,魏置八人,及晋置员九人,品同治书而有十三曹。(《晋志》)宋并诸曹,凡十御史焉,第六品,居曹纠察不法。(《宋志》《通典》)	江左多置二人,掌殿内禁卫内事。(《宋志》《通典》)	
南齐	齐御史中丞一人,职无不察,专道而行,骅辐禁呵,加以声色,武将相逢,辄致侵犯,若有卤簿,至相殴击。(《南齐志》《通典》)	齐治书侍御史二人,掌举劾,统侍御史。(《南齐志》《通典》)	齐侍御史十人,居曹纠察不法。(《南齐志》《通典》)	江左多置二人,掌殿内禁卫内事。(《通典》)	《通典》卷三十七《齐官品》,谓"未详"。《通考》亦未载南齐之官品。

续 表

朝代	御史中丞	治书侍御史	侍御史	殿中侍御史	备考
梁	梁御史中丞一人,十一班,掌督司百僚,皇太子已下,其在宫门行马内违法者,皆纠弹之,虽在行马外,而监司不纠,亦得奏之,专道而行。(《隋志上》《通典》)	梁治书侍御史二人,六班,掌举劾官品第六已下,分统侍御史。(《隋志上》《通典》)	梁侍御史九人,一班(?),居曹纠察不法。(《隋志上》《通典》)	梁有四人,掌殿内禁卫内事。(《通典》)	
陈	陈因梁制。	陈因梁制。	陈因梁制。	陈因梁制。	
后魏	后魏为御史中尉,督司百僚,其出入千步清道,与皇太子分路,王公百辟咸使逊避,其余百僚下马弛车止路傍,其违缓者以棒棒之。(《通典》)	后魏治书侍御史掌纠察内朝会失时,服章违错,飨宴会见,悉所监之。(《通典》)	后魏侍御史与殿中侍御史,昼则外台受事,夜则番直内台。(《通典》)	见上栏。	《历代职官表》(卷十八《都察院·北魏》)引《魏书官·氏志》云:"御史中尉第三品上,治书侍御史第五品上,侍御史、殿中侍御史从第五品下。又高祖(孝文帝)更定官品,御史中尉从第三品,治书侍御史第六品,侍御史第八品,殿中侍御史从第八品。"又引徐坚《初学记》云:"侍御史后魏八人,殿中侍御史后魏置十四人。"

续表

朝代	御史中丞	治书侍御史	侍御史	殿中侍御史	备考
北齐	北齐武成以其子琅琊王俨兼为御史中丞，欲雄宠之。俨出北宫，凡京畿之步骑、领军之官属、中丞之威仪、司徒之卤簿莫不举备（时俨总领四职）。武成观之，遣中使驰马趋仗不得入，自言奉敕，赤棒应声碎其鞍，马腾人颠，观者倾京邑。（《通典》）	北齐亦有持书侍御史。（《通典》）	北齐有侍御史八人。（《通典》）	北齐亦有之。（《通典》）	北齐御史台掌纠察弹劾，中丞一人、治书侍御史二人、侍御史八人、殿中侍御史十二人。（《隋志中》）
北周	后周有司宪中大夫二人，掌司寇之法，辨国之五禁，亦其任也。（《通典》）	后周有司宪上士二人，亦其任也。（《通典》）	后周有司宪中士，则其任也。（《通典》）		后周有司宪旅下士八人，《通典》及《通考》以之为监察侍御史。

观上表所载，可知御史台之组织愈见完备，御史中丞之地位也已提高。然在南朝，御史中丞多以失纠免官，而不能久居其位。南齐时御史中丞刘休说：

> 宋世载祀六十，历职斯任（中丞）者五十有三，校其年月，不过盈岁。
> （《南齐书》卷三十四《刘休传》）

御史中丞不能久居其位，可见中丞之职之不易为，而欲苟居其职，只有同晋代监司一样，避贵施贱，拾巨慭而举微过，否则今日弹奏，明日免职。南北朝政治之腐化，实因御史之无权。

南北朝时，巡察州郡虽无专职，据《历代职官表》（卷十八《都察院·魏》）所述，"谨案，《高聪传》（《北史》卷四十、《魏书》卷六十八）称，聪为并州刺史数岁，多不率法，再为御史举奏。《张纂传》①称，纂为乐陵太守，多所受纳，闻御史至，弃郡逃走，则是乘传纠察者，亦时有其事矣"。此即隋炀帝设司隶台，掌诸巡察，唐于御史台三院中，置察院，监察御史十人，巡按州县的起源。

第二项　地方官制

南北朝的地方制度也和魏晋一样，分为州郡县三级，惟自五胡乱华，元帝渡江之后，南方欲招徕北人，北方欲招徕南人，莫不侨立州郡，虚张声势，到了南北分立，州郡之数愈益增加。

> 宋凡二十有二州……郡凡二百三十有八，县千一百七十有九……齐州二十有三、郡三百九十有五、县千四百七十有四……梁天监中，州二十有三、郡三百五十、县千二百有五；其后更有折置，大同中，州百有七，郡县亦称于此……陈有州四十有二、郡百有九、县四百三十有八……后魏州百十有一、郡五百十有九、县千三百五十有二……北齐有州九十有七、郡百六十、县三百六十有五……周平齐后，遣军破陈军于吕梁，其东南之境尽于长沙，通计州二百十有一、郡五百八、县千二十有四。（《通典》卷一百七十一《序州郡》）

州置刺史，郡置太守，县置令长，其制与魏晋大体相同，只惟后魏分州郡县为上中下三等；北齐又于上中下三等之中，再分三等（例如上上州、上中州、上下州之类）；北周则依户数多寡，各分五等。刺史、守令则依州郡县等级之殊，而异其品秩。

关于南北朝的地方制度可以提出讨论者，南朝是侨立州郡破坏了地方势

---

① 《北史》卷五十五及《北齐书》卷二十五《张纂传》未载此事。

力的均衡,沈约说:

> 魏晋以来,迁徙百计,一郡分为四五,一县割成两三,或昨属荆豫,今隶司兖……自戎狄内侮,有晋东迁,中土遗氓,播徙江外……莫不各树邦邑,思复旧井……故魏邦而有韩邑,齐县而有赵民。(《宋书》卷十一《律志序》)

又说:

> 自夷狄乱华,司冀雍凉青并兖豫幽平诸州一时沦没,遗民南渡,并侨置牧司,非旧土也……地理参差,其详莫举,实由名号骤易,境土屡分,或一郡一县割成四五,四五之中,亟有离合,千回百改,巧历莫算,寻校推求,未易精悉。(《宋书》卷三十五《州郡志一》)

侨州或只一郡,或只一县,或寄治于他州,与此相反者则为实州,实州乃是实土。南朝承魏晋之制,有都督诸州军事之职,而都督或领数个实州,或领数个侨州,都督之间,地盘不同。当时军权高于一切,而军队又分布沿边各地,地方势力大过中央,中央政权能够安定,完全依靠于地方势力的均衡。地方势力不能均衡,中央政权便有颠覆之虞。谁地盘最大,谁军队最多,谁便可操纵中央政权,于是中央的政争就变为军阀扩充地盘的斗争,"江左大镇莫过荆扬"(《南齐书》卷十五《州郡志下·荆州》),扬为王畿,财富所出。刘穆之说:

> 扬州根本所系,不可假人。(《宋书》卷四十二《刘穆之传》)

虽以兄弟之亲,亦不愿援以扬州刺史之任。

> 庐陵王义真为扬州刺史,太后谓上曰,道怜汝布衣兄弟,故宜为扬州。上曰,寄奴(武帝小字)于道怜岂有所惜?扬州根本所寄,事务至多,非道怜所了。太后曰,道怜年出五十,岂当不如汝十岁儿耶?上曰,车士

(义真小字)虽为刺史,事无大小,悉由寄奴。道怜年长,不亲其事,于听望不足。太后乃无言。(《宋书》卷五十一《长沙王道怜传》)

南朝四代均以同姓骨肉居之,而军阀由外州入秉朝政者,亦必兼扬州刺史,如萧道成之篡宋、萧衍之篡齐、陈霸先之篡梁,无不先领扬州。南朝政府为了保护扬州的安全,对于淮南之地,极为重视。齐高帝对刘善明说:

淮南近畿,国之形势,自非亲贵,不使居之,卿为我卧治也。(《南齐书》卷二十八《刘善明传》)

京口则为遮蔽金陵之藩篱,所以宋高祖遗诏,不是宗室近戚不得居之。

高祖遗诏,京口要地,去都邑密迩,自非宗室近戚不得居之。(《宋书》卷七十八《刘延孙传》)

荆居上流,甲兵所聚,宋世均以诸子居之。

荆州居上流之重,地广兵强,资实甲兵居朝廷之半,故高祖使诸子居之。(《宋书》卷五十一《临都王道规传》)

高祖以荆州上流形势,地广兵强,遗诏诸子次第居之。(《宋书》卷六十八《南郡王义宣传》)

荆州形势危殆,则退以江州为防。"江州镇寻阳,中流衿带。"(《南齐书》卷十四《州郡志上》)例如:

义熙八年(晋安帝时代,此时刘裕已握朝柄),孟怀玉迁江州刺史……时荆州刺史司马休之居上流,有异志,故授怀玉此任以防之。(《宋书》卷四十七《孟怀玉传》)

然而称兵作乱的人还是来自荆州。西汉之世，郡国的领域大小不同，大者如会稽，几及今之江浙两省，少者如河南、河内、陈留、颍川、汝南、南阳、魏郡，合之不过今日河南一省。然其分置乃以户口众寡为标准，户众口密者郡小，户寡口疏者郡大。南朝不然，扬荆二州领域大而户口多，司州侨治义阳，兖州寄治彭城。势力不能均衡，不但不能维持地方的治安，抑且可以酿成全国的祸乱，其影响于中央政局之安定者甚大。

北朝是州数加多而破坏了州郡的区别，当时南北相高，互增州郡，继以五方淆乱，建设滋多。后魏有州一百十一、郡五百十九，即一州所领者不及五郡。北齐有州九十九、郡一百六十，即一州所领者不及二郡。北周有州二百十一、郡五百八，即一州所领者不及三郡。"百室之邑，便立州名，三户之民，空张郡目。"《《北齐书·文宣帝纪》天保七年十一月壬子诏》州郡纷错，州成为地方最高团体，郡失其本来作用，州郡区别渐次消减。于是一方三级制度又有转变为二级制度的可能，隋废州存郡，唐废郡存州，原因就是因为北朝州郡纷错。他方州数既然增加，则为监督容易起见，似有另外增加一级监督各州的必要。前曾说过，国家设置地方团体，凡区域大者单位必少，区域小者单位必多。单位少，便于监督；区域大，又不易控制。区域小，便于控制；单位多，复不易监督。两者不可得兼，所以汉武于行政区的郡之上，又置监察区的州。但是西汉之世，郡数不过一百有三，一百有三尚感觉监察不便，何况北朝领土不及西汉之大，而州数乃比较西汉的郡数为多，则为监察容易起见，于州之上，当然须另设一级了。这一级的地方团体是用"都督诸州军事"代替的，北周叫做总督。

> 后周改都督诸军事为总管，则总管为都督之任矣。《通典》卷三十二《都督》

于是都督性质稍见变更。都督之制始于魏文帝黄初三年，或领刺史，或单为都督。晋初，州不皆督，督唯一州。南渡以后，沿边要地纷纷兼督，但是多是侨州，或只一郡，或只一县。南朝亦然。只惟北朝分割郡县，设置各州，州区虽小，而均实土，所以都督可视为管辖刺史的官职，而为唐代十道采访使的先驱。

郡县制度自秦汉以后，很少改变，唯守令人选颇见猥滥。西汉重治民之官，郡守入为三公，郎官出宰百里，而内官之无治民经验而才堪宰辅者亦常外放为郡守，试以政事，而后才内召为三公。南北朝为丧乱之世，朝廷要慰劳军人，常授以牧民之职。庾悦说："牧民以息务为大，武略以济事为先"（《宋书》卷五十二《庾悦传》），而南朝自宋以来则用劳人武夫。

> 淮西、江北长吏悉用劳人武夫，多无政术。（《宋书》卷五十一《长沙王道怜传》）

北朝在孝文帝初年，固然"诏县能静一县劫盗者，兼治二县，即食其禄；能静二县者，兼治三县，三年迁为郡守二千石。能静二郡上至三郡亦如之，三年迁为刺史"（《魏书》卷七上《高祖纪》延兴三年）。然而宣武帝时，"边外小县，所领不过百户，而令长皆以将军居之"（《魏书》卷六十八《甄琛传》）。孝明帝时，辛雄曾言：

> 盖助陛下治天下者在守令……但郡县选举由来共轻，贵游俊才莫肯居此。（《魏书》卷七十七《辛雄传》）

据杜佑说：

> 后魏太和中，令长之禄甚厚，其后令长用人益杂，但选勤奋令史为之，而搢绅之流耻居其位。（《通典》卷三十三《县令》）

是则太和以后，令长人选已不如前，到了周齐分据，高欢"仍以战功诸将出牧外藩，不识治体，无闻政术，聚敛无厌，淫虐不已"（《北齐书》卷四十六《循吏传序》）。弄到结果，竟令士人耻居百里。

齐因魏朝，宰县多用厮滥，至于士流耻居百里。元文遥以县令为字人之切，遂请革选，于是密令搜扬贵游子弟，发敕用之。犹恐其披诉，总召集神武门,令赵郡王睿宣旨唱名,厚加慰喻。士人为县,自此始也。
(《北齐书》卷三十八《元文遥传》)

自县以下,秦汉采什伍之制。三国时代,兵乱不已,民庶播迁,乡党制度无从成立。西晋初年虽有乡里之设,五胡乱华,其制又复破坏。民多隐冒,"或百室合户,或千丁共籍"(《晋书》卷一百二十七《慕容德载记》)。按吾国乡党之制,积极的意义少,消极的意义多,民为什伍,互相检察,遁逃无所匿,课役无所避,这是历朝组织闾伍的原因。南北朝课役繁重,民多逃隐,其荫附于豪族,以求避免徭役者,为数尤多。在北朝,"民多隐冒,五十三十家方为一户"(《魏书》卷五十三《李冲传》)。太和十年,遂立党、里、邻三长,定民户籍(《魏书》卷七下《高祖纪》)。其制如次:

> 魏初不立三长,故民多荫附,荫附者皆无官役,豪强征敛,倍于公赋。太和十年,给事中李冲上言,宜准古,五家立一邻长,五邻立一里长,五里立一党长,长取乡人强谨者。邻长复一夫、里长二、党长三,三载亡愆,则陟用,陟之一等……高祖从之。(《魏书》卷一百十《食货志》)

当时临朝的为文明太后,太后以为:

> 立三长则课有常准,赋有恒分,苞荫之户可出,侥幸之人可止。(《魏书》卷五十三《李冲传》)

由此可知立三长乃以便征敛课役。但是孝明帝时,常景又说:"今之三长皆是豪门多丁为之",豪门挟藏户口,以豪门为三长,令其检举逋逃,何异于与虎谋皮?宜乎"顷来差兵,不甚强壮"(《魏书》卷八十二《常景传》)。即三长之制已经不能达到文明太后预期的目的了。

北齐于文宣时代,户口隐匿者甚多,河清(武成帝)三年定令,立乡党之制①。

> 文宣受禅,刑罚酷滥,吏道因而成奸,豪党兼并,户口益多隐漏……至河清三年定令,乃命人居十家为比邻,五十家为闾里,百家有族党。(《隋书》卷二十四《食货志》)

然当时周齐交战,人民既欲避役,又欲逃乱,迁徙流亡,日不安居,乡党组织不能确立,乃是意料中的事。

其在南朝,宋时曾依两汉之制,其邻伍组织如次:

> 五家为伍,伍长主之。二五为什,什长主之。十什为里,里魁主之。十里为亭,亭长主之。十亭为乡,乡有乡佐、三老、有秩、啬夫、游徼各一人。乡佐、有秩主赋税,三老主教化,啬夫主争讼,游徼主奸非。(《宋书》卷四十《百官志下》)

其实,宋承东晋之弊,中土遗氓播徙荆越,寄寓迁流,迄无定托,"或昨属荆豫,今隶司兖,朝为零桂之士,夕为庐九之民,去来纷扰,无暂止息,版籍为之浑淆,职方所不能记"(《宋书》卷十一《律志序》)。在这种情形之下,乡党制度,当然无从确立,所以经元嘉之治而至齐世,版籍还是浑淆,请看建元(齐高帝)二年之诏。

> 建元二年,诏朝臣曰,黄籍民之大纪、国之治端。自顷氓俗巧伪,为日已久,至乃窃注爵位,盗易年月,增损三状,贸袭万端。或户存而文书已绝,或人在而反托死叛,停私而云隶役,身强而称六疾,编户齐家少不如此。(《南齐书》卷三十四《虞玩之传》)

---

① 据《通典》卷三《乡党》,北齐令人居十家为邻比,五十家为闾,百家为族党,一党之内则有党族一人、副党一人、闾正二人、邻长十人,合十有四人,共领百家而已。

到了齐末,梁武帝还上表说:

> 谱牒讹误,诈伪多绪,人物雅俗,莫肯留心,是以冒袭良家,即成冠族,妄修边幅,便为雅士。(《梁书》卷一《武帝纪上》)

此中情弊盖如虞玩之所说,编制版籍之时,"吏贪其赂,民肆其奸",遂致"改注籍状,诈入仕流,昔为人役者今反役人,或抱子并居,竟不编户,迁徙去来,公违土断"(《南齐书》卷三十四《虞玩之传》)。其实,人民玩巧自有原因。马端临说:

> 按魏晋以来,最重世族……寒门之视华族,如冠履之不侔,则夫徭役贱事,人之所惮,固宜其改窜冒伪,求自附流品,以为避免之计也。(《文献通考》卷十二《历代乡党版籍赋役》)

总之,阶级制度如不打破,则士庶所负担的义务不能平等,虽设什伍之制,亦不能使"苞荫之户可出,侥幸之人可止",南北朝户口不但比不上两汉,而且比之晋代,减少殊多,原因实在于此。

附录　南北朝建元表

南朝
（一）宋

  高祖武帝刘裕　　　　　　永初三

  少帝义符　　　　　　　　景平二

  太祖文帝义隆　　　　　　元嘉三十

  世祖孝武帝骏　　　　　　孝建三　大明八

  废帝子业　　　　　　　　永光旋改景和　景和太宗改泰始

  太宗明帝彧　　　　　　　泰始七　泰豫一

  后废帝昱　　　　　　　　元徽五

  顺帝準　　　　　　　　　昇明三

    上宋八主六十年。

（二）齐

  太祖高帝萧道成　　　　　建元四

  世祖武帝赜　　　　　　　永明十一

  鬱林王昭业　　　　　　　隆昌

  海陵王昭文　　　　　　　延兴

  高宗明帝鸾　　　　　　　建武五　永泰一

  东昏侯宝卷　　　　　　　永元三

  和帝宝融　　　　　　　　中兴二

    上齐七主二十四年。

（三）梁

  高祖武帝萧衍　　　　　　天监十八　普通八　大通三　中大通六

　　　　　　　　　　　　　　大同十二　中大同二　太清三
　　太宗简文帝纲　　　　　　大宝二
　　元帝绎　　　　　　　　　承圣四
　　敬帝方智　　　　　　　　绍泰二　太平二
　　　上梁四主五十六年。

　　中宗宣帝萧詧　　　　　　大定七
　　世宗明帝岿　　　　　　　天保二十四
　　莒公琮　　　　　　　　　广运二
　　　上后梁三主三十三年。

（四）陈
　　高祖武帝陈霸先　　　　　永定三
　　世祖文帝蒨　　　　　　　天嘉七　天康一
　　废帝伯宗　　　　　　　　光大二
　　高宗宣帝顼　　　　　　　太建十四
　　后主叔宝　　　　　　　　至德四　祯明三
　　　上陈五主三十三年。

北朝
（一）后魏
　　高祖昭成帝什翼犍　　　　建国四十
　　太祖道武帝珪　　　　　　登国十一　皇始三　天兴七　天赐六
　　太宗明元帝嗣　　　　　　永兴五　神瑞三　泰常八
　　世祖太武帝焘　　　　　　始光五　神麚四　延和三　太延六
　　　　　　　　　　　　　　太平真君十二　正平二
　　南安王余　　　　　　　　永平一
　　高宗文成帝濬　　　　　　兴安三　兴光二　太安五　和平六

显祖献文帝弘	天安二　皇兴五
高祖孝文帝元宏	延兴六　承明一　太和二十三
世宗宣武帝恪	景明四　正始五　永平五　延昌四
肃宗孝明帝诩	熙平三　神龟三　正光六　孝昌三　武泰一
敬宗孝庄帝子攸	建义即武泰元年　永安三
长广王晔	建明二
前废帝广陵王恭	普嘉（诸书皆作普泰）二
后废帝安定王朗	中兴
孝武帝脩	太昌十二月改永兴　永熙三

（二）东魏

孝静帝元善见	天平四　元象二　兴和四　武定八

上魏自太祖称帝，传十四主，一百四十九年。

东魏一主十七年。

（三）西魏

文帝元宝炬	大统十七
废帝钦	以辛未嗣立，壬申称元年，三年甲戌为宇文泰所废。
恭帝廓	以甲戌立，称元年，三年丙子禅于周。

上西魏三主二十二年。

（四）北齐

显祖文宣帝高洋	天保十
废帝济南王殷	乾明
肃宗孝昭帝演	皇建二
世祖武成帝湛	太宁二　河清四

后主温公纬　　　　　　　天统五　武平七　隆化一
幼主恒　　　　　　　　　承光一
　　上北齐五主二十八年。

（五）北周

闵帝宇文觉　　　　　　　称天王元年，晋公护废而弑之
世宗明帝毓　　　　　　　武定二　武成二
高祖武帝邕　　　　　　　保定五　天和七　建德七　宣政一
宣帝赟　　　　　　　　　大成（宣帝于武帝宣政元年六月即位，翌年改元大成。大成元年二月，传位于太子，是为静帝，改元大象，故大成元年即大象元年。）

静帝阐　　　　　　　　　大象三　大定一
　　上北周五主二十五年。